EL E~

LA BIBLIA,
LIBRO POR LIBRO

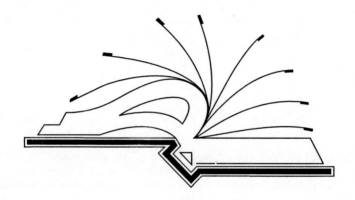

6

ROMANOS, SALMOS, ISAÍAS,
1, 2 PEDRO, 1, 2, 3 JUAN, JUDAS

52 Estudios intensivos de la Biblia
para maestros de jóvenes y adultos

EDITORIAL MUNDO HISPANO

EDITORIAL MUNDO HISPANO

7000 Alabama Street, El Paso, TX 79904, EE. UU. de A.

www.editorialmundohispano.org

Nuestra pasión: Comunicar el mensaje de Jesucristo y facilitar la formación de discípulos por medios impresos y electrónicos.

EL EXPOSITOR BÍBLICO (La Biblia, Libro por Libro. Maestros). Volumen 6.
© Copyright 1996. Editorial Mundo Hispano, 7000 Alabama Street, El Paso, Texas 79904 Estados Unidos de América. Todos los derechos reservados.

Primera edición: 1996
Sexta edición: 2015

Clasificación Decimal Dewey: 220.6 B471
Temas: 1. Biblia—Estudio
2. Escuelas Dominicales—Currículos

ISBN: 978-0-311-11256-2
EMH Art. No. 11256

750 12 15

Impreso en Colombia
Printed in Colombia

EL EXPOSITOR BÍBLICO

PROGRAMA:
"LA BIBLIA, LIBRO POR LIBRO"
MAESTROS DE
JÓVENES Y ADULTOS

DIRECTORA GENERAL
Raquel Contreras

**DIRECTORA DE LA
DIVISIÓN EDITORIAL**
Raquel Contreras

COMENTARISTAS
Romanos
Jorge Garay
Salmos
Joyce Wyatt
Isaías
Roy Wyatt
1, 2 Pedro
1, 2, 3 Juan, Judas
Ricardo Garrett B.

AGENDAS DE CLASE
Romanos
Jorge Garay
Salmos
Josie Smith
Isaías
Joyce Wyatt
1, 2 Pedro
1, 2, 3 Juan, Judas
Josie Smith

EDITORES
Nelly de González, Mario Martínez

DISEÑO GRÁFICO
Carlos Santiesteban Jr.

**DIRECTORA DEL DEPARTAMENTO
DE PRODUCCIÓN**
Nancy Hamilton

CONTENIDO

Descripción General de La Biblia, Libro por Libro

El objetivo general del programa *La Biblia, Libro por Libro* es facilitar el estudio de todos los libros de la Biblia, durante nueve años, en 52 estudios por año.

El libro del Maestro tiene ocho secciones bien definidas:

1 Información general. Aquí encuentra el tema-título del estudio, el pasaje que sirve de contexto, el texto básico, el versículo clave, la verdad central y las metas de enseñanza-aprendizaje.

2 Estudio panorámico del contexto. Ubica el estudio en el marco histórico en el cual se llevó a cabo el evento o las enseñanzas del texto básico. Aquí encuentra datos históricos, fechas de eventos, costumbres de la época, información geográfica y otros elementos de interés que enriquecen el estudio de la Biblia.

3 Estudio del texto básico. Se emplea el método de interpretación gramático-histórico con la técnica exegético-expositiva del texto. En los libros de los alumnos esta sección tiene varios ejercicios. Le sugerimos tenerlos a la vista al preparar su estudio y al enseñar. Un detalle a tomar en cuenta es que las referencias directas o citas de palabras del texto bíblico son tomadas de la Biblia Reina-Valera Actualizada. En algunos casos, cuando la palabra o palabras son diferentes en la Biblia RV-60 se citan ambas versiones. La primera palabra viene de la RVA y la segunda de la RV-60 divididas por una línea diagonal. Por ejemplo: *que Dios le dio para mostrar/manifestar...* Así usted puede sentirse cómodo con la Biblia que ya posee.

4 Aplicaciones del estudio. Esta sección le guiará a aplicar el estudio de la Biblia a su vida y a la de sus alumnos, para que se decidan a actuar de acuerdo con las enseñanzas bíblicas.

para Maestros de Jóvenes y Adultos

El **objetivo educacional** del programa *La Biblia, Libro por Libro* es que, como resultado de este estudio el maestro y sus alumnos puedan: (1) conocer los hechos básicos, la historia, la geografía, las costumbres, el mensaje central y las enseñanzas que presentan cada uno de los libros de la Biblia; (2) desarrollar actitudes que demuestren la valorización del mensaje de la Biblia en su vida diaria de tal manera que puedan ser mejores discípulos de Cristo.

5 Prueba. Esta sección sólo aparece en el libro de sus alumnos. Da la oportunidad de demostrar de qué manera se alcanzaron las metas de enseñanza-aprendizaje para el estudio correspondiente. Hay dos actividades, una que "prueba" conocimientos de los hechos presentados y la otra, que "prueba" sentimientos o afectos hacia las verdades encontradas en la Palabra de Dios durante el estudio.

6 Ayuda homilética. Provee un bosquejo que puede ser útil a los maestros que tienen el privilegio de predicar en el templo, misiones o anexos. En algunos casos, el bosquejo también puede ser usado en la clase como otra manera de organizar y presentar el estudio del pasaje.

7 Lecturas bíblicas para el siguiente estudio. Estas lecturas forman el contexto del siguiente estudio. Si las lee con disciplina, sin duda leerá toda su Biblia por lo menos una vez en nueve años.

8 Agenda de clase. Ofrece los procedimientos y sugerencias didácticas organizadas en un plan de clase práctico con actividades sugeridas para enseñar a los jóvenes y a los adultos. A los maestros se les dicen las respuestas correctas a las preguntas y/o ejercicios que aparecen en los libros de los alumnos.

¡Maestro, no presuponga nada!

En la labor educativa dentro de la iglesia pocas veces nos detenemos a medir la efectividad de nuestro trabajo. Simplemente suponemos que si estamos enseñando, nuestros alumnos deben estar aprendiendo. Esta es una suposición muy peligrosa.

En repetidas ocasiones hemos entrevistado a jóvenes y adultos, miembros fieles de una clase de escuela dominical para preguntarles acerca de su experiencia como alumnos. Tristemente, la mayoría de los entrevistados no pudo recordar ni lo más mínimo de lo que aprendió en su clase de escuela dominical el domingo anterior a la entrevista.

Existe la suposición generalizada de que la enseñanza debe resultar en aprendizaje y que éste es consecuencia de la enseñanza. El problema con esta suposición es que el estudiante tiende a frustrarse por su falta de aprendizaje.

¿Cuántas veces nos hemos preguntado si en efecto estamos enseñando lo que creemos que estamos enseñando?

El "Currículo escondido"

En la iglesia, si no estamos enseñando lo que creemos que estamos enseñando, entonces, ¿qué estamos enseñando? Veamos algunas posibilidades:

Lo que pensamos que estamos enseñando	Lo que nuestros alumnos pueden estar aprendiendo
Grandes dosis de la palabra de Dios por medio de un profundo sermón.	"Si Dios es tan tedioso como el predicador, no tengo interés en oír."
Ingeniosos crucigramas que enseñan las verdades eternas de Dios.	"Dios y la Biblia son confusos y me esconden las verdades."
Elocuentes oraciones que reflejan la majestad de Dios.	"Nunca podré aprender ese extraño lenguaje que Dios usa."
Estudiantes, agraden a Dios permaneciendo sentados, quietos, escuchando al maestro hablar.	"La iglesia es donde uno viene para sentarse mientras otras personas se ocupan de pensar y hacer."

Lo que nuestros alumnos aprenden realmente en las clases es a menudo llamado "el currículo escondido". Un educador serio en alguna ocasión dijo: "Cuando a los alumnos se les recuerda constantemente que lo más importante es llegar a su clase, sentarse quietamente, obedecer las instrucciones del maestro y repetir de memoria lo que se les ha dicho, entonces están aprendiendo patrones equivocados permanentes."

No necesitamos sino mirar las aulas de clase, llenas de alumnos pasivos, para encontrar una de las muchas fuentes de la pasividad cívica e intelectual en la vida diaria.

Aprendiendo cosas buenas

Enseñar cosas buenas no es suficiente. Debemos asegurarnos de que realmente nuestros alumnos las están aprendiendo. ¿Cómo cerciorarnos? En primer lugar, debemos recordar la manera como nosotros fuimos enseñados. Nos sentamos quietamente en nuestra silla, en aulas estériles, frente a un maestro que se dedicaba a leer el estudio. Llenábamos el tiempo llenando espacios en blanco en nuestros cuadernos o libros de trabajo y haciendo exámenes para probar nuestro aprendizaje. Rara vez trabajamos en grupos. Memorizamos la información que pensábamos que satisfaría las demandas del maestro. Ocasionalmente aprendimos algo que realmente nos interesaba saber.

No debemos aceptar ciegamente este modelo de enseñanza-aprendizaje. En segundo lugar, como maestros, debemos percibir que el simple hecho de conocer la materia que enseñaremos no es suficiente. Debemos desarrollar la capacidad de ayudar a nuestros alumnos a poner en práctica, en la vida diaria, las cosas que les estamos enseñando.

Jesús, nuestro modelo de enseñanza nos da algunas claves acerca de cómo ayudar a la gente a aprender genuinamente.

Técnicas de aprendizaje de Jesús

1. Comenzar en el contexto del alumno. Jesús usó objetos y temas que eran familiares a sus oyentes. Barcos, peces, ovejas, agua, vino, pan, higueras, semillas, etc. Inició el proceso de aprendizaje en el lugar mismo donde se encontraban sus alumnos. Sabía que el aprendizaje efectivo se edifica sobre lo que el alumno ya sabe. Es decir, ir de lo conocido a lo desconocido.

Podemos seguir el ejemplo de Jesús. ¿Cuáles cosas le son familiares a nuestros jóvenes y adultos? Las llaves de automóviles, portafolios, chequeras, periódicos, etc. Podemos usarlas para ayudarles a aprender en su propio contexto. traiga a su clase de escuela dominical esos objetos para hacer más efectiva su labor. *Comenzar con el contexto del alumno enfatiza el aprendizaje, no la enseñanza.*

2. Facilitar a los alumnos el descubrimiento de la verdad. Jesús permitió que Pedro anduviera sobre el agua para que aprendiera acerca de la fe (Mat. 14:25-33) Pedro aprendió su lección por medio de su experiencia.

Aprovechar los momentos en que se da la enseñanza. La mujer tomada en adulterio (Juan 8:1-11). La tormenta en el lago (Luc. 8:22-25). El paralítico en la sinagoga (Mat. 12:9-13).

3. Proveer a los alumnos la oportunidad de practicar lo que aprendieron. Jesús instruyó al joven rico, luego le retó a que vendiera todas sus posesiones (Mar. 10:17-21). El mencionado joven tenía un gran conocimiento teórico de lo que era su deber. Podemos tomar lecciones teóricas sobre cómo nadar, manejar o andar en bicicleta, pero nunca aprenderemos correctamente hasta que vayamos a una alberca, manejemos un automóvil o una bicicleta. Dios nos ayude a enseñar de tal manera que nuestros alumnos sí aprendan.

Conozca a la familia RVA

Belleza, claridad y precisión

Disponible ahora en más de 30 estilos.

Desde encuadernación en percalina a todo color, hasta encuadernación en piel genuina y cantos dorados. Hay una larga variedad de estilos para satisfacer diferentes gustos y necesidades. Y para aquellos que prefieren estudiar la Biblia en sus computadoras, está La Biblia Computarizada RVA en sistemas compatibles con IBM.

EDITORIAL MUNDO HISPANO
Un sello de la Casa Bautista de Publicaciones

PLAN GENERAL DE ESTUDIOS

Libro	Libros con 52 estudios para cada año			
1	Génesis		Mateo	
2	Exodo	Levítico Números	Los Hechos	
3	1, 2 Tesalonicenses Gálatas	Josué Jueces	Hebreos Santiago	Rut 1 Samuel
4	Lucas		2 Samuel (1 Crónicas)	1 Reyes (2 Crón. 1-20)
5	1 Corintios	Amós Oseas Jonás	2 Corintios Filemón	2 Reyes (2 Crón. 21-36) Miqueas
6	Romanos	Salmos	Isaías	1, 2 Pedro 1, 2, 3 Juan Judas
7	Deuteronomio	Juan		Job, Proverbios, Eclesiastés Cantares
8	Efesios Filipenses	Habacuc Jeremías Lamentaciones	Marcos	Ezequiel Daniel
9	Esdras Nehemías Ester	Colosenses 1, 2 Timoteo Tito	Joel, Abdías, Nahúm Sofonías, Hageo, Zacarías, Malaquías	Apocalipsis

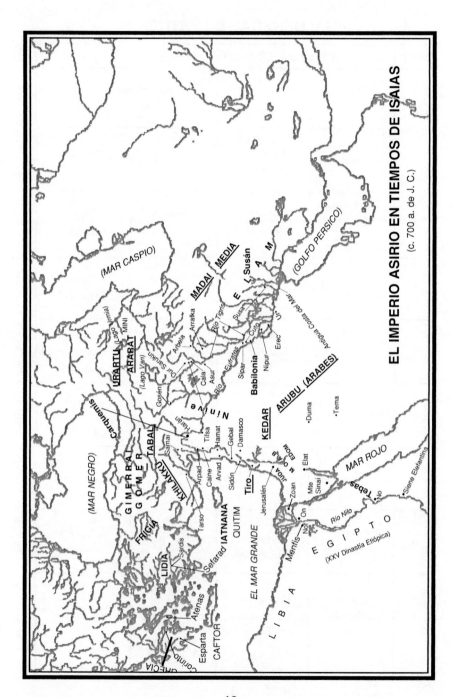

EL IMPERIO ASIRIO EN TIEMPOS DE ISAIAS

(c. 700 a. de J. C.)

10

PLAN DE ESTUDIOS
ROMANOS

Escriba antes del número de cada estudio, la fecha en que lo usará.

Fecha **Unidad 1: Todos somos pecadores**
_____ 1. Inexcusable ante Dios
_____ 2. Todos seremos juzgados

Unidad 2: El evangelio de Dios para el pecador
_____ 3. Justificado por la fe
_____ 4. Paz, por medio de Cristo
_____ 5. Libertad del pecado
_____ 6. Victoria en el Espíritu

Unidad 3: El evangelio para todos
_____ 7. Primero a los judíos
_____ 8. Salvación del remanente
_____ 9. También a los gentiles

Unidad 4: El evangelio en acción
_____ 10. Comprobando la voluntad de Dios
_____ 11. Sumisión a las autoridades
_____ 12. Siendo comprensivo con el hermano
_____ 13. Misionero en acción

ROMANOS:
El Evangelio para Todo Hombre
Jack W. MacGorman. Núm. 04343. CBP

Un comentario a nivel popular para que todos los miembros de la iglesia lo entiendan. El estudio de Romanos puede ser muy fascinante. En el caso de esta obra lo es más aún, porque su autor es el doctor J. W. MacGorman, estudioso del Nuevo Testamento, predicador y maestro. El lector recibirá la bendición de la enseñanza bíblica tal como la han recibido noveles predicadores durante más de tres décadas.

ROMANOS
Una introducción

Un análisis serio de las cartas de Pablo ubica a Romanos como la más importante. No son pocos los estudiosos que le han dado el honroso calificativo de el libro más importante de la Biblia, luego de los cuatro evangelios.

Escritor. Conforme a la costumbre de Pablo, y apégandose al estilo epistolar, el Apóstol se identifica al comienzo de la carta (1:1) como Pablo, siervo de Jesucristo. No hay razones fuertes para poner en duda la paternidad literaria de la carta.

Destinatarios. La epístola va dirigida a los cristianos que vivían en la metrópoli del imperio romano. Pablo siempre tuvo en cuenta la importancia de las grandes ciudades como un elemento clave en la difusión del mensaje evangélico.

Desconocemos muchas cosas acerca de la iglesia que estaba en Roma. Cuando Pablo escribió su epístola, la iglesia ya estaba firmemente establecida. En Hechos 2:10 hay una referencia a judíos y prosélitos de Roma que acudieron a la fiesta de Pentecostés. Probablemente muchos de ellos al convertirse, llevaron consigo a Roma las buenas nuevas de salvación.

Ocasión y fecha. En varias ocasiones Pablo tuvo la intención de visitar la iglesia en Roma para confirmar la fe de los creyentes. Ahora, luego de haber concluido varias diligencias que habían impedido su visita a Roma, ya está listo para realizar tan acariciado sueño. Desde Corinto (15:8-33) escribe con la visión misionera de ir hasta España.

En cuanto a la fecha, la podemos ubicar con gran seguridad alrededor de los años 57, 58 d. de J.C.

Propósito de la epístola. (1) En primer lugar, es un propósito *práctico:* conseguir el apoyo de la iglesia en Roma para su misión a España. Pero no cabe duda que hay otros intereses importantes en la mente de Pablo.

(2) En segundo lugar, descubrimos un propósito *pastoral.* Aunque Pablo no fundó la iglesia en Roma, no era el pastor allí, se nota fácilmente que siente la carga del aspecto pastoral. Aquila y Priscila, sus colaboradores, le habían informado ampliamente del estado de la iglesia en Roma.

Uno de los asuntos clave es el interés de Pablo de elaborar una apología del principio de la religión universal en contraste con el exclusivismo y nacionalismo judíos. La palabra clave en esta apología es "justificación".

(3) En tercer lugar está el aspecto *doctrinal.* Estos contenidos forman más bien un tratado teológico. Se responde a la pregunta: ¿Cómo puede el hombre justificarse delante de Dios? El hombre responde que es a través de las obras. La respuesta de Pablo, inspirada por el Espíritu Santo es que ninguna obra o logro humanos pueden efectuar la justificación. Sólo puede recibirse por fe en la justicia de Dios que se ofrece gratuitamente (1:17).

Inexcusable ante Dios

Contexto: Romanos 1:1-32
Texto básico: Romanos 1:18-32
Versículo clave: Romanos 1:20
Verdad central: Dios se ha revelado de múltiples maneras, de modo que nadie tiene excusa para decir que adora la creación porque no conoce al Creador.
Metas de enseñanza-aprendizaje: Que el alumno demuestre su: (1) conocimiento de la inexcusabilidad del hombre frente a la revelación de Dios, (2) actitud de adoración a Dios, como respuesta a su revelación.

Estudio panorámico del contexto

A. Fondo histórico:

Si la civilización occidental tuvo su cuna en Grecia, en Roma tuvo a su nodriza. Los orígenes de la ciudad que le diera nombre a todo un imperio, se remontan a la antigua población latina fundada sobre el monte Palatino, edificada según la leyenda por Rómulo y Remo.

Esta antigua población, "La Roma Cuadrata", no excedía las 10 hectáreas de extensión, pero fue creciendo en influencia y poder hasta convertirse en la señora de las naciones.

A fines del siglo I d. de J.C., Roma dominaba desde las Islas Británicas hasta el mar Caspio, y desde el Océano Atlántico hasta el Golfo Pérsico.

La tradición fecha la fundación de Roma el 21 de abril del 753 a. de J.C. Roma universalizó una cultura: la latina, de la cual son depositarios los pueblos de lenguas románicas (gallegos, portugueses, catalanes, españoles, provenzales, franceses, italianos, sardos, rumanos, retorromanos, y latinoamericanos). Pero su idioma, el alfabeto, su sistema jurídico y su literatura han influido poderosamente aun en pueblos de origen bárbaro, razón por la cual Shiller declaró: "Llamáis lenguas muertas a los lenguajes de los griegos y los latinos, pero de ellos se origina lo que en las vuestras pervive."

El corazón del mensaje de esta epístola responde a la pregunta: ¿Cómo puede el hombre justificarse delante de Dios? En otras palabras, ¿cómo podemos llegar a ser cristianos? El hombre siempre ha respondido a esta pregunta involucrando el esfuerzo humano, ya sea por medio de prácticas religiosas, dominio intelectual de ciertas verdades o el uso de técnicas físicas, mentales o "espirituales" con la cual alcanzar la salvación. La respuesta de Pablo y del evangelio, es que ninguna obra o logro humanos pueden efectuarla, sólo se puede recibir por fe en la justicia de Dios que se ofrece gratuitamente.

B. Enfasis:

El remitente de la Epístola, 1:7. La paternidad literaria de la carta ha sido atribuida tradicionalmente al apóstol Pablo. Desde épocas muy tempranas los escritores eclesiásticos, entre ellos Ireneo muerto en el 203 d. de J.C., la han aceptado como paulina.

Pablo anhela visitar Roma, 1:8-15. Cuando Pablo escribió su carta a la Iglesia de Roma (58 d. de J.C.), la ciudad imperial contaba con una comunidad cristiana bien desarrollada. Se piensa que el cristianismo fue llevado a Roma por judíos y gentiles que entraron en contacto con el evangelio en Judea (Hech. 2:10) y en otras provincias imperiales (Hech. 18:1-3). Pablo expresa su anhelo de visitar la iglesia en Roma, sintiéndose deudor de compartir el evangelio.

El poder de Dios para salvación, 1:16, 17. El contundente contenido soteriológico de la carta le ha valido el nombre de: "El quinto evangelio".

No hay excusas, 1:18-23. La visión paulina del hombre ha sido señalada como una visión pesimista de la humanidad. Sin embargo, al considerar tal argumentación en cuanto a la culpabilidad del hombre, no podemos pensar en una manera distinta a la de Pablo.

La necedad del hombre, 1:24-28. La indignación del escritor se deja sentir a través de sus palabras, con ellas condena la necedad de los hombres al cambiar la gloria del Dios incorruptible por imágenes de hombre, aves o reptiles.

El pecado es universal, 1:29-32. Una lectura aunque sea superficial de los versículos 29 al 32 nos persuade de la universalidad del pecado.

─────────────── **Estudio del texto básico** ───────────────

1 El hombre es inexcusable ante Dios, Romanos 1:18-23.

V. 18. Con frecuencia se ha objetado la idea de *la ira de Dios* sobre la premisa de que siendo un Dios de amor, la ira es incompatible con su naturaleza. No obstante, existe una relación muy estrecha entre la revelación de la justicia y la revelación de la ira. *La ira de Dios* es la ira de la justicia, por cuanto el hombre ha fracasado en el intento de alcanzarla sin Dios. El erudito anglicano C. H. Dodd, señala cómo el apóstol Pablo habla del amor de Dios y del Dios amoroso. Habla de la fidelidad de Dios y del Dios fiel. Pero aunque habla de *la ira de Dios,* no habla del Dios iracundo. La ira de Dios es una consecuencia inevitable del pecado del hombre.

La *impiedad* es la carencia de reverencia hacia Dios, es la falta de religiosidad o de respeto. La *injusticia* es la carencia de la rectitud en las relaciones con los hombres y con Dios. La base de una conducta ética descansa en la naturaleza de Dios y en una correcta relación del hombre con él.

V. 19. Al escribir las palabras de este versículo, el escritor presenta una de las grandes presuposiciones del pensamiento cristiano: "Dios puede y quiere ser conocido." *Lo que de Dios se conoce es evidente,* pues él mismo ha querido revelarlo. Es evidente "en ellos", es decir dentro de sus corazones y sus conciencias.

V. 20. Los atributos de la naturaleza de Dios son aquí definidos como: *Su* *eterno poder y deidad* ya que *THEIOTES* proviene de *THEIOS* (*theos*), significando calidad de Dios, y tiene su equivalente en el término latino *DIVINI-TAS* (divinidad), en tanto que *tehótes* (Col. 2:9) tiene su correspondencia en *Deitas* (de *Deus*) traduciéndose: deidad. Estos atributos "no vistos" son entendidos desde la creación, la cual los hace "claramente visibles" por lo cual, *no tienen excusa*.

V. 21. *Habiendo conocido a Dios...* Como en el v. 19, se parte del hecho de que los hombres han tenido algún conocimiento de Dios en ellos mismos, es decir en sus corazones. Sin embargo, actuaron con necedad sin glorificarle ni darle gracias. El *corazón* señalado como asiento de las facultades humanas (Rom. 9:2; 10:6; 1 Cor. 4:5) es *insensato* (gr. *asúnetos* = poner junto a, y el privativo: a), pues es incapaz de poner juntos las evidencias y el juicio. El resultado fue que los corazones de los hombres fueron entenebrecidos.

V. 22. Alegando, asegurando *ser sabios, se hicieron fatuos,* faltos de entendimiento, llenos de presunción e infundada vanidad.

V. 23. *Y cambiaron la gloria del Dios incorruptible.* La incorruptibilidad es la descripción de la escencia de un Dios santo (1 Tim. 1:17). La indignación del Apóstol es evidente, ya que el hombre, tras ignorar la evidencia que tenía de Dios, le comparó de manera grotesca consigo mismo o con reptiles. La frecuente alusión a "ellos" pareciera presentarlos como protagonistas de su propio monólogo. Este sigue siendo el problema básico de la humanidad: querer ser como dioses (Gén. 3:1-6). El idólatra pretende crear dioses a su propia medida.

2 Consecuencias de la idolatría, Romanos 1:24-28.

V. 24. *Por tanto, Dios los entregó...* La idea de entregar significa pasar de mano en mano. Entregar al poder de alguien (Mat. 4:12). En este versículo, como en el 26, Dios entrega a los hombres que voluntariamente lo habían abandonado, a su libertinaje para su propia destrucción. *A la impureza...,* el término "limpio" (gr. *katharós*) y el grupo de palabras relacionadas con él, abarcan el campo de la limpieza física, cultural y ética. De donde la impureza aquí inside en el ámbito moral. *Deshonraron entre sí sus propios cuerpos:* impureza sexual. El cristianismo dio un nuevo sentido a la dignidad del cuerpo (1 Tes. 4:4; 1 Cor. 6:13).

V. 25. *Ellos cambiaron...* Este término aparece sólo dos veces en el Nuevo Testamento. Es un antiguo término (*metallasso*) para el intercambio comercial. Hicieron un mal negocio: *cambiaron la verdad de Dios por la mentira*.

Vv. 26-28. En estos versículos, el apóstol Pablo habla de la degradación del sexo como un resultado de la pérdida de Dios en la vida. El vocabulario usado por el escritor expresa de manera contundente la degradación humana: las *pasiones vergonzosas* significan pasiones eróticas (gr. *phatos*). Este término tiene siempre en el Nuevo Testamento un significado malo (Col. 3:5; 1 Tes. 4:5) como también en algunos usos españoles (patología, patológico, etc.). Curiosamente, la psiquiatría moderna ha dejado de conceptualizar la homosexualidad como un asunto patológico, para considerarla como un problema de "preferencia sexual".

Se encendieron en sus pasiones desordenadas, ardieron o se inflamaron en deseos lascivos, *cometiendo actos vergonzosos*. Y como ellos no "dieron por bueno a Dios" (gr. *dokimázo*: término técnico para designar a las monedas probadas como auténticas), los hombres probaron a Dios y se apartaron de él. *Dios les entregó a una mente reprobada*. Como alguien dijo: "Lo peor que Dios puede hacer con alguien que no quiere nada con él, es no hacer nada."

3 Perfil del hombre pecador, Romanos 1:29-32.

Vv. 29-31. El perfil del hombre reprobado se caracteriza por estar "lleno a plenitud", hasta el borde, de atributos como los enumerados aquí:

Injusticia. La justicia ha sido definida como el dar a Dios y a los hombres lo que se les debe. La *injusticia* es todo lo contrario.

Maldad. Es el tipo de maldad activa. La *perversidad*. Es la maldad que no sólo afecta a la persona implicada, sino que de manera deliberada y efectiva busca pervertir e injuriar a otros.

Avaricia. Ha sido descrita como: el maldito amor a las posesiones. Es el deseo que no conoce leyes.

Envidia. Es mirar a la persona admirable no tanto por la admiración que merece, sino por el resentimiento que le crea la virtud ajena.

Homicidios. Cristo amplió enormemente el significado de homicidio, ya que éste no solo consiste en arrebatarle la vida a otro por medio de la violencia, sino también en el espíritu de odio y de ira que pueden provocarlo.

Contiendas. La contensión que nace de la envidia. La ambición y el deseo de preeminencia.

Engaño. Es la cualidad del hombre que tiene una mente tortuosa, la condición del que nunca hace nada sin fines ulteriores.

Mala intención (*kakoethias*). De *kakos* = malo y *ethos* = costumbre. La tendencia de buscar siempre el lado perverso de las cosas.

Murmuradores, contenciosos, calumniadores. Los que hablan secretamente de los otros. Lo hacen al oído.

Aborrecedores de Dios. Los que odian a Dios porque saben que les estorba. Lo odian porque es una barrera entre ellos y sus placeres.

Insolentes. El injurioso, el sádico que encuentra placer en dañar a otros por el simple motivo de dañarlos.

Soberbios. Es la actitud de los que se deleitan haciendo que los demás se sientan pequeños (Stg. 4:6; 1 Ped. 5:5; Prov. 3:24).

Jactanciosos. El jactancioso es el fanfarrón que se ufana de cosas que sólo existen en su mente.

Inventores de males. Es el espíritu de los que no pueden conformarse con las maneras comunes de pecar, sino que buscan nuevos y recónditos vicios.

Desobedientes a sus padres. Rebeldes a las enseñanzas de los padres.

Insensatos. Son incapaces de aprender la lección de la experiencia.

Desleales. Incapaces de cumplir sus compromisos.

Sin afecto natural. Significa: sin amor filial. Sólo aparece en el Nuevo Testamento aquí y en 2 Timoteo 3:3.

Crueles. Despiadados, desprovistos de misericordia.

V. 32. El veredicto de Pablo condena tanto al que peca como al que es cómplice de ese pecado o indulgente con él.

Aplicaciones del estudio

1. La culpabilidad del hombre, Romanos 1:18-23. Dios se ha revelado de muchas maneras, de tal forma que nadie puede decir que tiene excusa para no creer en Dios y adorarle.

2. ¿Seré yo? La lista tan extensa de las características del hombre pecador son suficientes elementos para determinar, en un examen de conciencia, si alguien está en esa categoría.

Ayuda homilética

El precio de la necedad
Romanos 1:25

Introducción: En el mundo de los negocios una mala decisión puede traer resultados catastróficos a un inversionista incauto. En Romanos 1:25 la palabra "cambiaron" proviene del término griego usado en el comercio. El hombre hizo el peor negocio de su vida al cambiar la gloria de Dios por la mentira.

I. **El hombre tenía elementos para una decisión segura.**
   A. Tenía un socio con recursos ilimitados: Dios.
   B. Tenía el conocimiento del potencial de su socio.
   1. Por medio de sus obras y posesiones.
   2. Por la información que él mismo le había revelado.
   C. Tenía el conocimiento de los mínimos riesgos que su socio tomaba.
   1. Su poder eterno.
   2. Su influencia universal.
II. **El hombre desdeñó los elementos que tenía, y siguió sus propios criterios.**
   A. Se cegó ante las evidencias que le saltaban a la vista.
   B. Se ufanó de su propia inteligencia.
   C. Cayó en una necedad temeraria.
III. **El hombre fincó con sus manos su propia ruina.**
   A. Su socio lo abandonó.
   B. Encontró su propia ruina moral.
   C. Encontró las consecuencias de su mala decisión.

Conclusión: Es fácil reconocer que las consecuencias de una mala decisión son catastróficas, y más cuando el hombre escoge consciente y voluntariamente desobedecer a Dios.

Lecturas bíblicas para el siguiente estudio

Lunes: Romanos 2:1-5
Martes: Romanos 2:6-10
Miércoles: Romanos 2:11-16

Jueves: Romanos 2:17-24
Viernes: Romanos 2:25-29
Sábado: Romanos 3:1-8

AGENDA DE CLASE

Antes de la clase
1. Prepare un mapa del Imperio Romano en su época de máxima extensión, y coloque alrededor del mapa imágenes que describan algunas de las aportaciones de Roma al mundo. Por ejemplo: un edificio como ejemplo de su arquitectura, alguna escultura famosa, algún símbolo de derecho, tal como la constitución, una balanza romana, algunas letras del alfabeto, etc. **2.** Prepare una lámina en la que aparezca un círculo al centro, flanqueado por dos signos de interrogación. Al centro del círculo debe aparecer la silueta de un hombre en color negro. Es recomendable que estas imágenes sean de un tamaño adecuado, y de colores contrastantes, por ejemplo: negro y amarillo. **3.** Prepare una lámina con la silueta de un hombre a la derecha, y algunos recortes de titulares en la prensa que describan los problemas del mundo actual (ecológicos, sociales, morales, políticos, económicos, étnicos, etc.). Debe cuidar que estas notas no sean sensacionalistas, ni ofensivas. Añadir algún titular positivo (avances médicos, tecnológicos, etc.). Estas notas periodísticas deben ser pegadas frente a la silueta. **4.** Compruebe las respuestas de la sección *Lea su Biblia y responda*.

Comprobación de respuestas
JOVENES: **1.** Contra toda impiedad e injusticia de los hombres. **2.** Su eterno poder y deidad, ...la creación del mundo, ...excusa. **3.** Mente reprobada, injusticia, maldad, avaricia, perversidad, envidia, homicidios, contiendas, engaños, mala intención, contención, calumnia, aborrecedores de Dios, insolentes, soberbios, jactanciosos, inventores de males, desobedientes, insensatos, desleales, crueles, sin misericordia.
ADULTOS: **1.** a. Pablo, b. 58-59 d. de J.C., c. profiláctico y testamentario, d. Corinto. **2.** Contra toda impiedad e injusticia de los hombres. **3.** La creación del mundo. **4.** a. Toda injusticia, maldad, avaricia, perversidad. b. Envidia, homicidios, contiendas, engaños, mala intención. c. Contenciosos, calumniadores, aborrecedores de Dios, insolentes, soberbios y jactanciosos, inventores de males, desobedientes, insensatos, desleales, crueles, sin misericordia.

Ya en clase
DESPIERTE EL INTERES
Exponga brevemente a la clase el valor teológico de la carta a los Romanos. Comente de manera muy resumida su riqueza doctrinal.

ESTUDIO PANORAMICO DEL CONTEXTO
1. Coloque el mapa del Imperio Romano al frente y comente sus dimensiones. De ser posible identifique los actuales Estados que ocupan el territorio del antiguo Imperio. Comente algunas de las aportaciones culturales del Imperio Romano al mundo, apoyándose en las imágenes que rodean el mapa. **2.** Después de exponer los elementos del contexto, invite a los alumnos a explorar el interior de la vida moral del hombre del tiempo de Pablo.

Advierta a la clase que una valoración histórica de las aportaciones de una civilización al mundo, no siempre nos informa de las realidades morales y espirituales de una sociedad.

ESTUDIO DEL TEXTO BASICO

1. Coloque la segunda lámina (la del círculo y los signos de interrogación) después de retirar el mapa del Imperio. Comente que una acusación que se ha formulado en contra de la visión paulina del hombre, es que es una visión oscurantista; demasiado pesimista. Comente con la clase que después de estudiar las divisiones del texto, busquen determinar si la visión paulina de la humanidad es real o ficticia.

2. Pida a un alumno que lea el texto bíblico en el que se basa la primera división del estudio. Comente el valor de la revelación general como testimonio de la realidad de Dios. Comente, así mismo, el origen de la idolatría como una realidad del egoísmo humano (dioses con fines utilitarios).

3. Pida a otro alumno que lea el texto básico para la segunda división y discuta con la clase la realidad de la decadencia moral como fruto de la rebeldía humana. Analice las implicaciones morales, familiares, emocionales, sociales, etc. de la homosexualidad.

4. Retire la segunda lámina, y coloque al frente la tercera sin comentar su contenido. Pida que después de leer la porción bíblica correspondiente, la clase comente el significado de cada rasgo del perfil del hombre pecador. Cuide de orientar las opiniones cuando éstas divaguen, pero permita que los alumnos se expresen con libertad.

5. Pida a la clase que comente cuáles de los rasgos del hombre caído pueden estar relacionados con los encabezados de la lámina.

6. Finalmente, discuta con la clase si la visión paulina de la humanidad es oscurantista, o si en verdad refleja fielmente la realidad moral del hombre de todos los tiempos. Concluya esta sección pidiendo a un alumno que lea nuevamente la lista de las características del hombre pecador y comente con el grupo de manera breve el significado de cada una de ellas.

APLICACIONES DEL ESTUDIO

1. Pida a dos alumnos que lean las *Aplicaciones del estudio* en el libro del alumno. **2.** Dé tiempo para que la clase comente sus opiniones sobre dichas aplicaciones. **3.** Solicite que complementen con sus impresiones las ideas de estas aplicaciones en caso de que consideren que deben ser ampliadas. **4.** Escriba en el pizarrón la pregunta: ¿Y ahora qué...? y dirija a sus alumnos a pensar en una conclusión y aplicación personal.

PRUEBA

1. Pida al grupo que se divida por parejas para contestar esta sección del estudio. **2.** Dé tiempo para que respondan. **3.** Vuelva a reunir al grupo y pida que algunos voluntarios compartan sus respuestas. **4.** Invíteles a tomar decisiones sobre las enseñanzas adquiridas. **5.** Muestre nuevamente la lámina del perfil del hombre pecador, y concluya con la exhortación a que todos busquemos superar tales características.

Todos seremos juzgados

Contexto: Romanos 2:1 a 3:8
Texto básico: Romanos 2:6-10, 17-24; 3:1-8
Versículos clave: Romanos 2:9, 10
Verdad central: La justicia de Dios se manifiesta en el hecho de que él juzgará a todos los hombres, incluyendo a su pueblo escogido, sin hacer ninguna distinción.
Metas de enseñanza-aprendizaje: Que el alumno demuestre su: (1) conocimiento de que todos seremos juzgados, (2) actitud de hablar a otras personas acerca de que un día todos compareceremos ante el tribunal de Cristo.

────────── **Estudio panorámico del contexto** ──────────

A. Fondo histórico:
Corría el año 1220 a. de J.C. cuando fue inscrito en el templo funerario del faraón Mernepta su cántico de triunfo: "Israel está perdido, no tiene descendencia." Este sería el primer testimonio gráfico sobre la nación hebrea plasmado en la estela de Israel (actualmente en el museo de El Cairo).

Desde entonces mucho se ha escrito sobre Israel. La controversia judeo-cristiana ha legado una inmensa producción literaria la cual, no obstante, no ha logrado un acercamiento entre ambos credos.

En honor a la verdad, la literatura cristiana no ha estado exenta de prejuicios en cuanto a la fe y el pensamiento de Israel; por lo cual para conocerlos mejor, sería necesario recurrir a sus propias fuentes.

Por su parte, la producción literaria judía no ha sido menos copiosa. Sus innumerables comentarios bíblicos (*Midrashim*), su compilación de la tradición oral (*Misnah*) y la literatura talmúdica (por citar algo) constituyen una inmensa enciclopedia de la vida y la labor espiritual de Israel.

Citar tan siquiera algunas referencias de semejante acervo, es materialmente imposible. El monumental legado literario de Israel expresa en su teología, folklore, ética, apologética, liturgia, etc. una conciencia unánime: la de ser un pueblo diferente, la de ser el pueblo de Dios. En la historia bíblica, por ejemplo, todo pacto hecho por Dios con el hombre tiene un signo visible. Por esa razón, el pacto de Dios con Abraham se sella con la circuncisión. Desde entonces la circuncisión ha sido la ceremonia que introduce al niño judío a la comunidad de sus mayores.

Esta convicción se sintetiza en la bendición pronunciada sobre el rollo de la ley en la fiesta del pentecostés: *"Asher bajar banu mikol ba amim ve natan lanu et torató."* (Nos eligió entre todos los pueblos y nos dio su ley.)

B. Enfasis:
La autocondenación del hombre, 2:1-5. A pesar de las innegables diferencias entre el judío y el gentil —en cuanto a su fe, su historia, su esperanza y su visión del mundo—, el apóstol Pablo argumenta que ambos comparten una realidad común delante de Dios: la naturaleza caída. Desde esta perspectiva la capacidad de juicio sobre los hechos ajenos no exime al crítico de cometerlos, y mucho menos de escapar de su sentencia.

El juicio universal de Dios, 2:6-10. La frecuente alusión al judío y al griego universaliza el juicio de Dios sobre los hechos de un género caído: la raza humana. Pero de igual manera participa a la humanidad entera de los beneficios de la justicia.

No hay distinción de personas, 2:11-16. Los que son hacedores de lo que han oído son llamados justos, sean judíos o gentiles.

La verdadera identidad, 2:17-29. Una de las razones por las cuales en círculos judíos se considera a Saulo de Tarso el fundador del cristianismo es por sus conclusiones respecto a quién es un verdadero judío. En su argumentación sobre el asunto (vv. 28, 29) el apóstol Pablo propina un golpe demoledor a la auto estima judía: no es judío el que lo es en la carne, antes bien quien lo es de corazón.

Los judíos depositarios de las palabras de Dios, 3:1-8. Es innegable que el Apóstol tiene una visión imparcial de la suerte de su pueblo, el cual aunque había recibido los privilegios de su primogenitura, había fracasado en el cumplimiento de su vocación. A pesar de eso, la infidelidad de Israel no alteró la fidelidad de Dios.

──────────────── **Estudio del texto básico** ────────────────

1 Todos seremos juzgados, Romanos 2:6-10.

Después de presentar la sombría visión del mundo pagano Pablo muestra la condición de Israel. Si bien el judío poseía el conocimiento que la revelación le permitía para identificar al pecado como tal, no por ello estaba exento de cometerlo. Más aun, en el v. 11 el Apóstol hace una interesante declaración: Dios no hace acepción de personas. La palabra acepción (gr. *prosopolempsia*. De *prosopon* = cara, y de *lambano* = tomar) es de cuño cristiano, ya que traslada la expresión hebrea: *nasánfesh* (reconocer, hacer levantar el rostro del que se inclina para saludar) a la lengua del Nuevo Testamento, pero conservando su sentido básico: Dios no juzga por el rostro, ni toma al hombre por su apariencia (Lev. 1:17 RV. 1909). La imparcialidad de Dios se manifiesta en que juzga indistintamente a los hombres, pero otorga su gracia de igual manera.

Ante la recurrente pregunta: ¿qué será de los paganos?, el escritor responde que aun cuando no tuviesen la ley, tienen una ley escrita en sus corazones; de manera que cuando hacen lo bueno "son ley para sí mismos".

V. 6. *El recompensará...* La recompensa es la retribución de un justo juicio sobre las obras de los hombres (Prov. 24:12; 2 Tim. 4:14; Apoc. 22:12).

V. 7. *A los que por su perseverancia... buscan...* La clave de este versículo es la palabra *perseverancia*. Esta *perseverancia* paciente *en las buenas obras*, es consecuente con una vida de fe y por la fe. Nótese que es Pablo quien en esta carta argumenta fuertemente la idea de la justificación por la fe. La vida eterna lograda como fruto de *las buenas obras*, no sería la idea que Pablo desea plasmar; antes bien, la del trato imparcial que Dios da a todos *los que buscan gloria, honra e incorrupción.*

V. 8. *Pero enojo e ira a los que son contenciosos.* La ira y la indignación son la retribución al que con "rivalidad" desobedece la verdad y obedece a la injusticia. El escritor destaca aquí la actitud contenciosa del que, deliberadamente se opone a la obediencia y prefiere asumir los riesgos de su propia elección.

V. 9. Hacer lo malo aquí es sinónimo de "desobedecer a la verdad", y la *tribulación y angustia* complementan a la ira y la indignación.

V. 10. En contraste con la suerte del reprobado, la gloria, la honra y la paz son la corona del que hace el bien. Una valoración seria de estas declaraciones nos ubica en la esencia del pensamiento neotestamentario en cuanto a la relación de la fe con las obras: la fe es expresada a través de una cualidad de vida, la del que anda en las buenas obras (Ef. 2:8-10; Stg. 2:14-20). No deja de ser interesante que el juicio escatológico no es anunciado en torno a una fe equivocada, sino en torno a los malos hechos del hombre (Mat. 24:31-46).

2 El verdadero judío, Romanos 2:17-24.

V. 17. *Tienes nombre* (lit: sobrenombre) *de ser judío.* Aquí *judío* sería un título distintivo y honorífico. Cuando Pablo declara: *te apoyas,* usa la expresión que significa "descansas" o "te recuestas sobre", haciendo referencia a la idea de una relación automática con la ley de Moisés. De igual manera, el gloriarse *en Dios* sería en todo caso un reproche a la arrogancia del que cree a Dios una posesión nacional. ¡Cuán triste espectáculo el del que cree poseer la patente de Dios!

V. 18. El conocimiento de la ley permitió al hombre discernir lo que más vale. Dicho conocimiento era fruto de la instrucción catequística de las sinagogas.

Vv. 19-21. Las palabras de estos versículos más que proyectar una intención irónica manifiestan una gran verdad: Dios quería que Israel guiara al mundo a la salvación y, de hecho, hasta esa época era el pueblo el que poseía la revelación más elevada. No obstante, la nación falló a su vocación, como el arrogante religioso también lo hace.

Vv. 22-24. Por su parte, las acusaciones del escritor (*robo, adulterio, sacrilegio*) no constituyen los argumentos de una antología, antes bien, son las evidencias de una realidad incuestionable: la verdadera circuncisión sólo puede ser del corazón, aquella que opera el Espíritu de Dios en el hombre de fe (Fil. 3:3; Col. 2:11-14).

3 Nadie tiene ventajas, Romanos 3:1-8.

Una vez más el escritor introduce cuestionamientos que dan al pasaje un carácter argumentativo, dada la evidente naturaleza polémica de los asuntos abordados en él.

Vv. 1, 2. *¿Qué ventaja tiene pues el judío?* La respuesta de Pablo a sus propias preguntas pone de manifiesto el innegable valor de la palabra confiada por Dios a Israel. Además, declara el *beneficio* (provecho, ayuda) de *la circuncisión.* Recordemos que la *circuncisión* no fue establecida por Abraham, sino por Dios (Gén. 17:9-14).

V. 3. Este versículo toca la clave del pasaje: Israel recibió múltiples privilegios, pero su incredulidad (al evangelio) anuló sus ventajas. Esto no es mera especulación, ya que a pesar de que el pueblo judío comparte con el cristianismo casi la misma Biblia, cree en el mismo Dios y espera también en el Mesías, es uno de los pueblos menos receptivos al evangelio en todo el mundo. "A lo suyo vino, pero los suyos no le recibieron" (Juan 1:11).

V. 4. La infidelidad humana no anula la fidelidad de Dios. La declaración del escritor es enfática: *¡De ninguna manera!* Que Dios siga siendo *veraz,* aunque *todo hombre sea* hallado *mentiroso.*

V. 5. El Apóstol continúa respondiendo a las objeciones que sus planteamientos encontraban y enfrenta una conclusión absurda, pero no por ello difícil de escuchar en nuestros días: "Si mi pecado le da a Dios la oportunidad de mostrar su misericordia y justicia, entonces es bueno, porque sus resultados son positivos." La aclaración de Pablo (*Hablo como hombre*) es como si advirtiera: "Perdónenme por usar estos argumentos."

Vv. 6, 7. *¡De ninguna manera!* El cambio que el escritor hace en el v. 7 a la primera persona, confirma el carácter argumentativo del pasaje. Alguien dijo a este respecto: "transfiere mediante una ficción, la objeción a sí mismo". La conclusión de toda esta discusión es inexorable: Si todos, judíos y gentiles, están bajo el pecado, entonces el judío no tiene ventajas. La ley y su observancia no pueden justificar al hombre ya que, si bien "de la ley viene el reconocimiento del pecado", la ley no provee de una solución final para este problema. De ninguna manera podemos concluir que Pablo obraba con el ánimo de un antisemitista implacable, pues él mismo anuncia su dolor y anhelos por Israel (Rom. 9:1-5; 10:1-4; 11:25-36). La única intención que podemos encontrar es la del misionero que no busca sino "testificar a judíos y a griegos acerca del arrepentimiento para con Dios y de la fe en nuestro Señor Jesucristo" (Hech. 20:21).

V. 8. De acuerdo con la lógica humana, si por el pecado del hombre viene la gracia de Dios, a mayor cantidad de pecado le corresponde mayor gracia, pero en la mente de Dios esa manera de pensar ocasiona la condenación. Al final de cuentas Dios no condena a nadie, es el hombre que en su búsqueda de una relación acomodaticia, quiere tergiversar el mensaje para que se acomode a sus inclinaciones pecaminosas.

––––––––––––––– **Aplicaciones del estudio** –––––––––––––––

1. Nadie escapará al juicio de Dios. Un determinado pueblo o grupo religioso puede reclamar exención del juicio divino por el simple hecho de considerarse privilegiado por su relación especial con Dios. Sin embargo, la Biblia nos enseña que todos compareceremos ante el tribunal de Cristo. No todos serán condenados, pero todos seremos juzgados.

2. Es urgente avisar a otros de la inminencia del juicio. Si por una parte el saber que todos seremos juzgados nos llama a estar alertas, por otra parte debe hacer renacer en nosotros el celo evangelístico que caracterizó a los creyentes del primer siglo. Todos deben saber que un día todos compareceremos ante el tribunal de Cristo. Nos toca a nosotros los creyentes comunicar esa verdad con un sentido de urgencia.

3. La lógica de los hombres no es la lógica de Dios. A veces acomodamos la Biblia a nuestra conveniencia y la hacemos decir lo que en realidad no va de acuerdo con el carácter de un Dios santo. No obstante, nuestra salvación no depende de un determinado método de interpretación bíblica, sino del cumplimiento de los pasos que establece el plan de salvación presentado con claridad en la Palabra: "El que cree en el Hijo tiene vida eterna... Justificados por la fe tenemos paz para con Dios..."

──────────────── Ayuda homilética ────────────────

Las exigencias del privilegio
Romanos 3:1-3, 27

Introducción: Las últimas palabras de Moisés registradas en su bendición póstuma a Israel (Deut. 33:29), son una evocación de los privilegios y beneficios que la nación hebrea recibió como pueblo de Dios. Pero todo privilegio entraña necesariamente responsabilidad. El hombre de fe, en consecuencia, debe valorar su relación con Dios en términos de función más que en términos de posición.

I. La exigencia de la palabra confiada (vv. 1, 2).
   A. Confiada para ser creída.
   B. Confiada para ser vivida.
II. La exigencia de la fidelidad empeñada (v. 3).
   A. Empeñada en la vocación.
   B. Empeñada en la misión.
III. La exigencia de la humildad encarnada (v. 27).
   A. Encarnada en el rechazo a la jactancia.
   B. Encarnada en la sumisión a su señorío.

Conclusión: Como muchos judíos, numerosos cristianos podemos sucumbir a la tentación de considerar nuestra relación con Dios en términos de un deber que él ha de cumplir colmándonos de privilegios. Si bien la vida cristiana encuentra abundantes promesas en las Escrituras, debemos estar conscientes de las exigencias del privilegio.

Lecturas bíblicas para el siguiente estudio

Lunes: Romanos 3:9-18   **Jueves:** Romanos 4:1-12
Martes: Romanos 3:19-26   **Viernes:** Romanos 4:13-17
Miércoles: Romanos 3:27-31   **Sábado:** Romanos 4:18-25

AGENDA DE CLASE

Antes de la clase
1. Prepare una lámina con la bandera del Estado de Israel, y otra con la bandera de Grecia. Ambas láminas deberán ser del mismo tamaño, el cual debe ser el adecuado para que el grupo pueda advertir las diferencias. Cuide de no identificar con nombre ninguna de las banderas. **2.** Investigue el origen de ambas banderas, el significado de sus colores, y el significado de sus emblemas. Si es posible, en lugar de las banderas conseguir o dibujar los escudos nacionales de ambos Estados, sería aun más interesante. En caso de disponer de ellos, debe investigar los datos mencionados con anterioridad. **3.** Consiga láminas que representen a varios tipos étnicos, de ser posible luciendo sus atuendos nacionales. Deberá preparar un mosaico con estas imágenes.

Comprobación de respuestas
JOVENES: **1.** Juzgas a otros—te condenas a ti mismo. Juicio de Dios—contra los que practican tales cosas. Juzgas a otros—pero practicas lo mismo. Por tu corazón no arrepentido—acumulas sobre ti mismo la ira. **2.** a. Vida eterna, gloria, honra y paz. b. Enojo e ira, tribulación, angustia. **3.** Respuesta personal.
ADULTOS: **1.** a. Vida eterna. gloria, honra, paz. b. Enojo e ira, tribulación, angustia. **2.** Respuesta personal del alumno.

Ya en la clase
DESPIERTE EL INTERES
Pida a los alumnos que comenten, de manera muy breve, algunas diferencias entre la gente del país y algún extranjero que conozcan. Las diferencias pueden ser: el idioma, la religión, las costumbres dietéticas, sus valores, etc.

ESTUDIO PANORAMICO DEL CONTEXTO
1. Coloque frente al grupo ambas banderas (o escudos nacionales) y pida al grupo que las identifique. **2.** Una vez identificados ambos emblemas nacionales, explique el significado de sus colores, de sus símbolos y resuma su historia. **3.** Haga notar que las banderas exhiben en sus símbolos y colores los valores espirituales y la historia de ambas naciones. **4.** Pida a un alumno que lea en su libro esta sección del estudio. **5.** Comenten, de manera breve, esta lectura y permita que los alumnos den sus opiniones.

ESTUDIO DEL TEXTO BASICO
1. Lea la porción bíblica en la que se basa la división. Advierta al grupo que este pasaje no parece hacer diferencia entre judíos y gentiles en el sentido de describir a algún grupo en particular. Pida que discutan los versículos 1, 9 y 10 para comprobar esto. Comente con el grupo cómo el pasaje describe, al parecer, a personas moralistas (tanto gentiles como judías). Que comenten el significado de las actitudes de Dios para con el pecador, las cuales son mencionadas en los versículos 4 y 5.

2. Pida a alguien de la clase que lea el texto bíblico (Rom. 2:17-24). Destaque que esta porción sí alude a los judíos, y comente los privilegios recibidos por Israel mediante el conocimiento de la ley. Pregunte a sus alumnos sobre la relación existente entre los privilegios y las responsabilidades. Escriba en el pizarrón estas dos palabras: privilegios - responsabilidades, y anote todas las opiniones del grupo bajo cada palabra, según correspondan. Pídales que preparen una paráfrasis de la porción, cambiando el sustantivo "judío" del v. 17 por el de "cristiano", y comente la necesidad de aplicar el texto a la experiencia personal.

3. Lea el texto básico, y comente su contenido (Rom. 3:1-8). Destaque cómo el pasaje concede un trato igual a todos los hombres, ya que parafraseando este pasaje, como ya lo hicieron, los reclamos del texto bien pueden aplicarse a muchos de los cristianos. Concluya el *Estudio del texto básico* reiterando la absoluta igualdad espiritual de los hombres delante de Dios.

APLICACIONES DEL ESTUDIO

No olvide que esta es una parte muy importante del estudio ya que de nada serviría tener un conocimiento teórico de la Biblia, si no se aplica a las necesidades de la vida diaria.

1. Pida a sus alumnos que discutan la aplicación del estudio tratando de identificar la intención del apóstol Pablo al reiterar la responsabilidad de los hombres ante Dios, sin importar su origen racial. **2.** Reitere a la clase que la experiencia de salvación no se da por herencia, sino en virtud de una determinación personal en cuanto al arrepentimiento y la fe. **3.** Si en el grupo participa alguien que todavía no ha aceptado a Cristo, presente como conclusión el plan de salvación, puntualizando cada paso para que ese alumno pueda tomar una decisión. Que el grupo ore unos minutos por él/ella, y extienda una invitación concreta para que acepte a Cristo. **4.** Si hubiera alguna oportunidad para hacer aplicaciones a circunstancias que en este momento estén experimentando sus alumnos, no dude en sustituirlas por las que se sugieren en el libro de alumnos y maestros. Solamente asegúrese de que son mejores de las que ya tiene.

PRUEBA

1. Pida a un alumno que lea en voz alta las preguntas de la *Prueba*. **2.** Permita que los alumnos tomen tiempo, breve, para contestarlas de manera individual. Mientras tanto, si hubo alguien en su clase que aceptara a Cristo, hable usted con él/ella invitándole a hacerle cualquier pregunta que en ese momento haya surgido en su corazón, no lo deje pasar. **3.** Vuelva otra vez al grupo, y pida que algunos voluntariamente compartan sus respuestas con el grupo. **4.** Guíe a las conclusiones de acuerdo con las necesidades concretas de sus alumnos. **5.** Motívelos para que lean su Biblia durante la semana, ofreciéndoles la ayuda que el mismo estudio provee en la sección de: *Lecturas bíblicas para el siguiente estudio*. **6.** Finalice con una oración, y participe al pastor el nombre del alumno o los alumnos que hayan hecho una decisión por Cristo.

Unidad 2

Justificado por la fe

Contexto: Romanos 3:9 a 4:25
Texto básico: Romanos 3:21-31; 4:1-5, 13, 14
Versículo clave: Romanos 3:30
Verdad central: El hombre es justificado solamente por la fe en Cristo Jesús, esta justificacion es gratuita, mediante la redención en Cristo.
Metas de enseñanza-aprendizaje: Que el alumno demuestre su: (1) conocimiento de la doctrina de la justificación por la fe, (2) actitud de valorar el hecho de haber sido justificado por la fe en Cristo. (Si todavía no es salvo, la meta será que tome la decisión de recibir la justificación por la fe.)

———————— **Estudio panorámico del contexto** ————————

A. Fondo histórico:

"Sobre tres cosas se sostiene el universo: sobre la Tora, sobre el culto y sobre la caridad." Con estas palabras ponderaba Simón el justo (200 a. de J.C.) el valor universal de la ley en la milenaria memoria de Israel. La ley ha sido considerada como el patrimonio más valioso del pueblo hebreo, según lo manifestara el Rabí Aquipa (50 d. de J.C.): "Un enorme amor le fue manifestado a Israel por cuanto le fue dado un instrumento precioso por medio del cual fue creado el mundo."

¿Cuál es el origen de la ley? En épocas recientes se ha argumentado el origen premosaico de la ley, esto en base a los paralelos existentes en fuentes orientales como los códigos de Lipt Istar, de Isnuna y de Hamurabi; así como colecciones hititas o asirias (1300-1400 a. de J.C.). No obstante, para los escritores sagrados, y para la tradición judeo-cristiana, la ley tiene su origen en la inspiración del Dios de Israel: es la Tora de Dios.

Cuando los escritores del Nuevo Testamento aluden a la ley, generalmente lo hacen refiriéndose a "la ley de Moisés", esto de acuerdo con el vocabulario del judaísmo del primer siglo. Sin embargo, Pablo es el escritor del Nuevo Testamento que usa el término "la ley" en un sentido más amplio, y lo hace mayormente en esta carta a los Romanos. En esta epístola habla de: la ley del pecado (7:22), la ley del pecado y de la muerte, así como de la ley del espíritu de vida en Cristo (8:2). Habla también de la ley de la razón, la cual es confrontada por la ley de los miembros (7:23), de la ley de la fe en Cristo (3:27), etc.

De manera general, judíos y cristianos compartieron el uso del término "la ley" para aludir básicamente a las mismas cosas. A saber: el Pentateuco, los mandamientos recibidos en el Sinaí por Moisés, y a todas las Escrituras llamadas también "la ley y los profetas".

Sin embargo, con el paso del tiempo, y como consecuencia de la inexorable separación entre el cristianismo y el judaísmo, los rabinos generalizarían otro uso: la ley denominaría también a la tradición oral. Para el judaísmo la ley forma una unidad interna e indisoluble de prescripciones morales, rituales y jurídicas. Esta convicción es compartida también por el Nuevo Testamento, aunque en sus diversos pasajes el centro de gravedad de la polémica puede ubicarse en diversas esferas. Como es de imaginar, un campo jurídico tan amplio demanda la necesidad de un basto cuerpo legislativo. Isaac Atías, resumió en *Tesoro de los Preceptos* (Amsterdam, 1649) un total de 613 preceptos del judaísmo. Esto sin contar las innumerables *halajas* (decisiones rabínicas sobre normas de conducta) y *Agadas* (leyendas o enseñanzas morales) que se desprenden de dichos preceptos.

Dado que uno de los temas fundamentales de la carta a los Romanos es la justificación por la fe, es conveniente considerar algunas ideas veterotestamentarias sobre la expiación. Expiar en el Antiguo Testamento significa "limpiar" (heb. *kipper,* Lev. 16:16), pero existe una serie de verbos paralelos que le acompañan, tales como: purificar (Eze. 43:20), perdonar, ser propicio (Exo. 32:12; 2 Rey. 5:18; Dan. 9:9).

B. Enfasis:

Por la fe: justificado, 3:21-31. En semejante marco teológico, el Apóstol expone la idea de la justificación por la fe, la cual no era una propuesta personal. Antes bien, era el mensaje de "la ley y los profetas" proclamado posteriormente por Jesucristo mismo (Juan 3:16).

Abraham, ejemplo de fe, 4:1-5. La verdad de la justificación por la fe es además argumentada por el escritor con el ejemplo de Abraham. Al remitirse al ejemplo de Abraham, acude al padre de la nación y recuerda la causa por la cual fue justificado por Dios, esto es: por la fe (Rom. 4:4; Gén. 15).

Testimonio de David, 4:6-8. La justificación de Abraham no es, en el argumento de Pablo, un hecho aislado. Pues acudiendo a los escritos, menciona también el caso de David, quien sostiene las mismas conclusiones: "Bienaventurado el hombre a quien el Señor jamás le tomará en cuenta su pecado."

Bienaventuranza para todos, 4:9-12. Esta bienaventuranza es universal, ya que Abraham la recibió antes de ser circuncidado. Estando aún en su prepucio, como argumentara en el segundo siglo, Justino Mártir (Diálogo 23:4).

Promesa cumplida, 4:13-25. La conclusión a toda su argumentación expresa qué es la fe: el medio a través del cual los hombres pueden alcanzar la bienaventuranza de la justicia.

──────────── **Estudio del texto básico** ────────────

1 El hombre es justificado por la fe, Romanos 3:21-31.

Vv. 21-23. El escritor señala que ahora la justicia se ha manifestado *aparte* (sin) *de la ley.* Esa justicia, *la justicia Dios,* es sin la ley porque es por gracia. Pero no es un concepto paulino ya que la *Ley y los Profetas* han testificado desde la antigüedad. El acceso a la justicia es mediante *la fe en* (lit: de) *Jesucristo.* Destaca también la universalidad de la promesa ya que *no hay distinción.* Como una respuesta de Dios a la necesidad humana, pues habiendo todos pecado, *no alcanzan la gloria de Dios.*

V. 24. Esa justificación es gratuita, pero para lograrla debió cubrirse un precio muy alto: fue necesario que Cristo pusiera su vida en rescate por muchos (Mat. 20:28). El rescate (gr. *lutron*) es un término que significa el costo de la libertad de un esclavo.

Vv. 25, 26. Dios no podía ignorar con ligereza la realidad del pecado de la humanidad. Si ha obrado con paciencia, no por ello ha dejado pasar al pecado como si fuera un desliz, antes bien, puso delante de él mismo (propuso) y delante del mundo a Cristo como propiciación. Esto confirma la justicia de Dios, pues absolver al culpable no sería precisamente un acto de justicia. Sin embargo, la misericordia de Dios no le permitía abandonar al hombre a su suerte (pues éste nada podía hacer para su propia redención). De esa manera fue preciso satisfacer a la justicia mediante una ofrenda propiciatoria: el sacrificio de Cristo. A la vez, mediante este hecho, Dios se constituye en justificador de todo aquél que cree. "Oh la profundidad de las riquezas, y de la sabiduría y del conocimiento de Dios" (Rom. 11:33).

Vv. 27-31. ¿Puede entonces haber lugar para la jactancia? ¡Jamás! La interrogante encuentra una respuesta negativa no solo en torno a la arrogancia por el origen étnico. Hay un solo Dios que justifica tanto a los judíos como a los gentiles de la misma manera, es decir, a través de la fe en Jesucristo.

2 Ejemplo de justificación por la fe, Romanos 4:1-5.

Vv. 1, 2. El Apóstol formula una pregunta retórica: *¿qué ha encontrado Abraham?* Y continúa argumentando que en el caso hipotético de que Abraham hubiera podido ser justificado por las obras, podría jactarse ante los hombres, pero no delante de Dios. Los méritos de Abraham como un hombre piadoso siempre han sido ponderados por el judío. La Misnah declara que entre las cinco cosas que Dios adquirió en este mundo están: la ley, el cielo, la tierra, Abraham, Israel y el santuario (Abot 6:10).

Rabán Yehuda, el Príncipe, decía: "Maravillosa es la circuncisión ya que nuestro padre Abraham, a pesar de que cumplió con todos los preceptos, no fue llamado perfecto hasta que se circuncidó." Desde la perspectiva rabínica, la justicia de Abraham era consecuencia del cumplimiento de todos los preceptos de la ley y la circuncisión.

V. 3. En su argumentación sobre la justificación por la fe, Pablo se remite a la misma Tora para demostrar la verdad que presenta: "Y creyó Abraham a Dios, y le fue contado por justicia" (Gén. 15:6).

Vv. 4, 5. El escritor sagrado continúa argumentando, ahora mediante la figura del obrero para quien el salario no es gracia, sino deuda. Es decir, declara que siendo hombre deudor a Dios, todo lo que aquél hiciera, no sería sino en justo pago (aunque siempre insuficiente) de un compromiso contraído de antemano. El evangelio es sintetizado en este pensamiento: Dios es el único que puede justificar al impío.

3 La promesa se cumple por la fe, Romanos 4:13, 14.

Vv. 13, 14. La lógica inexorable de Pablo lo llevó a aplicar las enseñanzas de la ley en cuanto a la experiencia del padre de Israel, hasta las últimas consecuencias. Es decir, hasta demostrar la universalidad de la gracia. Sus argumentos son inobjetables, ya que ciñéndose a las propias enseñanzas de la ley prueba cómo los gentiles también son herederos, y lo son por la fe.

¿A qué promesa se refiere Pablo? No se trata sólo de la promesa de Génesis 12:7, sino a toda una serie de promesas en cuanto a la bendición de un heredero (Gén. 15:4), una prole numerosa (Gén. 15:5), una heredad (Gén. 15:7), el advenimiento del Mesías y la consecuente bendición al mundo a través de su simiente.

El carácter argumentativo del pasaje hace que el escritor formule declaraciones, las que al advertir su carácter hipotético, no hacen sino fortalecer sus conclusiones. En toda esta exposición se evidencia la contraposición de las verdades centrales del mensaje evangélico: fe, promesa, gracia, con las propuestas del judaísmo de su tiempo: ley, obras, méritos.

No deja de ser edificante el volver al libro de Génesis y considerar la confirmación del pacto mencionado 13 veces en el capítulo 17, y la respuesta de Abraham a la promesa, el cual, aunque no alcanzaba a entender las sazones del cumplimiento, obró conforme a las demandas de Dios.

La conclusión de toda esta exposición es anticipada en el versículo 16: la justicia, para que sea por gracia, debe provenir de la fe a fin de que la promesa sea firme para todos (tanto judíos como gentiles).

──────── Aplicaciones del estudio ────────

1. La bendición de la justificación. La mayoría de las religiones tienen un concepto distinto de los medios para la salvación de sus adeptos. En casi todas es invariable un elemento: salvación por obras. En el caso del cristianismo, una de las mayores bendiciones es saber que Cristo ya pagó por nosotros en la cruz. Si creemos en él por fe, entonces somos vistos por Dios como si fuéramos justos. El Justo pagó por los injustos.

2. La fe y las obras. Abraham demostró por sus acciones que tenía fe en Dios. En realidad, no son las obras las que justifican al hombre, sino su fe. Para nosotros se hace realidad la palabra: Preparó las obras de antemano para que anduviésemos en ellas.

Para el cristianismo evangélico, la vida y la forma de andar en ella son una consecuencia directa de la fe. Pero no obra en méritos para la justificación, ya que ésta se recibe por la fe. No deja de ser significativo que el imperativo de Génesis 17:1 "Camina delante de mí y sé perfecto", haya sido declarado después de la sentencia de la justificación por fe: "Creyó a Jehovah, y le fue contado por justicia."

3. La promesa a Abraham es la misma para nosotros hoy en día. La gracia es universal. En Abraham, como la raíz de un pueblo escogido, su fe le fue contada por justicia, y así ahora todo aquel que forma el nuevo pueblo de Dios tiene el mismo privilegio.

Los rostros de la justicia
Romanos 3:21-26

Introducción: En nuestra cultura tener dos rostros o más, es sinónimo de falsedad. No obstante, hablamos de los rostros de la justicia para cifrar la riqueza y plurivalencia de este concepto en el pensamiento bíblico. De hecho, la justicia es uno de los temas fundamentales de la Epístola a los Romanos, sintetizado en la declaración de Romanos 3:22: la justicia según Dios, sólo es accesible a través de Cristo.

I. **Cristo aplaca el rostro del juez.**
   A. Porque su naturaleza no le permite transigir con el pecado, Josué 24:19; 1 Samuel 2:2, 3; Job 15:14-16.
   B. Porque su rectitud demanda la satisfacción de la justicia, Salmo 7:6-17.
   C. Porque su santidad no puede ser burlada por la impunidad, Gálatas 6:7; Salmo 94:1-11.
II. **Cristo encarna el rostro de la justicia.**
   A. Por su justicia personal, Hechos 13:14; Isaías 53:1-9; Hebreos 4:15.
   B. Por la incapacidad humana, Romanos 3:23.
   C. Por la promesa divina, Romanos 3:21; Jeremías 33:15, 16; 31:27-33.
III. **Cristo revela el rostro del justificador.**
   A. Para librar al impío de la paga del pecado, Romanos 6:23.
   B. Para liberar al creyente del poder del pecado, Romanos 6:6-11.
   C. Para fortalecer al creyente en medio de la presencia del pecado, Romanos 6:14.
   D. Para bendecir al cristiano con una vida de fe, esperanza y paz, Romanos 5:1-4.

Conclusión: En Cristo se reúnen los rostros de la justicia, verdad invocada por Jeremías en su profecía, la cual, anticipando los días de la restauración, anuncia también a Cristo llamándole: "Retoño justo..., y Jehovah, justicia nuestra" (Jer. 23:5, 6).

Lecturas bíblicas para el siguiente estudio

Lunes: Romanos 5:1-6
Martes: Romanos 5:7-11
Miércoles: Romanos 5:12-15

Jueves: Romanos 5:16, 17
Viernes: Romanos 5:18, 19
Sábado: Romanos 5:20, 21

AGENDA DE CLASE

Antes de la clase

1. Solicite la participación de tres miembros de la clase, asignándoles la lectura del capítulo 15 de Génesis. Es necesario que cada participante asuma el papel de uno de los tres protagonistas del relato: el lector, Abraham, y la voz de Dios. Los participantes deberán ensayar la lectura de los parlamentos de este relato juntos, con el propósito de dominar la lectura. Pida que escenifiquen la lectura en la medida de las posibilidades. **2.** Prepare un mínimo de tres hojas de papel, con el propósito de proporcionarlas en su momento a tres equipos en que se dividirá el grupo.

Comprobación de respuestas

JOVENES: **1.** Respuesta personal. **2.** La fe, ...las obras de la ley. **3.** Al que cree. **4.** De la justicia de la fe.

ADULTOS: **1.** a. Está excluída. b. Por la ley de la fe. c. No. d. No, más bien confirmamos la ley. **2.** Que creyó a Dios. **3.** Por medio de la justicia de la fe.

Ya en la clase

DESPIERTE EL INTERES

1. Pida a los alumnos asignados que pasen al frente y realicen la lectura del capítulo 15 de Génesis. Dado que la lectura estará dramatizada, el resto del grupo no tendrá que buscarla en sus propias Biblias. **2.** Al terminar, permita que hagan comentarios en cuanto al contenido de la lectura y hablen sobre la manera en que Abraham creyó en la promesa, con todas las implicaciones que ésta contenía.

ESTUDIO PANORAMICO DEL CONTEXTO

1. Divida la clase en tres equipos y entrégueles una hoja de papel con una cita bíblica respectivamente. Las citas son: Génesis 12:1-9; Génesis 20:1-17 y Génesis 22:1-19. Cada equipo trabajará en una de estas porciones bíblicas. **2.** Pida a los equipos que durante cinco minutos discutan la lectura y hagan una lista de las características de la fe de Abraham. **3.** Terminado el tiempo asignado, pida a los equipos que comenten sus conclusiones. Como usted podrá advertir, las citas bíblicas refieren tres experiencias diferentes en la vida del Patriarca. Una de ellas, por cierto, aparentemente digna de ser mencionada. No obstante, usted puede enfatizar, a partir de esta referencia (Gén. 20:1-17), la humanidad de Abraham muy semejante a la nuestra. El propósito de este ejercicio es advertir que el creer de Abraham no es diferente a nuestro creer en cuanto a la manera paulatina en que fue creciendo su fe, y a la suceptibilidad de Abraham a sucumbir ante sus propios desafíos. **4.** Comparta con la clase los contenidos del *Estudio panorámico del contexto*.

ESTUDIO DEL TEXTO BASICO

1. Pida a un alumno que lea el texto bíblico correspondiente al primer punto de esta sección del estudio. Permita que los alumnos lean en silencio el desarrollo del estudio. Destaque la absoluta igualdad de los hombres (v. 23), y la idea de que la jactancia es incompatible con la gracia. Pregunte a sus alumnos la razón por la que se habla de la ley de las obras y de la ley de la fe. Escriba en el pizarrón las respuestas que marquen estas diferencias.

2. Solicite a alguien en la clase que lea la porción bíblica de la segunda división. Llame la atención sobre cómo el escritor se apoya en todas las Escrituras (ley, profetas, escritos) para argumentar sus puntos de vista. Cuestione al grupo sobre la relevancia de los ejemplos bíblicos citados por Pablo (Abraham y David), y pida que hablen un poco sobre las cualidades de estos personajes.

3. Nuevamente pida que un estudiante lea en voz audible la porción bíblica de esta división. Escriba en el pizarrón la palabra: Promesa. Pida a los alumnos que definan el significado de esta palabra y escriba las respuestas. Valorice con el grupo la humanidad del patriarca, y la visión que el libro de Génesis presenta de su fe. Así mismo, busque aplicar a su experiencia personal las verdades que descubran en su discusión. Concluya valorando los versículos 23-25, y su significado para los hombres de nuestro tiempo.

APLICACIONES DEL ESTUDIO

1. Que los alumnos se dividan en grupos pequeños para que analicen las *Aplicaciones del estudio.* **2.** Al volverse a reunir, permita que un miembro de cada grupo ofrezca una conclusión sobre la manera en que ellos han aplicado este estudio a su propia experiencia. **3.** Cuide de hacer pertinentes los comentarios en relación con la experiencia de sus alumnos como cristianos del día de hoy. **4.** Guíe a sus alumnos a analizar la forma en que valoran el haber sido justificados por Cristo, e invítelos para que día con día agradezcan conscientemente al Señor esta gracia.

PRUEBA

1. Permita que los alumnos contesten a las preguntas de la *Prueba.* **2.** Que tres de ellos compartan sus respuestas. **3.** En el pizarrón, escriba usted la frase: "¿Qué me dijo Dios hoy a través de la enseñanza bíblica?" **4.** Pida, que en silencio, de manera individual cada uno conteste a esta pregunta. Si hay alguien en el grupo que desee compartir su conclusión ante esta interrogante, dé un tiempo breve para que lo haga. **5.** Termine orando con sus alumnos agradeciendo a Dios el hecho de haber sido justificados por Cristo.

Paz, por medio de Cristo

Contexto: Romanos 5:1-21
Texto básico: Romanos 5:1-11
Versículo clave: Romanos 5:1
Verdad central: La verdadera paz del hombre solamente se logra al aceptar por fe el sacrificio de Cristo quien pagó el precio de nuestro pecado, librándonos de la condenación.

Metas de enseñanza-aprendizaje: Que el alumno demuestre su: (1) conocimiento de las enseñanzas de Pablo respecto al sacrificio de Cristo como el recurso de Dios para darnos la paz, (2) actitud de gratitud a Dios por haber enviado a su Hijo a traer la paz por su muerte.

─────────── Estudio panorámico del contexto ───────────

A. Fondo histórico:

Uno de los nombres más hermosos otorgados por los profetas al Mesías es: Príncipe de paz. Nombre en el cual la escatología veterotestamentaria cifraba sus anhelos y esperanzas. La paz es uno de los conceptos bíblicos más ricos y trascendentales y, por lo mismo, difícil de resumir en unas cuantas líneas.

Shalom (heb.= paz) es un término que proviene de raíces semíticas que significan: estar limpio o estar sano. Su uso es tan amplio, que la LXX (Septuaginta, versión griega del Antiguo Testamento), usa más o menos 20 términos para traducirlo. El uso de *Shalom* va desde asuntos de la vida diaria, saludos y despedidas, hasta las más altas esperanzas religiosas, bendiciones, promesas futuras, etc. Su significado va más allá de la ausencia de guerra, pues algunos escritores (2 Sam. 11:7; Jue. 8:7; 1 Rey. 22:28) hablan de la paz en medio de la guerra. Significa, entonces, un estado de bendición, prosperidad. Es, en resumen, un don de Dios.

Por esa razón la declaración de Pablo en Romanos 5:1 es una de las más sublimes afirmaciones de toda la Escritura. Sorprendentemente, este pasaje no siempre ha sido valorado así. Algunos eruditos proponen que la lectura correcta de Romanos 5:1 es: "tengamos" en lugar de "tenemos", dado que esta lectura es propuesta por numerosos manuscritos de indudable valor. A pesar de esto, difícilmente podemos pensar que el contexto del pasaje demande semejante lectura. Si efectivamente Romanos 5:1 declara *tenemos paz* en tiempo presente, esta realidad es entonces accesible al cristiano ¡ahora! En tanto que la lectura "tengamos paz" plantea una exhortación que deja el peso del asunto sobre el creyente. La enseñanza bíblica de la justificación por la fe tiene su corona en la paz con Dios pero como algo aquí y ahora.

Es interesante destacar cómo la idea de la paz con Dios está prácticamente ausente en los escritos de los padres apostólicos, y es totalmente ignorada por la tradición judía postneotestamentaria. En el primer caso, por el desarrollo de un incipiente sacramentalismo. En el segundo, porque en tanto el cristianismo propone a la gracia como su verdad más significativa, el judaísmo propone a la ley. Para el apóstol Pablo la paz con Dios no es un ideal que se conquiste por esfuerzo, sino una promesa a la cual se accede por la fe.

Pero para el cristiano la paciencia no es cuestión de impotencia o de estoica resignación, sino es algo que aun lo lleva a gloriarse. El Apóstol usa en este pasaje dos veces la expresión "nos gloriamos" (vv. 2, 3). La diferencia está en que en tanto el hombre irredento se gloría de él mismo o de sus obras, el cristiano sólo puede hacerlo de Dios. Hay un cuestionamiento vigoroso del Apóstol para aquellos que se glorían en sus obras (Rom. 4:2 hipotéticamente), en los dividendos de su labor proselitista (Gál. 6:13), en su sabiduría (1 Cor. 1:29), o en la carne (2 Cor. 11:18). Pero a la vez, el cristiano puede gloriarse legítimamente en el Señor (2 Cor. 10:17), en Jesucristo (Rom. 5:11), en su cruz (Gál. 6:14), o en su poder (2 Cor. 10:8; Rom. 15:17).

B. Enfasis:

Paz con Dios, 5:1, 2. Como se expuso anteriormente, la paz con Dios es una bendición presente en la vida cristiana, accesible a través de la fe. A diferencia de la difusa certidumbre que puede dar una exhortación (tengamos paz...), el cristiano ha sido redimido del afán y de la angustia de vivir esperando en sus méritos propios, para descansar en los méritos de Cristo.

El amor de Dios, 5:3-6. Si bien no podemos pensar que la alusión a las tribulaciones y al sufrimiento, hechas por el autor en este pasaje, reflejen necesariamente persecuciones vividas por la iglesia en ese momento, no siempre fue así. Apenas unas décadas después la tolerancia del Imperio Romano a los cristianos se transformó en creciente hostilidad, hasta llegar a convertirse en intentos genocidas.

La mejor prueba del amor, 5:7, 8. La justificación y sus frutos son, a su vez, consecuencia de una realidad previa: el amor de Dios para con nosotros. Ese amor manifiesta la bondad del corazón de Dios en el hecho de que él nos amó aún siendo pecadores.

Completa salvación, 5:9-11. Adviértase cómo el autor usa en los verbos de los versículos 9 al 11 varios tiempos gramaticales, en los cuales se encierra lo que Dios hizo en el pasado por nosotros, lo que está haciendo ahora, y lo que completará en el día de la ira.

Estáis bajo la gracia, 5:12-14. El pecado, así como la muerte entraron en el mundo por un hombre. Pero, en su infinita misericordia, Dios envió en Cristo, el Hijo del Hombre, la salvación por la gracia. Por esa provisión se nos dice como nuevo pueblo de Dios: Ahora estáis bajo la gracia.

Siervos de la justicia, 5:15-21. Si el hombre hubiera sido juzgado bajo el peso de la ley, no habría muchas posiblidades de ser declarado justo. Fue visto por la gracia amorosa del Padre y así, en vez de que siguiera siendo siervo del pecado, ahora será siervo de la justicia. Entendemos por justicia la disposición del hombre a hacer la voluntad de Dios.

1 La paz como resultado de la fe, Romanos 5:1, 2.

Vv. 1, 2. *Justificados, pues, por la fe.* ... En esta declaración el escritor conecta argumentos de los primeros cuatro capítulos de la carta con sus conclusiones, ya que la expresión *pues* funciona aquí como conjunción ilativa. (Obviamente, Pablo escribió la carta sin sus actuales divisiones de capítulos y versículos.) La justificación en estos versículos, como en el capítulo anterior, es accesible a través de la fe. Pero no termina ahí, pues por la misma fe se obtiene acceso a la gracia. Acceso es una expresión que significa: traer o introducir a la realeza. Esta expresión es usada por el mismo apóstol Pablo en la carta a los Efesios (2:18 y 3:12), aunque en estos pasajes, el *acceso* es "al Padre" y "a Dios". La *gracia* aquí es como un área en la cual somos introducidos y *estamos firmes* gozando los favores del hermoso gesto que Dios nos ha dispensado.

Este pensamiento contrasta fuertemente con el pensamiento rabínico en el cual las palabras más importantes son: ley, deber, obligación, estatutos, cláusulas, etc. En semejantes condiciones, ¡cómo no gloriarnos en la esperanza! Pero el gloriarse del cristiano no es en la jactancia carnal del que presuntuosamente exhibe sus hechos y virtudes ante los demás.

2 Gozo en medio de las pruebas, Romanos 5:3-6.

Vv. 3-6. *Nos gloriamos en las tribulaciones.* La fe lleva al cristiano a gozarse y a gloriarse en la esperanza, pero también en las *tribulaciones*. Tribulación significa literalmente "dificultad" o "apretura" y es una expresión que encierra los padecimientos que el creyente ha de sufrir por causa de su fe y el consecuente aborrecimiento de los incrédulos (2 Cor. 1:4-6; 4:8; Fil. 3:10; 1 Ped. 4:13). Pero ningún sufrimiento es capaz de separarnos de Cristo (Rom. 8:35).

Los apóstoles hicieron eco a esa enseñanza (Hech. 14:22) y la comunicaron a las iglesias como el designio divino (1 Tes. 3:4). El propio apóstol Pablo advertía sufrimientos ingentes en su ministerio (2 Cor. 1:4-6; 4:8; 6:4-10; Ef. 3:13; Fil. 1:17; 4:14; 1 Tes. 3:4-7). Con todo, las aflicciones no constituyen un motivo de tristeza, sino de alegría (Stg. 1:2; Rom. 5:3).

La idea de que es necesario padecer para merecer, simplemente es desconocida en el Nuevo Testamento. Finalmente, las tribulaciones tienen una dimensión escatológica. No es una experiencia única en una comunidad en particular, pues como la Iglesia de Jerusalén las ha experimentado (Hech. 11:19), también la de Corinto (2 Cor. 1:4), la de Tesalónica (1 Tes. 1:6; 3:3), y las de Macedonia (2 Cor. 8:2). Pero estos padecimientos no son estériles, pues como la parturienta puede olvidar sus padecimientos a causa del gozo del alumbramiento (Juan 16:21-33), así los creyentes, aunque atribulados, pueden confiar porque él, Cristo, ha vencido al mundo.

3 La mayor prueba de amor, Romanos 5:7, 8.

Vv. 7, 8. El amor de Dios es tan grande, que ha hecho algo que difícilmente tiene paralelo entre los mortales. El Apóstol dice que difícilmente podría alguno morir por un justo. Más aun, quizá pudiera alguien osar morir por el bueno, pudiera ser que se atreviera. *Pero Dios muestra su amor...* La conjunción adversativa (pero) contrasta la generosidad de Dios con cualquier virtual osadía de benignidad humana. El demuestra su amor por el pecador. Quizá el mejor comentario a esta declaración se encuentra en Juan 3:16. En Romanos 2:11, el apóstol Pablo había declarado que Dios no toma a los hombres por su rostro, y aquí declara que *siendo aún pecadores* (judíos, gentiles, sabios, ignorantes, etc.), *Cristo murió por nosotros.*

El amor de Dios se traduce en perdón, como Jesús enseñó a lo largo de su ministerio. Ejemplo de esto son las parábolas de la oveja perdida (Mat. 8:12; Luc. 15:4-7) y del hijo pródigo (Luc. 15:11-33).

Los escritores del Nuevo Testamento relacionarían al amor con una serie de conceptos tales como: bondad, paciencia, magnanimidad (Rom. 2:4), gracia (Ef. 2:7), misericordia (Mar. 5:19), etc. Pero *"agape"* también se usa de manera absoluta. Es decir, se usa la palabra sin indicar a un objeto al cual se refiere. Este uso se encuentra diseminado por todo el Nuevo Testamento, pero es utilizado particularmente por Pablo y Juan. De esa manera, el amor es para él, el motivo que ordenó el acontecer universal (Ef. 1:4), la historia de la salvación (2 Cor. 5:14; Ef. 2:4), pero también, un nuevo modo de vida (1 Cor. 16:14; Ef. 3:17; 5:2; Col. 2:2; Juan 15:9; 1 Jn. 4:16; 2 Jn. 3; 1 Tes. 5:13; 1 Tim. 2:15).

4 Salvos de la ira, Romanos 5:9-11.

Vv. 9-11. El cristiano siendo ya justificado, puede disipar toda sombra de incertidumbre futura, pues si habiendo sido enemigos (por causa de nuestros pecados) fuimos reconciliados, cómo no creer entonces que seremos salvos en el día de su ira. Una declaración como ésta reafirma la certidumbre de la permanencia de los santos. Qué cuadro más trágico el del cristiano que aún se sigue esforzando por merecer algo que Cristo ya hizo por nosotros. Es tiempo de cambiar de la lucha estéril por ganar gracia, a la actitud de valorizar el sacrificio de Cristo en la cruz del Calvario.

—————— Aplicaciones del estudio ——————

1. La paz social es una necesidad urgente. La paz con Dios, presentada en la carta a los Romanos como un resultado de la justificación, es una verdad sustentada por el mensaje global del Nuevo Testamento. Si bien es cierto que la sociedad moderna gime con grandes lamentos por alcanzar la paz, también es cierto que no la alcanzará, a menos que esa búsqueda se apegue a los principios del Nuevo Testamento. Cuando los individuos que conforman la gran sociedad alcancen la paz interior, la que sólo Cristo puede dar, entonces se habrá dado el primer paso hacia la paz de la sociedad toda.

2. Es posible tener gozo en medio de las pruebas. No se trata de un gozo enfermizo, a la semejanza de un masoquista. Es el resultado de la convicción de que en medio de las dificultades Dios tiene un propósito superior. Para el creyente, los problemas, las pruebas y las luchas son una oportunidad para decir con el Apóstol: "Cuando soy débil, entonces soy fuerte" (2 Cor. 12:10).

Los beneficios presentes de la justificación
Romanos 5:1-5

Introducción: La idea de la justificación es uno de los elementos más significativos en los escritos de Pablo. Esta verdad es discutida junto con todos sus términos asociados sobre todo en las cartas a los Romanos y a los Gálatas. En ambos documentos se confrontan los conceptos judío y cristiano de la justificación. En tanto para el judío la justificación es la corona del justo, para el cristiano es un don de Dios. Consideremos ahora los beneficios presentes de la justificación.

I. **La bendición de la paz con Dios.**
  A. La división del pecado ha sido solucionada, Isaías 59:2.
  B. Hemos sido reconciliados con Dios, Romanos 5:10; Colosenses 1:21, 22.
  C. Hemos sido llamados a una relación de amor con él, Romanos 5:8; Juan 16:27; 1 Juan 4:10.
II. **La bendición del acceso a la gracia.**
  A. El acceso es la introducción ante la realeza o ante Dios, Romanos 5:2; Efesios 2:18; 3:12.
  B. La gracia significa la participación en el acontecimiento de la salvación, 2 Timoteo 1:9; Romanos 5:15; 1 Pedro 1:10-11.
  C. La gracia significa el don de la salvación, Efesios 1:6; 1 Pedro 5:12; Romanos 6:14; Romanos 12:6.
III. **La bendición de la firmeza.**
  A. Firmeza en la esperanza, Romanos 8:18; Colosenses 1:1-15; Romanos 8:24.
  B. Firmeza en la tribulación, Romanos 12:12; 8:35; 2 Corintios 1:4.
  C. Firmeza en la paciencia, 2 Timoteo 2:12; Romanos 8:17; 2 Corintios 4:15-18.

Conclusión: La enseñanza neotestamentaria de la justificación significa una relación dinámica de privilegio, en el cual los beneficios hacen de la vida cristiana una vida de bendición. Tenemos la bendición de la paz con Dios, del acceso a su gracia salvadora y del poder para mantenernos firmes en esa gracia. La justificación por la fe va más allá de lo que comúnmente pensamos. ¡Es una gran bendición haber sido justificados por la fe en Cristo Jesús!

Lecturas bíblicas para el siguiente estudio

Lunes: Romanos 6:1-7
Martes: Romanos 6:8-14
Miércoles: Romanos 6:15-23

Jueves: Romanos 7:1-6
Viernes: Romanos 7:7-17
Sábado: Romanos 7:18-25

AGENDA DE CLASE

Antes de la clase
1. Prepare una maqueta de una casa del tamaño que pueda ser apreciado perfectamente por la clase (puede ser preparada con cartón o cualquier material similar). Es importante que la puerta principal destaque el lugar de la cerradura. La casa deberá contar con una sala y lugar para un buen número de habitaciones. Entre mejor preparada esté la maqueta, podrá ilustrar mejor la enseñanza que se desea compartir. **2.** En un cartelón escriba las palabras: tribulación - paciencia - prueba. **3.** Estudie cuidadosamente su material y responda a las preguntas para el presente estudio.

Comprobación de respuestas
JOVENES: **1.** a. Justificados pues por la fe. b. Tenemos paz para con Dios. c. Por medio de Cristo, acceso por la fe a la gracia. d. Estamos firmes en la gracia. e. Nos gloriamos en la esperanza de la gloria de Dios. **2.** a. Perseverancia/paciencia. b. Carácter probado. c. Esperanza. d. No acarrea vergüenza. **3.** En que siendo aún pecadores, Cristo murió por nosotros. **4.** Medio de nuestro Señor Jesucristo.
ADULTOS; **1.** a. Perseverancia/paciencia. b. Carácter probado. c. Esperanza. d. El amor de Dios. **2.** En que Cristo murió por nosotros. **3.** Por la muerte de su Hijo.

Ya en la clase
DESPIERTE EL INTERES
1. Presente la maqueta de la casa a sus alumnos y coménteles que representa "la casa de la gracia". **2.** Destaque que la fe es la llave que abre esa cerradura. **3.** Guíe a la clase a "la sala" de la casa y comente que la estancia en la sala significa la paz con Dios. **4.** Comente que cada habitación representa una promesa de Dios, y que la misma llave es necesaria para abrir las puertas de las habitaciones. **5.** Si no le fue posible construir una maqueta, dibuje en una cartulina la impresión de una casa vista desde arriba, de tal manera que puedan observarse claramente las divisiones de las habitaciones y la sala con sus respectivas puertas.

ESTUDIO PANORAMICO DEL CONTEXTO
1. Comparta con la clase los contenidos del *Estudio panorámico del contexto*. **2.** Destaque la evolución que el concepto de la paz ha tenido en el pensamiento bíblico. Desde la paz como ausencia de guerra, hasta la paz como una realidad del corazón. **3.** Destaque cómo la paz ha sido considerada en el pensamiento del Antiguo Testamento como una bendición de Dios. **4.** Muestre el cartelón en el cual escribió las palabras: tribulación, paciencia, prueba; pida que opinen sobre el significado práctico de cada una de estas palabras.

ESTUDIO DEL TEXTO BASICO
1. Lea los vv. 1, 2 del texto bíblico del estudio. Hable con sus alumnos

sobre el significado de la paz con Dios. Comente con ellos sobre el valor de la paz personal con Dios como la expresión más íntima de esta bendición divina. Pida a la clase que defina el significado de la palabra "acceso". Complemente usted con la información sobre el uso de este vocablo en la lengua del Nuevo Testamento. Que un alumno pase al pizarrón y escriba la palabra "paz", y que anote las opiniones del grupo en cuanto al significado de esta palabra.

2. *Lea la porción bíblica de la segunda división del estudio* (Rom. 5:3-6). Junto a la palabra paz que había sido escrita ya en el pizarrón, escriba ahora la palabra "tribulación". Cuestione a la clase sobre la relación bíblica de estos antónimos y destaque el carácter paradójico de muchas verdades bíblicas. Que relacionen bajo el concepto "tribulación" algunas ideas que lo ejemplifiquen. Seguidamente, aliste algunas ideas que expresen la respuesta de un estado de paz a ese desafío. Realce la realidad del creyente, quien puede estar en medio de la tribulación, gozando de la paz que sobrepasa todo entendimiento.

3. *Pida a un alumno que lea el texto bíblico que corresponde a la tercera división del estudio* (Rom. 5:7, 8). Comente con la clase las ideas del v. 8 y su relación con los versículos 9 al 11 como garantías de la gracia de Dios. Destaque el carácter dinámico de la paz con Dios en medio de los desafíos de la experiencia cristiana. Permita que uno de los alumnos comparta brevemente algún testimonio que ofrezca una evidencia clara de esta realidad en la vida de los creyentes.

4. *Permita que los alumnos lean en silencio el pasaje bíblico correspondiente a la cuarta división* (Rom. 5:9-11). Pida que uno de ellos diga el significado de la palabra "reconciliación" y hablen sobre la manera en que hemos sido reconciliados con Dios. Hablen de la manera en que Cristo Jesús pagó por nuestra reconciliación con Dios y escriba en el pizarrón: "¿Por temor o por amor?" Explique que podemos buscar agradar a Dios por temor, pero que al analizar la forma en que él pagó por nuestra salvación, no podemos menos que hacerlo por amor.

APLICACIONES DEL ESTUDIO

1. Que un miembro de la clase lea las *Aplicaciones del estudio* y que los alumnos comenten, si es posible, ilustrando con experiencias personales las ideas discutidas en esas aplicaciones. **2.** Pregunte a sus alumnos sobre la realidad de esta paz en sus vidas, y permita que analicen por un momento su condición delante de Dios. **3.** Invite a su grupo a recordar el momento del encuentro personal con Cristo, y la manera en que se sintieron al ser liberados de todas sus cargas. **4.** Guíeles a considerar si necesitan hacer una revaloración de su relación con Cristo.

PRUEBA

1. Pida a un alumno que lea en voz alta las preguntas de la *Prueba*. **2.** Dé tiempo para que individualmente contesten este ejercicio. **3.** Concluya con algunas opiniones voluntarias.

Libertad del pecado

Contexto: Romanos 6:1 a 7:25
Texto básico: Romanos 6:1-14
Versículos clave: Romanos 6:6, 7
Verdad central: Al ser justificados por la fe en Cristo, recibimos la libertad de la esclavitud del pecado.
Metas de enseñanza-aprendizaje: Que el alumno demuestre su: (1) conocimiento de la manera como Dios nos dio libertad de la esclavitud del pecado, (2) actitud de gozar plenamente de la libertad en Cristo.

Estudio panorámico del contexto

A. Fondo histórico:

Adán y Cristo son los dos hombres que hacen la diferencia en la vida de las personas. Una vez que Cristo ha llegado a entronarse en el corazón de hombre, entonces se inicia una vida cambiada dedicada a servir a los intereses más altos de la justicia de Dios. Algunas preguntas retóricas sirven de marco para subrayar las bases de la nueva vida en Cristo. Si por el pecado vino la gracia, ¿entonces debemos pecar más para que venga más gracia? La respuesta lógica y contundente es: ¡De ninguna manera! Si ya somos libres del pecado, ya no tenemos qué hacer con él.

¿Debemos considerar los clamores de Romanos 7:15-23 como autobiográficos, cuando Pablo mismo habló de la paz con Dios en 5:1 y de la libertad del pecado en 6:6 y 8:2 como dones de la gracia? En todo caso, Romanos 7:15-23 es parte de la argumentación que el escritor desarrolla en cuanto a los resultados de la justificación. La verdad que el escritor quiere presentar no deja de ser desafiante a todas luces: Cristo nos libró del castigo del pecado, pero también nos liberó del poder del pecado. Desde esa perspectiva, el hombre de fe ha sido redimido de vivir en la esclavitud de la carne, pero también de vivir bajo el viejo régimen de la ley: el de la letra.

Cuando un creyente pretende vencer a la ley en la carne (7:23) a través de la observancia de la ley de Dios (v. 22), sólo descubre su impotencia (vv. 19-21) y su ruina moral. Nótese la amplitud que el escritor le da al término "ley" en este pasaje. Si el pecado (la ley de la carne) es una ley tan fuerte, ¿cómo vencerla? Sólo a través de una ley aun más poderosa: la ley del espíritu de vida en Cristo. Las mejores intenciones, los esfuerzos heroicos, aun la comprensión de la naturaleza de la carne no nos habilitan para vencerla, pues es una ley. Sólo una ley superior puede hacerlo: la ley de Cristo.

Sorprendentemente, tampoco esta verdad ha sido aceptada fácilmente, pues a muchos cristianos les cuesta trabajo desprenderse de la idea de la necesidad del esfuerzo personal para vencer a los viejos vicios de la carne, cuando esto es un asunto de fe. Cuando Cristo murió en la cruz, también murió mi viejo hombre (Rom. 6:6), y si éste está muerto, no tiene ya potestad sobre mí. No necesito descender de la cruz para pecar más.

Obviamente, semejantes convicciones no han dejado de encontrar objeciones a lo largo de la historia cristiana. De hecho, el escritor se anticipa a la controversia, redactando su discurso en un tenor argumentativo. A pesar de eso, las enseñanzas de este capítulo han sido tergiversadas y distorsionadas. A principio de este siglo, en el decadente imperio ruso, surgía la figura de un monje de nefasta memoria: Grigori Efímovich, el cual proponía que es necesario pecar para ser perdonados y que cuando pecamos, glorificamos a Dios puesto que él se engrandece mostrándose misericordioso. Es lógico imaginar cómo la influencia moral de semejantes aberraciones aceleró la caída de la casa de los Romanoff.

B. Enfasis:

De ninguna manera, 6:1-4. El apóstol Pablo responde a las objeciones que la enseñanza de la gracia podía encontrar. Dado que en los últimos versículos del capítulo anterior concluye su discusión sobre Adán y Cristo, declarando que donde el pecado abundó sobreabundó la gracia (el más alto grado del superlativo); no es difícil que alguien tomando ocasión de estas palabras, como de hecho sucedió tantas veces, pudiera decir: "entonces, sigamos pecando para que la gracia abunde". La respuesta del escritor es contundente: ¡Nunca!

Justificados del pecado, 6:5-7. La muerte de Cristo es mucho más que un hecho histórico, es el hecho central de la historia humana. Es un hecho que genera una dinámica que envuelve a la vida del cristiano. La redención exime al hombre de fe de la esclavitud del pecado, para hacerlo siervo de la justicia.

Completa transformación, 6:8-11. Habiendo muerto al pecado, el cristiano vive ahora para Dios. Cuando alguien recibe a Cristo ocurren cambios que van más allá de los aspectos catequísticos. Se opera una verdadera transformación en el sentido de la existencia.

Libres para ser siervos, 6:12-23. Parece contradictoria la declaración en Romanos 6:16, en donde se afirma que cuando el hombre se ofrece a alguien es esclavo de aquel a quien sirve. Por lo cual, quien ha sido redimido por Cristo termina constituyéndose en su siervo. Esta afirmación declara que la libertad absoluta no existe. Pero la servidumbre a la justicia trae vida, gozo y paz; la servidumbre al pecado ofrece por toda remuneración la muerte.

Unidos con Cristo, 7:1-6. La unión de Cristo con el creyente es ilustrada en la figura del matrimonio. No sería la primera ni la última vez que esta figura ejemplificaría esa relación. Limitar la experiencia cristiana a la moralidad y prescindir de la unión con Cristo es materialmente imposible.

Dos leyes contrarias, 7:7-25. El versículo clave del capítulo 7 de Romanos es el versículo 6. En él se sintetiza el conflicto de la ley de la carne contra la ley del espíritu en la experiencia de quien pretende vivir aún bajo el viejo régimen de la letra.

1 Muertos al pecado, Romanos 6:1-4.

V. 1. Como se ha expresado con anterioridad, este versículo confronta las objeciones y la tergiversación que pudiera hacerse de la doctrina de la gracia. Para entender mejor los pensamientos del pasaje, es importante no limitarnos por las divisiones existentes en el capítulo.

Las palabras de Romanos 6:1, están íntimamente relacionadas con las últimas de Romanos 5. En 5:20, Pablo dice que la ley fue introducida para que abundase la transgresión y que, donde abundó el pecado, sobreabundó la gracia. Con la palabra "abundar" (*pleonaso*, de ahí pleonasmo en español) el escritor expresa la idea de que la ley aumenta el peso del pecado, con el consecuente crecimiento de la desesperación humana, y es entonces que la desbordante gracia actúa eficazmente. Es fácil imaginar cómo alguien osara argumentar: "si la gracia sobreabunda al pecado, sigamos pecando entonces para que esto acontezca".

Vv. 2-4. ¡De ninguna manera!, responde, pues hemos muerto al pecado. El bautismo aquí está relacionado con la confesión de fe. Es decir, su simbolismo anuncia al mundo una realidad que acontece en la vida al creer: morimos al pecado para andar en novedad de vida. Es necesario recalcar que el bautismo no es el medio para efectuar nuestra unión con Cristo. Esta relación existe previamente. El bautismo, en todo caso, es el testimonio público de una relación ya existente. Un símbolo no es la realidad misma, sino una imagen de esa realidad.

2 Ya no somos esclavos, Romanos 6:5-7.

V. 5. El bautismo es un símbolo de la muerte y de la resurrección. Es una imagen que apunta al pasado, pero también lo hace hacia el futuro: anuncia nuestra propia resurrección.

V. 6. La declaración de este versículo es desafiante pues anuncia que nuestro viejo hombre también murió crucificado con Cristo (Gál. 2:19, 20). Por lo mismo, es uno de los textos más significativos en cuanto a la santidad de vida (Rom. 6:22) para que el cuerpo de pecado (el cuerpo del que ha tomado posesión por el pecado, o el cuerpo marcado por el pecado) sea abolido o anulado. Si bien se declara que Cristo ha hecho lo necesario para redimirnos del castigo del pecado y para librarnos del poder del pecado, esto no significa que el cristiano no peque más (1 Jn. 1:8-10). No obstante, ya no es esclavo del pecado. No vive para servir al pecado, vive para Dios.

V. 7. Las palabras de este versículo continúan con la línea argumental de los anteriores y reiteran que la muerte ha justificado al creyente del poder del pecado. Estos versículos presentan verdades tan relevantes por lo que vale la pena reiterar que, lejos de reflejar una simple línea argumental, o una artificiosa especulación teológica, exponen verdades vivas en cuanto a los alcances de la obra de Cristo. El hecho de la cruz sigue actuando poderosamente en la vida del creyente. Trágicamente, bien pronto la iglesia primitiva abandonó esta convicción y concluyó creyendo que una vez bautizado, si el hombre pecaba otra vez, ya no había más sacrificio por sus pecados. Por esa razón el emperador Constantino se aseguró de recibir el bautismo sólo hasta antes de su muerte.

3 Vivos para Dios, Romanos 6:8-11.

Vv. 8, 9. La convicción cristiana permite al creyente esperar en el cumplimiento de todas las promesas de Dios. Si fuimos crucificados con Cristo (v. 6), también viviremos con él. El v. 9 declara que la muerte no tiene más poder sobre Cristo. Es imposible repetir el sacrificio de la cruz. La tragedia del sacramentalismo es que convierte en una grotesca caricatura el sacrificio de Cristo. Este es suficiente y por tanto irrepetible. El teólogo católico norteamericano John L. McKensey declara que, aunque existen 24 teorías para probar la transubstanciación, no obstante, ninguna es universalmente aceptada. **Vv. 10, 11.** En contraste, Pablo declara que: habiendo muerto al pecado de una vez por todas, vive para Dios. Así los cristianos han de considerarse *muertos para el pecado,* pero también *vivos para Dios.*

4 Instrumentos de justicia, Romanos 6:12-14.

Vv. 12-14. El escritor exhorta a desechar la indulgencia propia, pues dice: *no reine, pues, el pecado* como lo hacía antes. Ni *presentéis vuestros miembros al pecado, como instrumentos de injusticia.* Instrumentos es una palabra que describe a todo tipo de herramientas para el taller o para la guerra. Nuestros miembros deben estar a la disposición de Dios. En el v. 14, el escritor señala que el pecado no se enseñoreará, es decir ya no ejercerá autoridad de señorío, sobre nosotros. A diferencia de las demandas del sacramentalismo, la fe evangélica ofrece una relación de confianza y libertad en Cristo. Su cruz es un hecho dinámico que trasciende a las edades comunicando una plena certidumbre de fe.

────────────── Aplicaciones del estudio ──────────────

1. El precio del perdón. El tema de las indulgencias fue el hecho que desencadenó en Alemania la Reforma Protestante. Si bien es cierto que el tráfico de las indulgencias tenía su causa en la necesidad de financiar diversos proyectos arquitectónicos en Roma (entre ellos la Capilla Sixtina), su origen se remitía al concepto que la iglesia católica sostenía en cuanto a la salvación. La verdad bíblica enseña que Cristo ya pagó el precio de la salvación al morir voluntariamente por nosotros en la cruz.

2. El valor del bautismo. Debido a la excesiva ponderación del bautismo por parte de los diversos sistemas sacramentales, frecuentemente hemos minimizado su auténtico valor, hasta presentarlo como un simple símbolo. Si bien el bautismo es un símbolo de la experiencia cristiana, nunca en el Nuevo Testamento se le presenta como un acto opcional o como un rito irrelevante. Lejos de eso, es un acto consecuente con la fe y la nueva vida en Cristo. Debemos devolver su digno lugar a esta ordenanza tan importante.

Considérate hombre muerto
Romanos 6:1-14, 23

Introducción: Uno de los imperativos neotestamentarios más significativos en cuanto al proceso de santificación, es el expresado en Romanos 6:11: "Consideraos muertos al pecado, pero vivos para Dios" (RVR). Dado que el imperativo es el modo de mando, el texto apela a la voluntad del creyente, pero lo hace en una manera en la que el principal interesado en los resultados de la acción sea el creyente mismo.

"Consideraos" es un vocablo que significaba comúnmente: contar, calcular, numerar. Pero el Apóstol nunca lo usa para referirse al pensamiento puramente intelectual, antes bien como el reflejo del pensamiento de Dios en Cristo. Consideremos ahora los significados de esta demanda.

I. **Significa un acto de fe, no un formulismo vacío.**
   A. Sabemos que nuestro viejo hombre está muerto, Romanos 6:8.
   B. Estamos convencidos de que la inmortalidad de Cristo garantiza su verdad, Romanos 6:9.
   C. Creemos que como él vive, nosotros viviremos con él, Romanos 6:8.
II. **Significa un acto de aceptación no de enajenación.**
   A. Fuimos beneficiados por la iniciativa de Dios en la cruz, Romanos 6:6.
   B. Hemos sido redimidos del señorío del pecado, Romanos 6:14, 6:21, 22.
   C. Somos llamados a vivir en la gracia. Romanos 6:14, 23.
III. **Significa un acto de compromiso, no de aculturación.**
   A. Vivimos para Dios, pues el cuerpo marcado por el pecado ha sido abolido, Romanos 6:6,11.
   B. Desobedecemos a las concupiscencias para que el pecado no mantenga su señorío sobre nosotros, Romanos 6:12.
   C. Nos presentamos a Dios como vivos para él, y como instrumentos de justicia, Romanos 6:13.

Conclusión: Dado que una tentación inherentemente humana es transformar los imperativos de la santidad en ritualismo, aculturación o aun enajenación, el Nuevo Testamento reitera que la encarnación de la santidad es una dimensión de la fe, y no un fruto del afán humano.

Lecturas bíblicas para el siguiente estudio

Lunes: Romanos 8:1-8   **Jueves:** Romanos 8:18-21
Martes: Romanos 8:9-11   **Viernes:** Romanos 8:22-27
Miércoles: Romanos 8:12-17   **Sábado:** Romanos 8:28-39

AGENDA DE CLASE

Antes de la clase
1. Prepare una lámina (lámina 1), con la imagen de la mayor cantidad de tipos de cruces que pueda conseguir. Por ejemplo, la cruz griega, la cruz latina, ortodoxa, la cruz gamada, la cruz de Jerusalén, etc. De ser posible, identifique a cada uno de esos símbolos por su nombre, aunque no los incluya en la ilustración. **2.** Prepare una lámina (lámina 2) con la imagen de una cruz, el tipo de la cruz griega puede ser útil (el asta más larga que los brazos), y coloque debajo del brazo derecho la letra "Y", y debajo del izquierdo la letra "O". **3.** Estudie cuidadosamente el *texto básico* y responda a las preguntas correspondientes.

Comprobación de respuestas
JOVENES: **1.** Respuesta personal. **2.** Esclavos del pecado. **3.** Viviremos con él. **4.** Respuesta personal.
ADULTOS: **1.** Respuesta personal del alumno. **2.** Ya no somos esclavos del pecado. **3.** Vivos para Dios. **4.** a. Que no reine en nosotros el pecado. b. No obedezcamos los malos deseos. c. Presentarnos a Dios como instrumentos de justicia.

Ya en la clase
DESPIERTE EL INTERES
1. Presente la lámina 1 y permita que el grupo la visualice, pidiendo además que traten de identificar esos símbolos y refieran algunos datos sobre su origen y uso. **2.** Comente cómo esos símbolos identifican a diversas ideologías y culturas. **3.** Destaque cómo la cruz es el símbolo cristiano por excelencia porque representa no sólo el sacrificio de Cristo, sino la muerte del yo. Comente que, a pesar del hecho de que la cruz ha sido aun objeto de culto, es el mejor símbolo de la autonegación (Mat. 16:24; Luc. 14:27). Mencione que es una figura usada en ese sentido por algunos autores del Nuevo Testamento (Gál. 2:20).

ESTUDIO PANORAMICO DEL CONTEXTO
Comente con el grupo los contenidos del *Estudio panorámico del contexto,* cuidando de advertir a los alumnos que en su origen el Nuevo Testamento no contenía la división de capítulos, como nuestras ediciones modernas de la Biblia.

ESTUDIO DEL TEXTO BASICO
1. Divida a la clase en cuatro grupos y asígneles el estudio y la discusión de cada una de las divisiones de este estudio. Pida a cada grupo que se organice de tal manera que alguien coordine la lectura y el registro de las opiniones, preguntas e ideas que surjan del estudio, y discutan la sección asignada.
2. Conceda un tiempo razonable a los grupos para que discutan sus

asignaciones. Puede sugerir que se auxilien con una serie de preguntas lógicas (¿qué, cómo, cuándo, por qué?, etc.), para poder interpretar con mayor eficacia el texto de su asignatura. Advierta sobre el tiempo disponible, no olvide que lo ideal es alcanzar a cubrir todas y cada una de las divisiones del estudio.

3. Concluido el tiempo de discusión, pida a cada uno de los grupos que comenten sus conclusiones y compartan sus dudas. Es importante que las preguntas surgidas de la discusión de cada grupo sean compartidas, a fin de enriquecer al grupo. No obstante, tenga cuidado de manejar usted esta estrategia, para que no se caiga en el error de compartir puntos de vista personales, en vez de principios fundamentados en la Biblia.

4. Después de cada participación, pida al grupo en general que discuta las aportaciones de sus compañeros. Si es necesario complemente las aportaciones, pero no monopolice la discusión (usted es un moderador). En caso de ser conveniente, concretice las aplicaciones de los grupos por medio de preguntas específicas.

5. Al finalizar las aportaciones, coloque la lámina 2 al frente, y cuestione a la clase sobre el significado práctico de la vida crucificada. Trate de establecer las áreas de la vida en las que los miembros de la clase han tenido más conflictos para vivir la vida crucificada. Invite al grupo a renunciar a aquellas cosas que hacen al viejo hombre descender de la cruz para tomar dominio de la vida.

APLICACIONES DEL ESTUDIO

1. Asigne a dos miembros de la clase para que lean las *Aplicaciones del estudio,* poniendo después al grupo que discuta los contenidos de las aplicaciones. **2.** Pida a la clase que ejemplifique los puntos de vista de las aplicaciones a fin de hacerlas más comprensibles. **3.** No deje de analizar las aplicaciones de los libros de jóvenes y de adultos, así como las de su propio libro para enriquecer sustancialmente esta sección. **4.** Si el tiempo lo permite y usted lo cree conveniente, puede animar a sus alumnos a hacer una lista de sus propias aplicaciones.

PRUEBA

1. Conceda algunos momentos para que la clase responda a las preguntas de la *Prueba.* **2.** Pida a tres alumnos voluntarios que compartan sus respuestas con el grupo. **3.** Invite a los alumnos a leer su Biblia diariamente, siguiendo las sugerencias de *Lecturas bíblicas para el siguiente estudio.* **4.** Concluya animando a sus alumnos a estudiar el tema de la próxima sesión. En el caso de los jóvenes, puede hacer un tipo de competencia que les motive a realizar sus lecturas bíblicas. **5.** En el caso de los adultos, puede decir que en la siguiente reunión pedirá que alguno de ellos comparta su testimonio de cómo recibió bendición por leer su Biblia diariamente. **6.** Haga hincapié en que el cumplimiento de esta sección les da elementos para participar activamente en el siguiente estudio.

Victoria en el Espíritu

Contexto: Romanos 8:1-39
Texto básico: Romanos 8:1-17
Versículo clave: Romanos 8:15
Verdad central: El cristiano al experimentar la salvación recibe el Espíritu del Señor que le capacita para vivir una vida victoriosa.
Metas de enseñanza-aprendizaje: Que el alumno demuestre su: (1) conocimiento de la provisión que Dios hace a través de su Espíritu para que el creyente pueda ser victorioso, (2) actitud de vivir diariamente confiado en que ya tiene la victoria por el poder del Espíritu de Dios.

─────────── Estudio panorámico del contexto ───────────

A. Fondo histórico:
A través de todo este capítulo 8, dos palabras se repiten constantemente: carne y espíritu. ¿Qué significados tenían ambos conceptos para el escritor? Una valoración general nos permite apreciar los usos que el Apóstol da a estos conceptos:

La carne (gr. *sárx*) describe literalmente los tejidos orgánicos que constituyen a los seres humanos (Rom. 2:28). Se refiere literalmente a la circuncisión física. También se usa para describir al parentezco familiar en la expresión "según la carne" (Rom. 1:3; 9:3). Carne se utiliza también para describir un modo de vida: vivir según la carne (Rom. 8:8), o andar según la carne (Rom. 8:4, 5). Todo esto nos permite apreciar que el escritor no se está refiriendo, sobre todo en los últimos ejemplos, a la masa muscular sino a la naturaleza humana con su debilidad y vulnerabilidad al pecado.

El espíritu (gr. *pnéuma*) usado no menos de 30 veces en el pasaje, tiene su trasfondo en la palabra hebrea *ruaj*, la cual al igual que *pnéuma* entre los griegos, significa tanto espíritu como viento. *Ruaj*, en el Antiguo Testamento, lleva siempre la idea de poder, como un viento huracanado, que está más allá del alcance del hombre. Para Pablo aquí "espíritu" presenta un poder divino. En virtud de su entrega a Cristo, el Espíritu entra en la vida con un poder que, aunque no es suyo, actúa poderosamente en él.

La segunda parte del capítulo habla de los efectos de la obra del Espíritu en el creyente. En Romanos 8:14, el Apóstol señala la estrecha relación que existe entre el Espíritu y la adopción del creyente como hijo de Dios. La realidad de esta bendición trasciende hasta una relación tan íntima que el creyente puede referirse a Dios como *Abba* (Arameo = papá).

El capítulo concluye con una extensa discusión sobre la obra del Espíritu en la vida cristiana. Cuán distinto es el panorama que presenta el capítulo 7 frente al capítulo 8. En tanto en el séptimo capítulo el hombre se debate infructuosamente tratando de agradar a Dios bajo el antiguo régimen de la ley, en el capítulo octavo el cristiano puede prevalecer ante toda suerte de adversidades como: tribulación, angustia, persecución, hambre, desnudez, peligro o espada. Pero todo esto es posible por causa del amor de Dios en Cristo. Una vez más, en tanto bajo el antiguo régimen de la ley las palabras más importantes son: mandamientos, obras, ley; las más importantes para el nuevo régimen del espíritu son: libertad, vida, gozo, fe, espíritu.

En este capítulo, el escritor utiliza una metáfora para describir la relación del cristiano con Dios: la de la adopción. El Apóstol recurre a una figura aún presente en las legislaciones de origen latino, la de la patria potestad. Esta es adquirida por Dios, con la consecuente adquisición de autoridad sobre el hijo adoptado, pero también con la adquisición por parte del hijo, de todos los privilegios inherentes a su nueva posición.

B. Enfasis:

Triunfo del espíritu, 8:1-4. La liberación de la carne significa aquí el triunfo del espíritu sobre la naturaleza caída y viciada, dando al cristiano la bendición de la victoria sobre una ley inquebrantable, la cual sólo es superada por una ley más fuerte: la ley del espíritu de vida en Cristo.

La carne contra el espíritu, 8:5-8. Una vez más, Pablo vuelve a reiterar que el vivir según la carne es contra el Espíritu, ya que el vivir según el Espíritu, es incompatible con los pensamientos y hechos de la carne. Vale la pena señalar que "la carne" no es una alusión a los denominados "pecados de la carne", tales como los pecados sexuales. En Gálatas 5:19-21, el apóstol Pablo señala como el "fruto de la carne" a la idolatría, pleitos, celos, iras, contiendas, disensiones, etc. De esa manera, vivir para la carne, es vivir para el yo.

Vida cristocéntrica, 8:9-11. La vida según el Espíritu, en contraposición con la carne, es una vida cristocéntrica, dominada por el Espíritu, y enfocada a la vida.

Guiados por el Espíritu, 8:12-15. Una consecuencia natural de la paternidad divina es su dirección. Dada su autoridad y su providencia la paternidad permite una relación cercana con Dios, de hecho tan íntima que podemos llamarle como un niño se dirigiría a su progenitor. *Abba* expresa esa intención.

El testimonio del espíritu, 8:16, 17. Esta relación con Dios es una posición exclusiva del creyente, que de hecho, además de ser testificada en las Escrituras, es confirmada por el Espíritu a los que son hijos de Dios.

La gloria venidera, 8:18-30. Una interpretación adecuada de lo que vendrá en el futuro nos da la seguridad de que no se compara en nada con el presente. Aunque la vida en Cristo es plena desde el primer día, lo que viene después es superior.

El amor de Dios en Cristo, 8:31-39. Esta porción es un himno de triunfo y de gloria a Dios. Nada puede separarnos del amor de Dios en Cristo, todas las cosas están en las manos del Padre. No hay ninguna fuerza interna ni externa que pueda hacernos cambiar nuestro concepto de Dios.

1 Liberación de la carne, Romanos 8:1-4.

V. 1. *Ahora pues,* son dos partículas que nos remiten a la declaración triunfal de 7:25. *Ninguna condenación* significa que siendo pecadores, a pesar de los virtuales afanes por dejar de serlo, mereceríamos la condenación. Sin embargo, el estar *en Cristo Jesús* nos ha eximido de esa condenación. La vida en Cristo es una vida crucificada, bautizada y consagrada. Es útil señalar cómo una versión antigua de la Biblia, a diferencia de las ediciones anteriores del texto de la Reina Valera, no incluye la cláusula: "los que no andan conforme a la carne, sino conforme al Espíritu". Aunque dicha cláusula aparece en algunos manuscritos, no es de validez textual. Por otro lado, parece condicionar algo que se recibe por gracia.

Vv. 2-4. El agente que efectúa la liberación es el Espíritu Santo. ¿Cómo? Las opiniones a este respecto parecen dividirse. En tanto hay quienes insisten que esto se efectúa mediante una experiencia de crisis, otros insisten que es producto de un proceso. La experiencia cristiana nos enseña que es mediante ambos elementos. El versículo tercero puede generar confusión e incertidumbre ya que la declaración: *semejanza de carne de pecado* pareciera insinuar pecado en Cristo. Sin embargo, si bien la semejanza implica una encarnación real, no necesariamente significa la participación en el pecado. Cuando el escritor expresa *condenó al pecado en la carne* se refiere a la carne (el cuerpo) de Jesús. Esto hace posible lo que para la ley era imposible: le da al hombre la victoria sobre el pecado, en tanto la ley le decía lo que el pecado es, pero no le proporcionaba una solución.

2 Los dos principios de vida, Romanos 8:5-8.

V. 5. *Los que viven conforme a la carne piensan en las cosas de la carne.* El contraste entre los dos sistemas de vida queda manifiesto, ya que quien vive según la carne, vive absorto en sus anhelos. La única ley que reconoce es la de sus propios deseos. Lo único relevante en su existencia es aquello que le seduce: sea la soberbia, la ambición, la lujuria, etc. Bien dijo Jesús: "Donde esté tu tesoro allí también estará tu corazón" (Mat. 6:21).

Vv. 6-8. *Porque la intención* (manera de pensar o mentalidad) *de la carne es muerte.* En contraposición, *la intención del Espíritu es vida.* Y es así, porque la mentalidad de la carne es contraria a Dios (enemistad). Jesús decía refiriéndose llanamente a la carne: "Lo que es nacido de la carne, carne es" (Juan 3:6). En el uso del término que Pablo aborda aquí, no se puede esperar que la carne produzca algo distinto a su propia naturaleza dado que *no se sujeta a la ley de Dios, ni tampoco puede.* Aquí el escritor habla de la sujeción usando un término militar (*hipotasso*) para describir el acatamiento o desacato de la ley de Dios, es decir una insubordinación continua. Pero la carne sencillamente no puede sujetarse a la ley de Dios. El que el hombre irredento no pueda sujetarse a Dios, no le exime de reponsabilidad.

A la luz de estos versículos podemos entender mejor el cuadro que el capítulo 7 presenta y el agónico grito del versículo 24: "¡miserable de mí! ¿Quién me librará de este cuerpo de muerte?" Los mejores anhelos y los ingentes esfuerzos religiosos de los hombres sin Cristo, culminarán, en el mejor de los casos, en justicia propia (4:2), pero nunca en la justicia de Dios.

3 Viviendo según el Espíritu, Romanos 8:9-11.

V. 9. La conjunción adversativa (sin embargo) contrasta una vez más las diferencias entre vivir en la carne y vivir en el Espíritu, habla de la vida en el Espíritu Santo. Esto no tiene absolutamente ninguna relación con el panteísmo (el panteísmo es la doctrina filosófica que enseña que Dios está en todo y que todo es Dios). Antes bien, habla de la unión con Cristo, la cual es espiritual. Obviamente, vivir en el Espíritu demanda la descentralización del yo. La vida en el Espíritu es la vida crucificada (Gál. 2:20).

V. 10. La declaración de este versículo apunta a la esperanza cristiana. *El cuerpo está muerto a causa del pecado,* significa: morir, o tiene la semilla de la muerte. *El espíritu vive* es una referencia al espíritu del hombre redimido. Nótese que la RVA escribe espíritu con minúscula.

V. 11. La esperanza cristiana contempla la resurrección como una de las verdades fundamentales de su credo. Como en 1 Corintios 15:22, aquí el escritor pondera la promesa.

4 Los verdaderos hijos de Dios, Romanos 8:12-17.

Vv. 12-17. *El espíritu de adopción* es el término que usa Pablo para describir la filiación con Dios, presente también en otros pasajes (8:23; 9:4; Fil. 4:5). Esta relación se cifra en términos de dar y recibir. Pero Pablo entendía la adopción no sólo como algo presente, sino también como algo futuro, como una meta de la esperanza (8:23). Por una parte es algo presente, pero también futuro (Stg. 1:18; 1 Ped. 1:23).

———————————— Aplicaciones del estudio ————————————

1. **Es posible la vida victoriosa.** Una de las características predominantes en el hombre que vive en la carne es su tendencia a la constante derrota. Por supuesto hay un remanente, el pueblo de Dios que pone su confianza en su Señor y recibe de él la fuerza que le hace vivir una vida victoriosa.

2. **Hay dos grupos de personas en el mundo.** Las que viven conforme a los deseos de la carne y las que lo hacen conforme al Espíritu. La pregunta trascendente es: ¿A cuál de los grupos pertenece usted? Los criterios están claramente expuestos en la Palabra, a nosotros nos corresponde analizar nuestro comportamiento para determinar si vivimos por el Espíritu para hacer morir las obras de la carne, o si vivimos bajo la carne para segar corrupción.

3. **¿Quiénes son los verdaderos hijos de Dios?** A cualquiera que se le pregunte si se considera hijo de Dios de seguro responderá afirmativamente. Pero la Biblia habla de que sólo aquellos que hacen la voluntad de Dios pueden considerarse como sus hijos. En una ocasión Jesús les dijo a los fariseos: "Vosotros sois de vuestro padre el diablo, y quereis satisfacer los deseos de vuestro padre" (Juan 8:44).

Los dones de la adopción
Romanos 8:13-18

Introducción: La adopción es un concepto desconocido en el Antiguo Testamento, dado que la paternidad era considerada como una gran bendición difícilmente hay lugar para adopción humana en el pensamiento veterotestamentario. No obstante, la categoría de hijo de Dios sí es otorgada a algunos personajes: a los ángeles, a Israel, al Mesías. La adopción particular sería, en consecuencia, la cumbre de la revelación progresiva.

I. **La adopción nos otorga la bendición de la liberación del temor.**
   A. El temor aquí significa la conciencia de su poder y su juicio, Mateo 10:20; Hebreos 10:27.
   B. No obstante, Dios nos ha manifestado un amor desbordante, 1 Juan 5:3.
   C. En consecuencia, el cristiano ha sido dotado con un espíritu de poder, 2 Timoteo 1:7.
II. **La adopción nos otorga la bendición de la intimidad con Dios.**
   A. La intimidad es manifiesta en una relación de padre a hijo, Gálatas 4:6, 7.
   B. Esta intimidad es manifiesta en la auto revelación divina, Mateo 11:25-27.
   C. Esta intimidad es magnificada en la confortación que Dios da a sus hijos, Marcos 14:34.
III. **La adopción nos otorga la bendición de la herencia divina.**
   A. La herencia de los santos significa la participación con Cristo en todo, Romanos 8:17, 18.
   B. La herencia es anticipada por la presencia del Espíritu Santo, Efesios 1:14.
   C. La herencia culmina en realidades inefables, 1 Pedro 1:4.

Conclusión: A diferencia de lo que fue en el pasado, Dios otorga en el presente la categoría de hijo suyo a individuos particulares mediante la adopción. Esta adopción permite recibir todas las bendiciones que son inherentes a esta distinción.

Lecturas bíblicas para el siguiente estudio

Lunes: Romanos 9:1-5
Martes: Romanos 9:6-13
Miércoles: Romanos 9:14-18

Jueves: Romanos 9:19-33
Viernes: Romanos 10:1-17
Sábado: Romanos 10:18-21

AGENDA DE CLASE

Antes de la clase
1. Asigne a dos miembros de la clase la lectura del pasaje comprendido entre los versículos 7 al 24 del capítulo siete de la carta a los Romanos. Asigne a uno la lectura de las preguntas del pasaje, en tanto el otro debe leer las respuestas del apóstol Pablo a los cuestionamientos. **2.** Consiga un globo inflado con gas ligero (de los expendidos en las ferias). Si no es posible, consiga una lámina con el dibujo de un globo aerostático o un dirigible (lámina 1). **3.** Prepare otra lámina en la que represente a un hombre esforzándose por cargar un rollo de la ley. El rollo debe ser de un tamaño tal, que sea necesario un gran esfuerzo para sostenerlo. Frente a este diagrama, represente a un hombre con las manos en alto en señal de libertad, sin ninguna carga (lámina 2). **4.** Estudie cuidadosamente su tema, asegurándose de poner en práctica personalmente las enseñanzas de la porción bíblica de modo que se constituya en un buen ejemplo para sus alumnos. Ellos podrán percibir de manera natural su calidad de vida.

Comprobación de respuestas
JOVENES: **1.** a. (V. 1) Para los que están en Cristo Jesús. b. (V. 2) La ley del pecado y de la muerte. c. (V. 4) La carne; conforme al Espíritu. **2.** a. En las cosas de la carne. b. En las cosas del Espíritu. c. Muerte. d. Vida y paz. **3.** Son guiados por el Espíritu de Dios. **4.** El espíritu de esclavitud; el temor.
ADULTOS: **1.** Ninguna condenación. **2.** Los que viven según la carne. **3.** No es de él. **4.** Los que son guiados por el Espíritu de Dios.

Ya en clase
DESPIERTE EL INTERES
1. Pida a las personas asignadas que den lectura al pasaje señalado, cuidando de guardar una buena entonación y la puntuación a fin de hacer comprensible la lectura. **2.** Una posibilidad más para hacer atractiva y comprensible la lectura, es usar la Versión Popular. **3.** Comente con la clase el estilo usado por Pablo al responder a las objeciones de un adversario imaginario. Advierta a sus alumnos que el propósito de esta lectura es contextualizar el capítulo a considerar en la presente sesión.

ESTUDIO PANORAMICO DEL CONTEXTO
1. Comparta con la clase las ideas del *Estudio panorámico del contexto*. Asegúrese de que los conceptos centrales de esta discusión puedan ser definidos por la clase con claridad. **2.** Advierta la importancia de captar los conceptos de "carne y Espíritu" porque el tipo de vida que asumimos es el reflejo del régimen bajo el cual vivimos. **3.** Cuide de no desarrollar exégesis extensas de las citas referidas en el estudio del contexto, ya que el propósito es ubicar el tema en su marco teológico. No se trata del enfoque principal que se da en el *Estudio del texto básico*.

ESTUDIO DEL TEXTO BASICO

1. Escriba en el pizarrón la palabra "ley" y después de conceder a la clase unos segundos para visualizarla, pida que discutan su significado. Puede motivar la participación a través de preguntas directas: ¿Qué significa esta palabra?, ¿qué nos viene a la mente cuando la leemos?, ¿cuántos tipos de leyes existen? etc. Luego que se ha definido el significado de esa palabra, pida a alguien de la clase que dé lectura al texto bíblico de la primera sección. Después de escuchar la lectura del pasaje, comente con sus alumnos la definición que hicieron de la palabra "ley". En caso de que las aportaciones no hayan sido concretas, complemente la definición. Explique que una ley universal es la ley de la gravedad. Ilustre esa ley dejando caer algunos objetos de su mano (pluma, lápiz, pedazo de gis o tiza, etc.). Cuide de no hacer de una ilustración el tema de la sesión. Comente, sosteniendo algún objeto en su mano (una Biblia, un libro, etc.), cómo la ley de la gravedad se sobrepone a la fuerza del brazo y que, a la larga, este terminará cansándose de sostener el peso. Muestre a la clase cómo existe otra ley capaz de vencer a la ley de la gravedad: la ley de la densidad. Ilústrela liberando el globo, o mostrando a la clase la lámina 1. Compare los conceptos de las leyes físicas de la gravedad y de la densidad con las leyes de Moisés y del Espíritu.

2. Pida a un miembro de la clase que lea el texto de la segunda división. Escriba en el pizarrón la palabra "carne" y la palabra "espíritu", cada una en un extremo del mismo. Pida a la clase que escriba en una lista, debajo de cada palabra, los resultados de ocuparse de la carne y ocuparse del espíritu.

3. Pida a un alumno que lea el texto bíblico de la tercera división, y solicite a la clase que interprete cada uno de los versículos.

4. Lea la última porción bíblica y comente los significados de la adopción.

APLICACIONES DEL ESTUDIO

1. Pida a dos miembros de la clase que lean ante el grupo las *Aplicaciones del estudio* y comenten su contenido. Busque que las participaciones sean pertinentes y prácticas. Una variante en esta sección sería pedir a dos o tres voluntarios que tomaran la palabra para compartir con sus compañeros una de las aplicaciones. **2.** Coloque la lámina 2 ante el grupo y comente el significado de la bendición de vivir bajo la gracia.

PRUEBA

1. Conceda unos minutos para que la clase conteste las preguntas de la *Prueba*. **2.** Anime a los alumnos a compartir sus respuestas y procure crear un ambiente de confianza en el cual puedan pedir oración los unos por los otros buscando la superación en su vida espiritual. **3.** Concluya invitándoles a estudiar el próximo tema y a leer la Biblia diariamente en sus hogares.

Primero a los judíos

Contexto: Romanos 9:1 a 10:21
Texto básico: Romanos 9:4-12, 30-33
Versículo clave: Romanos 9:5
Verdad central: El pueblo escogido de Dios ocupó un lugar primordial en el plan de salvación de Dios.

Metas de enseñanza-aprendizaje: Que el alumno demuestre su: (1) conocimiento del lugar que Israel ocupó en el plan de salvación de Dios, (2) actitud de sometimiento a la soberana voluntad de Dios que no quiere que nadie perezca, sino que todos se arrepientan.

─────────── **Estudio panorámico del contexto** ───────────

A. Fondo histórico:
"Y así, quienes vivieron conforme al verbo, son cristianos, aun cuando fueron tenidos por ateos, como sucedió entre los griegos con Sócrates y Heráclito y otros semejantes; y entre los bárbaros con Abraham, Ananías, Azarías y Misael" (Apología 146:3).

Con semejantes argumentos ponderaba Justino Mártir (padre apologeta del II siglo) las virtudes de la que consideraba la mejor de las filosofías: la cristiana. Obviamente, semejantes metodologías y contenidos no dejan de parecernos extraños, pero lo que llama aun más la atención es la categoría que otorga a Israel a quien denomina "los bárbaros".

Justino Mártir, palestino de nacimiento, griego de origen y contemporáneo de la ruina de Israel tras su última revuelta contra Roma (dirigida por Simón Bar-Kokba, 131 d. de J.C.), parecía sentir por Israel, en el mejor de los casos, un profundo desdén. En contraste con esto, para el apóstol Pablo Israel le fue "gran tristeza y continuo dolor en el corazón" hasta el último de sus días. Pablo también ponderaba los privilegios del judaísmo, pero lo hacía, en todo caso, reconociendo por un lado que todos éstos eran dones de Dios y, por el otro, que todos estos privilegios insidían en la revelación progresiva cuya culminación es Cristo el Señor (9:5).

Entre las cosas que son de Israel, el escritor menciona la adopción. La adopción fue mencionada en el capítulo anterior (8:15-17), pero aquí se refiere a la filiación de un pueblo, no a la adopción de individuos (Juan 1:12) para formar así una comunidad.

En los días del Exodo, Moisés figuró como vocero del reclamo divino al Faraón: "Israel es mi hijo, mi primogénito. Yo te digo que dejes ir a mi hijo para que me sirva. Si rehúsas dejarlo ir he aquí yo mataré a tu hijo, a tu primogénito" (Exo. 4:22, 23). Posteriormente, esa vocación sería confirmada por el pacto Sinaítico (Exo. 19:4-6).

En un segundo término, el escritor menciona la gloria (heb: *Kabod*). Significa la fuerza de la divina aparición, la cual se manifestó a través de fenómenos tales como la nube (Exo. 24:15; Eze. 1:4; Sal. 29). De esa manera *"Kabod Adonai"* no sería Dios mismo, esto en su esencia incognoscible; sino Dios en cuanto se da a conocer a los hombres.

La tercera de las cosas que son de Israel, es el pacto (heb: *Berit*). Esta expresión se usa en varios sentidos en el Antiguo Testamento: para denominar un acuerdo entre iguales (1 Sam. 18:3), para referirse a una imposición por un superior a un subordinado (1 Sam. 11:1; Jos. 9); pero también describe una relación literalmente testamental en la cual es Dios quien toma la iniciativa (Gén. 9:8-17; Gén. 15; 17; Exo. 6:4; Deut. 5:2). Desde este último punto de vista, la palabra "pacto" es débil para transmitir el verdadero sentido de "testamento" y más aún lo es la palabra "alianza" usada muy comúnmente.

Los demás privilegios otorgados por Dios a Israel son sobrepujados por la gloria del más grande de ellos: Cristo el Señor. Cristo es la cumbre de la revelación divina (Juan 1:18). Quien conoce a Cristo no conoce acerca de Dios, sino que conoce a Dios.

B. Enfasis:

El pueblo de Dios, 9:1-5. La convicción de ser el pueblo elegido es producto de las promesas que emanan del pacto, a través del cual, la nación hebrea es declarada el pueblo de Dios, y éste, el Dios de Israel (Exo. 6:7; Lev. 26:12; Deut. 26:17; Jer. 7:23; 11:4; Eze. 7:11). Israel sobre todos los pueblos es su propiedad particular como su pueblo santo.

Según la promesa, 9:6-18. A pesar de todo lo declarado anteriormente, la filiación con el pueblo de Dios no es un asunto congénito. No se da por herencia sino que es algo que obra "según la promesa". Esto significa que al igual que en el pasado, en el día de hoy la relación del hombre con el pueblo de Dios sigue dándose bajo los términos que Dios establece.

Entre la misericordia y la ira, 9:19-29. Es necesario reconocer cuánto se ha discutido el significado de este pasaje y las intenciones del autor al plasmar estas ideas. Al margen de nuestras posturas personales, el apóstol Pablo concluye sosteniendo una verdad incuestionable: la soberanía absoluta de Dios.

Israel y la salvación, 9:30 a 10:4. La convicción que alentaba al Apóstol a esperar en la restauración de Israel no lo liberaba de la angustia por su pueblo ni de la responsabilidad de la intercesión por él. Ni tampoco de reconocer con toda honestidad que eligieron "ignorar la justicia de Dios".

Salvación para todos, 10:5-17. A diferencia de lo que el judío leía en la ley, en el evangelio todos podemos entender que si confesamos con nuestra boca que Jesús es el Señor, y creemos en nuestro corazón que Dios le levantó de los muertos, somos salvos. Esta convicción no es una propuesta paulina, es el mensaje de la Ley y los Profetas (Gén. 15:6; Isa. 56:1-7; Deut. 23:1; Hech. 8:26-36). Vale la pena mencionar la interpretación que el Apóstol da a la cita que menciona en los vv. 5-8. Este pasaje viene de Deuteronomio 30:11-14 (RVR) y en él Dios declara a Israel: "Este mandamiento que yo te ordeno hoy no es demasiado difícil para ti, ni está lejos..." Como podemos advertir, Pablo hace una alegoría de este pasaje: al igual que el hombre en la antigüedad no necesitó hacer nada para recibir la ley; así tampoco necesita hoy hacer nada para traer a Cristo, ¡él está cerca! Sólo necesitamos abrir el corazón para creer y los labios para confesarlo.

La desobediencia de Israel, 10:18-21. La historia del pueblo de Dios ha observado una actitud constante en su relación con el Señor. Dios hace un pacto con su pueblo, el pueblo lo acepta pero no cumple con la parte que le corresponde. Dios castiga a su pueblo, su pueblo se arrepiente y promete superar su errores. Dios perdona a sus hijos y les da nuevas oportunidades. El pueblo vuelve a pecar... Una y otra vez vemos el mismo comportamiento.

───────────── **Estudio del texto básico** ─────────────

1 El pueblo escogido, Romanos 9:4, 5.

Vv. 4, 5. Como mencionamos anteriormente, en la conciencia de Israel ha palpitado por siglos la convicción de la promesa divina. Tocante a la realidad de la adopción, Rabí Aquiba (quien por cierto murió martirizado en el año 135 d. de J.C. por su apoyo a la rebelión de Bar-Kokb), decía: "Israel es querido por cuanto es llamado hijo de Dios." Su posición de pueblo elegido le hizo depositario de dones y privilegios inefables. Entre ellos, el apóstol Pablo menciona también: El culto (gr. *latría*).

Es interesante advertir que en el Antiguo Testamento el verdadero culto a Dios no se efectúa a través de la liturgia ejecutada a la luz de reglas estrictas, sino a través de la obediencia a la voz del Señor. Esa obediencia nace de la gratitud a Dios por su participación salvadora en la historia de Israel (Deut. 10:12). Por lo demás, la relación del hombre con Dios es concebida en el Antiguo Testamento y en el judaísmo tardío, en términos del culto o servicio (Deut. 11:13; Dan. 6:11, 16). Uno de los últimos miembros de la Gran Asamblea (tribunal post-exílico fundado por Esdras), Rabí Simón, el Justo, solía decir: "Sobre tres cosas se sostiene el universo: sobre la Tora, sobre el culto y sobre la caridad" (Pirque Abot 1:2).

Las promesas (gr. *epangelía*). Es curioso notar que en la lengua del Antiguo Testamento no existe un equivalente a la palabra usada por Pablo aquí. No obstante, aun cuando la palabra "promesa" no existe en el Antiguo Testamento, el concepto es conocido naturalmente desde Abraham hasta Malaquías. Israel fue arrastrado en una dinámica y se encontró, de un modo o de otro, entre la promesa y el cumplimiento. Dios siempre cumplió sus promesas aun cuando no se registren escrupulosamente sus cumplimientos, o bien éstos sean parciales o provisorios.

El Antiguo Testamento se refiere a muchos tipos de votos piadosos, pero esas promesas humanas se pierden de vista ante las promesas divinas. Sólo Dios puede prometer y cumplir pues sólo él conoce el futuro y lo hace posible. La encarnación y muerte de Cristo confirmaron las promesas de Dios (Rom. 15:8).

2 Los hijos de la promesa, Romanos 9:6-12.

Vv. 6-8. La palabra divina no falló, pues *no todos los nacidos de Israel son de Israel*. Estas palabras abren un argumento inobjetable: existe una enorme diferencia entre ser descendiente y ser hijo. Es evidente que el lector judío no podía resistir semejante planteamiento, pues en caso de hacerlo debía considerar herederos también a los árabes y a los edomitas (los primeros, hijos de Ismael, y los segundos, del hermano gemelo de Jacob). Así, el Apóstol establece que la filiación con el pueblo de Dios y en consecuencia la filiación con Dios, no es un asunto *de la carne* sino de la promesa.

Vv. 9-12. Aquí se muestra que solamente es la soberana voluntad de Dios lo que separa y constituye la simiente peculiar que habría de heredar la promesa hecha a Abraham. El cumplimiento de las promesas de Dios no está condicionado a las obras o méritos del hombre. Cualquier merecimiento que podría haber en el pueblo o naciones así elegidos; pero por el solo propósito del que llama al pueblo que él quiere, para hacerlo depositario de sus bendiciones especiales y de esta manera, distinguirlo de todos los otros.

3 Israel y la salvación, Romanos 9:30-33.

Vv. 30-33. En el extenso pasaje que abarcan los capítulos 9 al 11, Pablo reflexionó hondamente sobre un problema que le calaba hasta los tuétanos, y llegó a la conclusión de que la elección de Israel se debió a la libre decisión de Dios. Sin mediar mérito humano alguno, ni vínculos de sangre, sino sólo la libre voluntad del Señor. Precisamente por ser un don gratuito, no todos alcanzaron el objetivo (Mat. 22:14). Pero la dureza de la mayoría no ha eliminado a un remanente (Rom. 11:5, 7), por lo que aún hay esperanza. En este marco, cuán vívidamente resuenan las palabras del triste lamento del exilio (Lam. 3:18-31).

Ahora bien, si Israel, el pueblo elegido de Dios, se constituyó en enemigo de Dios por su dureza y de su evangelio, en tanto su negativa dure, Dios se vuelve a los otros pueblos.

¿Por qué los judíos no alcanzaron la justicia? Porque no la buscaron por el principio de la fe, sino por el de las obras, y creyendo satisfacer a Dios por las obras de la ley tropezaron con Cristo. Cristo es la roca sobre la cual se funda un nuevo linaje escogido, una nación santa, y un pueblo adquirido por Dios (1 Ped. 2:4-10). Pero esta misma roca es piedra de tropezadero y roca que hace caer a los desobedientes. Es notable que el propio Apóstol Pedro, Apóstol a la circuncisión (Gál. 2:7-9), llegue a conclusiones tan severas en cuanto a la suerte de su propia nación. Posteriormente (Rom. 11:25-29) evocaría la convicción de la futura restauración de Israel.

―――――――――― **Aplicaciones del estudio** ――――――――――

1. La fe y la adopción. Alguien declaró: "Dios no tiene nietos, sólo hijos." El ser hijos de padres cristianos no nos hace cristianos. Esta declaración es congruente con la postura evangélica de la necesidad de un encuentro personal con Cristo como base de la justificación.

2. La adopción y la arrogancia. Todo el Nuevo Testamento enfatiza la idea de que la gracia es la expresión del proceder de Dios para con nosotros. Desde ahí, todo lo que el cristiano es, y ha recibido es sólo por gracia. No debemos caer en la tentación de creernos superiores por causa de nuestro apellido denominacional.

Ayuda homilética

Las afecciones cardiacas del verdadero apóstol
Romanos 9:1-5

Introducción: Las legislaciones laborales modernas han definido a las "enfermedades de trabajo" como las afecciones de riesgos inherentes a un desempeño laboral. Dichos padecimientos pueden deteriorar y aun anular la capacidad de trabajo del afectado. El ministerio cristiano también tiene sus propias enfermedades de trabajo (alegórica y literalmente). El apóstol Pablo confiesa en este pasaje sus afecciones cardiacas, sólo que éstas son indispensables para el fiel desempeño de la vocación apostólica. Así se manifiestan:

I. A través de una profunda tristeza.
   A. Esa tristeza no es depresiva, ni patológica; sino productiva, Hebreos 12:11; Filipenses 2:19-30; 2 Corintios 2:1, 3; 7:10; 9:7.
   B. Esa tristeza es sintomática pues evidencia a los sujetos del verdadero amor, Lucas 18:23; Mateo 6:21; Romanos 9:2.
II. A través de un continuo dolor.
   A. Ese dolor es tan intenso como el de la angina de pecho.
   B. Es un dolor tan grande como el padecimiento del extraviado, sólo un dolor así puede movernos a misericordia, 1 Timoteo 6:10.
III. En un visible deterioro de la autoestima.
   A. Ese deterioro de la autoestima no es patológico, sino la expresión de la descentralización del yo, Mateo 16:21-25; Juan 12:24; Romanos 14:8.
   B. Ese deterioro de la autoestima es la expresión de una voluntad sacrificial. Filipenses 2:5-8; Exodo 32:30-32; Hechos 21:13.
   C. Ese deterioro de la autoestima tiene su razón de ser en la preferencia del bien del prójimo sobre el propio bien, Romanos 9:3.

Conclusión: En el primer versículo, el Apóstol reitera la veracidad de sus padecimientos por Israel. Ese dolor por los perdidos habría de cicatrizar su cuerpo con las marcas de su apostolado.

Lecturas bíblicas para el siguiente estudio

Lunes: Romanos 10:18, 19
Martes: Romanos 10:20, 21
Miércoles: Romanos 11:1-3

Jueves: Romanos 11:4, 5
Viernes: Romanos 11:6, 7
Sábado: Romanos 11:8-10

AGENDA DE CLASE

Antes de la clase
1. Asigne a dos miembros de la clase la lectura del diálogo de Romanos 9:14-33. Pida a uno de ellos que lea las preguntas, en tanto el otro leerá las respuestas del apóstol Pablo. Procure escoger personas que no sean tímidas, para que el diálogo tenga mayor relevancia. Puede formar dos grupos y de esa manera un grupo lee las preguntas y el otro lee las respuestas. Use cualquier variante en la metodología, de modo que no sea repetitivo. **2.** Consiga algunos símbolos del judaísmo y del Estado de Israel (bandera, escudo, candelabro de siete brazos, etc.). **3.** De ser posible, consiga una grabación con música tradicional hebrea. **4.** Hay mucha literatura gráfica sobre el llamado holocausto, será de mucha ayuda si consigue llevar a la clase algo de ese tema. **5.** Resuelva en el libro del alumno el ejercicio correspondiente al tema del día.

Comprobación de respuestas
JOVENES: **1.** La tierra y sus confines. **2.** La palabra de Dios. **3.** Como descendencia. **4.** Misericordia.
ADULTOS: **1.** Respuesta textual de la Biblia (vv. 4, 5). **2.** Como descendencia **3.** Israel iba tras la ley de justicia no por fe, sino por obras. **4.** Fe, obras, la piedra de tropiezo.

Ya en la clase
DESPIERTE EL INTERES
1. Coloque los símbolos judíos que consiguió de tal manera que sean visibles a la clase. **2.** Encienda la grabadora con la música tradicional judía a un volumen bajo, tan sólo como música de fondo. **3.** Comente con la clase que este estudio girará en torno a uno de los temas más apasionantes del Nuevo Testamento: el destino de Israel. **4.** Señale que el tema tiene un desarrollo que se extiende por varios capítulos, por lo que el enfoque de la clase será parcial. **5.** Si puede conseguir información actual de los conflictos que vive Israel, sería una buena motivación para sus alumnos escucharla o verla.

ESTUDIO PANORAMICO DEL CONTEXTO
1. Comparta con la clase los contenidos del *Estudio panorámico del contexto*, destacando la manera como el escritor de la carta a los Romanos, describía los múltiples privilegios de Israel. Así como la identificación con su pueblo, misma que es evidente en su manera de expresarse. **2.** Destaque cómo luego de casi veinte siglos, muchos cristianos siguen experimentando desdén por los judíos. **3.** Permita que hablen brevemente sobre la manera en que algunas naciones han perseguido a los judíos, procurando acabar con ellos, y cómo Dios les ha guardado en medio de todas sus luchas. **4.** Si consiguió información sobre el holocausto, compártala ahora con sus alumnos.

ESTUDIO DEL TEXTO BASICO

1. Permita que los alumnos asignados procedan a realizar su lectura.

2. Divida a la clase en tres equipos, asignándoles cada una de las divisiones del *Estudio del texto básico.* Procure aprovechar la manera en que están ubicados los alumnos para formar los grupos. Esto evitará que haya demasiado movimiento y se pierda tiempo.

3. Pida que cada equipo discuta su porción bíblica y los comentarios del estudio, a fin de complementar la interpretación. Un riesgo puede ser que se trate de imponer puntos de vista particulares que no vayan de acuerdo con una correcta interpretación bíblica. Procure controlar esta tendencia reforzando los puntos básicos de cada una de las divisiones.

4. Asigne un tiempo razonable a los grupos para el desarrollo de sus temas. Cuide de recomendar a los equipos que elijan un moderador para coordinar la discusión, así como a una persona que recoja las aportaciones más relevantes del equipo.

5. Al concluir el tiempo asignado, pida que cada grupo comparta sus comentarios, dando lugar a preguntas o participaciones de los demás equipos.

6. Si las aportaciones divagan, participe reorientando la discusión, pero cuidando de no monopolizarla.

7. Al concluir las participaciones, recapitule las enseñanzas principales del tema, guiándose con el bosquejo del libro del maestro.

8. Concluya ofreciendo a la clase un desafío de intercesión por Israel. Puede sugerir varias opciones: asignación de motivos de oración, dedicar una parte del culto de oración a ese motivo, etc.

APLICACIONES DEL ESTUDIO

1. Comparta con la clase las *Aplicaciones del estudio* pidiendo que comenten las conclusiones de los mismos y propongan formas prácticas de ponerlas por obra. **2.** Que consideren la necesidad de un autoexamen a fin de valorar hasta dónde han podido obrar como religiosos o cristianos nominales, y hasta dónde como auténticos cristianos. Procure explicar debidamente en qué consiste ser religioso solamente. Así mismo, explique qué es ser un cristiano nominal. **3.** Dé un tiempo para reflexión personal y anime a su grupo a poner en práctica lo aprendido de tal manera que no sean "tan sólo oidores, sino hacedores de la Palabra".

PRUEBA

1. Pida a un alumno que lea en voz alta las preguntas de la *Prueba* correspondientes a este estudio. **2.** Dé tiempo para que, de manera personal, sus alumnos respondan a este ejercicio. **3.** Invite a algunos de ellos a que compartan sus respuestas. **4.** Hable sobre la necesidad de que estudien en casa el próximo estudio, de tal manera que puedan participar más activamente en la siguiente sesión. Esto incluye, por supuesto, las *Lecturas bíblicas para el siguiente estudio.* **5.** Concluya con una oración y una invitación para que practiquen lo aprendido.

Salvación del remanente

Contexto: Romanos 10:18 a 11:10
Texto básico: Romanos 11:1-10
Versículo clave: Romanos 11:5
Verdad central: El remanente es el conjunto de los que permanecen fieles al Señor, en contraste con aquellos que se han apartado de Dios en el pasado y en el presente.
Metas de enseñanza-aprendizaje: Que el alumno demuestre su: (1) conocimiento del concepto de remanente en el pasado y en el presente, (2) actitud de fidelidad a Dios.

————————Estudio panorámico del contexto ————————

A. Fondo histórico:

En su discusión sobre la suerte de Israel, el apóstol Pablo formula una pregunta de fondo: ¿acaso rechazó Dios a su pueblo? Su respuesta es categórica: "¡De ninguna manera! pues yo mismo soy israelita, de la descendencia de Abraham, de la tribu de Benjamín." En otras palabras, el escritor responde diciendo: "De ninguna manera, y yo soy una prueba de ello."

Pero el endurecimiento de Israel no era una actitud nueva ante Dios. Más bien era un capítulo para agregar a su vieja y repetitiva historia. Por eso, desde épocas muy tempranas, la idea de "remanente" fue cobrando importancia en la economía de la salvación.

El término usado por el apóstol Pablo en Romanos 11:5 para "remanente" (gr. *lima* = residuo, resto), proviene de *leipo* (dejar, omitir). Esta palabra está emparentada semánticamente con el vocablo latín *linquere,* del cual vienen nuestras palabras españolas como: reliquia, lipotimia, etc.

De manera muy general, la idea del remanente comprende dos cosas: (1) Si una amenaza se dirige al pueblo entero, sólo un remanente del pueblo escapará de ella. (2) El hecho de que sobreviva un remanente es algo esperanzador que predomina sobre toda calamidad.

Para los profetas, la idea del remanente tiene, necesariamente, una dimensión escatológica. Ese resto del pueblo es una pequeña parte escogida que sobrevive, por la misericordia de Dios, para ser nuevo sujeto de la promesa.

En la historia de la revelación podemos distinguir, de manera muy general también, tres épocas de desarrollo del concepto del remanente:

1. En la época preexílica. Los profetas Amós, Miqueas e Isaías, anunciaron la supervivencia de un remanente. Este remanente sería librado del juicio divino a través de la mano de Asiria (Isa. 1:9; 17:5; 24:6, 13; Amós 3:12;

4:11). Además, declararon que el remanente sería constituido por los cautivos que regresarían (Isa. 11:11-16). El propio Isaías llama a uno de sus hijos *Sear-Yasuv* (un remanente volverá Isa.7:3).

2. En la época de la cautividad babilónica. En esta época el remanente no sería constituido por los que se quedaran en Palestina, ya que se mezclaron con los pueblos traídos a colonizar las tierras desoladas. El remanente estaría formado por los que regresaron de la cautividad (Jer. 23:3; 24:5-8; 31:2-7). Este nuevo éxodo, posible sólo por la misericordia de Dios, transformará aun internamente a los cautivos, les habilitaría para un nuevo pacto, y les llamaría a formar un nuevo Israel (Eze. 11:13-20). El remanente que retornara entrará en la más estrecha relación con Dios, con una nueva ciudad santa y un nuevo santuario (Eze. 40:42).

3. En la época postexílica. En esta última etapa en la historia de Israel, el remanente santo constituye al Israel nuevamente formado. Esta comunidad es depositaria de grandes promesas, entre ellas, las promesas mesiánicas, las cuales son mencionadas como si ya estuvieran cumplidas (Zac. 8:11-15; Esd. 9:8, 13-15). Todos los privilegios del pueblo elegido son transferidos al remanente, el cual se caracteriza por su fe y su santidad y no por su número.

Una pregunta necesaria es: ¿Cuál es el significado del remanente para el judío? Como ejemplo de esto, en la apocalíptica judía el remanente se refiere llanamente a la creación. Algunos grupos (como la comunidad de Qumrán) reclamaban la identidad del remanente para ellos mismos, pero lo hacían con fines claramente sectarios. Por su parte, los rabinos prácticamente ignoraron este concepto en la literatura mísnicah.

Para el judío promedio (hasta el día de hoy) formar parte del pueblo de Dios es algo que se da por nacimiento.

B. Enfasis:

El pueblo rebelde, 10:18-21. Pablo se remite al origen de sus opiniones y descubre que éstas tienen su origen en Moisés. Léase todo el cántico de Moisés y su recomendación adjunta (Deut. 32:1-47).

El pueblo rechazó a Dios, 11:1-3. Aunque el pueblo prácticamente rechazó a Dios, él mantuvo la vigencia de sus promesas. Sin embargo, como en el pasado también, éstas se aplican al remanente. *Dios no rechazó a su pueblo al cual conoció de antemano* (v. 2).

Un remanente fiel, 11:4, 5. Para Pablo, la existencia del remanente no era sino el reflejo de dos realidades: la fidelidad y la gracia de Dios, y la dureza e incredulidad del hombre. *Se ha levantado un remanente según la elección de gracia* (v. 5).

Lo que los elegidos sí alcanzaron, 11:6-10. Una vez más, la lógica inexorable del Apóstol integra todos los elementos de su exposición y los jerarquiza. "Y si es por la gracia, no procede de las obras; de otra manera, la gracia ya no sería gracia" (v. 6). Lo que el Israel histórico buscaba era estar en la cumbre del poder político, social y económico. Ellos no lo alcanzaron. Pero los escogidos alcanzaron algo mucho mejor: llegar a ser el pueblo espiritual de Dios. *Lo que Israel busca, eso no lo alcanzó, pero los elegidos sí lo alcanzaron* (v. 7).

1 El pueblo rechazó a Dios, Romanos 11:1-3.

V. 1. El apóstol Pablo introduce una pregunta vital en su discusión: *¿Acaso rechazó Dios a su pueblo?* Pero la fórmula mirando retrospectivamente, ya que la conjunción previa a la pregunta: "por tanto" (lit: digo pues), apunta directamente a Romanos 9:16-33 y 10:19-21. "Rechazar" describe aquí la acción de empujar a alguien para alejarlo (Hech. 7:27). La respuesta a la pregunta es evidente: *¡De ninguna manera!*, porque las preguntas que usan el negativo griego, esperan una respuesta negativa como en 3:3; 9:14; 10:18, 19; 11:1, 11.

Para probar que Dios no ha desechado a Israel, Pablo se remite a su propio testimonio. La triple alusión a su origen étnico: israelita, de la descendencia de Abraham, de la tribu de Benjamín; no deja lugar a dudas sobre la veracidad de su conclusión.

Vv. 2, 3. *Dios no rechazó a su pueblo*, pues él mismo lo conoció de antemano. Es decir, lo eligió de antemano como también afirma en 8:29. A pesar del rechazo de Israel, no por ello Dios rechazó a todos los judíos. Una vez más, la actitud de Israel no era nueva en los días del Apóstol, pues ya Elías apelaba a Dios contra Israel en su oración de 1 Reyes 19:18. Es interesante advertir cómo el escritor argumenta refiriéndose a escritos de personajes como Moisés, Elías, David e Isaías; los cuales eran significativos en la historia y en la escatología judía. Amén de que apoya sus consideraciones en toda la Biblia entera (Ley, Profetas y Escritos). El testimonio de Elías contra Israel condujo a Dios a dar testimonio en favor de él: "...he dejado para mí, siete mil hombres..." (1 Rey. 19:18).

2 El remanente de los fieles, Romanos 11:4, 5.

Vv. 4, 5. Como en los días de la apostasía contra la cual profetizó Elías, Dios se ha reservado un remanente fiel. Como hemos considerado, el concepto del remanente posee una clara importancia teológica en el Antiguo Testamento. No obstante, en el Nuevo Testamento sólo aparece la idea en esta sección de Romanos, capítulos 9 al 11.

Ante una creciente respuesta de los gentiles al evangelio, y una recalcitrante negativa de los judíos, era necesario volver a las Escrituras y redescubrir una vieja y trágica realidad: sólo un pequeño resto en Israel se había mantenido fiel en cada etapa de su historia.

El remanente significaba, tanto para los Profetas como para Pablo, ese residuo del pueblo que se caracteriza por su santidad y por su fe, no por su número. No obstante, ya el profeta Zacarías vislumbraba la inclusión de los gentiles en la comunidad del Señor en términos de un remanente (Zac. 9:7): "Entonces, un remanente de ellos (los filisteos), será de nuestro Dios, será como la tribu de Judá." El origen del remanente judío del tiempo del Apóstol (y de ahora también) está en la elección de gracia, por esa gracia "ha llegado a ser". En esta declaración el Apóstol recurre a uno de sus conceptos favoritos sobre el cual argumenta en los siguientes versículos.

3 Una elección por gracia, Romanos 11:6-10.

Vv. 6-10. Para Pablo, *la gracia* sintetiza la acción salvadora de Dios en Cristo. Es la base de la relación de Dios con el hombre. Por eso, para el Apóstol el empleo de "gracia" en sus salutaciones, y en el epílogo de su cartas, es más que un saludo o un deseo. La gracia es calificada como "la gracia de Cristo (2 Cor. 13:13). Pero más allá del estricto sentido epistolar, tiene un significado profundamente soteriológico. De esa manera, donde se habla de "gracia" se habla, con muy pocas excepciones, de la redención. Cuando Pablo expresa: "por la gracia", "según la gracia", se refiere a la absoluta iniciativa de Dios en la obra de redención. Obviamente este concepto choca de frente con el concepto rabínico de la justificación por las obras. Por lo cual, en la literatura paulina, "gracia" y "obras" aparecen de manera antitética.

De manera muy general "gracia" designa:

A. La voluntad salvadora de Dios. Según su gracia fuimos llamados antes del comienzo del tiempo (2 Tim. 1:9). Según la gracia, tuvo lugar la promesa (Rom. 4:16). Según la elección de gracia, Dios se ha reservado un resto de Israel (Rom. 11:5).

B. La gracia, el hecho de la salvación. La gracia no es algo abstracto, pues donde se habla de gracia se habla de Cristo (2 Tim. 1:9). Por Cristo, la gracia y la verdad llegaron a ser (Juan 1:17). La obra de redención es expresada claramente por la gracia (2 Cor. 8:9). La gracia y el sacrificio de Cristo son, en consecuencia, una misma cosa (Gál. 3:21).

C. La gracia, don de la salvación. Gracia es un término que designa igualmente a la intención y a la dádiva. El cristiano está ahora en la gracia (Rom. 5:2; 1 Ped. 5:12). Ahora impera la gracia (Rom. 5:21). El poder del pecado ha sido quebrantado por la gracia (Rom. 6:14). La gracia es la fuente de los dones espirituales (Rom. 12:6; 1 Cor. 1:4-7).

Ante el peso de la propuesta divina a través de la gracia, un pueblo obstinado en alcanzar su propia justicia, sólo podía tropezar y ser movido a celos por la redención de los gentiles.

──────────────── Aplicaciones del estudio ────────────────

1. El rechazo de Israel es una llamada de atención. Cuando un misionero pretende persuadir a la fe a un pagano, debe persuadirlo del monoteísmo; de que Dios ha hablado por medio de la Biblia y, de la necesidad de creer en Cristo. Cuando pretende alcanzar a un judío, no necesita persuadirlo del monoteísmo, ya que él dice:cada día: "Oye Israel, el Señor nuestro Dios, el Señor uno es." No tiene que persuadirlo del valor de la Biblia, pues puede saber hasta qué lugar ocupa cada letra de la misma. Ni de la necesidad del Mesías. Pero trágicamente es Jesús, el Mesías de Israel, el tropezadero de su propio pueblo.

2. La iglesia y el plan de salvación. Si bien es cierto que Dios escogió a Israel para llevar bendición a todas las naciones de la tierra, también es cierto que hoy en día tiene un pueblo nuevo, su iglesia (1 Ped. 2:9), que también tiene un llamamiento semejante. No olvidemos que Jesús dijo: "Id por todo el mundo y predicad el evangelio."

3. Dios sigue siendo soberano. A pesar de lo que se diga en contra, Dios sigue manteniendo su soberanía en cuanto a su decisión de llamar a la salvación a "todo aquel que cree..." Primero llamó al judío y luego, ante el abierto rechazo de su pueblo, volteó su rostro hacia los gentiles.

--------------------- Ayuda homilética ---------------------

La irrevocable vocación de Israel
Romanos 11:1-5

Introducción: El canto más amargo de la Biblia es el contenido en el libro de las Lamentaciones. En el capítulo 1 Jeremías lloraba la ruina de Sion. Pero declaraba también de la boca de Dios: "Porque el Señor no desecha para siempre" (Lam. 3:31 RVR). Estas palabras pronunciadas en uno de los días más sombríos de la historia judía, comparten la convicción del apóstol Pablo en cuanto a la esperanza de Israel. La convicción de Pablo trasciende a cualquier anhelo nacionalista, ya que se sustenta sólidamente en la analogía de las Escrituras.

I. **Como lo vemos en la permanencia de un remanente.**
   A. Prometido en cada etapa de la historia judía, Isaías 1:9; Jeremías 23:3; Zacarías 8:11-15.
   B. Manifiesto en el legado judío al evangelio, Romanos 9:4, 5; 15:25-27.
   C. Sustentado por la fidelidad divina hasta el día de hoy.
II. **Como lo aceptamos en su preciencia.**
   A. Eligiendo libremente a Israel.
   B. Llamando amorosamente a todos, Romanos 3:21-30; 1 Pedro 1:1, 2.
   C. Alcanzándonos por gracia, incluso a nosotros, Efesios 1:3-13.
III. **Como lo entendemos en sus propósitos.**
   A. Anticipando su redención a las edades, Efesios 1:3-7; Génesis 3:15.
   B. Aceptando su soberanía absoluta.
   C. Confiando en su sabiduría infinita, Romanos 11:33-36.

Conclusión: La convicción de Pablo en cuanto a la naturaleza irrevocable del llamamiento de Israel es reiterada de manera contundente en Romanos 11:29: "Los dones y el llamamiento de Dios son irrevocables."

Lecturas bíblicas para el siguiente estudio

Lunes: Romanos 11:11-16   **Jueves:** Romanos 11:25-27
Martes: Romanos 11:17-21   **Viernes:** Romanos 11:28-31
Miércoles: Romanos 11:22-24   **Sábado:** Romanos 11:32-36

AGENDA DE CLASE

Antes de la clase
1. Prepare un cartelón con el *currículum vitae* del apóstol Pablo. Escriba como título "Pablo" y haga una lista de todas las cualidades y logros del Apóstol. Por ejemplo: Israelita, descendiente de Abraham, de la tribu de Benjamín, fariseo, miembro del Sanedrín, etc. (puede usar la lista de Fil. 3:5, 6). **2.** Pida a un alumno que prepare con anticipación la historia del profeta Elías en los episodios de su encuentro con los profetas de Baal y su posterior huida (1 Rey. 18 y 19). Deberá estudiarla de tal manera que pueda narrarla en la clase. Si es posible ayúdele usted para que el impacto que quiere lograr con la narración sea posible. **3.** Con anticipación pida a tres alumnos que se preparen estudiando cada uno, una de las tres épocas de desarrollo del concepto del remanente: la época preexílica, la época de la cautividad babilónica, y la época postexílica. **4.** Prepare una lámina dividida en dos horizontalmente. En la parte superior dibuje una vela encendida de determinado color, y junto a ella otra vela pequeñísima sin encender. En la parte inferior dibuje ahora la vela encendida pero casi terminándose, mientras que la pequeñita ahora está encendida y grande.

Comprobación de respuestas
JOVENES: **1.** Israelita, de la descendencia de Abraham, de la tribu de Benjamín. **2.** No rechazó a su pueblo. **3.** Un remanente. **4.** No lo alcanzó. ADULTOS: **1.** Israelita. **2.** No lo rechazó. **3.** V. 5. **4.** Cuando procede de las obras.

Ya en la clase
DESPIERTE EL INTERES
1. Escriba en el pizarrón el título del estudio: "Salvación del remanente". **2.** Pida a los alumnos que hagan una lista de los significados de salvación y de remanente. **3.** Repita la *Verdad central* de este estudio. **4.** Muestre la lámina con las velas y explique cómo cuando algunos judíos rechazaron la salvación que Cristo les ofreció, los gentiles la aceptaron creciendo el evangelio entre ellos. Explique que esta actitud de los judíos dio inicio a la universalidad del evangelio.

ESTUDIO PANORAMICO DEL CONTEXTO
1. Pida que algunos alumnos participen leyendo en voz alta esta sección del estudio. **2.** Dé el tiempo a los tres alumnos que prepararon la exposición de las tres épocas en las que se desarrolló la idea del remanente, que pasen al frente y compartan con el grupo. Cada uno leerá las citas bíblicas que apoyan cada punto.

ESTUDIO DEL TEXTO BASICO
1. Lean juntos en el libro del alumno, la primera sección de este estudio: "El pueblo rechazó a Dios", y Romanos 11:1-3. Muestre el cartelón en

donde escribió el *currículum vitae* del apóstol Pablo. Hablen sobre el orgullo que el Apóstol podía manifestar en cuanto a su origen, y cómo lo usa para apoyar su argumento. Dé lugar a la persona que ha preparado la narración sobre el profeta Elías. Pídale que, brevemente, comparta con el grupo para que todos puedan entender mejor el ejemplo que Pablo usa en su disertación. **2. Pida a un alumno que lea el texto bíblico de Romanos 11:4, 5.** Asigne a varios alumnos las siguientes citas para que las lean en voz alta: I Reyes 19:18; Amós 9:8-10; Miqueas 2:12; 5:3; Sofonías 3:12, 13; Jeremías 23:3; Ezequiel 14:14; Isaías 7:3; 8:2; 9:12; 20:21. Discutan sobre la manera en que los profetas hablaban del remanente. **3. Escriba en el pizarrón:** "Consecuencias de vivir bajo la ley — Consecuencias de vivir bajo la gracia." Permita que los alumnos opinen sobre estas consecuencias tales como: carga, ansiedad, frustración, etc. Paz, confianza, gratitud, etc. Lean Romanos 11:6-10 y el comentario en el libro del alumno. Discutan sobre el privilegio de vivir bajo la gracia. Evite que quede cualquier duda sobre el concepto de vivir bajo la gracia. Aclare que esa gracia no anula nuestra responsabilidad de crecer y madurar en nuestra vida cristiana. Cuando se logró en nosotros la regeneración, también se inició el proceso de santificación.

APLICACIONES DEL ESTUDIO

1. Pida a los alumnos que lean en silencio las *Aplicaciones del estudio.* Después de un tiempo razonable, pida que dos o tres voluntarios compartan con los demás cuál de las aplicaciones les parece que en este momento de su vida les puede ayudar en lo personal. **2.** Brinde la oportunidad para que opinen en cuanto a la idea del remanente y la gracia de Dios al ofrecernos a Cristo como Salvador. **3.** Pregunte: ¿Cómo podemos aplicar la idea del remanente en el presente? **4.** Explique por qué era tan difícil para los judíos aceptar el mesianismo de Cristo: iba en contra de sus expectativas de liberación, murió en una cruz, no quiso luchar en contra de los Romanos para liberar a Israel, no quiso ser rey cuando ellos esperaban recibir todos los beneficios de su reinado aquí en la tierra, etc. Hablen sobre la carga que significaba para muchos aceptar que Cristo era el hijo de Dios, y piensen por un momento en qué actitud hubieran tomado si les hubiese tocado vivir en esos días siendo judíos sinceros a la expectativa de la llegada del Mesías. **5.** Concluya realzando la fidelidad de Dios en el cumplimiento de sus promesas.

PRUEBA

1. Divida a los alumnos en grupos pequeños y dé tiempo para que respondan a las preguntas de la *Prueba.* **2.** Vuelva a reunir al grupo para que compartan sus respuestas. **3.** Permita que formulen sus conclusiones personales y motívelos para que cada uno considere qué fue lo que Dios quería que aprendiera a través de este estudio. **4.** Finalice su clase con unos momentos de reflexión personal y de oración.

Unidad 3

También a los gentiles

Contexto: Romanos 11:11-36
Texto básico: Romanos 11:11-24
Versículo clave: Romanos 11:15
Verdad central: La transgresión del pueblo de Dios resultó en la salvación de los gentiles.
Metas de enseñanza-aprendizaje: Que el alumno demuestre su: (1) conocimiento de las condiciones que se dieron en la historia de la salvación para que los gentiles alcanzaran la redención, (2) actitud de alabanza y adoración a Dios por la salvación.

——————Estudio panorámico del contexto ————

A. Fondo histórico:
"Olivo verde, hermoso en su fruto y en su parecer, llamó Jehová tu nombre...", Jeremías 11:16 (RVR). Esta declaración de Jeremías identifica a Israel con el olivo, "el olivo de Dios". Mediante la misma figura, el apóstol Pablo describe a su pueblo, sólo que en Romanos 11 este árbol se ha injertado con ramas nuevas y ajenas (los gentiles).

Las razones para el uso de esta alegoría son evidentes: el olivo era uno de los cultivos más difundidos e importantes no sólo en Israel, sino en toda la cuenca del Mediterráneo. Los profetas identificarían a la nación hebrea con el olivo (Ose. 14:6), y éste se convertiría, junto con la *Menorah* (candelabro de siete brazos), en el actual escudo nacional del Estado de Israel (Zac. 4:3, 11, 13). Por su parte, tanto griegos como romanos conocían y apreciaban el olivo. La mitología griega remite el origen del árbol a la disputa entre Neptuno y Atenea por el privilegio de darle nombre a la nueva ciudad edificada por los griegos, la cual se llamó finalmente: Atenas. Cuenta la mitología, que tras el golpe con el tridente de Neptuno, surgió un caballo; en tanto que el golpe de la lanza de Atenea, produjo un olivo. Desde entonces, el árbol significaría para los griegos: gracia, libertad, pureza, etc.

Tanto los griegos como los romanos hicieron del olivo un elemento presente en muy distintos eventos. Era necesario llevar una rama de olivo al acudir al oráculo de Delfos, y la corona de los campeones olímpicos era de hojas del mismo árbol. Los romanos, cuenta Plinio, restringieron el uso de su madera, la cual sólo se usaba como leña para distintos sacrificios, prohibiéndose todo uso profano. Por otra parte, con coronas de olivo se galardonaba a los protagonistas de hechos cívicos. (Los hechos de guerra eran galardonados con coronas de laurel.)

Pero, ¿cuál era el propósito de esta figura? ¿Cuál el significado? Como mencionamos anteriormente, el olivo es un antiguo símbolo del pueblo de Dios, pero ¿qué relación tenían los gentiles con él? La respuesta a esta última pregunta es evidente: muy poca y muy mala por cierto.

Frecuentemente se acusa al pueblo judío de xenófobo y exclusivista (con el surgimiento del neonacismo oiremos mucho más de esto), pero una valoración apenas superficial de la literatura bíblica y rabínica nos permite entender mejor las actitudes judías ante los gentiles.

La Misnah prohíbe, por ejemplo, la compra y la venta a los gentiles de distintos productos agrícolas o animales; los cuales podían estar destinándose a fines idolátricos, o bien su producción podía estar asociada a prácticas de la misma naturaleza. Por eso se prohibía la venta de gallos blancos a los extranjeros, pero en caso de hacerlo, debía mutilárseles un dedo, a fin de hacerlos no aptos para sacrificios paganos. No podía alojarse ganado de un israelita en una posada gentil, por temor a la práctica de la bestialidad (Exo. 22:19). No era lícito ayudar a parir a una gentil, pues se ayudaba a nacer un hijo a la idolatría. No se podía recibir ofrenda de distintos tipos de personas: de un imbécil, de un sordomudo, de un ladrón y de los paganos; por razones morales, no discriminatorias. Para nuestra mentalidad no es tan fácil hacer la diferencia.

B. Enfasis:
Tropiezo para salvación, 11:12. El escritor enfatiza la idea de que el tropiezo de Israel frente al evangelio es, en el último de los casos, bendición a los gentiles, "riqueza de los gentiles". Pero señala también su inexorable restauración.

Las ramas reciben bendición de la raíz, 11:13-16. Ahora, el pueblo gentil está unido al viejo tronco del pueblo de Dios, cuyas raíces nutren y sustentan a los injertos.

Un injerto del olivo, 11:17-19. La figura, cuestionada eventualmente, tiene un propósito evidente: el de señalar las bendiciones de la injerción de la rama silvestre en el tronco doméstico.

El peligro de ser cortado, 11:20-22. El escritor, quien había aclarado: "A vosotros hablo, gentiles" (v. 13 RVR) formula a sus destinatarios una grave advertencia: "Estás de pie por la fe, teme y no te ensoberbezcas; no eres mejor que ellos, si estás de pie es por su bondad, si cayeron fue por la severidad de su juicio y la incredulidad de ellos."

La esperanza de la restauración, 11:23, 24. A pesar de su estado actual, Israel aún tiene esperanza. Si no permanecen en incredulidad, serán injertados.

La restauración de Israel, 11:25-27. Para Pablo era claro que el endurecimiento de Israel tenía propósitos escatológicos. Tras la redención de la plenitud de los gentiles, Israel será salvo.

La obediencia motiva la misericordia de Dios, 11:28-32. La desobediencia del pueblo escogido hizo que Dios tuviera misericordia de los gentiles, quienes obedecieron al llamamiento a la salvación.

Los caminos inescrutables de Dios, 11:33-36. Ante la tremenda realidad de la grandeza del Señor y su suficiencia, el hombre no puede menos que darle gloria por los siglos de los siglos.

————————— Estudio del texto básico —————————

1 Tropiezo para salvación, Romanos 11:11-16.

V. 11. Una vez más, el escritor formula una pregunta que demanda una respuesta negativa (como en el v. 1): *¿Acaso tropezaron para que cayesen?* La respuesta es vehemente: *¡De ninguna manera!* (lit. no suceda). Pero la transgresión de Israel fue el instrumento que hizo posible la salvación de los gentiles, y añade, para provocarles a celos. Esto había sido profetizado por Moisés (Deut. 32:21). El Nuevo Testamento habla de celo (gr. *zélos,* de ahí nuestra palabra española) desde perspectivas tanto positivas como negativas. Así, por ejemplo, el celo de los judíos ante el avance del cristianismo (Hech. 5:17; 13:45; 17:5); o los celos y las envidias que amenzaban a la comunidad de fe (Stg. 3:16; 1 Cor. 3:3; 2 Cor. 12:20). Pero a la vez, el Apóstol se alegra del celo y el arrepentimiento de los corintos (2 Cor. 7:11). El celo en sí no es condenado, es más, se apremia a tenerlo, siempre que sea por Cristo como él lo tuvo por Dios (Juan 2:17).

Vv. 12-16. El escritor orienta sus palabras a sus destinatarios directos: los gentiles, refiriéndoles la vocación de su ministerio apostólico. En los vv. 15 y 16 el Apóstol declara su convicción de la reconciliación de Israel con su Dios. Otras palabras usadas en este pasaje son: *restauración* (v. 12), salvación (v. 14) y admisión (v. 15). El celo misionero y la influencia del ministerio apostólico de Pablo le valió la atribución, por parte de diversos círculos judíos, de la paternidad del cristianismo.

2 Un injerto en el olivo, Romanos 11:17-19.

Vv. 17-19. La práctica intensiva de la agricultura derivó en la selección de especies más productivas, resistentes y de mejor calidad. Así como el desarrollo de técnicas y conocimientos en torno a los cultivos de interés. Como es bien sabido, una vieja técnica frutícola es la injertar en árboles nativos, ramas o brotes provenientes de árboles de variedades (o aun especies) diferentes, para mejorar la producción. Una objeción que eventualmente se ha presentado a esta analogía, es que el escritor no sabía absolutamente nada sobre el manejo del cultivo del olivo, puesto que no es lógico pensar en la posibilidad de un manejo semejante. Lo lógico sería injertar a un árbol silvestre con ramas seleccionadas.

No obstante, la intención de Pablo es precisamente esa, decir que los gentiles fueron unidos al pueblo de Dios aun contra natura. En el v. 18 Pablo pronuncia una grave advertencia: *No te jactes contra las demás ramas... no eres tú quien sustentas a la raíz; sino la raíz a ti.* El significado es claro: la nueva posición de los gentiles no puede producir arrogancia, sino gratitud.

3 El peligro de ser cortado, Romanos 11:20-22.

V. 20. Una vez más el Apóstol destaca el papel que juega la fe en la relación con Dios. *Estás firme* (como en 5:2).

Vv. 21, 22. La advertencia tiene un enorme marco de referencia en la historia de Israel: muchos se creyeron en una posición de privilegio incondicional, como si Dios fuera deudor a su pueblo. La benignidad (2:2) y la severidad de Dios son dos cosas que no pueden ignorarse. La palabra severidad (gr. *apotomia*: cortar abruptamente, desgajar) es descriptiva de la imparcialidad del trato de Dios al hombre de fe y al incrédulo, independientemente del origen étnico (Rom. 2:11). Como vemos, las palabras de Pablo no reflejan el reclamo de un judío por un trato digno por parte de los gentiles, sino una advertencia divina: *si permaneces*.

4 La esperanza de la restauración, Romanos 11:23, 24.

Vv. 23, 24. Nuevamente, se destaca el trato imparcial tanto en el juicio como en la misericordia. El argumento usado en el versículo anterior ahora se usa en el sentido contrario: *si no permanecen en incredulidad*. Para el Apóstol era indiscutible que Dios es poderoso para injertar a Israel en el viejo tronco del pueblo de Dios. La clave de la argumentación del escritor está en la expresión: *contra la naturaleza*. Si los gentiles fueron unidos "contra natura" al olivo, las ramas propias pueden ser reinjertadas naturalmente.

Tanto el endurecimiento de Israel como la adopción de los gentiles pueden resultar en misericordia para todos (v. 32). Es interesante señalar que este puede ser uno de los pasajes más perturbadores escritos por Pablo, de tal manera que algunos han visto en él los anhelos del escritor, más que una promesa de futura restauración. Valdría la pena recordar cómo el escritor es escrupulosamente puntual para distinguir entre: "digo yo" (1 Cor.7:6, 12), y "dice el Señor" (1 Cor. 7:25).

Los últimos versículos del capítulo nos muestran la invariable fidelidad de Dios y su insondable sabiduría. Las promesas dadas a Israel, las cuales siendo por gracia sólo se cumplirían en Cristo, pues "todas las promesas de Dios son en él Sí, y en él Amén" (2 Cor. 1:20 RVR). Pero al rechazar Israel a su Mesías, los gentiles sí creyeron en Cristo alcanzando la gracia y la adopción. Una vez desarrollado este tema, por cierto de una manera amplia, el escritor concluye con su sublime doxología. Esta vieja historia, la de la relación de Dios con Israel, aún hoy no ha terminado de escribirse.

―――――――― **Aplicaciones del estudio** ――――――――

1. La inmutable fidelidad de Dios. Dios trazó un plan de salvación a causa del pecado del hombre. Escogió un pueblo para que fuera el transmisor de ese plan redentor. El pueblo escogido falló en su concepción de ese plan y, sin embargo, Dios siguió adelante usando otros pueblos. Esa lección de la historia nos recuerda una y otra vez que aunque nosotros fallemos, Dios permanece fiel.

2. No usemos la fidelidad de Dios como pretexto. Se puede pensar que si a pesar de la infidelidad del hombre Dios sigue adelante con su plan de redención, entonces al hombre ya no le queda responsabilidad. Es todo lo contrario, nosotros debemos constituirnos en agentes comunicadores de ese plan. No hay mayor privilegio que el de ser instrumento de Dios para anunciar las buenas nuevas de salvación. Si Dios es fiel, nosotros también debemos serlo.

Los resultados providenciales del endurecimiento de Israel.
Romanos 11:11-14

Introducción: En este pasaje el Apóstol hace desafiantes declaraciones en cuanto a los resultados del endurecimiento de Israel. Es importante enmarcarlas en su evidente línea argumental, en virtud de la cual el escritor precisa a quiénes dirige sus palabras. Además, antepone varios "si" condicionales y concluye declarando que los resultados de dicho endurecimiento son providenciales.

I. **La transgresión de Israel resultó en la salvación de los gentiles.**
   A. La salvación encarnada en Cristo.
      1. En el simple significado de su nombre, Mateo 1:22-25.
      2. En el carácter libertario de su obra, Lucas 1:77;
         1 Timoteo 1:15; Romanos 5:19; Filipenses 1:28.
   B. Salvación aplicada por la fe.
      1. Mediada por la gracia, Efesios 2:9; Gálatas 2:16.
      2. Revelada por el evangelio, Romanos 11:11.
      3. Revelada al mundo, Hechos 13:26; Juan 3:16.
II. **El fracaso de Israel resultó en riqueza para los gentiles.**
   A. Riqueza encerrada en Dios.
      1. Riqueza en misericordia, Efesios 2:4.
      2. Riqueza en bondad, Romanos 2:4.
      3. Riqueza en sabiduría, Romanos 11:33.
   B. Riqueza legada al cristiano.
      1. Riqueza en fe, Santiago 2:5.
      2. Riqueza en bendiciones, Colosenses 4:19; Efesios 1:18.
      3. Riqueza en gracia, Efesios 1:7.
III. **La exclusión de Israel resultó en reconciliación del mundo.**
   A. Reconciliación con Dios.
      1. Por medio de Cristo, Romanos 9.
      2. Para una vida de santidad, Colosenses 1:22.
      3. Para una vida eterna, Romanos 5:10.
   B. Reconciliación entre los hombres.
      1. Como condición para una recta adoración, Mateo 5:24.
      2. Como un ministerio, 2 Corintios 5:18-20.

Conclusión: Los resultados del endurecimiento de Israel fueron providenciales ya que el fracaso de Israel resultó en riqueza para los gentiles.

Lecturas bíblicas para el siguiente estudio

Lunes: Romanos 12:1, 2   **Jueves:** Romanos 12:9-13
Martes: Romanos 12:3-5   **Viernes:** Romanos 12:14-17
Miércoles: Romanos 12:6-8   **Sábado:** Romanos 12:18-21

AGENDA DE CLASE

Antes de la clase
1. Consiga o dibuje un escudo del Estado de Israel. **2.** Busque un pequeño arbusto que pueda llevar a la clase, y con el cual pueda ilustrar alguna técnica sencilla para injertar. **3.** Tenga listo un dibujo de un olivo y colóquelo a la vista del grupo desde el principio. **4.** Hable con cuatro alumnos para que representen una pequeña obra que muestre el cuadro de una familia: el padre, dos hijos y un extraño. La explicación sobre el desarrollo de esta dramatización aparece en el *Estudio del texto básico de esta Agenda*, primer punto. **5.** Conteste la sección *Lee tu Biblia y responde*, o *Lea su Biblia y responda*, según el grupo-edad al que está enseñando.

Comprobación de respuestas
JOVENES: **1.** Celos. **2.** Gentiles. **3.** En la reconciliación del mundo. **4.** Incredulidad. **5. a.** Los que cayeron. **6.** Los que permanecen en su bondad. ADULTOS: **1.** Celos. **2.** Bondad, severidad, cayeron, contigo si permaneces en su bondad. **3.** Poderoso.

Ya en clase
DESPIERTE EL INTERES
1. Muestre el escudo del Estado de Israel, y explique cómo el olivo era uno de los cultivos más difundidos e importantes para Israel. **2.** Llame la atención al arbusto y explique la técnica para injertar. Hable de lo ilógico del ejemplo de Pablo, ya que cualquiera comprende la necesidad de que el injerto sea siempre de una calidad superior. **3.** Muestre el cuadro del olivo y pregunte a los alumnos para qué se usaba en otras naciones, como Grecia.

ESTUDIO PANORAMICO DEL CONTEXTO
1. Pida a los alumnos que lean esta sección del estudio y comenten sobre la forma en que Pablo presenta la enseñanza de la inclusión de los gentiles en el reino de Dios. **2.** Divida al grupo en dos y pídales que se hagan la siguiente pregunta: Grupo A: Si yo fuera judío, ¿cómo me sentiría ante esta disertación de Pablo? Grupo B: Si yo fuera gentil de ese tiempo, ¿cómo me sentiría al escuchar por primera vez esto? **3.** Dé tiempo para que discutan brevemente por grupos explicando que los judíos tratarán de convencer al otro equipo de que su actitud hacia los gentiles es justificada. **4.** Reúnales y escuche sus conclusiones.

ESTUDIO DEL TEXTO BASICO
1. Lean el texto bíblico de la primera sección del estudio (Rom. 11:11-16). En el pizarrón escriba las palabras: Restauración, Salvación, Admisión (vv. 12-16). Motive a los alumnos a participar ofreciendo significados para cada una de estas palabras que expresan la convicción del Apóstol de la reconciliación de Israel. Pida que consideren el asunto de los celos a los que son movidos los judíos, y analicen qué tan positivos resultan en este caso concreto.

Dé tiempo para que los alumnos que han preparado la dramatización de "la familia" la representen ante el grupo. El contenido de la obra consiste en que el padre está hablando con sus hijos, a los cuales les está ofreciendo la oportunidad de firmar un seguro de vida que él va a regalarles. Los tres discuten sobre las ventajas y beneficios del seguro. Finalmente, uno de ellos lo acepta agradeciendo a su padre por su preocupación y su cuidado; mientras que el otro hijo lo rechaza con suma desconfianza y burla. Cuando está por retirarse, entra el cuarto actor quien representa a un vecino que pasa a saludarles. Inmediatamente el padre le regala el seguro de vida que desdeñó su hijo, y este último reacciona con celos y enojo. La dramatización será muy breve y debe concluir con la reacción de celo del hijo que había desdeñado originalmente el regalo de su padre. Al finalizar, pida opiniones en cuanto a la reacción de cada uno de los protagonistas. Concluya explicando que de la misma manera actuó el pueblo de Israel ante la salvación que Dios le ofrecía.

2. *Una vez más, muestre el arbusto que llevó a la clase* y hable con el grupo sobre lo que Pablo estaba ilustrando con esta figura. Pida que lean esta sección del texto bíblico: Un injerto en el olivo.

3. *Lean el texto bíblico de esta sección del estudio* (Rom. 11:20-22). Pida a un alumno que explique con sus palabras, qué quiso decir Pablo cuando habló del peligro de ser cortado. Escriba en el pizarrón la frase: "Caída de la gracia", y hablen sobre la diferencia que existe entre este caso concreto tratado por el Apóstol, y la idea en cuanto a la pérdida de la salvación.

4. *Comparta con su grupo el material de la división 4:* "La esperanza de la restauración". Pida que mencionen algunos datos en cuanto a la historia del pueblo judío después del tiempo bíblico. Destaque la manera en que han sido atacados y diseminados, y la forma en que "siguen de pie". Escriba en el pizarrón la frase: "Esta historia continuará..." para señalar que Dios sigue obrando en el fiel cumplimiento de su promesa.

APLICACIONES DEL ESTUDIO

1. Pregunte a su grupo: "¿Qué piensan ustedes de los judíos?" Permita que den sus opiniones. **2.** Pida que lean las *Aplicaciones del estudio* y que compartan sus conclusiones con el grupo. **3.** Vuelva a tomar la pregunta con que inició esta sección y explique cómo aún hay quienes siguen culpando a los judíos del sacrificio de Cristo y, por ello, manifiestan un rechazo hacia ese pueblo. Concluya explicando cómo Dios no ha terminado de escribir la historia del pueblo de Israel, quienes aún tienen esperanza.

PRUEBA

Dirija a la clase a que completen los ejercicios de esta sección en el libro del alumno.

Comprobando la voluntad de Dios

Contexto: Romanos 12:1-21
Texto básico: Romanos 12:1-21
Versículo clave: Romanos 12:2
Verdad central: El creyente en Cristo no debe adoptar las normas de conducta del mundo, sino renovarse de día en día comprobando la voluntad de Dios para cumplirla.
Metas de enseñanza-aprendizaje: Que el alumno demuestre su: (1) conocimiento de la exhortación de Pablo a renovarse para comprobar cuál es la voluntad de Dios, (2) actitud de consagración a cumplir la voluntad de Dios en su vida.

-------------- Estudio panorámico del contexto --------------

A. Fondo histórico:
Si hay un pasaje en la carta a los Romanos, en el cual la conjunción "así que" (gr. *oun* = por tanto, consecuentemente, así, entonces) tiene una particular relevancia, es en Romanos 12:1. Y es así porque en dicho texto, esta partícula ilativa recoge todo el argumento de los capítulos 1 al 11, y concluye: "consecuentemente ...os exhorto". Después de remontar las alturas de la gracia y el amor de Dios, de contemplar la abismal profundidad de su sabiduría el Apóstol concluye demandando una forma de vida consecuente con los dones de Dios.

Este tipo de vida, descrita como "un sacrificio vivo", evoca algunas de las ideas del capítulo 6: "presentaos a Dios como vivos de entre los muertos, y vuestros miembros a Dios como instrumentos de justicia" (v. 13). Esta forma de vida es denominada también "vuestro culto racional", otros traducen "servicio inteligente".

El cristiano ha sido redimido por Dios, por lo que tanto su espíritu como su cuerpo le pertenecen. En consecuencia, el cristiano debe conservarse irreprensible para Dios (1 Tes. 5:23). Desde esa perspectiva, contra lo esperado por el griego, el cuerpo es un elemento clave en el servicio cristiano.

Para un judío como el apóstol Pablo esta idea era incuestionable, ya que aun cuando el judaísmo establece una relación muy estrecha entre la condición carnal del hombre con su pecado, nunca consideró la carne como el verdadero origen del pecado. Para los etnocristianos (cristianos de origen gentil) esto no siempre era tan claro.

La dignidad del cuerpo humano (los judíos lo llamaban llanamente "carne") queda de manifiesto desde el hecho mismo de la creación. En Génesis

1:26 el escritor sagrado declara que el hombre fue creado a imagen y semejanza de Dios. Como es bien sabido, se ha argumentado que dicha semejanza no puede ser física (Dios es Espíritu), sino moral y espiritual. Sin embargo, la semejanza con Dios tiene su sentido final en el dominio sobre la creación: "tenga dominio sobre los peces del mar, las aves del cielo, el ganado, toda la tierra..." Siguiendo esta línea de pensamiento, el salmista David declaraba: "Le has hecho poco menor que los ángeles (por cierto el texto hebreo dice: poco menor que *Elohim*)... Le hiciste señorear sobre las obras de tus manos" (Sal. 8:5-8 RVR). La semejanza con Dios va más allá del dominio sobre la creación, pero dicho dominio se logra a través del cuerpo, de ahí su dignidad.

El cristiano está muy por encima de los códigos y aplicaciones rabínicas que buscaban dar sentido a las exigencias legales, éticas y litúrgicas de la ley. Pretender vivir por ellas desembocaría irremediablemente en el fracaso. En cambio, en virtud de la gracia y el poder del Espíritu, el cristiano puede presentarse ante Dios como un sacrificio vivo... hoy y mañana, y hasta aquel día. El "culto racional" del cristiano es vivo, en contraste con los sacrificios veterotestamentarios. Es santo, porque está reservado únicamente a Dios. Y es agradable porque en él, Dios toma su legítimo lugar, en tanto que el hombre asume el suyo pero de acuerdo con los pensamientos de Dios.

B. Enfasis:
Renovación continua, 12:1, 2. Las palabras del versículo 2 acentúan la idea de la consagración personal y advierten al cristiano contra la inercia del mundo. Pero no basta con "no conformarse" a este mundo, sino que el hombre de fe tiene la necesidad de una renovación continua de su entendimiento (Ef. 4:23). Sólo así podrá crecer en su conocimiento de la voluntad de Dios.

Autovaloración sensata, 12:3-5. Pero el cristiano no es, ni puede ser, un ente solitario. Juntamente con otros, forma "un cuerpo en Cristo", razón por la cual debe ser mesurado en su autovaloración. El cristiano debe enmarcar su relación con Dios y con sus hermanos en la responsabilidad.

Los dones espirituales, 12:6-8. Los dones espirituales capacitan al cristiano para la obra del ministerio. Pero todo ellos son "según la gracia que nos es dada". Es decir, tienen su origen en la voluntad divina.

Vivir lo que se cree, 12:9-13. Es interesante advertir cómo el escritor señala que la vida cristiana tiene una dimensión práctica. Esto en lo concerniente a nuestro sentir para con los otros: "el amor sea sin fingimiento".

La verdadera vida cristiana, 12:14-21. Las exhortaciones contenidas en este pasaje se sintetizan en el ejemplo de Cristo. El discípulo debe ser como su Maestro.

─────────── **Estudio del texto básico** ───────────

1 Comprobando la voluntad de Dios, Romanos 12:1-5.
V. 1. Como se señaló con anterioridad, si hay un pasaje en el que la conjunción *así que* tiene un peso específico, es en éste. La razón es porque recoge todo el argumento de los capítulos 1 al 11, y propone sus consecuencias: una manera de vivir consecuente con los dones de Dios.

V. 2. El cristiano tiene un desafío a su consagración personal: la inercia del mundo. Por esta razón, el Apóstol exhorta mediante un imperativo: *No os conforméis* (lit: dejad de adaptaros, no tengáis el hábito de ser adaptados) a este mundo (la RV 1960 traduce "siglo"). Esta exigencia significa que el cristiano no puede tomar a su época como pauta. Antes bien, debe transformarse (gr. *metamorfosthe:* transfigurar. De ahí la palabra metamorfosis) por medio de la renovación de su mente. Para examinar la voluntad de Dios, calificada de manera evidentemente gradual como *buena, agradable y perfecta.*

Vv. 3-5. Pero la relación con Dios no es sólo un asunto particular, sino que tiene también una dimensión colectiva: el cristiano forma parte de una comunidad denominada "el cuerpo de Cristo". Aquí, el escritor recurre a una de sus analogías favoritas (véase 1 Cor. 12:12-27). Mediante la figura del cuerpo, el Apóstol ilustra la necesidad de la armonía en la vida de la comunidad, habiendo advertido de antemano: *Nadie tenga más alto concepto de sí que el que deba tener.* Los cristianos habían sido llamados a la humildad y a la mesura con respecto a los judíos (Rom. 11:17-20). Ahora, son exhortados a asumir las mismas actitudes ante los otros cristianos.

2 Capacitados para cumplir la voluntad de Dios, Romanos 12:6-8.

V. 6. El apóstol Pablo declara que el cristiano ha sido dotado con habilidades sobrenaturales a las cuales denomina "*dones* o carismas" (gr. *Karismata*). Estos son concedidos *según la gracia* y son diferentes. Pero tienen como propósito la edificación del cuerpo. El valor de dichos dones radica en su utilidad (1 Cor. 12:7).

Entre los dones mencionados en estos versículos está el de profecía. Este don es ponderado en la primera carta a los corintios como uno de los más útiles para la comunidad cristiana. A través de este don, el pueblo de Dios escuchaba un mensaje autoritativo de parte de Dios (1 Cor. 14:1). Pero ese don habría de ser usado de acuerdo con la porción de fe.

Vv. 7, 8. Se mencionan también los dones de: diaconía (servicio), de enseñanza, exhortación, de compartir, de presidir, de misericordia.

Siendo que una de las doctrinas más discutidas, consideradas y redefinidas por los cristianos es la doctrina del Espíritu Santo, es insoslayable considerar el tema de los dones del Espíritu, mayormente en las iglesias que sostienen el sacerdocio universal de los creyentes. Pero es importante no separar esta enseñanza de su contexto original: el marco de las relaciones fraternales y de mutua edificación en la iglesia de Dios. Cada vez que Pablo se refería a los dones espirituales lo hacía en el contexto de la *koinonía,* la mutua edificación. De hecho, eran esos dones la prueba final de toda su argumentación. Cuando se priva a la enseñanza de los dones de su contexto original, puede degenerarse en actitudes mezquinas, en egoísmos y soberbia. Muchas veces un "discipulado" académico degenera en conclusiones tales como: "Ese no es mi don, por tanto yo no haré eso."

Por otro lado, se ha confundido también a algunos dones espirituales con la evidencia de la llenura del Espíritu Santo.

3 Cumpliendo la voluntad de Dios, Romanos 12:9-13.

Vv. 9-13. En los siguientes versículos, el apóstol Pablo exhorta a los cristianos sobre diversos asuntos, los cuales bien pueden sintetizarse en 12 reglas para la vida cristiana:

1) El amor debe ser completamente sincero (gr. *anipócritos*). Un amor que no deja lugar a la hipocresía o a la simulación es un amor que no tiene fines ocultos, es puro y legítimo.

2) Debemos odiar lo malo y adherirnos a lo bueno. El aborrecimiento de lo malo no se limita al rechazo por las consecuencias de lo malo, sino al odio de la maldad misma. La exhortación a adherirnos (*kolomenoi*), viene de *Kollao* = encolar, adherir.

3) Debemos amarnos mutuamente con amor fraternal (*filostorgi:* formada por *filos*, y *storge* = amor mutuo de padres e hijos).

4) Debemos darnos prioridad unos a otros en la honra. Esta exhortación tiene que ver con la humildad.

5) No debemos ser perezosos en nuestro celo. Vease Mateo 25:26.

6) Debemos mantener nuestro espíritu en el punto de ebullición. Dios no puede tolerar la tibieza (Apoc. 3:15-16).

7) Debemos recordar a quién servimos: al Señor.

8) Debemos regocijarnos en la esperanza. El cristiano puede gozarse en la esperanza porque Dios es fiel (lit. regocijaos con los regocijantes).

9) Debemos enfrentar las tribulaciones con paciencia.

10) Debemos perseverar en la oración.

11) Debemos compartir con los necesitados.

12) Debemos ser hospitalarios.

4 El cristiano y sus semejantes, Romanos 12:14-21.

Vv. 14-21. Una vez más, el escritor presenta una serie de expresiones que norman la conducta cristiana ante los demás. Dicha relación incluye:

1) El cristiano debe soportar la persecución con oración por los perseguidores. Este es el ejemplo mismo de Jesús.

2) Debemos gozarnos con los que se gozan y llorar con los que lloran.

3) Debemos vivir en armonía.

4) Debemos evitar todo orgullo.

5) Debemos hacer que nuestra conducta tenga una hermosa apariencia. La conducta cristiana no sólo debe ser buena, sino parecerlo también.

6) Debemos vivir en paz con todos. Obviamente el Apóstol advierte que esto no siempre es fácil, por lo cual aclara: "si es posible..." pero también advierte: "...en cuanto dependa de vosotros". En otras palabras, hagan todo lo que les correspondan para que sea así.

7) Debemos abstenernos de la venganza. Las razones que esgrime el escritor son que la venganza pertenece a Dios y que el trato amoroso a nuestro enemigo agrava su responsabilidad.

Aplicaciones del estudio

1. **Debe haber congruencia entre nuestras palabras y lo que creemos.** Nuestra profesión de fe tiene que ser tanto de palabra como de hecho.
2. **Los dones espirituales han sido materia de discusión.** Es necesario guardar especial cuidado de no privarlos de su contexto original: la *koinonía* de la iglesia. Los dones son para edificación de la iglesia, no para dividirla.

Ayuda homilética

Las dimensiones sacrificiales de la experiencia cristiana
Romanos 12:1, 2

Introducción: La práctica de los sacrificios es un fenómeno universal en la historia de las religiones. La idea fundamental es la de ofrendar frecuentemente de manera cruenta, diversas víctimas con los más distintos propósitos. El cristiano no está exento de esta idea, pues proclama a Cristo como el sacrificio por excelencia. Veamos ahora el significado de las dimensiones sacrificiales de la experiencia cristiana.

   I. **La vida del cristiano es un sacrificio vivo.**
      A. Porque todo sacrificio antiguo era sombra de la plenitud de Cristo, Hebreos 9:23-28; 10:1-4.
      B. Porque nuestra expiación ya fue realizada, Marcos 14:24; Hebreos 10:18-24.
      C. Porque debe ser consciente y deliberado, Salmo 51:17; 1 Corintios 6:12-20; 1 Tesalonicenses 5:23; Gálatas 6:17.
   II. **La vida del cristiano es un sacrificio santo.**
      A. Porque está reservado exclusivamente para Dios, 1 Pedro 2:9.
      B. Porque da un uso distinto al cuerpo que el que le da el incrédulo, Romanos 8:5-15.
      C. Porque hace de la vida un instrumento que glorifica a Dios, 1 Tesalonicenses 5:23.
  III. **La vida del cristiano es un sacrificio agradable a Dios.**
      A. Cuando emana de una relación de fe, Hebreos 11:5.
      B. Cuando sigue el ejemplo de Cristo, Juan 8:29.
      C. Cuando da gloria a Cristo, Romanos 4:18.

Conclusión: La vida del cristiano es un sacrificio vivo, santo y agradable a Dios porque en su conformación con la voluntad de Dios se convierte en un testimonio de su gloria.

Lecturas bíblicas para el siguiente estudio

Lunes: Romanos13:1, 2   **Jueves:** Romanos 13:8-10
Martes: Romanos 13:3, 4   **Viernes:** Romanos 13:11, 12
Miércoles: Romanos 13:5-7   **Sábado:** Romanos 13:13, 14

AGENDA DE CLASE

Antes de la clase
1. Consiga plastilina negra y blanca. La de color negro debe ser una cantidad tres veces mayor que la blanca. 2. Prepare una lámina con el título "Los sacrificios de la historia", que ilustre en una mitad cómo ofrecían sacrificios en el Antiguo Testamento, y al centro una cruz, para que del otro extremo dibuje una silueta de una persona en actitud de oración. 3. Localice en su clase alumnos que tengan dones como el de profetizar, servir, enseñar, exhortar, compartir, presidir, ser misericordioso. Si no hubiese en su clase alumnos con estos dones, escriba en una hoja de papel lo que significa cada uno de ellos y sus manifestaciones prácticas dentro de la iglesia. 4. Tenga listas algunas hojas de papel en blanco para repartir entre sus alumnos. 5. Conteste las preguntas de la sección *Lea su Biblia y responda* o *Lee tu Biblia y responde*, según corresponda.

Comprobación de respuestas
JOVENES: 1. F, V, V, F, F, F, V, F. 2. Tener paz con todos los hombres. 3. a. Dejar que Dios aplique su justicia. b. Vengarnos. ADULTOS: 1. Respuesta personal. 2. Profetizar, servir, enseñar, exhortar, compartir, presidir, ser misericordioso. 3. Elección personal del alumno.

Ya en clase
DESPIERTE EL INTERES
Pida a un alumno que lea en voz alta Romanos 11:33-36. Realce esta conclusión del apóstol Pablo, quien después de disertar sobre las profundas verdades del evangelio, termina aceptando el hecho de que, tal vez nunca entendamos plenamente la voluntad de Dios en algunas de sus disposiciones, pero sí podemos creer en su soberanía y perfección. Dé oportunidad para que algún alumno comparta su testimonio en cuanto a una situación en su vida que no ha alcanzado a comprender y, no obstante, se ha rendido a la soberanía de Dios.

ESTUDIO PANORAMICO DEL CONTEXTO
1. Muestre la lámina de "Los sacrificios en la historia". 2. Hable sobre la manera en que en el Antiguo Testamento era necesario ofrecer sacrificios de animales. Cristo ofreció su sangre para que no fuera ya más necesario el derramamiento de la sangre de los animales sacrificados. Pero ahora pide que cada uno de nosotros se ofrezca como sacrificio vivo, santo, agradable. 3. Permita que el grupo participe con sus opiniones sobre el significado de cada una de estas características, concluyendo con la manera en que podemos ofrecernos así delante de Dios. 4. Lean en el libro del alumno el *Estudio panorámico del contexto* antes de seguir al *Estudio del texto básico*.

81

ESTUDIO DEL TEXTO BASICO

1. Lean el texto bíblico: Romanos 12:1-5. Reparta un poco de plastilina blanca y negra a cada alumno. La negra debe ser una porción mucho mayor que la blanca. En un momento, pida que la mezclen hasta que la plastilina vuelva a quedar completamente negra. Destaque que cómo la plastilina blanca se pierde en la masa negra, de la misma manera le sucede al cristiano que se mezcla con el mundo. Pida que ofrezcan ilustraciones de animales miméticos (que tienen la habilidad de imitar los colores, las formas o las texturas del medio en donde viven). Hablen sobre la manera en que un cristiano "se conforma a este mundo" desobedeciendo la exortación del v. 2.

2. Que un alumno lea en voz alta el texto bíblico de esta sección: Romanos 12:6-8. Si consiguió en su clase alumnos que tengan alguno de estos dones mencionados, dé un poco de tiempo para que compartan con el grupo sobre cómo fue que supieron que lo tenían, y cómo lo ponen en práctica. Si no los hubiera, reparta las hojas de papel en donde usted escribió la descripción de cada uno de estos dones y pida que los lean en voz alta. Dé tiempo a preguntas en cuanto a la manifestación de los dones. Escriba en el pizarrón: "¿Todos a uno ...o ninguno a todos?" Enfatice la enseñanza de que todos (sin excepción) hemos recibido uno o más dones para ministrar en la iglesia. Pregunte cuáles son algunas excusas para no ponerlos en práctica. Termine este punto exhortando a los alumnos a descubrir y practicar sus dones. Hay distintas maneras de descubrir los dones de una persona. Entre otras sugiera las siguientes: a. Preguntar a los demás cuál don cree que tiene. b. Estudiar las listas de dones que la Biblia menciona y comparar con las habilidades o talentos que tiene la persona. c. Practicar los que cree tener y ver si producen fruto al desempeñarlos de una manera gozosa.

3. Pida que lean en silencio el texto bíblico de la división 3 y el de la siguiente (Rom. 12:9-21). Después, invite a que compartan aquello que les resulta particularmente difícil en sus relaciones con los demás y en su vida cristiana. Vuelvan a leer el texto bíblico, ahora todos juntos, y hagan hincapié en aquellas áreas que resultan más difíciles de lograr. Pregunte cómo es una persona que logra cumplir con todos estos consejos e invíteles para que procuren cumplirlos cada día.

APLICACIONES DEL ESTUDIO

1. Lean las *Aplicaciones del estudio.* **2.** Reparta las hojas de papel blanco que tenía preparadas en blanco. **3.** Pida a sus alumnos que mientras usted lee nuevamente la lista de Romanos 12:9-21, ellos se vayan calificando en su conducta cristiana. Si practican lo que Pablo aconseja, deberán poner un círculo, pero si no lo practican pondrán una X. **4.** Al finalizar pida que sumen sus respuestas positivas y valoren su vida y testimonio cristiano.

PRUEBA

1. Permita que los alumnos lean las preguntas de esta sección. **2.** Dé tiempo para que las contesten. **3.** Invite a que algunos voluntarios compartan sus respuestas. **4.** Pida que repasen la lista con la cual acaban de calificar su carácter cristiano y anímeles para que pongan en práctica las enseñanzas de este estudio. **5.** Finalice orando con sus alumnos.

Sumisión a las autoridades

Contexto: Romanos 13:1-14
Texto básico: Romanos 13:1-7
Versículo clave: Romanos 13:1
Verdad central: El creyente en Cristo está llamado a someterse a las autoridades civiles con el entendimiento que el principio de autoridad ha sido instituido por Dios.
Metas de enseñanza-aprendizaje: Que el alumno demuestre su: (1) conocimiento de la exhortación de Pablo a someterse a las autoridades civiles como divinamente instituidas, (2) actitud de sometimiento a las autoridades civiles correspondientes.

-----Estudio panorámico del contexto -----

A. Fondo histórico:
"Dad al César lo que es del César, y a Dios lo que es de Dios." Estas palabras de Cristo redondean una vieja y difícil discusión: el papel del Estado y sus relaciones con las instituciones religiosas.

Esta discusión surgió en Israel desde la experiencia histórica de la nación, más que desde la especulación de sus pensadores. De hecho, la Biblia se refiere a los eventos políticos en virtud de su relevancia social y por consecuencia religiosa. De ahí que muchas de las festividades religiosas en Israel tengan su fondo en eventos políticos: la Pascua, Tabernáculos, Purim, Hanuka.

Muchos siglos habrían de transcurrir entre los días de Pablo y los de Abraham el patriarca, al cual Dios llamó con una promesa: "Haré de ti una nación grande..." (Gén. 12:2). El desarrollo de la nación fue largo y complejo, ya que hubo de evolucionarse de patriarcados tribales (en cuyos jefes recaían tanto la autoridad civil como la espiritual), a algunas formas de teocracia (Moisés, Josué, los Jueces, Elí, Samuel), hasta culminar con la monarquía.

La consolidación de la conquista significó la posesión de un territorio propio y la designación de los lugares del culto, así como el desarrollo de una clase social dedicada a los asuntos religiosos. Por todo esto, además de la anarquía imperante (Jue. 21:25), la monarquía se constituyó en la alternativa de autoridad civil para el pueblo hebreo. Obviamente, esto no significaría una separación absoluta entre la autoridad civil y la autoridad espiritual. No, al menos desde la perspectiva de Dios (Deut. 17:14, 15). Sin embargo, los conflictos entre el poder civil y la autoridad religiosa se multiplicaron a partir de la época de la monarquía. Es necesario aclarar que la autoridad espiritual no recayó en este tiempo en los líderes de la religión institucionalizada, sino en los profetas. Los profetas se constituyeron en verdaderos reformadores cuestionando tanto a los líderes civiles como religiosos por causa de la corrupción imperante, de la decandencia moral y de la injusticia social. Las advertencias de los profetas habrían de cumplirse e Israel tendría que sobrevivir a la dominación de diversos conquistadores que alternaron su control sobre una nación cada vez más débil y empobrecida. En general, la mayoría de los conquistadores fueron bastante tolerantes en lo que respecta a la libertad religiosa, pero la nación hubo de luchar también contra la intolerancia de los griegos a cuyo dominio Israel se había entregado voluntariamente.

Pero ahora, la nación hebrea tenía una nueva fuerza moral: el judaísmo rabínico. De alguna manera, la obra de Esdras significó una renovación moral, pues no sólo "degollaron al espíritu maligno de la idolatría" (como apunta alegóricamente el Talmud), sino que entregó la ley en manos del pueblo.

Ya en vísperas del primer siglo, algunos maestros como Hillel y Shamai expresaron opiniones diferentes y asumieron distintas actitudes ante la dominación extranjera. Incluso intentaron definir las responsabilidades del justo ante las autoridades, la defensa de la conciencia y la identidad del judío, etc. Representaron implícitamente una respuesta (o al menos una reacción) ante el desafío de conservarse judíos en un mundo absorbente. En semejante contexto surgió la iglesia cristiana, la cual a su tiempo tendría que responder a sus propios desafíos.

B. Enfasis:
Las autoridades superiores, 13:1, 2. El apóstol Pablo después de exhortar a los creyentes sobre sus deberes para con los demás, les instruye también en cuanto a sus deberes para con las autoridades superiores. Es interesante advertir cuán inclusiva es su exhortación: sométase toda persona.

El por qué de los gobernantes, 13:3, 4. Las declaraciones de Pablo en cuanto a las autoridades superiores parecían demasiado personales. Sin embargo, de hecho sintetizan la postura del Nuevo Testamento en cuanto a este asunto. Una de las razones esgrimidas en favor de la sumisión a las autoridades es "porque es un servidor de Dios para tu bien", o como declara la versión moderna "son ministros que sirven a Dios" (v. 6).

Lo que es necesario, 13:5. La sumisión del cristiano es un asunto de conciencia. Es decir, tiene que ver con la responsabilidad del creyente ante lo que es justo.

Una perspectiva correcta, 13:6, 7. Sin lugar a dudas, declaraciones como ésta no dejan de considerarse como difíciles porque parecen entregar al creyente a una sumisión irreflexiva. Sin embargo, al considerar la responsabilidad del cristiano ante las autoridades, debemos recordar también la responsabilidad del ministro de Dios.

El amor al prójimo, 13:8-10. Toda la ley y su cumplimiento se resume en la sentencia más importante de todas: "Amarás a tu prójimo como a ti mismo."

El tiempo está cerca, 13:11-14. Dada la trascendencia y cercanía de la salvación se hace necesario que los seguidores de Cristo se levanten de su letargo espiritual y se dediquen de manera comprometida a la promulgación de la voluntad de Dios para los hombres.

1 La autoridad proviene de Dios, Romanos 13:1, 2.

Vv. 1, 2. La exhortación de Pablo en cuanto a la sumisión a las autoridades superiores por parte de toda persona, refleja una clara conciencia de la competencia de Dios en todas las esferas de la vida humana. Esta convicción no es exclusiva de Pablo, ni siquiera del pensamiento del Nuevo Testamento, sino que se refleja también con toda claridad en el Antiguo Testamento. Ciro, rey de Persia, es denominado "su ungido" (de Dios: Isa. 45:1) o "mi pastor" (Isa. 44:28). El libro de Esdras dice: "Jehovah despertó el espíritu de Ciro" (Esd. 1:1). Nabucodonosor es llamado por Jeremías: "mi siervo" (Jer. 25:9). De la misma manera, Dios puede levantar a las naciones (Hab. 1:6) como también puede abatirlas (Hag. 2:22).

La palabra usada por el escritor en Romanos 13:1 es: someter (gr. *hipotassesthe* = someterse, rendir obediencia). Al expresarse de manera imperativa constituye la apelación de una voluntad a otra. De la voluntad de Dios a la voluntad del hombre. El escritor no está argumentando en favor del derecho divino de los reyes, ni de ningún tipo de gobierno; sino que escribe en favor del orden y la civilidad.

Posteriormente, los padres de la iglesia escribirían argumentando sobre el celo de los cristianos en el cumplimiento de sus responsabilidades cívicas, en tanto éstas no entrasen en conflicto con la conciencia.

La oposición a la autoridad significa oposición a lo ordenado por Dios. El oponerse aquí, va más allá de una actitud de censura, o de un sentimiento de inconformidad. Oponerse (gr. *hoartitassomenos*) significa disponerse en orden de batalla, como en Hechos 18:6. En esa época de la iglesia primitiva, los tribunales civiles constituyeron frecuentemente un refugio seguro contra las persecuciones de los judíos.

2 El gobernante es un servidor, Romanos 13:3, 4.

Vv. 3, 4. Es evidente que los puntos de vista del escritor reflejan en buena medida el estado de las cosas en lo referente a la política del Imperio frente a la iglesia cristiana. En las épocas más tempranas de la iglesia, siendo ésta considerada una secta judía (el porcentaje de etnocristianos era mínimo), recibía los beneficios de la categoría de una religión lícita. Sin embargo, la tolerancia inicial, y aun la protección imparcial de este estado de derecho otorgado a los cristianos, fue cambiando rápidamente en una creciente hostilidad (esto sucedió después de la muerte de Pablo).

No obstante esto, es necesario remitirnos al concepto de la inspiración divina de la Biblia. Si Dios es el Autor de la Biblia, este pasaje refleja el punto de vista de Dios, la sumisión a las autoridades y el reconocimiento a sus funciones es un asunto de obediencia a Dios.

El escritor denomina a los magistrados "diáconos de Dios", *servidor de Dios,* para hacer el bien. ¿Y si no hacen así? Entonces, son responsables delante de Dios de su propia mayordomía. Quizá uno de los pasajes que ilustra de mejor manera la actitud del cristiano ante la responsabilidad del otro es

Juan 21:20-22. Es posible que esta sumisión cause al cristiano aun sufrimientos, pero esto no debe cambiar su actitud ante las autoridades. Después de todo, ¿qué se puede esperar de un mundo de injusticia?

3 Motivación a la sumisión, Romanos 13:5.

V. 5. ¿Cuál es el motivo de esta actitud? El Apóstol responde que no sólo el temor al castigo, debe mover al cristiano, sino sobre todo la conciencia. La conciencia (gr. *sinedisin*) es una expresión que aparece unas 30 veces en los escritos del Nuevo Testamento. Dos veces en Los Hechos y el resto de los ejemplos se reparten entre las epístolas paulinas y las cartas postpaulinas.

En Romanos 2:25 la conciencia junto con el corazón operan como órganos críticos que pueden hacer que un pagano viva conforme a la ley. En Romanos 9:1 la conciencia actúa como testigo de la veracidad de los sentimientos y las palabras de Pablo.

En la epístola a los Corintios el Apóstol discute sobre la cuestión del consumo de carne sacrificada en cultos idolátricos, y declara que un cristiano cuya conciencia ha sido liberada por la palabra de Dios, puede hacerlo; pero debe tener consideración de la debilidad de la conciencia de los demás (1 Cor. 8:7; 10:25). En las epístolas pastorales, una buena conciencia es demandada insistentemente, pues a diferencia de aquellos cuya conciencia está cauterizada (Tito 1:15; 1 Tim. 4:2), el cristiano fiel debe tener una buena conciencia (1 Tim. 1:19), o una conciencia limpia (2 Tim. 1:3). De esa manera, una conciencia limpia es un signo distintivo del cristiano. El criterio de la conciencia debe ser consecuente con el criterio de la fe. Someterse a la autoridad es cuestión de conciencia para un cristiano.

4 El gobernante es ministro de Dios, Romanos 13:6, 7.

Vv. 6, 7. El reconocimiento de la autoridad tiene su expresión más visible en hechos tales como: el pago de los tributos. Esto no significó mayor conflicto para los judíos ya que esta fue la realidad desde el inicio de la monarquía (1 Sam. 8:14-17). Su problema radicaba en el pago de impuestos a gobiernos extranjeros, como el romano en tiempo del Nuevo Testamento. Los evangelistas refieren la trampa tendida por sus enemigos a Jesús tocante al pago de los impuestos, Mateo 22:17. El pago de los tributos significaba para el cristiano un acto de obediencia a Dios, aun cuando esto constituía una expresión de sumisión a un gobierno no deseado. Es interesante advertir que el Nuevo Testamento distingue dos tipos de impuestos. Por una parte está *phoros* que significa el impuesto sobre los vencidos, en tanto que *telos* es el impuesto pagado a un gobierno civil (Mat. 17:25).

─────────── **Aplicaciones del estudio** ───────────

1. El cristiano y las autoridades civiles. A veces pensamos que nuestra obediencia a las autoridades civiles está condicionada a nuestro criterio de su idoneidad o falta de ella. La Biblia enseña que el principio de autoridad fue instituido por Dios y que como cristianos debemos respetarlas.

2. El cristiano y las actividades políticas. La Biblia nos enseña que una de las cosas más importantes en relación con la política es orar por nuestros gobernantes. Esa es una manera práctica y muy importante de participar.

───────────────── Ayuda homilética ─────────────────

Los imperativos cívicos de una buena conciencia
Romanos 13:1

Introducción: El apóstol Pablo justifica la sujeción a la autoridad superior, en función de aquello que define como la causa de la conciencia. La buena conciencia, siendo testigo de la veracidad y de la justicia, actúa como una de las motivaciones en las interrelaciones del cristiano. Por esa razón, estando en el mundo, el cristiano necesita relacionarse adecuadamente con su sociedad.

I. **Una buena conciencia demanda el reconocimiento a la autoridad.**
   A. Como una necesidad social, 1 Timoteo 1:1, 2.
   B. Como un acto de sumisión ante la autoridad misma de Dios, Romanos 13:1.
   C. Como un acto de fe, Jeremías 32:25-42.
II. **Una buena conciencia demanda fidelidad en las responsabilidades tributarias.**
   A. Como la expresión más visible de un compromiso de fe, Romanos 13:6.
   B. Como una manifestación de una mayordomía fiel, Mateo 22:21.
   C. Como una manera eficaz de ahorrarse muchos dolores de cabeza.
III. **Una buena conciencia demanda una vida para el bien.**
   A. Como fruto de la propia vocación cristiana, Efesios 2:10.
   B. Como la expresión de un testimonio fiel, Mateo 5:14-16.
   C. Como la encarnación de la voluntad de Dios, 1 Pedro 2:15.

Conclusión: En un tiempo en el que diversas facciones fundamentalistas pugnan por el predominio sobre sus sociedades, es positivo recordar las enseñanzas del Nuevo Testamento en torno a la separación de aquello "que es del César", y aquello que "es de Dios". Y así mismo, definir nuestro proceder ante el poder secular, en consecuencia de nuestra fe.

Nuestra actuación como cristianos, reflejando el carácter de Cristo, puede y debe ser una manera de mostrar cómo esperamos que se comporten nuestros gorbernantes en el desempeño de sus responsabilidades.

Lecturas bíblicas para el siguiente estudio

Lunes: Romanos 14:1-9   **Jueves:** Romanos 14:20-23
Martes: Romanos 14:10-15   **Viernes:** Romanos 15:1-4
Miércoles: Romanos 14:16-19   **Sábado:** Romanos 15:5-7

AGENDA DE CLASE

Antes de la clase
1. Solicite la participación de algunos miembros del grupo en un trabajo de investigación sobre las posturas de algunas de las fuerzas políticas más representativas en su sociedad. **2.** Indique la necesidad de obtener respuestas directas a preguntas directas. Por ejemplo: a) ¿Cuál es su ideal de la sociedad? b) En su opinión, ¿cuál es el problema más grande de este país? c) Mencione tres propuestas para solucionar ese problema. d) ¿Cuál es la carencia más grande del gobierno actual? e) Mencione la carencia más grande de sus rivales políticos. f) ¿Qué solución le daría usted personalmente al problema de la seguridad pública si fuera el presidente de un país? **3.** Cuide que organicen sus materiales de manera que todos cuenten con el mismo tiempo y las mismas oportunidades de compartir sus puntos de vista en un tiempo muy breve (por ejemplo 3 minutos cada uno con un máximo de tres participaciones).

Comprobación de respuestas
JOVENES: **1.** A. Un principio. B. Infundir terror. C. Los que hacen lo malo. **2.** Por motivos de conciencia.
ADULTOS: **1.** Toda persona, autoridades superiores, Dios; constituidas. **2.** Por motivos de conciencia. **3.** Ministros de Dios.

Ya en la clase
DESPIERTE EL INTERES
1. Disponga a los participantes en una mesa al frente de la clase, en donde puedan tener contacto visual con todo el grupo. **2.** Comente que escucharán un resumen de ciertas propuestas de algunas fuerzas políticas de su país. Advierta que no es un mitin político, ni un debate público, llanamente es un tiempo de consideración sobre las opiniones políticas en su sociedad. **3.** Si es posible identificar a cada uno con su emblema partidista, cuide de advertir que el propósito de la técnica grupal es identificar una opinión con su emblema, no a las personas con un partido. **4.** No incluya en los exponentes a militantes activos de las fuerzas en cuestión. **5.** Conceda el mismo tiempo (tres minutos) a cada participante para su exposición. **6.** Concluidas las exposiciones, proceda al *Estudio panorámico del contexto.* (Sin comentarios sobre las propuestas políticas. No olvide que debe observarse una separación entre los intereses superiores del reino de Cristo y los intereses temporales de los gobiernos civiles.)

ESTUDIO PANORAMICO DEL CONTEXTO
1. Comparta los contenidos del *Estudio panorámico del contexto,* destacando la problemática del Israel en los tiempos de Jesús y de Pablo. Comente las características del dominio de los Romanos como un poder pagano. **2.** Comente el significado de ser una colonia de un imperio extranjero, así como las características de la moral de algunos emperadores. Mencione la realidad de la esclavitud como un problema social de esa época.

ESTUDIO DEL TEXTO BASICO

1. Escriba en el pizarrón la palabra "someterse" *y pida a la clase que la defina.* Haga una lista de las opiniones bajo el concepto antes mencionado. Pida la participación espontánea, y considere todas las respuestas. Al final se abandonarán las más remotas o poco relevantes. Pida a un miembro de la clase que lea la porción bíblica correspondiente. Si es posible, consiga el dato del porcentaje de población evangélica en su país, y hable sobre cómo por mucho tiempo el considerarnos una minoría nos hacía pensar en una ciudadanía de segunda categoría. Explique cómo, a la luz de la enseñanza bíblica, bien podemos continuar siendo una minoría, pero también podemos ser una clase de ciudadanos dignos y ejemplares. Pida al grupo que detalle cómo debe ser un ciudadano cristiano. Precise el significado bíblico del imperativo "sométase toda persona".

2. Escriba en el pizarrón: "Nerón ...¿servidor de Dios?" Pida al grupo que señale algunas características de este emperador romano, y cómo nos parece muy difícil relacionarlo con un servidor de Dios. Permita que los alumnos se dividan en dos grupos: uno sostendrá la postura de que todos (sin excepción) los gobernantes son servidores de Dios, y el otro grupo tratará de probar que sólo los buenos funcionarios públicos pueden caer dentro de esta categoría. Permita que discutan por cinco minutos para que puedan llegar a sus conclusiones. Reúna nuevamente al grupo y pida que cada uno exponga su postura y la apoye con argumentos bíblicos. Concluya usted comentando cómo para el apóstol Pablo, víctima de los sistemas políticos de su sociedad y de su tiempo, Dios establecía el orden en la sociedad a través del gobierno civil.

3. Lean el texto bíblico y el contenido de esta sección y hablen sobre la dificultad de someterse gustosamente a las autoridades cuando éstas no son las mejores. Explique lo que el Apóstol quería decir al hablar de "conciencia". Ilustre este punto con la anécdota del niño a quien sus padres le ordenan que se siente. Después de insistir en la orden, finalmente el niño se sienta frente al instrumento de castigo, y vuelve sus ojos llenos de lágrimas a su padre para decirle: "Por fuera estoy sentado, pero por dentro sigo parado." Mencione cómo en ocasiones es tan difícil someternos como este niño, y aun así, el precepto bíblico exige sumisión.

APLICACIONES DEL ESTUDIO

1. Pida a los alumnos que lean esta sección del estudio y que compartan sus opiniones. Consciente de que se trata de un asunto que despierta muchas polémicas, es necesario que usted esté muy bien preparado para evitar que la discusión se desvíe, o bien que tome matices de discusión airada. **2.** Destaque la manera en que el escritor nos invita a participar dentro de la política de nuestro país, y esto es orando fervientemente por nuestros gobernantes.

PRUEBA

1. Dé tiempo para que los alumnos lean y conteste las preguntas de esta sección. **2.** Concluya orando con su clase por los gobernantes de su país.

Siendo comprensivo con el hermano

Contexto: Romanos 14:1 a 15:7
Texto básico: Romanos 14:1-15
Versículo clave: Romanos 14:13
Verdad central: Debemos ser comprensivos con los demás, sabiendo que un día todos rendiremos cuentas de nuestra vida al Señor.

Metas de enseñanza-aprendizaje: Que el alumno demuestre su: (1) conocimiento de la necesidad de ser comprensivos con los demás, (2) actitud de comprensión con todos, sabiendo que todos seremos juzgados.

―――――――――Estudio panorámico del contexto ―――――――

A. Fondo histórico:

"Habló Jehová a Moisés y a Aarón, diciéndoles: Hablad a los hijos de Israel y decidles: Estos son los animales que comeréis de entre todos los animales que hay sobre la tierra" Levítico 11:1, 2. Estas palabras son el principio de una larga y detallada relación de animales prohibidos por la ley como impuros. Es decir, no aptos para el consumo humano.

Semejantes prohibiciones no son exclusivas del judaísmo, tampoco principiaron con la ley de Moisés, pues antes de su promulgación existían diversas restricciones alimenticias (Gén. 9:3, 4; 32:32). No obstante, siendo el judaísmo el marco del cual surgió el cristianismo, era inevitable que éste definiera sus propias posturas aun ante algo tan cotidiano como el comer.

En los días del Nuevo Testamento los rabinos habían codificado en mandatos específicos todos los asuntos de la ley y, consecuentemente, los concernientes a los alimentos considerados como puros e impuros. Si se examina con cuidado se verá que los alimentos impuros tenían cierta importancia cultural para los primitivos vecinos de Israel. Una breve mirada a la tradición oral del pueblo hebreo, nos puede dar una idea de lo estricto de algunos de los señalamientos rabínicos. Por ejemplo, uno de ellos dice: "Si una persona toca a otra que ha contraído impureza de cadáver y tiene en su boca alimentos o bebidas, e introduce su cabeza en el vano de un hornillo puro, le comunica a éste su impureza. Si un hombre en estado de impureza tiene alimentos o líquidos en su boca, e introduce su cabeza en el vano de un hornillo impuro, vuelve a aquéllos (el alimento y la bebida) en impuros. Si un hombre come torta de higo (de ofrenda) con manos no lavadas (según las disposiciones rabínicas, tiene impureza de segundo grado y hace inválida la ofrenda) e introduce su mano en la boca para sacar una piedrecita, dice Rabí Meir, que la torta contrae impureza. Rabí Yehud declara que se mantiene en estado de pureza" (La Misnah, Kel. 8:l0).

En el Nuevo Testamento el asunto de la pureza o impureza ritual fue sencillamente superado, porque se demanda la pureza interior. A través de sus enseñanzas Jesús definió que el verdadero origen de la impureza es la intención de un corazón perverso (Mar. 7:1-23; Mat. 15:1-20). Las conclusiones de Jesús dieron a "la tradición de los ancianos" un golpe de muerte. No obstante, la iglesia primitiva debió luchar arduamente en contra de la herencia que le significó el ritualismo rabínico.

La pureza para los escritores del Nuevo Testamento tendría otra dimensión: la liberación del pecado. El evangelista Mateo refiere las palabras de Cristo en el Sermón del monte citando una bendición prometida a los de "limpio corazón": ellos verán a Dios. El apóstol Pablo habla de "un corazón puro", o una limpia conciencia (1 Tim. 1:5; 3:9; 2 Tim. 1:3; 2:22). Juan acentúa la idea de la pureza ya que declara que los discípulos "están limpios" por las palabras de Jesús. El traidor es impuro (13:11), de donde la impureza es el propio pecado en todos sus sentidos (1 Jn. 1:7, 9). Para el apóstol Pedro la purificación se opera por la obediencia a la verdad (1 Ped. 1:22).

Trágicamente, el cristianismo primitivo bien pronto se vio amenazado por la tentación de retomar el ritualismo que había desdeñado del judaísmo. La posterior institución del celibato ministerial, por citar algo, es una evidencia de este hecho.

B. Enfasis:

Amor y comprensión, 14:1-3. El hecho de una composición técnica tan heterogénea como la de la comunidad cristiana en Roma, significó una serie de desafíos a la *koinonía.* El encuentro de los cristianos judíos con los cristianos de origen pagano no significó solamente el encuentro de diversas culturas, sino de distintos conceptos religiosos. La exhortación del escritor desarrolla la idea de Romanos 13:8: "No debáis a nadie nada, salvo el amaros unos a otros..." Sólo el verdadero amor puede mover a alguien a comprender a los demás.

Amor y aceptación, 14:4-6. Cuando una religión es tan integral como el judaísmo, es decir, cuando la religión tiene que ver con todos los aspectos de la vida; es difícil abandonar aquellos valores que por siglos (si no es que milenios) han definido el alma de un pueblo.

Ante el desconcierto de los etnocristianos, por aquello que bien pudieran considerar como "escrúpulos" de sus hermanos de origen judío, el apóstol Pablo exhorta a ambos al amor y la aceptación.

Somos del Señor, 14:7-11. Una vez más, el escritor enfatiza la absoluta igualdad de los hombres delante de Dios (Rom. 3:9; 4:9-11). De esta manera, el menosprecio y el juicio no pueden ser actitudes aceptables en la comunidad.

Cada uno delante de Dios, 14:12-15. Dado que nuestro juzgar no nos exime del juicio de Dios, es vital aprender a no poner obstáculo al hermano.

El reino de Dios no es comida ni bebida, 14:16-23. Qué forma de concluir la discusión de este asunto. El reino de Dios no es comida ni bebida; sino justicia, paz y gozo en el Espíritu Santo.

Los fuertes ayudan a los débiles, 15:1-7. La tendencia natural del que se considera fuerte es tomar precisamente a los débiles como su punto de referencia para establecer su superioridad. Pero el llamado de Pablo es a que los más fuertes ayuden a sobrellevar las cargas de los débiles sin sentirse superior.

─────────────── **Estudio del texto básico** ───────────────

1 Comprensión para el débil, Romanos 14:1-3.

Vv. 1-3. Las diferencias ténicas y culturales entre los miembros de la comunidad cristiana en Roma, parecían justificar (seguramente de manera transitoria) los prejuicios y el desdén que amenazaban a la comunión de la iglesia. Semejantes actitudes no son privativas de los grupos heterogéneos, pues de hecho se dan en todos los grupos humanos; evidenciando así la propia naturaleza del hombre. Pero cuando se manifiestan entre "los llamados de Jesucristo... y amados de Dios, llamados a ser santos" (Rom. 1:6, 7), algo terrible sucede.

Por esa razón, Pablo exhorta a recibir al débil, pero no para contender sobre opiniones. ¿Por qué denomina *débil en la fe* al cristiano que se esforzaba por mantener sus restricciones alimenticias? Porque aún no había comprendido el significado de la verdadera libertad cristiana. Seguía considerando la vida cristiana como una serie de preceptos que cumplir, seguía siendo ritualista. Por otra parte, seguía valorando a las obras como un medio para una correcta relación con Dios. Dicha relación seguía siendo en su mente algo que se lograba por medio de las obras. No entendía el significado de la gracia.

¿Quién sería, entonces, el hermano fuerte? Aquel que come con limpia conciencia, con pleno discernimiento de su libertad en Cristo. No es el que come carne por comerla. Es decir, no es la comida lo que nos recomienda a Dios; puesto que ni somos menos si no comemos, ni somos más si comemos. Pero es necesario mirar que nuestra libertad no sea tropezadero para los débiles (1 Cor. 8:8, 9). La madurez espiritual no es fruto de la cultura, sino de la fe. Cuán adecuada es la expresión "recibid" (lit: tomad a vosotros mismos) para describir la actitud fraternal que hace al cristiano aceptar a los demás.

2 Comprensión para los escrupulosos, Romanos 14:4-6.

Vv. 4-6. Para los etnocristianos la observancia de prescripciones tan específicas, como las guardadas por los judeocristianos, podía ser considerada como un asunto de escrúpulos excesivos. Pero, para alguien proveniente de una religión tan integral como el judaísmo, la fe tiene que ver con todos los aspectos de la vida. Es decir, vida y religión son lo mismo. Si a eso añadimos que la fe de Israel ha nutrido el alma de ese pueblo por tantos siglos, encontraremos que romper con semejante patrimonio no es un asunto sencillo.

La observancia de los días sagrados y fiestas solemnes está plenamente estipulada por el Antiguo Testamento, pero para el apóstol Pablo todo esto era sombra de lo que había de venir (Col. 2:16, 17). Cristo le había llevado a revisar su hermenéutica. ¿Cuál es la enseñanza permanente de estos versículos? La verdad permanente es la necesidad de desechar el desdén y la censura en las interrelaciones en la iglesia. En el versículo 5, el escritor declara: *cada uno esté convencido en su propia mente*. Describe así otra necesidad vital: la de obrar siempre de manera sincera, en base a la luz que cada uno tenga. El cristiano no puede obrar por costumbre, mucho menos por prejuicio. Antes bien debe hacerlo siempre por convicción.

3 Vivimos y morimos para el Señor, Romanos 14:7-11.

Vv. 7-11. Semejante mentalidad no es producto de una particular filosofía de la vida. Antes bien, es la expresión dinámica de una fe consistente. Dicha fe apunta a la vida aquí y ahora, pero también allá y entonces. De donde, la conciencia de ser del Señor debe movernos a que todo lo que hagamos, sea de palabra o de hecho, sea para él.

El versículo 10 declara, por su parte, una realidad insoslayable: todos compareceremos ante el tribunal de Dios. Esto significa que no necesitamos vivir como si Dios nos viera: Dios nos ve. Toda vida se vive delante de sus ojos. Para muchos hombres la muerte puede significarles el escape de sus responsabilidades y necesidades. Para el cristiano ni siquiera eso puede enajenarle de la presencia de su Señor. Más aun, *vivo yo, dice el Señor, que ante mí se doblará toda rodilla*. Pero semejante visión lejos de ser desalentadora, es sublime. No nos pertenecemos a nosotros mismos, ni en la vida ni en la muerte. Somos del Señor.

4 Todos rendiremos cuentas al Señor, Romanos 14:12-15.

Vv. 12-15. Como consecuencia de la conciencia del juicio de Dios, el cristiano debe abstenerse de juzgar a los otros. El escritor es enfático al exhortar literalmente a que dejemos de tener el hábito de criticarnos unos a otros.

Pero semejante actitud tiene además un origen positivo: el amor cristiano. En la primera epístola a los Corintios capítulo 13 (epístola más temprana que Romanos) el Apóstol había descrito las características del verdadero amor. En virtud de ese amor el escritor demanda: "No arruines (lit: no destruyas) por tu comida a aquél por quien Cristo murió" (ver 1 Cor. 8).

La verdadera madurez cristiana no consiste en comer carne (con todo lo que esto signifique), sino en hacerlo con limpia conciencia ante Dios. O dejar de hacerlo, si esto hace tropezar al hermano más pequeño.

——————————Aplicaciones del estudio ——————————

1. La fe cristiana y la cultura. Estamos inmersos en un mundo donde las costumbres y la cultura pueden ser determinantes de nuestra manera de ser. Es común encontrar en nuestros días sociedades que han hecho una adecuación de los principios cristianos con la cultura pagana. De esa manera tratan de quedar bien con Dios y con el mundo. Pero la fe cristiana no está para adecuarla con ninguna cultura o religión. Es mejor mantener la pureza de la doctrina cristiana, aunque esto signifique que no tendremos simpatía de parte de quienes vean confrontadas sus creencias y costumbres con los preceptos permanentes de la Palabra de Dios.

2. La comida del reino de Dios. Las diferencias en las cuestiones alimenticias sirvieron de marco a Pablo para una de las declaraciones más elocuentes de este pasaje: "El reino de Dios no es comida, ni bebida; sino justicia y paz y gozo en el Espíritu Santo." Esto significa que, ni el celo judío, ni la liberalidad gentil; tienen valor alguno en tanto no sean frutos de una conciencia sustentada por el Espíritu Santo. El reino de Dios no tiene tanto que ver con las cosas temporales, como con los bienes espirituales: la justicia, la paz y el gozo en el Espíritu Santo.

──────────── **Ayuda homilética** ────────────

Los significados vivenciales de recibir al débil
Romanos 14:1-10

Introducción: Las interrelaciones entre los creyentes nunca han sido un asunto sencillo. Por esa razón, el apóstol Pablo demanda: "recibid al débil en la fe". Pero lo hace de tal manera que el principal interesado en los resultados de la acción sea el sujeto mismo. Consideremos ahora los significados vivenciales de recibir al débil.

   I. Recibir al débil significa confiar en que Dios es más moral que nosotros.
     A. ¿Quién es el débil en la fe? Lo es el religioso ritualista que persevera en los rudimentos de la fe, Gálatas 4:9-11.
     B. A pesar de eso, Dios le ha recibido, Romanos 14:3; 15:7.
  II. Recibir al débil significa aceptar que Dios continúa obrando en sus siervos.
     A. ¿Cómo continúa actuando en los suyos? Afirmándolos y preservándolos, Romanos 14:4; 1 Pedro 5:10; 1 Tesalonicenses 3:13.
     B. Obrando como el único juez justo, Romanos 4:10-12; Romanos 2:16; Santiago 2:12.
  III. Recibir al débil significa encarnar el verdadero amor cristiano.
     A. ¿En qué consiste ese amor? En reflejar el mismo amor de Dios, 1 Corintios 13:4-8; Romanos 5:8; Juan 3:16.
     B. En aceptar nuestra corresponsabilidad en la edificación cristiana, Romanos 14:15-19; Filipenses 2:1-11.

Conclusión: El recibir al débil tiene significados vivenciales, porque a través de la obediencia el cristiano reafirma sus conceptos y encarna sus valores. Después de todo, "el reino de Dios no consiste en palabras, sino en poder" (1 Cor. 4:20).

Lecturas bíblicas para el siguiente estudio

Lunes: Romanos 15:8-13
Martes: Romanos 15:14-19
Miércoles: Romanos 15:20-29

Jueves: Romanos 15:30-33
Viernes: Romanos 16:1-16
Sábado: Romanos 16:17-27

AGENDA DE CLASE

Antes de la clase

1. Solicite a dos miembros de la clase que le ayuden a preparar y a escenificar un pequeño drama sobre un *ágape* (comida de amor) entre un hermano judío y un gentil. Reúnase con ellos, y leyendo el capítulo 14 de Romanos planifiquen sus argumentos de tal manera que incluyan algunas ideas clave tales como: 1) Momentos de compañerismo y muestras de amor mutuo. 2) Presentación de diferencias sobre el menú ofrecido. 3) Manejo de los argumentos mutuos con un estricto apego a la Biblia, es decir, el propósito es imponer un criterio concreto, no una opción personal. **2.** De ser posible, debe procurarse que la representación sea lo más real posible (vestuario, mobiliario, comida, etc.) pero sencilla a la vez. Esta escenificación tiene como propósito sólo ilustrar el tema. **3.** Conceda un tiempo breve a los participantes para exponer su trabajo (4 a 6 minutos). Procure el ingenio, pero también el respeto del grupo. **4.** Consiga recortes de revistas o periódicos que ilustren cuadros de carnes y de verduras. Usará estos cuadros en la sección: *Estudio del texto básico,* en la primera división.

Comprobación de respuestas
JOVENES: **1.** Recibid al débil en la fe. **2.** El Señor. **3.** Rendir cuentas a Dios de sí mismo. **4.** a. No poner tropiezo. b. No poner impedimento, c. No poner obstáculo al hermano.
ADULTOS: **1.** Recibir. **2.** Vivimos, Señor vivimos, morimos, sea que vivamos, muramos, del Señor. **3.** Para ser el Señor así de los muertos como de los que viven.

Ya en la clase
DESPIERTE EL INTERES
1. Comente a la clase que serán espectadores de una representación descriptiva de un problema frecuente en el tiempo de Pablo: la aceptación de los que son diferentes (por cultura, valores, raza, etc.). **2.** Conceda tiempo a los participantes para exponer su trabajo y pídales de antemano que, al concluir, retiren de la vista todo objeto que pueda distraer al grupo.

ESTUDIO PANORAMICO DEL CONTEXTO
1. Exponga el *Estudio panorámico del contexto* destacando el origen bíblico de las prácticas dietéticas del judaísmo, pero también su carácter temporal a la luz del Nuevo Testamento. Exponga el concepto que los escritores del Nuevo Testamento tenían de la pureza y de la impureza. Es necesario insistir en el punto de vista de Jesús en cuanto a la pureza. **2.** Pida que lean Levítico 11 los primeros versículos, para que tengan una idea de las prescripciones legales que el pueblo de Israel había heredado. **3.** Comente con el grupo sobre lo estricta y meticulosa que podía resultar la ley.

ESTUDIO DEL TEXTO BASICO

1. Represente en el pizarrón la silueta de un hombre robusto, y en el otro extremo un hombre débil (flaco) e identifíquelos con estos calificativos: "fuerte" y "débil". Debajo de sus nombres escriba las leyendas: "come carne" y "come verduras". Coloque las gráficas de revistas que ilustran las carnes y las verduras. Lea el texto correspondiente a la primera división (Rom. 14:1-3) y discuta con la clase cada uno de los versículos que lo componen. Pida que alisten una serie de ideas que describan en qué consiste "comer carne" y "comer verduras". Concluya explicando que la idea del Apóstol no era la de señalar como más fuertes a los gentiles, sino a quienes habían entendido el significado de vivir "bajo la gracia y no bajo la ley".

2. Lea la porción bíblica de la segunda división del tema y destaque en qué consiste la comprensión. Distíngala de la complicidad o de la indiferencia. Así mismo, distinga la tolerancia por motivos de conciencia, de la tolerancia al pecado.

3. Lean el texto bíblico y el contenido de la tercera división de este estudio. Invite a los alumnos a valorar los conceptos que se tratan en este punto: La responsabilidad de estar conscientes de que no somos seres aislados, nuestro compromiso eterno con el Señor sea en la vida o sea en la muerte, la importancia de no juzgar ni menospreciar a nuestro hermano, la certeza de que finalmente todos habrán de rendirse ante el señorío de Cristo. Pida que si alguien tiene un testimonio en cuanto a estas responsabilidades en su vida cristiana, las comparta con el grupo.

4. Escriba en el pizarrón: "Sí, soy guarda de mi hermano." Explique que esta fue en primera instancia una pregunta que hiciera Caín cuando Dios le preguntó por Abel. No obstante, a la luz de la enseñanza que Dios nos da a través de Pablo, entendemos que sí somos responsables de cuidar a nuestros hermanos más pequeños en la fe. La motivación es suficiente: Cristo también murió por aquel que no piensa como yo, entonces, es suficiente para que yo obre con responsabilidad, amor cristiano y madurez.

APLICACIONES DEL ESTUDIO

1. Pida que lean las *Aplicaciones del estudio* y cuestióneles sobre las enseñanzas recibidas en este pasaje. **2.** Invite a sus alumnos a reconsiderar sus reacciones frente a los nuevos creyentes y aun frente a los católicos que viven bajo el peso de la ley y su fanatismo. **3.** Concluya exhortándoles a la paciencia y al amor fraternal. **4.** Escriba en el pizarrón: "No pesa, es mi hermano" y narre cómo en cierta ocasión un niño de más o menos 9 años llevaba cargando a su espalda a un adolescente inválido que lo superaba con creces en peso y tamaño. Cuando alguien le preguntó al niño si no estaba cansado de llevar cargando al otro joven, con una sonrisa muy amplia respondió el primero: "No pesa, es mi hermano." De la misma manera podemos llevar a cuestas a nuestros hermanos más pequeños en el amor de Cristo.

PRUEBA

1. Permita que los alumnos contesten este ejercicio. **2.** Concluya la sesión de estudio orando con sus alumnos.

Misionero en acción

Contexto: Romanos 15:8 a 16:27
Texto básico: Romanos 15:14-33
Versículo clave: Romanos 15:20
Verdad central: La justificación de la Epístola de parte de Pablo, revela el alcance del ministerio que desempeñaba y nos muestra a un cristiano cuya obra ejemplifica lo que es el evangelio en acción.
Metas de enseñanza-aprendizaje: Que el alumno demuestre su: (1) conocimiento del alcance del ministerio de Pablo, (2) actitud de imitar la conducta del Apóstol en cuanto a su visión y consagración.

Estudio panorámico del contexto

A. Fondo histórico:
"El cristianismo empezó a propagarse y a convertirse en una potencia formidable mucho tiempo después de la muerte de su fundador, cuando sus discípulos, gracias a la influencia de Saulo de Tarso, se pusieron a divulgar el evangelio entre los pueblos circundantes..."

Estas palabras del escritor judío, el doctor Iser Guinzburg, constituyen un reconocimiento a la influencia de Pablo en el surgimiento del cristianismo como una fe mundial. Pero este reconocimiento, a diferencia de lo que sucede frecuentemente en la historia, no es producto de la perspectiva de los tiempos; sino que empezó a expresarse desde el primer siglo.

En virtud del éxito logrado por Pablo en Tesalónica, los líderes de la comunidad judía de la ciudad trataron de entregarlo junto con Silas, a las autoridades civiles gritando: "¡Estos que trastornan al mundo entero, también han venido acá!" (Hech. 17:6).

Por su parte, para el apóstol Pedro, el reconocimiento al ministerio de Pablo fue patentizado en Jerusalén cuando, junto con Santiago y con Juan (columnas de la iglesia hebrea), dieron a Pablo y Bernabé "la diestra del compañerismo". De esa manera, Pablo y sus colaboradores saldrían a continuar con su apostolado a los gentiles, entre quienes el cristianismo lograría sus avances más significativos. El propio Pablo declara en Romanos 15:19: "De modo que, desde Jerusalén hasta los alrededores de Ilírico lo he llenado todo con el evangelio de Cristo."

En relación con los alcances del ministerio de Pablo, éste se desarrolló en dos continentes, y trascendió indirectamente hasta las regiones de las actuales Repúblicas Balcánicas, que resultaron de la desintegración de Yugoslavia. Véase 2 Timoteo 4:10. En relación con la duración de su ministerio, seguramente éste no rebasó tres décadas, cosa común en su tiempo, por causa de las persecuciones religiosas. Cualquier pastor de nuestro tiempo desarrolla un ministerio más largo. No obstante, además de la acción misionera, propiamente dicha, el legado teológico de Pablo sería su obra más trascendental. Es justo reconocer que para Pablo no existía separación entre el quehacer teológico y la acción apostólica y pastoral, puesto que lo primero se desarrolló en virtud de lo segundo. Es decir, su producción literaria estuvo inseparablemente relacionada con los desafíos y las oportunidades del ministerio. De los anhelos de Pablo, uno de los que parecen no haberse cumplido, es el de viajar a España. W. Barclay dice: España, "estaba experimentando una especie de estallido del genio". Siendo cuna de hombres como Luciano, Marcial, Quintaliano y el maestro Séneca; debió haber sido para Pablo, un sitio de interés. Por otra razón, era el fin del mundo para los hombres de ese tiempo.

B. Enfasis:
El evangelio para todas las naciones, 15:8-13. Si para Pablo era importante que su pueblo conociera el evangelio, era aún más importante que todas las naciones llegaran a tener ese privilegio. Usa citas del Antiguo Testamento para reforzar su idea (Sal. 117:1; Isa. 11:10; Deut. 32:43).

Servicio misionero, 15:14-16. Después de discutir ampliamente sus enseñanzas doctrinales, y de hacer una serie de señalamientos prácticos en cuanto a la vida de la comunidad el Apóstol concluye explicando las razones por las que les escribe. Dicho atrevimiento tenía como origen el llamamiento que Dios le había hecho: el ser ministro de Cristo a los gentiles. Las expresiones utilizadas por Pablo para explicar su servicio, son por demás interesantes. La palabra "ministro" (gr. *liturgos*) tiene aquí un sentido cúltico estricto. Pablo, como celebrante de Cristo, ofreció a Dios, a través de su servicio misionero, la ofrenda de los paganos convertidos.

Mensaje misionero, 15:17-21. Es evidente que para el apóstol Pablo el predicar el evangelio donde Cristo no era nombrado, no era asunto de soberbia. En todo caso lo consideraba como el cumplimiento de las propias Escrituras (Isa. 52:15 LXX).

Planes misioneros, 15:22-29. Es admirable advertir "la agenda" misionera del Apóstol. Más aun, cuando recordamos las condiciones en las que la gente de ese tiempo viajaba. Sólo un celo misionero semejante puede comprometer a alguien de esa manera.

Oración misionera, 15:30-33. La necesidad de una oración intensa en las empresas misioneras es patentizada por la expresión usada por el escritor en el v. 30: "lucháis" (gr. *agón* = de ahí la palabra española agonizar).

Saludos del misionero, 16:1-16. El Apóstol concluye su carta dirigiendo saludos y recomendaciones personales, así como reconocimientos a aquellos que en algún momento se habían relacionado con él.

Enemigos del evangelio, 16:17-20. Al advertir a los hermanos acerca de los miembros de la iglesia que causan divisiones, el Apóstol señala que los tales no están sirviendo a Dios, sino a sus intereses particulares.

Saludo y doxología final, 16:21-27. Conforme a la costumbre de la época, Pablo saluda a los hermanos. Algo interesante es su estilo personal donde hace mención de sus colaboradores. Es un reflejo de la calidad humana del Apóstol que reconoce que otras personas también tienen mérito en el trabajo que él está desarrollando.

────────── **Estudio del texto básico** ──────────

1 La acción misionera implica servicio, Romanos 15:14-16.

Vv. 14, 15. Pablo comienza señalando algunas virtudes de los hermanos en Roma y luego presenta su autoridad como escritor que queda de manifiesto no sólo en su salutación en el primer capítulo versículo 1: "Siervo de Cristo Jesús, llamado a ser apóstol; apartado para el evangelio de Dios," sino también en las expresiones que utiliza a partir del v. 15. En este versículo, el Apóstol declara que la gracia de Dios le había sido dada para ser ministro de Cristo Jesús a los gentiles. La palabra "ministro" (gr. *liturgos*) tenía en el griego profano el significado del que desempeñaba un servicio público a sus expensas. Más tarde, describió básicamente a un jornalero. De donde entre los griegos, la palabra *liturgos* difícilmente tenía un sentido religioso. La Septuaginta denominaría con ambas palabras, ministerio y ministro, al servicio del templo por parte de los levitas.

V. 16. La figura utilizada por Pablo en este versículo es por demás descriptiva, ya que Pablo entendía su vocación como la del ministro (el celebrante) llamado a ofrecer a Dios una ofrenda santa: los gentiles alcanzados por el evangelio.

No sería la única ocasión en la que el Nuevo Testamento usaría esta figura, ya que en Hebreos 8:2 el sumo sacerdote desempeña su ministerio en el verdadero santuario, sólo que aquí el *liturgos* es Cristo mismo.

Obviamente, semejante metáfora no significa que el Apóstol asignara un carácter sacerdotal al ministerio cristiano. Siguiendo con el pasaje, el escritor dice: "ejerciendo el servicio sagrado" (gr. *hierurgonta* = de *hieros:* templo, y *ergo:* obra), hablando una vez más de manera metafórica de trabajar en las cosas sagradas.

Para Pablo, el ministerio significaba: "la gracia que me ha sido dada por Dios". Y este hecho fue reiterado una y otra vez a lo largo de su vida de servicio (1 Tim. 1:12-18; 1 Co. 15:1-10; 2 Cor. 11:16-31).

2 La acción misionera exige edificar en campo nuevo, Romanos 15:17-21.

Vv. 17, 18. En ocasiones se ha acusado al apóstol Pablo de ser decididamente paulista. Sin embargo, semejante conclusión no le hace justicia. Lejos de eso, si el Apóstol declara: *Tengo, pues, de qué gloriarme,* dice también: *en Cristo Jesús.* En sus palabras podemos descubrir las intenciones de un hombre cuyo corazón se abre en reconocimiento a Aquél que lo llamó.

El cristianismo inició su crecimiento de manera espontánea, casi accidental, como producto de las incipientes persecuciones religiosas (Hech. 8:4-8). Pero con el tiempo, y bajo la influencia de líderes cada vez más experimentados como Bernabé, Pablo y Silas, la fe cristiana fue universalizándose.

Vv. 19-21. Pablo se refiere a los alcances de una acción misionera cada vez mejor organizada, ya que a través de la colaboración de hombres como Timoteo (2 Tim. 4:10), el evangelio había llegado hasta Ilírico.

Esta región, la Costa Dálmata, se ubica en los territorios de los actuales Estados Balcánicos, los cuales resultaron de la desintegración de la antigua Yugoslavia. Pero el avance misionero no era otra cosa sino la cristalización de los propósitos de Dios. Las últimas palabras de Cristo a sus discípulos, registradas en Los Hechos 1:8, declaran: "Me seréis testigos en Jerusalén, en toda Judea, en Samaria y hasta lo último de la tierra." Fue el mismo Cristo quien profetizando el ministerio de Pablo declaró a Ananías: "Vé, porque este hombre me es un instrumento escogido para llevar mi nombre ante los gentiles, los reyes y los hijos de Israel" (Hech. 9:15).

3 La acción misionera demanda planeación, Romanos 15:22-29.

Vv. 22-29. El Apóstol da testimonio en este pasaje de un anhelo largamente acariciado: visitar la iglesia de Roma. Sobre el origen de esta comunidad cristiana, sólo podemos especular, ya que no existe un registro claro de dicho origen. Sin embargo, en ese tiempo, era una de las comunidades cristianas más importantes.

Pero el deseo de Pablo de visitar a Roma era parte de un sueño igualmente anhelado: visitar España. La antigua Hispania, la posición continental más occidental de Roma, fue para el Imperio mucho más que una fuente inagotable de recursos naturales. Fue cuna de muchos de sus genios más notables, entre ellos el maestro Séneca.

Pero el interés de Pablo por España trascendía seguramente las esferas de la geografía física y humana, pues esta región constituía, para los hombres de su siglo, el mismo fin del mundo. Sin embargo, sus planes debían ser postergados todavía un tiempo más, pues antes deseaba dirigir sus pasos a Jerusalén para "ministrar a los santos". En Gálatas 2:10, Pablo refiere la petición que los apóstoles de la circuncisión le hicieron: "que nos acordásemos de los pobres", y añade, "cosa que procuré hacer con esmero". Cuán fielmente cumplió con esta súplica.

4 La acción misionera requiere oración, Romanos 15:30-33.

Vv. 30-33. La acción misionera requiere de una oración de intercesión intensa. Este hecho queda de manifiesto en la súplica de Pablo: *Pero os ruego, hermanos... que luchéis conmigo en oración por mí.* La palabra "lucha" (gr. *agon*) es utilizada también por el Apóstol en Colosenses 1:29. Una versión de la Biblia traduce esta expresión como "trabajo". En ambos casos, describe un esfuerzo real. La intercesión por la acción misionera requiere de mucho más que una oración intermitente. Requiere de un verdadero esfuerzo, consciente y deliberado. Es significativo que un hombre de oración como Pablo (Rom. 1:8-10) tuviese la humildad de suplicar la intercesión por él.

Su anhelo de visitar la ciudad de Roma se cumplió fundamentalmente, aunque esto significó el último viaje de su vida.

Aplicaciones del estudio

1. **Es necesario hacer planes para la obra..** Hacer planes no va en contra de la voluntad de Dios. Dios mismo tiene un plan de redención. Lo malo es hacer los planes sin tomar en cuenta a Dios quien tiene todo en sus manos y está moviendo los hilos de la historia hacia un final glorioso. 2. **El ejemplo del Apóstol.** Sin duda que Pablo ha marcado una huella muy profunda en la vida de cada cristiano. Es un ejemplo digno de imitar.

Ayuda homilética

Tres dimensiones de la mayordomía cristiana
Romanos 15:14-27

Introducción: Se ha dicho que algunos predicadores rehúsan hablar de dinero en el púlpito, por el temor de herir la susceptibilidad de quienes puedan concluir: "quiere aumento de sueldo". Sin embargo, a la luz de este pasaje, descubrimos tres dimensiones de la mayordomía cristiana, por lo que la enseñanza de la mayordomía es un elemento integral del discipulado cristiano.

I. **La diaconía es una dimensión de la mayordomía cristiana.**
   A. Diaconía significa: entrega, Marcos 10:45.
   B. Diaconía significa: servicio a Cristo, Mateo 23:35-44.
   C. Diaconía significa: caridad cristiana, Mateo 25:44, 45.
II. **La koinonía es una dimensión de la mayordomía cristiana.**
   A. Koinonía significa: comunión, Lucas 8:1-3.
   B. Koinonía significa: unanimidad, Hechos 4:32-35.
   C. Koinonía significa: solidaridad, 2 Corintios 9:13.
III. **La liturgia es una dimensión de la mayordomía cristiana.**
   A. La liturgia significa: entrega de nuestra propia vida, Filipenses 2:16, 17.
   B. La liturgia significa: alcance misionero, Romanos 15:16.
   C. La liturgia significa: servicio a los hombres, Filipenses 2:25-30.

Conclusión: En este pasaje Pablo utiliza tres grandes conceptos asociándolos con la "ofrenda para los santos". Razón por la cual la mayordomía es uno de los frutos más evidentes en la vida de todo verdadero discípulo. Después de todo, las palabras de Jesús siguen vigentes: "Donde esté tu tesoro, ahí también estará tu corazón" (Mat. 6:19-21).

Lecturas bíblicas para el siguiente estudio

Lunes: Salmo 8:1-4
Martes: Salmo 8:5-9
Miércoles: Salmo 95:1-5

Jueves: Salmo 95:6-9
Viernes: Salmo 95:10, 11
Sábado: Salmo 100:1-5

AGENDA DE CLASE

Antes de la clase
1. Consiga un mapa del Imperio Romano en tiempos del Nuevo Testamento. **2.** Prepare un mapa de su comunidad o de la región donde se localiza su congregación. **3.** De ser posible, consiga un audiovisual de los viajes de Pablo o del mundo del Nuevo Testamento. Debe ser muy breve, máximo 10-15 minutos. **4.** Si en su congregación está sirviendo un misionero, invítelo para que, de manera muy breve, comparta con el grupo su testimonio de llamamiento. Posiblemente en su Asociación de Iglesias haya un misionero que pueda ayudar con esta parte. **5.** En una cartulina escriba Hechos 1:8, pero al llegar al punto de escribir: Jerusalén, Judea, Samaria y hasta lo último de la tierra; usted escribirá de acuerdo con su ciudad, estado, país, país vecino, etc.

Comprobación de respuestas
JOVENES: **1.** Bondad, todo conocimiento. **2.** De nada que Cristo no haya hecho por medio de él. **3.** Ir a Roma. **4.** Con la abundancia de la bendición de Cristo. **5.** Que luchen en oración por él delante de Dios.
ADULTOS: **1.** La gracia que le había sido dada por Dios. **2.** De lo que Cristo no hubiera hecho por medio de él. **3.** Sintiéndose deudores querían servirles con sus bienes materiales. **4.** Que luchen con él en oración.

Ya en la clase
DESPIERTE EL INTERES
1. Coloque frente a la clase el mapa del Imperio Romano y pida a algunos de los alumnos que le ayuden a localizar algunas de las comunidades cristianas fundadas por Pablo. **2.** Dé tiempo para que el misionero que usted ha invitado comparta su testimonio con el grupo. Aun cuando sea de manera muy breve, permita que los alumnos le hagan preguntas en cuanto a la manera en que estuvo seguro de ser llamado a las misiones, y todo lo que implica comprometerse con un ministerio de esta naturaleza. **3.** Destaque que el escenario del ministerio del Apóstol se localizó en dos continentes. Distinga "el ministerio asiático de Pablo" y "el ministerio europeo" en función de desafíos, oportunidades, obstáculos, etc. **4.** Pregunte si a alguno de sus alumnos les gustaría ser misionero y cuál sería la región geográfica que le gustaría para desarrollar un ministerio.

ESTUDIO PANORAMICO DEL CONTEXTO
1. Comparta con la clase el *Estudio panorámico del contexto,* tratando de ubicar las referencias geográficas en el mapa. **2.** De ser posible, identifique los lugares del ministerio del Apóstol con la geografía política contemporánea. **3.** Mencione cómo la sinagoga fue la puerta de entrada del Apóstol al mundo gentil, y cómo fueron éstos quienes finalmente respondieron mejor al evangelio.

ESTUDIO DEL TEXTO BASICO

1. Asigne la lectura de la porción bíblica de la primera división (Rom. 15:24-16). Escriba la palabra "servicio" en el pizarrón y pida a la clase que discuta sus significados en la acción misionera. Haga una lista de las aportaciones y discútalas con la clase. Pida a la clase que identifique aquellas acciones que mejor significado le dan al servicio en su propio marco misionero. Indique que la tarea misionera no es una posición en la que el misionero está para ser servido, sino para servir.

2. Permita que un alumno voluntario lea el texto bíblico de la segunda división del *Estudio del texto básico* (Rom. 15:17-21) y comente sobre el contenido del estudio. Discuta con la clase la veracidad del enunciado "la acción misionera exige edificar en campo nuevo". Auxíliese con algunas preguntas tales como: ¿debe ser siempre así? ¿por qué? ¿existen excepciones? ¿cómo determinar la excepción?, etc. Retire el mapa del Imperio Romano y coloque al frente el de su comunidad o región. Junto a él, coloque el texto de Hechos 1:8 con los nombres de su campo misionero. Hable con el grupo sobre las regiones cercanas a su localidad en donde aún no existe una misión o iglesia. Invite a sus alumnos para que, primeramente oren intercediendo por esos lugares y pidiendo que Dios envíe misioneros.

3. Lean el pasaje de la tercera división y discútala con la clase (Rom. 15:22-29). Resalte la importancia de hacer planes con tiempo para el programa misionero de la iglesia.

4. Consideren la cuarta división (Rom. 15:30-33) y compartan las razones aparentes que tenía el apóstol Pablo para desear ir a España. Destaque la manera en que Pablo vivió intensamente su ministerio.

5. Procure conseguir algunos datos actualizados de la obra misionera en su país: Nombres de sus misioneros, lugares de la obra, aceptación o rechazo de la gente, persecución, etc. Comparta esta información con el grupo y motíveles a crearse un compromiso de oración como el que Pablo pedía que tuvieran los hermanos de Roma para apoyarle en su ministerio.

APLICACIONES DEL ESTUDIO

1. Lea las *Aplicaciones del estudio* y coméntelas con la clase. **2.** Pida a los alumnos que redacten una lista de las personas por las que desean orar por su salvación (amigos, familiares, vecinos, etc.). Dedique un breve momento para orar.

PRUEBA

1. Pida al grupo que lea las preguntas y las responda. **2.** Permita que si alguien quiere compartir sus respuestas lo haga cuidando de que no prolonguen sus participaciones. **3.** Concluya orando con ellos en silencio por sus listas de conocidos. **4.** Cree un compromiso de oración de su grupo por los misioneros en su país. **5.** Si le es posible, escriba una carta de estímulo a algún misionero y pida a los alumnos que firmen la carta para que posteriormente usted pueda enviarla, seguramente será una gran bendición para el hermano recibir un regalo de esta naturaleza: saber que alguien está orando por él.

PLAN DE ESTUDIOS
SALMOS

Escriba antes del número de cada estudio, la fecha en que lo usará.

Fecha

Unidad 5: Cantos de alabanza
_____ 14. Alabanza por su grandeza
_____ 15. Alabanza por su poder
_____ 16. Alabanza por su bondad

Unidad 6: Cantos de gratitud
_____ 17. Gracias a Dios que nos da la victoria
_____ 18. Gracias a Dios por su liberación
_____ 19. Gracias a Dios por su eterna misericordia

Unidad 7: Cantos de confesión
_____ 20. Cuando se ha perdido la paz
_____ 21. Un corazón triste y humillado
_____ 22. La dicha del perdón

Unidad 8: Cantos de confianza
_____ 23. Dios es mi pastor
_____ 24. Dios es mi luz y mi salvación
_____ 25. Dios es mi único refugio
_____ 26. Dios es mi protector

SALMOS: Tomo 8
COMENTARIO BIBLICO MUNDO HISPANO
Núm. 03108 EMH
La Editorial Mundo Hispano presenta el
Comentario de los Salmos en el número 8 de
una serie que consta de 24 tomos.
Esta serie ha sido diseñada para personas como
usted que:
❏ Desean un buen comentario bíblico que llene la
necesidad de exponer y explicar la Palabra de
Dios al mundo evangélico contemporáneo.
❏ Piensan, sienten, se expresan y actúan como
hispanoamericanos.
❏ Necesitan una herramienta confiable para ayu-
darle en su ministerio de predicación, enseñan-
za y aplicación personal de la Palabra de Dios.

SALMOS
Una introducción

El libro de los Salmos es una colección de poemas religiosos. Se divide en cinco secciones o libros: 1—41; 42—72; 73—89; 90—106 y 107—150. Cada libro concluye con una doxología añadida por los compiladores, el salmo 150 evidentemente forma la doxología del quinto libro y del Salterio. Parece ser que el salmo 1 funciona como una introducción a la colección completa.

Esta colección de salmos formaba el himnario de los hebreos y se usaba en los cultos públicos de adoración.

El primer libro (1-41) está compuesto por salmos que se le atribuyen a David, excepto el 1, 2, 10 y 33.

El segundo libro (42-72) se denomina: "salmos de los hijos de Coré".

El tercer libro (73-89) "Salmos de Asaph".

El cuarto libro (90-106). El 90 es atribuido a Moisés, los salmos 102 y 103 a David y el resto son anónimos.

El quinto libro (107-150) Salmos litúrgicos.

Al mismo tiempo, podemos clasificar los salmos según el tema que tratan:
Salmos de la naturaleza: 8, 19, 29, 65, 104 y 147.
Sobre la persona que Dios aprueba: 1, 15, 24, 50, 75, 82, 101, 112, 127, 128, 131, 133.
Salmos penitenciales: 6, 25, 32, 39, 40, 51, 102, 130.
Salmos sobre la Palabra de Dios: 19, 119.
Salmos referentes al culto: 26, 73, 84, 100, 116, 122.
Salmos de sufrimiento: 37, 42, 43, 49, 77, 90, 109, 137.
Salmos de confianza: 3, 4, 11, 16, 20, 23, 27, 31, 36, 46, 52, 57, 61, 62, 63, 85, 91, 108, 121, 125, 126.
Salmos de alabanza: 87, 103, 107, 114, 139, 150.
Salmos mesiánicos: El Mesías como Rey: 2, 20, 21, 45, 72, 110; el Mesías como sacerdote: 110; el Mesías sufriente: 22, 31:5; 69:7-9, 21.

El paralelismo en la poesía hebrea.
Paralelismo es un término técnico para referirse a la forma poética hebrea que repite una declaración en forma ligeramente diferente y paralela.
Hay dos clases de paralelismo: el sinónimo y el antitético.
En el paralelismo sinónimo se estructura un pensamiento seguido de otro que dice lo mismo pero con palabras diferentes (ej. Salmo 51).
En el caso del paralelismo antitético un cierto pensamiento es seguido por otro opuesto (ej. Salmo 37:9, 16, 17, 21, 22).

Los poemas acrósticos.
Ejemplos: 110, 111, 119. Estos salmos tienen secciones que comienzan con una letra sucesiva del alfabeto hebreo. Esto se hacía con fines didácticos.
La iglesia cristiana tomó los salmos como su propio lenguaje de fe.

Alabanza por su grandeza

Contexto: Salmos 8; 95; 100
Texto básico: Salmo 95
Versículos clave: Salmo 95:1, 2
Verdad central: Dios es digno de toda alabanza; le alabamos por su grandeza que constantemente nos comunica su obrar poderoso.
Metas de enseñanza-aprendizaje: Que el alumno demuestre su: (1) conocimiento de algunas razones para adorar a Dios, (2) actitud de valorar las oportunidades de alabar a Dios.

——————— **Estudio panorámico del contexto** ———————

A. Fondo histórico:

Hoy comenzamos una serie de trece estudios en el libro de los Salmos. Es probablemente el libro del Antiguo Testamento que más conocemos y amamos al identificarnos fácilmente con cada uno de los escritores a través de las expresiones más profundas de sus sentimientos. Los salmos son mensajes que surgen de lo más íntimo del ser humano al comunicarse con Dios.

El conjunto de los 150 Salmos forma una colección de poesías agrupadas en cinco grandes divisiones, cada una de las cuales termina en una doxología: 1-41; 42-72; 73-89; 90-106; y 107-150. (Una doxología es la ofrenda de adoración a Dios en admiración, amor y alabanza, exaltándolo, glorificándolo y proclamando su grandeza.) El último salmo es la doxología para todo el salterio. Esto confirma la importancia de la alabanza para el pueblo judío. Se cree que los salmos que forman cada división fueron utilizados en distintas regiones geográficas de los judíos, y al compilarlos forman el libro de los Salmos tal como están hoy en la Biblia.

Los salmos son poesías. No se pueden considerar o interpretar como escritos en prosa. Puesto que son poesía usan palabras metafóricas, simbólos, imágenes, figuras de lenguaje, etc. Como resultado el lector u oyente responde, expresando, según su percepción su propia experiencia, su sentir. Por eso al leer los salmos sentimos que nos "hablan", y los aplicamos de una manera natural a nuestras experiencias. Sin duda alguna estos estudios serán de gran significado tanto para el maestro como para los alumnos.

En las primeros tres estudios consideraremos salmos de alabanza. La palabra *tehilim*, el nombre en hebreo de los salmos, significa "alabanza". Son himnos o cánticos que ayudan a expresar gratitud a Dios. Por regla general siguen un mismo formato: 1. Un llamamiento a la adoración a Dios. 2. Motivos por los cuales se alaba ("porque..."). 3. Una recapitulación de la invitación a adorar a Dios quien es digno de alabanza.

B. Enfasis:

Los Salmos 8 y 100 son ejemplo de los salmos de alabanza. El Salmo 8 es una alabanza a Dios quien ha creado el universo, y ha dado al hombre la responsabilidad del dominio sobre todas las demás cosas creadas. La palabra "cuando" introduce lo maravillado que se siente el Salmista al ver los cielos y al contemplar la manera como Dios le toma en cuenta, y le hace copartícipe en el cuidado y desarrollo de la creación. Otra vez alaba a Dios con pasión: "¡Cuán grande es tu nombre en toda la tierra!" La palabra grande traducida aquí, puede ser sinónimo de "majestuoso" o "poderoso". La Versión Popular dice "su nombre domina en toda la tierra". Para el hebreo esto significaba muchísimo más que el simple nombre de Dios, significaba la esencia de todo lo que él es. Su grandeza nos rodea en la naturaleza, y en el hecho que nos ha tomado en cuenta y nos ha hecho copartícipes en el evento de la creación.

Con el Salmo 100 el pueblo alababa al Señor, el creador de Israel. Se cree que se cantaba este himno de alabanza al entrar por los pórticos del templo. Se adora a Dios con alegría y se invita a todo el mundo a participar en este momento de adoración. ¿Por qué? Porque "el Señor es Dios". "El Señor" o "Jehovah" es el nombre que se daba a Dios para expresar una relación íntima y personal con él. El nos hizo, somos su posesión personal y por la relación especial de ser "ovejas de su prado" podemos confiar de su constante cuidado. Se debe adorar a Dios por su cuidado, dirección, y protección constantes. El salmo termina con una repetición del llamamiento a la adoración, con una explicación adicional del por qué deben hacerlo: el Señor es bueno, su amor y fidelidad son eternos.

Estas grandes enseñanzas del v. 5 las vamos a ver repetidas en los salmos. En realidad aparecen en todo el Antiguo Testamento. La bondad, la misericordia y la fidelidad de Dios son elementos del pacto, que es el gran tesoro y esperanza del hebreo. La palabra en hebreo es *hesed,* y se traduce, amor, amor fiel, misericordia, amor constante, amor del pacto, entre otros. Es una palabra tan significativa que no hay una expresión única para traducirla en castellano. Así, por este gran amor leal el salmista dice: "dadle gracias; bendecid su nombre".

Sin duda estos dos Salmos nos dan dos de los ejemplos más conmovedores del salterio de las razones por las cuales alabar a Dios. Encontramos el mismo sentir en el hermoso Salmo 95 que es la base de nuestro estudio de hoy.

--------- Estudio del texto básico ---------

1 Venid a adorar a Dios, la Roca, Salmo 95:1, 2.

Vv. 1, 2. La invitación expresada en el modo imperativo del verbo da un significado primario a este himno: ¡*Venid!* La persona era invitada a acercarse, a participar, a incorporarse en el culto, en el acto de alabanza a Dios, el gran Rey. Posiblemente el grupo de adoradores llegaba al templo y era encontrado por un sacerdote, o un funcionario que les invitaba a entrar en el templo en anticipación gozosa del privilegio de adorar a Dios en su santuario. Algunos eruditos creen que este es uno de los salmos usados para "entronar" a Dios anualmente, como un culto de reconocimiento de quién era el Rey de Israel, y de su relación especial con ellos. El Salmo vibra con la alegría del momento: ¡van a entrar en la presencia de Dios!

La constante invitación: *cantemos* enfatiza la idea de adoración por medio de un canto gozoso, un culto de alabanza. Debe ser una acción alegre y que exprese la profunda gratitud del creyente por las múltiples acciones de Dios a su favor. La poesía hebrea usa una forma conocida como paralelismo para enfatizar la enseñanza, aquí notamos esa forma en las cuatro invitaciones. Cada una afirma y enfatiza la invitación a la adoración de nuestro gran Dios.

No se debe enfatizar la diferencia entre estas cuatro invitaciones, porque están diciendo lo mismo, pero en distintas formas. El salmista nota cuatro formas de adorarle —cantar *con gozo*, aclamarle *con júbilo*, acercarse *con acción de gracias*, y aclamarle *con salmos*. Estas son acciones del corazón, y no se limitan a cánticos o coros que nos gustan porque son más rítmicos, o porque son más conocidos o tradicionales. La verdadera adoración para el hebreo incluía distintas formas de hacerlo.

Los nombres dados a Dios siempre eran significantes, y aquí es la Roca de nuestra salvación. El uso de la palabra "roca" significa fuerza y protección. El simbolismo de la roca es de la estabilidad y firmeza de Dios para su seguidor.

2 Venid a adorar al Creador del universo, Salmo 95:3-5.

V. 3. Aquí empiezan las razones por las cuales se debe adorar a Dios: Porque *es Dios grande,... Rey grande sobre todos los dioses.* Este concepto es muy antiguo. El poeta usa la figura de la corte de un rey del oriente medio, con toda la pompa acostumbrada. Dios es el Rey en su corte celestial. La idea aquí no es decir que hay otros dioses, sino resaltar la gran verdad que Jehovah *es Dios grande... y Rey* sobre todas las cosas.

Vv. 4, 5. También, hay que adorarle porque él es creador. El es el dueño de todo por derecho de creación. Las figuras que usan resaltan la grandeza de Dios en su obra: *En su mano están las profundidades de la tierra.* Los hebreos tenían su propia cosmología, creían que Dios había creado el mundo con agua debajo y encima de la tierra, colocado en tres áreas o estratos, con la tierra en medio de los dos áreas de las aguas. Nadie conocía estas profundidades, eran totalmente desconocidas, pero eran la base de su universo, y ¡Dios las tenía en su mano! El cuidado providente de la creación por parte de Dios afirma su grandeza.

Dios no solamente era creador y protector de las *profundidades,* sino también de los *montes, el mar* y *la tierra seca.* Toda la naturaleza formaba parte de su creación. Aquí se ve a Dios involucrado y comprometido con su creación, por eso hay que adorarle.

El poeta enriquece nuestro concepto del Creador por las figuras que usa. Dios con las *profundidades ...en su mano* —las mismas manos que hicieron *los montes, ...la tierra* y toda la naturaleza. Cuando uno considera la vasta extensión de lo creado, reconoce cuán grande es nuestro Dios. ¡Hay que alabarle con gratitud por su vasta creación!

3 Venid a adorar a nuestro Creador, Salmo 95:6, 7a, b.

Vv. 6, 7a, b. Ahora la invitación a adorar a Dios en su dimensión de creador toma un giro muy importante. Después de reconocer que él es creador del universo, de las cosas, se pasa a una consideración más personal de esa obra. El es *nuestro Hacedor*. Se introduce el pensamiento del hombre como hecho por Dios. Se refutan las ideas de los dioses y semidioses de la cultura reinante que supuestamente dan origen a la vida del hombre. Postrarse o arrodillarse delante de Jehová implica el reconocimiento de su soberanía en la vida del hombre. Le pertenecemos por derecho de creación. De esa manera, llegamos a ser, en el evento de la salvación, *pueblo/ovejas de su prado*.

4 Venid y aprended de la historia, Salmo 95:7c-11.

Vv. 7c-9. Ahora Dios habla con los creyentes. Su mensaje es una advertencia de no repetir los errores en que cayeron sus antepasados. El salmista exhorta a todos a escucharle con atención: *Si oís hoy su voz*.

Los eventos históricos son siempre valiosos, y entre los muchos que podría enseñar al pueblo, Dios escoge el triste episodio del éxodo de su pueblo al salir de Egipto. Habían llegado a Refidim y no había agua. El pueblo estaba cansado de su constante movimiento de sitio en sitio. El calor, el cansancio físico, y su creciente frustración les causaba desesperación, y empezaban a quejarse de no tener agua. Habían olvidado que hasta este momento no les había faltado nada. Dios les había provisto maná, codornices y agua. Además, les había dado su guía y protección a diario. (Ver en Exo. 17:1-7 esta experiencia y el significado de los nombres dados al sitio, Masá y Meriba "por el altercado de los hijos de Israel y porque pusieron a prueba a Jehová, diciendo: '¿Está Jehová entre nosotros, o no?'")

Dios da esta lección histórica, para recordar la acción de rebelión y advertir del peligro de venir a un culto de adoración y olvidar los grandes beneficios de Dios y rebelarnos contra él. Es tan fácil olvidar las bendiciones del Señor o tomarlas como una obligación de parte de él. La rebelión lastima a Dios. El les recuerda: *vuestros padres me probaron y vieron mis obras*.

Una gran enseñanza de la historia para nosotros es que Dios nos ama, no quiere que olvidemos nuestras experiencias; quiere que aprendamos de ellas y que como resultado desarrollemos una relación cada vez más cercana con él.

Vv. 10, 11. Sin duda que la rebelión de su pueblo era difícil para Dios, como que le costaba creerlo, porque él les había bendecido, les estaba llevando de la esclavitud en Egipto a la libertad en la Tierra Prometida. El dolor de Dios se ve en su reacción: cuarenta años de castigo, porque *este pueblo se desvía en su corazón y no ha conocido mis caminos,* o sea, no habían obedecido sus mandatos ni le habían seguido con amor y gratitud. Esta rebeldía les quitaba lo que más anhelaban, estar en la tierra prometida y vivir allí gozando de las bendiciones de Dios como su pueblo escogido.

Este salmo termina con una nota triste: el castigo de Dios. No hay que olvidar que es Dios quien advierte a la persona que viene a adorarle que no permita que las circunstancias le aparten de mantener una relación de gratitud con él. Solamente así se puede venir y adorarle con alegría.

--------- **Aplicaciones del estudio** ---------

1. Adorar a Dios es una necesidad básica del creyente. Debe hacerlo en forma privada y conjuntamente con otros creyentes. **2. El creyente debe adorar a Dios con alegría y gratitud.** El Señor conoce cómo es cada uno, cuál es su relación con él, y cómo debe adorarle. El espera la adoración de todos y recibe con agrado a cada uno que le adora con sinceridad y amor. **3. Lo más importante en el acto de la adoración es la relación entre el adorador y su Dios.** Cualquier distracción en nuestro derredor puede estorbar esa relación. **4. Las experiencias dolorosas pueden ser ejemplos valiosos para nosotros.** Aprendemos de ellas.

--------- **Ayuda homilética** ---------

Frente a la grandeza de Dios
Salmo 95:1-11

Introducción: La Biblia nos revela a Dios. Por medio de sus palabras encontramos revelados muchos de los atributos del Dios. El Salmo 95 en un llamamiento a adorar a Dios nos da ejemplos de su grandeza.

I. La grandeza de Dios
  A. Es grande porque nos protege y nos salva (v. 1).
  B. Es grande porque creó el mundo y lo sustenta (vv. 3, 4).
  C. Es grande porque nos hizo, nos cuida y nos sustenta (vv. 6, 7b).
  D. Es grande porque nos advierte del peligro de la desobediencia (vv. 7c-11).

II. La respuesta del creyente
  A. Hay que venir a alabarle con alegría (v. 1).
  B. Hay que venir a alabarle con gratitud (v. 2)
  C. Hay que venir a escucharle y obedecer sus mandatos (vv. 7c, 8).

Conclusión: Nadie duda de la grandeza de Dios. Al contrario, la dan por sentado. Como consecuencia muchas veces no le alabamos por su grandeza ni obedecemos sus mandatos. Hoy es un día de oportunidad, de decidirnos a alabarle, escuchar sus advertencias y obedecerle. ¿Lo hará?

Lecturas bíblicas para el siguiente estudio

Lunes: Salmo 145   **Jueves:** Salmo 148
Martes: Salmo 146   **Viernes:** Salmo 149
Miércoles: Salmo 147   **Sábado:** Salmo 150

AGENDA DE CLASE

Antes de la clase
1. Lea los Salmos 8, 95 y 100 notando el espíritu de alabanza y los motivos para alabar a Dios. **2.** Lea también Exodo 17:1-7 y prepárese para relatarlo. **3.** Estudie el comentario de la lección en este libro y en el del alumno. **4.** Prepare un cartel con los títulos de las Unidades: *Cantos de alabanza, Cantos de gratitud, Cantos de confesión, Cantos de confianza*. Programe exhibirlo en el transcurso de los estudios en Salmos. **5.** Prepare papel de escribir y lápices para cada alumno. **6.** Complete la primera sección bajo *Estudio del texto básico* en el libro del alumno.

Comprobación de respuestas
JOVENES: **1.** Postrados y arrodillados. **2.** Aclamemos, alegremente, júbilo, nuestra, salvación. **3.** Respuesta personal del alumno. **4.** El pueblo murmuraba contra Dios por falta de agua.
ADULTOS: **1.** Cantar con gozo, aclamarle con júbilo, acercarse a su presencia con acción de gracias, aclamarle con salmos. **2.** Venir al templo y gozar de su presencia. —Respuesta personal. **3.** Jehovah es Dios grande, Rey sobre todos los dioses, toda la creación fue hecha por él, y la tiene en su mano. Porque él es nuestro Dios y somos su pueblo. **4.** No endurecer sus corazones, no poner a prueba a Dios. **5.** No pudieron entrar en la tierra prometida teniendo que vagar por el desierto durante 40 años.

Ya en la clase
DESPIERTE EL INTERES
1. Pida a los alumnos que abran sus Biblias en Salmos. Pregunte cuál es el favorito de cada uno. Citen o lean los versículos que les son más significativos. **2.** A medida que los van diciendo, identifique en ellos expresiones de alabanza, gratitud y/o confesión.

ESTUDIO PANORAMICO DEL CONTEXTO
1. Diga que en los próximos tres meses los estudios bíblicos se basarán en el libro de Salmos por lo que serán muy especiales. **2.** Llame la atención al cartel con los títulos de las Unidades. Aproveche la palabra *canto* que todas contienen para guiarles a comprender o recordar que Salmos era el himnario de Israel y agregue información general obtenida de su estudio. Haga preguntas basadas en la información que aparece en dicha sección en el libro del alumno. **3.** Haga notar los temas de las unidades que representan distintos tipos de salmos. **4.** Es importante y facilita muchísimo la comprensión de los salmos tener una base de conocimiento de la poesía hebrea. Explique en qué consiste la "rima" en la misma. Vea el artículo introductorio en la pág. 105. **5.** Dé un ejemplo de paralelismo sinónimo (Sal. 100:5).

ESTUDIO DEL TEXTO BASICO
1. Venid a adorar a Dios, la Roca, Salmo 95:1, 2. Cada uno busque en su Biblia el Salmo 95, Un alumno lea en voz alta los vv. 1 y 2 mientras los

restantes encuentran dos ejemplos de *paralelismo sinónimo*. Compartan lo que encontraron y digan los verbos de acción que contiene. Pregunte: ¿Cuál es el tono de estos versículos: triste, alegre, imperativo? Guíe la conversación para que capten el espíritu alegre y agradecido de la invitación a adorar al Señor. Encuentren en el v. 1 una razón de esa actitud positiva hacia Dios (es la Roca de nuestra salvación).

2. Venid a adorar al Creador del universo, Salmo 95:3-5. Un alumno lea en voz alta los vv. 3-5 mientras los restantes buscan ejemplos de *paralelismo progresivo*. Luego llame la atención a la primera palabra del v. 3: *porque*. Diga que ya habían visto un *por qué* adorar a Dios (es la Roca etc.) y que en estos versículos vemos otros *por qué*. Pida que mencionen a qué cosas se refiere este *porqué*. Asegúrese de que capten bien la idea de la grandeza de Dios demostrada en el universo que creó y que sustenta.

3. Venid a adorar a nuestro Creador, Salmo 95:6, 7a. Un alumno lea en voz alta los vv. 6 y 7a mientras los restantes van identificando qué tipo de "rimas" contienen (progresiva). Comente luego que la progresión de la idea de Dios como Creador culmina con su creación del ser humano (v. 6) incluyendo la idea de que también creó a su pueblo escogido. Pregunte: ¿Qué relación indica el v. 7 entre Dios y el pueblo al decir "pueblo de su prado" y "las ovejas de su mano"?

4. Venid y aprended de la historia, Salmo 95:7b-11. Una de las maneras más eficaces de impactar a los oyentes con un mensaje es usar una buena anécdota que la ilustre y eso es lo que hace el salmista para ilustrar cómo Dios actúa a favor de su pueblo mostrando quién es él. Diga que antes de leer la anécdota debemos conocer la ocasión a que se refiere. Relate Exodo 17:1-7. Agregue que en el resto del salmo el escritor cita directamente a Dios. Noten las comillas. Un alumno lea en voz alta los vv. 7b-9. Pregunte: ¿Cómo probaron los israelitas a Dios? ¿Qué obra de Dios vieron? Mientras un alumno lee en voz alta los vv. 10, 11, los demás deben fijarse en la consecuencia que sufrió el pueblo por haber desconfiado de Dios. Asegúrese de que entiendan que esa generación no pudo entrar en la Tierra Prometida. Comente que la anécdota es una advertencia a no desconfiar porque cuando uno desconfía de Dios ya no puede adorarle como lo merece.

APLICACIONES DEL ESTUDIO
1. Forme parejas o tríos. Reparta los papeles y lápices. **2.** Cada grupito debe elegir tres palabras que le impactaron del salmo. Usando esas palabras deben escribir un "salmo" de dos a cuatro líneas usando *paralelismo sinónimo* y que sea una alabanza a Dios. **3.** Compartan lo que escribieron. Recoja las hojas y guárdelas.

PRUEBA
1. En las mismas parejas o tríos escriban la respuesta de la primera pregunta que aparece en esta sección en el libro del alumno. **2.** JOVENES: Guíe la oración como lo sugiere el inciso 2. ADULTOS: Individualmente escriban las respuestas a las preguntas del inciso 2 y compartan sus respuestas con sus compañeros.

Alabanza por su poder

Contexto: Salmos 145 a 150
Texto básico: Salmo 145:1-9, 18-21
Versículo clave: Salmo 145:3
Verdad central: Alabamos a Dios porque es poderoso en sus obras y hechos, también es tierno, compasivo y cuida de sus hijos.
Metas de enseñanza-aprendizaje: Que el alumno demuestre su: (1) conocimiento del poder maravilloso de Dios en sus obras y hechos poderosos, (2) actitud de alabanza por su constante cuidado personal y compasivo.

─────────── Estudio panorámico del contexto ───────────

A. Fondo histórico:
El salterio termina con un grupo de salmos de alabanza, himnos usados por los judíos en sus cultos. Son los Salmos 145-150. Cada uno resalta una razón por la cual debemos alabar a Dios. Cada salmo de este grupo enfatiza una o más razones para alabarle. Es como si cada uno compitiera con el otro para hacer un llamamiento más poderoso a los demás para adorar a su Dios, exponiendo sus razones para hacerlo.

La alabanza es un aspecto vital de la vida de la persona que ha decidido ser una fiel seguidora de Dios. Los salmistas buscaban muchas maneras para llamar al pueblo a adorar a Dios. Este grupo de salmos nos revela ejemplos de este esfuerzo.

Los salmos son respuestas de la comunidad a la iniciativa de Dios en sus vidas y a su favor. El les ha creado, les ha guiado, les ha bendecido, por eso hay que responderle con alegría, con gratitud, alabándole por su persona y por sus obras.

El momento histórico más grande para el hebreo era su salvación, su liberación de la esclavitud bajo Egipto. Por eso encontramos esta nota que se repite constantemente en los salmos. El hebreo siempre confesaba: "éramos esclavos, pero el poderoso Dios actuó a nuestro beneficio, y nos dio un futuro". Su alabanza resalta esta experiencia y ha sido repetida y confesada por siglos y siglos hasta hoy. Al repetir o leer estos salmos es como si el hebreo estuviera viviendo aquel momento, y en su identificación con el pasado tiene una experiencia de gratitud en el presente. Su historia es confesional, o sea, ellos reviven su historia, y así su alabanza es aun más profunda y sentida. Es, además, un método didáctico para recordar a las nuevas generaciones los hechos portentosos de Dios en el pasado.

B. Énfasis:

El Salmo 146 es un himno de alabanza a Dios por sus hechos. Otra vez se nota la manera en que el salmista resalta la ternura con que Dios cuida de sus seguidores. Combina los grandes hechos de la creación y la liberación, con muestras de la consideración de Dios por las necesidades personales de cada individuo. No sólo se ocupa de su pueblo como conjunto, sino que se interesa en cada persona que forma ese pueblo.

El Salmo 147 habla de las múltiples maneras en que Dios demuestra su amor por los humildes, y cómo les bendice. Resalta a la vez su predilección por su pueblo, dándole "sus palabras, sus leyes y sus decretos" (v. 19).

El Salmo 148 invita a todos los seres, humanos y celestiales, aun a los animales, a alabar a Dios por la maravilla de su creación "porque él mandó, y fueron creados. El los estableció para siempre, por la eternidad; les puso ley que no será quebrantada" (vv. 5b, 6). Este no es el único mensaje de este Salmo. Llama a los miembros de la nación de Israel que han hecho un pacto con Dios a recordar cómo les ha salvado y formado como pueblo, un pueblo especialmente cercano a él. Ahora su responsabilidad es vivir y testificar de tal manera que otros pueblos puedan conocer a Dios y la salvación que él les ofrece. Se nota el propósito misionero de Dios y su plan de usar a su pueblo escogido para realizar este plan.

El Salmo 149 resalta otro aspecto de la vida nacional del pueblo. Hay que alabarle con alegría por su cuidado y la salvación nacional. Su tono militar y guerrero no debe confundirnos. El Salmista reconoce que es Dios quien les ha dado la victoria. Hay que celebrarlo con alegría y gratitud. Los versículos 6-9 demuestran la doble realidad vivida de Israel en gran parte de su historia: 1. alaban a su Dios, el creador y sustentador del pueblo; y 2. con la espada en la mano están prestos para ejercitar justicia y obtener la victoria que corresponde a este pueblo tan bendecido.

El Salmo 150 es uno de los más conocidos en el Salterio. En muchos lugares se canta una versión de este Salmo. Es el clímax de esta sección y en verdad, de todo el salterio, sirviendo como doxología final. Se repite la palabra "alaben" o "alabad" diez veces, signo de la perfección buscada por el escritor de este Salmo. Se llama a la congregación a alabarle con todos los instrumentos disponibles en un *crescendo* de fe y gratitud. La razón para esta masiva expresión de fe y alabanza se encuentra en el v. 2. "¡Alabadle por sus proezas! ¡Alabadle por su inmensa grandeza!"

El Salmo 145 es un acróstico que llama a todos a adorar a Dios. Este tipo de poesía era muy apreciado por los hebreos porque era más fácil de recordar. Dado que no existía la página impresa, era de gran valor. Además, los hebreos daban gran importancia al simbolismo de la idea de perfección o totalidad. Su Dios era perfecto, completo —no le faltaba nada. Así un acróstico al tener algo para cada letra de su alfabeto era "completo", un simbolismc altamente apreciado. El acróstico es una composición poética usada como método para recordar fácilmente y de manera atractiva un asunto determinado.

Los versículos 10-17 resaltan otra vez la necesidad de hablar de y así alabar a Dios por sus "hechos poderosos". Combinan con este aspecto de la "grandeza" y el "esplendor" de su reino, la ternura del cuidado bondadoso de

Dios. Uno de los versículos más preciosos para muchos es el versículo 14, "Jehovah sostiene a todos los que caen y levanta a todos los que han sido doblegados." Este Salmo es una de las expresiones más sentidas del pueblo de su confianza en Dios. Se ve esta nota gozosa en la progresión de él. Aun la forma literaria escogida para darnos este mensaje, el acróstico, expresa la idea de plenitud. El mundo está todo ordenado, no falta nada. Hay que adorar a quien ha creado y sustenta este mundo. Este Salmo se considera tan profundo que los hebreos lo usan tres veces al día en su liturgia diaria, y ha sido tomado como ejemplo para el ejercicio de la imitación de Dios. En ningún otro salmo vemos tantas frases que describen la grandeza del Señor.

Otra muestra de la importancia de este Salmo en la adoración personal del pueblo es una copia que se encontró en los rollos del mar Muerto. Después de cada versículo se había escrito el siguiente refrán: "Bendecido sea el Señor, y bendecido sea su nombre por siempre." Posiblemente usaban este Salmo en los cultos en que un lector o un grupo leía o cantaba el versículo, seguido con el refrán anotado arriba.

───────────Estudio del texto básico ───────────────

1 Bendecir a Dios por siempre, Salmo 145:1-3.

Vv. 1, 2. El Salmo empieza con un afirmación personal en los dos primeros versículos. El escritor afirma dos veces su intención de bendecir el nombre de Dios y alabarle. Las palabras *eternamente y para siempre* ponen la acción de alabanza en un contexto importante para el creyente que quiere crecer en su relación con él. La permanencia es un toque distintivo de la verdadera adoración. La exaltación de Dios es una de las formas máximas de alabar a Dios.

V. 3. Afirma la grandeza de Dios en una tríada de expresiones: (1) *Grande es Jehovah.* (2) *Digno de suprema alabanza.* (3) *Su grandeza es inescrutable.* Aunque se reconoce la grandeza de Dios, hay que aceptar que uno no puede conocerla perfectamente, *es inescrutable,* su grandeza excede nuestro entendimiento.

2 Anunciar las maravillas de Dios, Salmo 145:4-7.

V. 4. Este versículo resalta la fuerza de la familia adorando junta en forma intergeneracional. En verdad es la base de la continuidad del compromiso religioso de cualquier nación. Cuando Israel ha recordado este aspecto tan esencial, ha sido fuerte y capaz de afrontar las dificultades que le han venido. Por el contrario, cuando no ha fortalecido este aspecto de la fe, la familia y la nación han decaído por no anunciar sus *poderosos hechos.*

Vv. 5-7. La mezcla de la acción del pueblo, como conjunto, y del individuo subraya la importancia de la participación en el culto, y en el reconocimiento de la majestad de Dios. Encontramos el tema del salmista en los versículos 5 y 6: *meditaré en tus maravillas* y *contaré de tu grandeza.* En verdad pensar profundamente, reflexionando sobre las maravillas de Dios, es la base de la canción a su grandeza. La fe no expresada es un anacronismo en sí. Es imposible tener fe y no hablar de ella. Hay tantas razones para hacerlo: sus obras, sus hechos poderosos y terribles, su majestad gloriosa, sus maravillas, su grandeza, su bondad inmensa y su justicia. Hablar y adorar así en la intimidad del hogar y en el culto público dará a todos una base más firme para su fe.

3 Afirmar las cualidades eternas del Dios compasivo, Salmo 145:8, 9, 18-20.

Vv. 8, 9. Estos versículos reflejan la afirmación más antigua del Israel en cuanto a Dios. El Señor, *Jehovah* es el nombre usado para afirmar la relación más íntima de Dios con su pueblo y con el individuo. Se nombran las características más sobresalientes del carácter de Dios: es *clemente y compasivo, ...lento para la ira y grande en misericordia. Bueno,* misericordioso *en todas sus obras.*

Seguramente este Salmo que ha afirmado la importancia intergeneracional de la alabanza, encuentra en estos versículos la imagen de Dios que quisiera transmitir de padres a hijos. La razón porque se pueden mencionar estas características de Dios en este Salmo es porque habían sido la experiencia diaria del Salmista, y en verdad del pueblo, de su confianza básica en el Señor.

Los versículos 18-20 continúan este cuadro tan hermoso de quién es Dios y cómo se relaciona con sus seguidores. Se afirma un interés y cuidado especial para el necesitado, para el hambriento.

V. 18. Afirma que pueden tener a Dios *cerca* cuando *le invocan* con sinceridad. La grandeza de Dios se ve no solamente como "Dios y Rey" (v. 1), sino como uno que *está cerca* en los momentos de necesidad.

V. 19. Continúa este énfasis de la relación de Dios cerca del creyente, cerca para oír y responder.

V. 20. Este versículo presenta la idea dual que se encuentra en Exodo 34.

4 Que todos bendigan a Dios, Salmo 145:21.

El Salmo termina llamando de nuevo *a todo mortal* a alabar en forma personal y comunitaria. Hay que bendecir *su santo nombre eternamente y para siempre.*

———————————— Aplicaciones del estudio ————————————

1. El creyente necesita contemplar la grandeza de Dios y alabarle por ella. Este Salmo puede ayudarle a fijar diariamente su atención en Dios, y adorarle como sólo él es digno.

2. Debemos contemplar la grandeza de Dios y profundizar nuestro reconocimiento de ella, no olvidando nunca que su grandeza excede nuestro entendimiento. Esto no debe ser un estorbo para nosotros, sino un estímulo para poder conocer más y más los grandes hechos de Dios a favor de su pueblo, y a favor de cada persona que le sigue.

3. El poder de Dios no se ve solamente en su grandeza, sino en su ternura y compasión. Estas características (vv. 8, 9) se notan en el pacto que Dios ha hecho con su pueblo. Es así que le ha guiado y protegido diariamente, y así quiere relacionarse con cada persona que decida seguirlo.

4. Es importante compartir la fe entre los miembros de la familia en forma intergeneracional. Cada persona puede aprender de otra, a pesar de su edad, de su experiencia personal con Dios. El abuelo puede aprender de su nieto, de su hija; el nieto de su abuela, el padre de la madre. No hay limitación alguna para "celebrar sus obras ante otra generación".

────────────── Ayuda homilética ──────────────

¿Quiere conocer a Dios?
Salmo 145:1-9

Introducción: Conocer a una persona es un acto esencial para mantener o profundizar una relación con ella. Es igual en cuanto a nuestra relación con Dios. Hay que conocerle desde distintas perspectivas, permitiéndonos así una idea más precisa de quién es en verdad. El Salmo 145 nos ayuda en esta búsqueda.

I. Conocerle como Todopoderoso (vv. 1-7).
A. Su grandeza (vv. 1, 3, 6).
B. Sus hechos poderosos (vv. 4, 6).
C. Su majestad gloriosa (v. 5).
D. Su bondad inmensa (v. 7).
E. Su justicia (v. 7).

II. Conocerle como compasivo (vv. 8, 9).
A. Su ternura (v. 8).
B. Su compasión (v. 8).
C. Su paciencia (v. 8).
D. Su amor (v. 8).
E. Su bondad (v. 9).
F. Su misericordia (v. 9).

Conclusión: Dios es poderoso, majestuoso; a la vez es compasivo y tierno. Como sus hijos, debemos desarrollar nuestro conocimiento de él en estos aspectos. Cuando lo hagamos tendremos una relación más enriquecedora y podremos depositar nuestra confianza en una persona que por sus características es suficiente para satisfacer las necesidades de sus hijos.

Lecturas bíblicas para el siguiente estudio

Lunes: Salmo 92
Martes: Salmo 103
Miércoles: Salmo 113

Jueves: Salmo 111
Viernes: Salmo 89:1-14
Sábado: Salmo 66:1-8

AGENDA DE CLASE

Antes de la clase
1. Lea los Salmos 145-150 y estudie no sólo los comentarios en este libro sino también los del libro del alumno. **2.** Busque en un comentario, diccionario o Biblia datos biográficos de David, el autor del Salmo 145, y prepárese para comentarlos en clase. Será muy significativo, especialmente si alguno de los presentes tiene poca base bíblica. **3.** Consulte el artículo introductorio en la página 105, con atención especial a lo que dice sobre los poemas acrósticos. **4.** Piense en algo que alguien hizo o dijo que a usted le fue de bendición. **5.** Prepare un cartelón con el bosquejo de esta lección: *Debemos: 1. Bendecir a Dios para siempre, Salmo 145:1-3. 2. Anunciar las maravillas de Dios, vv. 4-7. 3. Afirmar las cualidades eternas del Dios compasivo, vv. 8, 9, 18-20. 4. Que todos bendigan a Dios, v. 21.* **6.** Complete la primera sección bajo *Estudio del texto básico* en el libro del alumno.

Comprobación de respuestas
JOVENES: **1.** Bendecirá y alabará su nombre. **2.** Grande, suprema alabanza. **3.** Clemente, misericordioso, lento para la ira. **4.** Cercano. **5.** Por los que le invocan. **6.** Lo alaba.
ADULTOS: **1.** Eternamente y para siempre, cada día. **2.** Celebrar sus obras ante otra generación, anunciar sus grandes obras, anunciar sus poderosos hechos, hablar del esplendor de la gloriosa majestad, meditar en sus maravillas, hablar de la fuerza de sus portentos, contar de su grandeza, manifestar el recuerdo de su inmensa bondad, cantar de su justicia. **3.** Grande, clemente, compasivo, lento para la ira, misericordioso, bueno. **4.** Respuesta personal del alumno.

Ya en la clase
DESPIERTE EL INTERES
1. Escriba en el pizarrón u hoja grande de papel, de modo que todos puedan leerlo: *Fue una bendición.* Diga que decimos estas palabras u otras parecidas como: *Me fue de bendición.* Relate cómo alguien hizo o dijo algo que le fue de bendición a usted. **2.** Estimule a los presentes a compartir una experiencia de haberse sentido bendecido por algo que alguien hizo o dijo. **3.** Diga que el Salmo a estudiar tiene mucho que ver con *bendecir.*

ESTUDIO PANORAMICO DEL CONTEXTO
1. Vean el Salmo 145 y fíjense que antes de empezar la poesía aparece el nombre del escritor. **2.** Guíe una conversación sobre David y las cosas principales que recuerdan de él. Enfaticen sus talentos como músico y compositor que nos ha legado algunos de los más hermosos poemas de la Biblia, entre ellos este hermoso Salmo. **3.** Relate lo que dice el *Fondo histórico* en este libro. **4.** Repase la característica de "rimas" de pensamientos y diga que otro estilo muy usado en la poesía hebrea era el acróstico. Los que estudiaron la lección podrán decir de qué se trata y por qué muchas veces los cantos se escribían en acrósticos. Agregue información obtenida de su propio estudio. **5.** Diga que este Salmo 145 está escrito como un acróstico.

ESTUDIO DEL TEXTO BASICO

1. Bendecir a Dios para siempre, Salmo 145:1-3. Muestre el cartel con el bosquejo, llamando la atención a este título. Diga que por lo general hablamos de bendiciones que recibimos de Dios pero que pocas veces consideramos que Dios recibe bendiciones de nosotros. Mientras un alumno lee en voz alta los vv. 1-3 pida a los demás que noten las formas del verbo *bendecir*. Luego pregunte: ¿David aquí dice cuándo bendecirá el nombre de Dios? ¿Qué cosas que David haría bendecirían a Dios? ¿De qué es digno nuestro Dios? ¿Cómo califica su grandeza? (es inescrutable). Guíe una discusión de cómo los atributos de Dios son inescrutables.

2. Anunciar las maravillas de Dios, Salmo 145:4-7. Llame la atención a este título en el cartel. Diga que una manera de bendecir a Dios es anunciar sus maravillas. Al leer un alumno en voz alta los vv. 4-7 verán cómo anunciarlas. Permita que los alumnos digan los "cómo" que encontraron. Termine diciendo que bendecimos, complacemos a Dios cuando hablamos de sus maravillas.

3. Afirmar las cualidades eternas del Dios compasivo, Salmo 145:8, 9, 18-20. Llame la atención a este título en el cartel. Lean en silencio los vv. 8 y 9 y encuentren maravillas de Dios hacia cada uno de sus hijos personalmente. Coméntenlas. Para seguir el hilo del Salmo lea usted en voz alta los vv. 10-17 que vuelven a recalcar lo que decían los versículos anteriores. Diga ahora que en los vv. 18 y 19 encontrarán otras razones para bendecir a Dios. Léanlos en silencio y luego coméntenlos.

4. Que todos bendigan al Señor, Salmo 145:21. Llame la atención a este título en el cartel. Lean al unísono en voz alta el versículo 21. Pregunte qué resolución expresa David (mi boca expresará la alabanza de Jehová) y un anhelo de su corazón (bendiga todo mortal su santo nombre). ¿Cuándo? (eternamente).

APLICACIONES DEL ESTUDIO

1. JOVENES: Si conocen el corito basado en el Salmo 145:1-3 cántenlo ahora. ADULTOS: Memoricen el v. 3 comprometiéndose a anunciar a Dios durante esta semana. **2.** Diga que las personas importantes para nosotros (padres, cónyuges, hijos, maestros, etc.) nos bendicen cuando nos aceptan, muestran su aprobación, nos apoyan y hablan bien de nosotros. Mencione un ejemplo, quizá algo compartido al principio de la clase. Guíe a la clase a comprender que de esa misma manera bendecimos a Dios: aceptándolo, aprobando sus cualidades, y hablando bien de él y de sus maravillas.

PRUEBA

Forme parejas. **1.** JOVENES: Memoricen los vv. 1-3. ADULTOS: Hagan la actividad del inciso 1 en esta sección en sus libros. **2.** Hagan la actividad que pide el inciso 2. Inste a cada alumno a ser de bendición por lo menos para una persona durante la semana.

Alabanza por su bondad

Contexto: Salmos 92; 16; 103; 113; 25; 111; 89:1-14; 66:1-8
Texto básico: Salmo 92
Versículos clave: Salmo 92:1, 2
Verdad central: El Señor es justo y bondadoso con sus fieles en todas las etapas de la vida, por eso hay que bendecirle y anunciar su bondad.
Metas de enseñanza-aprendizaje: Que el alumno demuestre su: (1) conocimiento de las maneras en las cuales Dios manifiesta su bondad para su pueblo, (2) actitud de gratitud gozosa y constante por estas bondades.

Estudio panorámico del contexto

A. Fondo histórico:

Grandes características de Dios son su misericordia, su bondad, su sempiterno amor y su fidelidad. La Biblia, y especialmente los salmos, subrayan la importancia de la bondad de Dios para con todos, pero muy especialmente para con su pueblo, y para el individuo que creía en él y quería seguirle fielmente.

Muchas personas creen que en el Antiguo Testamento uno encuentra a un Dios de ira, buscando castigar a su pueblo y a los individuos. Dios es un Dios de orden que presenta un plan para su pueblo, además de sus mandatos, y espera que los cumplan. Hay castigo para la desobediencia y bendición para aquellos que obedecen sus mandatos. Sin embargo, vez tras vez se ve la bondad de Dios en acción frente al pecador. Dios es justo, pero su gran amor fiel, el amor del pacto, entra en su acción. Se nota esta verdad repetidas veces en los salmos, razón por la cual hay que alabarle y bendecir su nombre. Uno de los capítulos que lo demuestra en forma tan gráfica es Oseas 11:1-9. Lea con cuidado estos versículos para ver la bondad y el amor de Dios en acción con su pueblo rebelde. Es un contraste entre la fidelidad de Dios y la infidelidad del hombre.

B. Enfasis:

Hay varios salmos que resaltan la bondad de Dios. Algunos de ellos se incluyen en el contexto de este estudio.

En el Salmo 16:2 el Salmista afirma: "¡Tú eres el Señor! Para mí no hay bien aparte de ti." Para experimentar y expresar la realidad de la bondad de Dios en la vida de uno, la base esencial es reconocer su señorío. Aunque su bondad se ve en muchas situaciones, solamente la persona que tiene una relación íntima con Dios puede percibirla en la forma más profunda. El Salmo 25:8-10 indica que Dios es bueno y recto. La bondad y la rectitud se ven en sus acciones y aquí se mencionan tres de ellas: corrige la conducta de los pecadores; guía el camino de los humildes, y los instruye en la justicia. Se ve su bondad en su participación y guía en la vida de las personas que le buscan. La afirmación del v. 10 es que él siempre procede con amor y fidelidad con los que cumplen su alianza, y sus mandamientos demuestran un cuadro importantísimo de la bondad de Dios en acción.

El Salmo 103 es uno de los más hermosos y más conocidos en el Salterio. Ha traído consuelo a las generaciones y a las personas de todas las naciones. Un himno de acción de gracias por la bondad y el amor del Señor. Este Salmo llama a la persona a recordar todos los beneficios con que Dios le ha bendecido. Su amor es tan inmenso como "el cielo sobre la tierra".

El Salmista exhorta a sus oyentes a bendecir a Dios y a no olvidar ninguno de los beneficios o bondades que han recibido. La alabanza no debe ser aislada de los hechos de la vida diaria. Al hacer una lista de las bendiciones recibidas uno queda impresionado de la bondad de Dios en tantos aspectos de la vida. El perdona, sana, rescata, corona, sacia de bien, rejuvenece.

Uno de los versículos más conmovedores de este Salmo, el v. 8, cobra aun mayor significado comparándolo en distintas versiones:

"Compasivo y clemente es Jehovah, lento para la ira y grande en misericordia" (Reina Valera Actualizada).

"El Señor es tierno y compasivo; es paciente y todo amor" (Versión Popular).

"Misericordioso y clemente es Jehová; lento para la ira, y grande en misericordia" (Reina Valera 1960).

"Clemente y compasivo es Yahveh, tardo a la cólera y lleno de amor" (Biblia de Jerusalén).

"Yavé es piadoso y compasivo, tardo a la ira, lleno de bondad" (Edición Paulina).

Decir que Dios es bueno quiere decir que anda de acuerdo con las mismas normas que él ha propuesto. Su bondad se ve en sus acciones. La bondad de Dios no reconoce limitantes de edad, sexo, estrato social o posición económica, su bondad alcanza a todos.

────────── **Estudio del texto básico** ──────────

1 La alegría de alabar a Dios por su bondad, Salmo 92:1-3.

V. 1. El salmista en un himno de gratitud y alabanza resalta que es bueno alabar a Dios y anunciar, tanto en la mañana como en la noche, la maravillosa bondad de Dios. Es interesante la nota en la RVA, que algunas versiones traducen la palabra "alabar" como "confesar". Como hemos visto ya, las creencias y experiencias religiosas del salmista no eran ajenas a su alabanza. Su fe se basaba en su experiencia real con Dios, así hay que "confesar" que Dios es bueno, porque ha sido bueno conmigo. Como consecuencia, hay que alabarle. Las dos experiencias son inseparables en la mente del salmista: Alabar-confesar.

V. 2. Seguramente que el salmista era uno de los que participaban en el culto matutino y el vespertino. Le agradaba ir al templo y cantar su gratitud al Dios bondadoso. Las canciones tienen como tema el gran amor y fidelidad de Dios. Como hemos visto arriba, estas dos cosas son unidas en muchas ocasiones en la Biblia, y especialmente en los salmos. El adorador ha tenido experiencias del amor y la fidelidad de Dios de tal manera que se goza en el culto con sus expresiones de amor y gratitud.

V. 3. El *arpa* era el instrumento musical por excelencia del pueblo hebreo. La *lira* o el salterio eran instrumentos de cuerdas también. Cada instrumento era una ayuda para cantar salmos a su nombre.

2 La prosperidad de los malvados es pasajera, Salmo 92:4-9.

Vv. 4, 5. El salmista da razones por las cuales se debe agradecer a Dios. Evidentemente sus bendiciones han sido abundantes. El repite tres veces casi la misma frase de la felicidad que ha experimentado por las acciones del Señor. Tanto las *obras* como los *pensamientos* del Señor son maravillosos.

V. 6. No todo el mundo reconoce las bendiciones que vienen de la mano de Dios, los necios no pueden entenderlo. Los necios no son personas de baja inteligencia, sino aquellos que no creen en Dios como tal. No pueden creer que es Dios quien ha dado las bendiciones por las cuales el salmista le alaba todos los días. Tampoco ven la futilidad de sus acciones contrarias al plan de Dios.

V. 7. El salmista reconoce que los malvados y los malhechores crecen *como la hierba* y prosperan. Para la persona que no tiene una fe robusta en Dios esto puede causarle que se desanime demasiado y que se queje de la injusticia que hay frente a esta iniquidad. El salmista ve su fin —*ser destruidos para siempre*. Andar en el camino de maldad lejos de los propósitos de Dios puede producir prosperidad transitoria, pero al final viene la destrucción.

Era difícil para el hebreo ver prosperar a los malos, puesto que la prosperidad era considerada como una de las más grandes bendiciones de Dios. El hecho de ver la prosperidad de los necios, de los insensatos, de los impíos, de los que hacen iniquidad era temporal, porque al fin van a ser *destruidos para siempre*.

V. 8. Una cosa es cierta, Dios siempre es Dios, no puede ser destruido por la oposición de los malvados. Siempre está en lo alto, y siempre es el más alto.

V. 9. El salmista no tiene duda del fin de los enemigos de Dios: *serán destruidos* y *dispersados*. No quedará nada de ellos; su prosperidad terminará.

3 La fuerza dada por Dios produce resultados, Salmo 92:10, 11.

V. 10. Vivir según las enseñanzas del Señor produce efectos consecuentes. Dios aumenta las fuerzas del salmista y vierte aceite en su cabeza, un signo especial de favor o elección. No hay duda de que hay un estallido de fuerza cuando se siente la presencia, la aprobación y el poder del Señor. El salmista ha tenido esta experiencia, participando en los cultos matutinos y vespertinos.

Ahora puede comparar su fuerza con la del búfalo, o del *toro salvaje*. El salmista encuentra nuevas fuerzas para encarar la vida.

V. 11. La preocupación expresada anteriormente en cuanto a la prosperidad de los malos, sus enemigos, también recibe respuesta. Verá su destrucción, no en un sentido de gozo malicioso por su fin, sino que otra vez la justicia del Señor habrá sido manifestada. Estos hechos son el resultado de la acción de Dios quien está en lo alto y da a toda persona conforme a sus acciones.

4 El resultado feliz de seguir al Dios bondadoso, Salmo 92:12-15.

Vv. 12, 13. El salmista ve una relación íntima entre la persona justa y la longevidad. Los compara con la *palmera* y el *cedro*, dos árboles altamente considerados en el Medio Oriente. Se usa la palmera floreciente como un símil de la prosperidad de los justos. (Véase Sal. 1:3 y Jer. 17:8.) El cedro es conocido por su fuerza y su esplendor. Siguiendo esta imagen de los justos, el salmista los coloca en el sitio más amado y apreciado por los judíos: dentro de los *atrios* del templo donde pueden florecer. Simbólicamente la imagen enfatiza el hecho de que los justos encuentran un lugar propicio para crecer y florecer, en la presencia constante de Dios.

Vv. 14, 15. La *vejez* no será problema para ellos, florecerán, demostrarán su vitalidad para anunciar que Jehovah es recto, y en él no hay injusticia. La vejez era un signo de la bendición del Señor en la vida de la persona, pero una vejez fructífera sería una bendición mayor. Hay que notar que esta bendición especial no es para "descansar", sino para "anunciar", para dar testimonio de quién es Jehovah, y cómo actúa con fidelidad en la vida de sus seguidores. Uno de los problemas que se ha presentado en este Salmo ha sido la prosperidad de los malos, pero termina enfatizando otra vez que el Señor *es recto*, o sea es perfecto en su relación con las personas. Además, *en él no hay injusticia.* Será justo tanto con los que le aman y le obedecen como con los que le rechazan y desobedecen sus leyes. Este testimonio se basa no en una teoría lejana, sino en la experiencia vivida por el salmista.

Este Salmo es especialmente pertinente a nuestra situación contemporánea cuando se ha alargado la expectativa para la vida en casi todo el mundo. Pero a pesar de esta bendición hay muchas personas que marginan al adulto mayor y no le toman en cuenta. El mensaje aquí debe ser escuchado cuando la iglesia o la familia es tentada a jubilarle de toda actividad religiosa, o el mismo adulto toma esta decisión. Hay que considerar la visión que el salmista tenía de la persona, a pesar de su edad, vigorosa y con un testimonio auténtico, creíble por sus largos años de experiencia con el Señor.

─────────── **Aplicaciones del estudio** ───────────

1. Este Salmo demuestra una espontaneidad y alegría de parte del adorador que son propias de la persona confiada y agradecida. La relación del creyente con Dios debe demostrar estas cualidades. Debe haber el sentido de que es bueno alabar a Jehovah.

2. El creyente debe "anunciar" la fidelidad y la misericordia de Dios. Sin ellas no podríamos continuar, pero en muchas ocasiones el creyente no las reconoce, no comparte con otros estas bendiciones de parte del Señor. **3. El resultado de haber vivido una vida larga en armonía con Dios es llegar a la vejez con vitalidad y fuerza.** La comparación con dos árboles conocidos por su longevidad y vigor es un desafío para toda persona mayor. **4. Este Salmo termina enfatizando que Dios es justo y recto.** Frente a tantas bendiciones de Dios jamás debemos olvidar que en él no hay injusticia. Tampoco debe haberla en nuestra vida.

─────────────── Ayuda homilética ───────────────

Es bueno alabar a Dios
Salmo 92

Introducción: El ser humano es un peregrino. Necesita estabilidad en su andar diario. Los hebreos veían en los salmos una gran ayuda para encontrarse con Dios y relacionarse con él, el único centro de estabilidad para sus vidas. Muchos de los salmos son un llamamiento a alabar a Dios como un requisito para mantener esta relación como primordial en sus vidas. El Salmo 92 nos da razones por las cuales es bueno alabar a Dios y darle gracias.

I. **Razones por las cuales es bueno alabar a Dios**
   A. Me ha alegrado con sus obras (v. 4).
   B. Me ha dado estabilidad por ser quien es (v. 8).
   C. Me ha bendecido aumentando mis fuerzas (vv. 10, 11).
   D. Me da esperanza de una vida larga y fructífera junto a él (vv. 12-15).

II. **Respuestas a las bendiciones recibidas**
   A. Hay que alabar a Dios (vv. 1-3).
   B. Hay que testificar de quién es Dios y cómo actúa en el mundo (vv. 14, 15).

Conclusión: Sí, es bueno alabar a Dios en los cultos, pero esta experiencia gozosa es solamente una parte de la vida. La alabanza comunitaria fortalece al creyente para continuar fielmente obedeciendo a Dios, y para testificar a los demás de su propia experiencia de cómo él es justo, recto, y cómo le bendice a diario. Alabar a Dios es trasladar al campo de la vida diaria la experiencia espiritual que mueve al creyente a alabarle.

Lecturas bíblicas para el siguiente estudio

Lunes: Salmo 18:1-12   **Jueves:** Salmo 18:37-50
Martes: Salmo 18:13-24   **Viernes:** Salmo 144
Miércoles: Salmo 18:25-36   **Sábado:** Salmo 68:1-14

AGENDA DE CLASE

Antes de la clase

1. Lea en su Biblia los Salmos 92, 103, 111, 113, 89:1-14 y 66:1-8. Tome nota de las expresiones de alabanza por la bondad de Dios. **2.** Vea en el artículo introductorio, página 105, la explicación sobre las "rimas" de paralelismo antitético. **3.** Escriba *HESED* como titular en una cartulina grande. **4.** Prepare hojas de papel para escribir y lápices para cada alumno. **5.** Conteste las preguntas en la primera sección bajo *Estudio del texto básico* en el libro del alumno.

Comprobación de respuestas

JOVENES: **1.** Produce alegría. **2.** Beneficiario. **3.** No sabe ni entiende. **4.** Perecerán. **5.** Fructificarán y estarán vigorosos. ADULTOS: **1.** Alabar a Jehovah, y anunciar por la mañana su misericordia y su verdad en las noches. **2.** Ser destruidos para siempre. **3.** Florecerá como la palmera, crecerá alto como el cedro en el Líbano. **4.** Florecer, crecer, ser plantado en la casa de Jehovah, fructificar, estar lleno de savia, anunciar quién es Jehovah. **5.** Anunciar a Jehovah, que es recto y que en él no hay injusticia.

Ya en la clase

DESPIERTE EL INTERES

1. Diga que en nuestros tiempos abundan libros traducidos de distintos idiomas, del ruso, inglés, alemán, etc. Mencionen algunos que conocen, agregando que la Biblia misma es una traducción. Diga que a veces los traductores se encuentran con la imposibilidad de traducir un término porque no existe en el idioma al que está traduciendo, uno que signifique exactamente lo mismo. Entonces, tienen que usar una frase que explique la palabra, o un vocablo que mejor se aproxime al significado en su idioma original. **2.** Muestre el cartel con la palabra *HESED* y diga que tal es el caso de esta palabra hebrea que muchas veces la Biblia utiliza para proclamar uno de los atributos de Dios y que a veces se traduce como *amor* (escriba *amor* en el cartel), otras veces como *misericordioso* (escríbalo) y *compasivo* (escríbalo) y que en realidad tiene otras connotaciones también, incluyendo el elemento de *bondad* (escríbalo) de Dios.

ESTUDIO PANORAMICO DEL CONTEXTO

1. Llame la atención al cartel con los títulos de las Unidades de estos estudios. Haga notar que este es el tercer estudio dentro de la Unidad: *Cantos de alabanza.* **2.** Presente la información que aparece bajo *Fondo histórico* en este libro. **3.** Pida a los alumnos que abran sus Biblias en el Salmo 92 y vean la frase que precede al v. 1 (Salmo. Cántico para el día sábado). **4.** Pida a un alumno que lea en voz alta el primer párrafo de la sección *Estudio panorámico del contexto* en su libro del alumno. **5.** En parejas, repasen el resto de dicha sección en sus libros. Pregunte luego qué temas cubre el Salmo 92 que van a estudiar (acción de gracias por la bondad, misericordia y amor constante de Dios, etc.) **6.** Diga que la alabanza es por el *HESED* de Dios por nosotros.

ESTUDIO DEL TEXTO BASICO

1. La alegría de alabar a Dios por su bondad, Salmo 92:1-3. Escriba este título en el pizarrón o en una hoja grande de papel. Lean al unísono los vv. 1-3. Haga notar el paralelismo en los dos primeros versículos y pida que digan la idea central que expresa y luego enfatiza repitiéndola con otras ○ palabras.

2. La prosperidad de los malvados es pasajera, Salmo 92:4-9. Lean al unísono los vv. 4, 5 donde continúa la alabanza a Dios. Noten luego el paralelismo progresivo y destaquen la alegría del adorador por las obras de Dios que brotan de sus profundos pensamientos. Pregunte: ¿Cuáles son algunos pensamientos de Dios hacia nosotros y qué obras suyas generan? (p. ej.: amor que motivó su obra de salvación). Escriba ahora en el pizarrón el título de esta sección en el bosquejo. Pregunte si a veces dudan de que esto sea verdad y por qué. En parejas lean los vv. 6-9. Deben encontrar: (1) a quién llama el poeta insensato y necio y con qué lo compara, (2) el final seguro de los que rechazan a Dios. Al comprobar lo que encontraron, agregue sus comentarios basados en su propio estudio de estos versículos.

3. La fuerza dada por Dios produce resultados, Salmo 92:10, 11. Escriba el título de esta sección en el pizarrón. En parejas, lean un versículo por vez y luego el comentario del mismo en sus libros del alumno. Después, entre todos, redacten una oración presentando la idea central de los ○ versículos.

4. El resultado feliz de seguir al Dios bondadoso, Salmo 92:12-15. Escriba el título de esta sección en el pizarrón. Mencione que vieron en los vv. 6-9 cómo el salmista compara a los malos con la hierba que brota, crece, florece y pronto muere y que, en los vv. 12-15 presenta una figura que contrasta con aquella al describir al fiel, (formando un paralelismo antitético). En parejas, lean los vv. 12-15 e identifiquen el contraste entre la descripción de los impíos y de los fieles. Compruebe lo que encontraron. Si en su clase hay adultos mayores, pídales que subrayen en sus Biblias los vv. 14, 15.

APLICACIONES DEL ESTUDIO

1. Reparta las hojas de papel y lápices. **2.** En parejas, tomen los títulos del bosquejo y, usándolos, redacten una carta para su pareja en que expresen como suyas la alegría y las convicciones del Salmista. Intercambien las cartas y cada uno lea en silencio la carta que recibió. **3.** Si sus alumnos son ○ adultos mayores, conversen sobre los frutos que pueden dar.

PRUEBA

1. En parejas, hagan la primera actividad bajo esta sección en el libro del alumno. Compartan con toda la clase lo que hicieron. Muestre su aprobación. **2.** Lea en voz alta el inciso 2. Conversen sobre la respuesta antes de que cada uno la escriba en sus respectivos libros.

Unidad 6

Gracias a Dios que nos da la victoria

Contexto: Salmos 18; 68:1-14; 144
Texto básico: Salmo 18:1-6, 25-29, 46, 49
Versículos clave: Salmo 18:46, 49
Verdad central: Dios protege y da victoria a la persona que se lo pide y que tiene plena confianza en él.
Metas de enseñanza-aprendizaje: Que el alumno demuestre su: (1) conocimiento de las múltiples formas de protección que Dios da al que acude a él y le sigue fielmente, (2) actitud de gratitud a él como respuesta sincera por cada una de las maneras como Dios lo protege.

────────── Estudio panorámico del contexto ──────────

A. Fondo histórico:
   Los salmos abundan en expresiones de gratitud a Dios. El ha sido bondadoso y misericordioso con su pueblo. Hay que expresarle la gratitud merecida. Muchas veces en un mismo salmo tenemos una mezcla de expresiones de lamento y de gratitud. Desde luego, esto es lo más natural. Cuando el Señor libera a sus hijos del sufrimiento más profundo, viene consecuentemente un cántico de gratitud gozosa.
   Con éste empezamos una unidad de tres estudios de Salmos de Gratitud. Son semejantes a los de alabanza como los que acabamos de estudiar. En aquellos vimos la gratitud del salmista por las acciones de Dios y por sus características esenciales; éstos le llevaban a adorarle. La división de los salmos que se consideran "Salmos de gratitud" son el resultado de una acción particular de Dios para salvar o ayudar a la persona o a la nación. Por eso hay tanto salmos individuales como los de la comunidad. Se usaban los salmos de acción de gracias de la comunidad en los grandes festivales. Un ejemplo son los Salmos 65, 67, 75, 107, 124, 136. Es fácil ver que algunos de éstos pueden ser considerados como himnos de alabanza también.
   Los salmos individuales de acción de gracias son más numerosos y resaltan la experiencia personal del salmista, cuando el Señor ha respondido a una necesidad específica. Fueron escritos para ser recitados en los cultos del templo como una expresión de gratitud por la ayuda concreta de Dios en una situación específica. En el salmo la persona testifica de la acción de Dios a su favor. Era un momento en el culto cuando la persona podía expresar su gratitud a Dios y testificar delante de la congregación de la salvación o ayuda recibida. El testimonio era acompañado de una ofrenda de gratitud.

El salmo de gratitud también tiene un formato que lo caracteriza, como vimos con los salmos de alabanza. 1. Introducción —la intención de dar gracias a Dios, por regla general dirigida a él. 2. Narración de la experiencia del salmista (situación de necesidad, súplica, respuesta). 3. Conclusión —testifica de la salvación de Dios. También puede pedir su ayuda para el futuro.

B. Enfasis:
El Salmo 18 se encuentra también en 2 Samuel 22:1-51. Es de David y expresa su reconocimiento y gratitud por haber sido liberado de todos sus enemigos. En verdad, no se puede ser muy específico en cuanto a la ocasión del Salmo, pero seguramente lo podía cantar en diversas situaciones donde había sido enredado por sus enemigos, incluyendo a Saúl, y de los cuales el Señor le había librado. Puesto que es tan largo no es posible considerar todos los versículos en el texto básico. Las siguientes notas pueden ser de ayuda para una mayor comprensión.

Salmo 18:7-19. Aquí se ve a Dios en acción con todas las expresiones de su fuerza, especialmente la naturaleza. En las dificultades en que el salmista se encuentra, Dios viene a salvarle "porque le amaba" (v. 19b).

Salmo 18:20-27. Hay una relación estrecha entre la obediencia a Dios con los múltiples favores de Dios para su seguidor.

Salmo 18:28-45. Un relato personal de David de la intervención de Dios a su favor en la batalla. La acción es casi "paso a paso". En cada momento Dios participa con su siervo, no solamente en la acción sino dándole ventajas estratégicas.

Salmo 18:46-50. Himno de alabanza y gratitud. Algunos creen que la congregación participaba con el Salmista en este himno. El último versículo afirma que Dios no solamente da bendiciones a sus seguidores, sino que lo trata con misericordia a él y a sus descendientes.

————————— Estudio del texto básico —————————

1 El Dios fuerte que salva, Salmo 18:1-3.
En estos tres versículos se refleja la gratitud tan grande de David por la salvación del peligro de muerte frente a Saúl y sus enemigos. La Biblia no nos da el dato específico que motivó esta expresión de la salvación producida por Dios a favor de su siervo. Desde luego, el sentido del Salmo nos revela que David tenía una necesidad grandísima y sentía la posibilidad de perderlo todo. Su sincera afirmación *te amo* demuestra la profunda relación que David tenía con Dios.

Vv. 1, 2. Incluyen una larga lista de nombres de Dios. Cada imagen usada enfatiza la seguridad que David experimentaba en su relación con Dios: *Jehovah,* el nombre de Dios que indicaba la relación personal entre Dios y su seguidor; *mi roca,* simboliza seguridad y refugio; *mi fortaleza,* o castillo mío, un sitio de refugio y cuidado donde podría reponerse y salir de nuevo a la lucha; *mi libertador,* la fuente de su libertad. Dios que da paz (*shalom*) a sus seguidores; *mi Dios,* la relación es con Dios, le conoce; *mi peña* o "fortaleza mía", la roca partida en que la persona podría esconderse y protegerse; *mi* *escudo*, uno que protegía todo su cuerpo hasta los ojos; *el poder de mi liberación*, el poder que me salva; *mi baluarte* o "mi alto refugio", como el refugio establecido encima de una montaña.

Uno no puede dejar de maravillarse de la mente tan creativa y la imaginación tan fértil de David, al buscar palabras o imágenes que pudieran describir la maravillosa manera en que Dios le ha respondido. Solamente la persona que había andado cerca de Dios durante muchas experiencias podría hablar con tanta amplitud y tanta certidumbre de su Dios.

A la vez nos da un testimonio elocuente de la incapacidad del hombre para expresar con una simple oración su gratitud por las múltiples bendiciones de Dios en su vida. La magnitud de su dependencia de Dios demanda expresiones variadas que procuren articular debidamente su gratitud.

V. 3. La expresión de confianza del Salmista. Cuando llama, él le salva. Esta es la base de la alabanza y la gratitud que hay que expresar.

2 La angustia que enreda, Salmo 18:4-6.
Vv. 4, 5. El Salmista revela la profundidad de su angustia. Los dos versículos dan el mismo mensaje expresado en palabras un poco diferentes. Sentía que iba a morir, estaba envuelto, enredado en sus trampas. Todo este lenguaje nos ayuda a sentir con el Salmista lo desesperante de su situación. Las cuatro expresiones paralelas en estos dos versículos enfatizan esa desesperación. El escritor está rodeado y enredado por la muerte. *Seol* era el nombre de la morada de los muertos. Pensaba que las personas allí no eran más que "sombras" de su existencia en la vida. En ese sentido, era un lugar triste, no deseable. Rodeado por la muerte, no habría respuesta humana para él. Solamente la ayuda precisa de Dios podría salvarle.

V. 6. En este momento él pide ayuda de Dios. Sus gritos llegan a los *oídos* de Dios. Posiblemente el Salmista está en el templo, pero no necesariamente. De todas formas Dios le escuchó y respondió como vimos arriba en los primeros versículos. En muchos de los salmos de gratitud se ve la combinación de expresiones *clamé a mi Dios,* y *él oyó*. Es la base de su alabanza, de su canto de gratitud. Nuestro Dios no es sordo frente al clamor sincero de sus seguidores, él oye y responde.

El Salmista presenta la respuesta de Dios en los vv. 16-19. Las acciones de Dios —envió (seguramente a sus ángeles), me tomó, me sacó, me libró, me sacó. Todas acciones de apoyo y salvación. El v. 19 nos da la expresión hebrea de lo que es la salvación o la liberación: "me sacó a un lugar espacioso". Dios le "desenredó" de su angustia.

3 La relación que sostiene, Salmo 18:25-29.
Vv. 25, 26. La base de las bendiciones de Dios es una relación de obediencia y fidelidad al pacto. Aquí la palabra *misericordioso* o "fiel" es la palabra *"hesed"* que describe la naturaleza de la relación entre Dios e Israel en el pacto. Dios se ha dado a nosotros en amor. El continúa esta relación día tras día tratando a su seguidor con rectitud, con sinceridad, en forma limpia. Estos aspectos positivos demuestran la reciprocidad en la relación con Dios en el

pacto. La persona, miembro del pacto, que tanto ha recibido de este amor leal de Dios, responde a este amor, procurando vivir guiado por la misericordia, viviendo una vida limpia frente a Dios y los demás. Pero Dios es severo con el perverso, con la persona que procura desviar o tergiversar los aspectos morales y éticos del pacto. Dios es especialmente severo con el que peca de esta forma, desviando la verdad.

V. 27. El Antiguo Testamento demuestra vez tras vez una predilección especial de Dios por los humildes, los pobres, y toda aquella persona que reconoce su necesidad de Dios. Otra vez lo opuesto se ve en la persona que es orgullosa, que no mira a Dios, que en verdad se considera superior a él. Hay que recordar que "los ojos altivos" son una de las seis cosas que Jehovah aborrece según Proverbios 6:17.

V. 28. El Salmista reconoce que su luz viene de Dios, porque él es el único que puede alumbrar su camino. La luz siempre es un símbolo de Dios, su presencia, el camino recto que se encuentra en la Biblia. La oscuridad que ha experimentado en las dificultades enumeradas en este Salmo hubieran aplastado a cualquiera, pero con la luz de Dios las *tinieblas* han sido cambiadas en luz.

V. 29. Con el Señor y con la luz que él trae a los problemas diarios hay resolución y confianza para seguir en la batalla, y ganarla. Las expresiones aquí otra vez son significativas ilustrando precisamente el vigor que viene a la persona que ha recibido las grandes manifestaciones del amor leal de Dios. Sus tinieblas, sus dudas, han sido cambiadas en confianza. Cuando uno considera las muchas experiencias de David en la vida, podría reconocer que ha sido una experiencia de su polifacética existencia.

4 La respuesta del agradecimiento, Salmo 18:46, 49.

V. 46. Otra vez se vuelve a la sincera expresión de gratitud a Dios en una serie de frases de alabanza y gratitud. Dios ha dado la victoria a su seguidor. Hay que responder con espontánea y sentida gratitud.

V. 49. Como respuesta, el Salmista afirma su acción de gracias, su adoración, y agrega un punto más. Ahora habrá un testimonio de Dios y su acción *entre las naciones*. Frente a todo lo que Dios ha hecho por él, no se debe callar, pero aún más, hay que extender el testimonio a los que no han oído y no han tenido la oportunidad de conocer al único Dios.

──────── Aplicaciones del estudio ────────

1. Vale la pena enfatizar la importancia de leer estos cantos de gratitud. Nos ayudan no solamente a ver cómo Dios ha actuado en el pasado, sino a reflejar las maneras en que él está actuando en nuestras propias vidas ahora.

2. Hay que pedir a Dios su ayuda en nuestros momentos difíciles. El escucha y nos provee la proteccion y ayuda que hace falta.

3. La vida comprometida del creyente es un factor esencial en la búsqueda de ayuda. Dios espera de nosotros rectitud, obediencia a sus mandatos y una vida comprometida con su propósito. Si una persona tiene esas características se acerca con más confianza a Dios en busca de ayuda.

4. Nuestras actitudes son vistas por Dios y, por supuesto, por los demás. El Señor rechaza "los ojos altivos", los que se consideran más que los demás, y aun más que Dios. La humildad, la rectitud, la sinceridad, la dependencia de Dios son cualidades apreciadas por él. **5. El creyente bendecido por Dios debe dar testimonio.** El testimonio no solamente debe darse dentro de su propia comunidad e iglesia sino a las naciones, a las personas que no tienen idea de Dios ni de sus propósitos. La liberación personal siempre conlleva la responsabilidad de testificar.

─────────────── **Ayuda homilética** ───────────────

Los beneficios de seguir a Dios
Salmo 18:25-30

Introducción: Dios ha dado a su pueblo claras indicaciones de cómo debe vivir y de las cualidades que debe demostrar en su trato con él y con el prójimo. El Salmo 18 presenta beneficios que Dios da a la persona que le sigue fielmente, y advierte del castigo para aquel que no lo hace.

I. Los beneficios del seguidor fiel de Dios
  A. Hay misericordia para el misericordioso (v. 25a, b).
  B. Hay rectitud para los rectos, sinceridad para los sinceros (vv. 25c, 26c).
  C. Trae salvación al pueblo afligido (v. 27a).
  D. Da luz a su siervo (v. 28).
  E. Da victoria en las luchas (v. 29).
  F. Es escudo para todos los que esperan en él (v. 30).

II. Advertencias para los que quieren recibir los beneficios de Dios. Hay dos notas negativas en este pasaje; las dos subrayan cosas que Dios rechaza y castiga fuertemente.
  A. La perversidad y él que tergiversa la ley de Dios (v. 26b).
  B. Los "ojos altivos", los orgullosos, aun con Dios (v. 27b).
    Estos dos pecados son ejemplo de la persona que pone sus intereses frente a las enseñanzas de Dios. El castig es severo.

Conclusión: Este Salmo nos da ejemplos claros de lo que uno puede esperar de Dios en respuesta a sus acciones. Como siempre él nos invita y nos urge a que escojamos el camino recto para que recibamos sus bendiciones. Si anda en caminos de perversidad y orgullo, hoy es el día de arrepentirse y decidir andar en el camino de Dios para recibir los beneficios que él da a sus fieles.

Lecturas bíblicas para el siguiente estudio

Lunes: Salmo 34:1-4	**Jueves:** Salmo 40:1-10
Martes: Salmo 34:15-22	**Viernes:** Salmo 40:11-17
Miércoles: Salmo 35:1-10	**Sábado:** Salmo 107:1-32

AGENDA DE CLASE

Antes de la clase
1. Lea en su Biblia los Salmos 18, 68 y 144. Note el sentimiento de gratitud de cada uno. Vea 2 Samuel 22:1-51. **2.** Estudie la lección en este libro y en el del alumno. **3.** Prepare dos franjas/carteles. En la primera escriba *GRACIAS A DIOS*, y en la segunda, *QUE NOS DA LA VICTORIA*. **4.** Con anterioridad, pida a un alumno que se prepare para presentar el *Estudio panorámico del contexto* en base al contenido de dicha sección en el libro del alumno. **5.** Conteste las preguntas en la primera sección bajo *Estudio del texto básico* en el libro del alumno.

Comprobación de respuestas
JOVENES: **1.** Fortaleza, roca, castillo, libertador, escudo, fuerza de salvación, refugio. **2.** Respuesta personal del alumno. **3.** Viva, roca, ensalzado, Dios, salvación. **4.** Confesará.
ADULTOS: **1.** Jehovah, fuerza mía; mi roca; mi fortaleza y mi libertador; mi peña; mi escudo; el poder de mi liberación; mi baluarte. **2.** Me rodearon los dolores de la muerte, los torrentes de la perversidad me atemorizaron; me rodearon las ligaduras del Seol, me confrontaron los lazos de la muerte. **3.** Angustia, invoqué, clamé, oyó, templo, clamor, oídos. **4.** Dios hace que su lámpara alumbre e ilumina sus tinieblas. **5.** Jehovah; Roca; Dios de mi salvación.

Ya en la clase
DESPIERTE EL INTERES
Relate la anécdota de aquel deportista que ganó una medalla de oro en una competencia internacional. Cuando lo entrevistaron y su imagen apareció en la televisión, se emocionó tanto que se olvidó de una promesa que había hecho a Dios. En oración le había prometido que si ganaba, daría testimonio de que Dios le había inspirado para alcanzar la victoria. Pero frente a las luces de las cámaras y una multitud aplaudiendo, sólo atinó a decir: Esta competencia la gané gracias a un gran esfuerzo, mucha disciplina y arduo entrenamiento. Pida comentarios sobre la conducta de este joven deportista.

ESTUDIO PANORAMICO DEL CONTEXTO
1. Llame la atención al cartel con los títulos de las Unidades. Haga notar Cantos de gratitud y diga que hoy empiezan esta Unidad de tres estudios. Para presentar el título y tema de este estudio, fije en una pared, a la vista de todos, la franja donde escribió *GRACIAS A DIOS* y, debajo, *QUE NOS DA LA VICTORIA*. **2.** Abran sus Biblias en el Salmo 18. Si un alumno se preparó para presentar el estudio panorámico del contexto, hágalo ahora. **3.** Presente la información que da el último párrafo del comentario de esta sección en este libro, sobre el formato del salmo de gratitud. Agregue que en el Salmo 18 encontrarán paralelismos sinónimos, antitéticos y progresivos. Muestre algunos ejemplos.

ESTUDIO DEL TEXTO BASICO

1. El Dios fuerte que salva, Salmo 18:1-3. Divida a la clase en dos sectores. Mientras usted lee en voz alta los vv. 1-3, un sector debe encontrar palabras que indican que el Salmista consideraba a Dios como suyo, personal. El segundo sector debe identificar los atributos de Dios mencionados. Después de la lectura, los que deseen del primer sector, digan lo que encontraron. Pregunte: ¿Cómo podríamos expresar algunas de las ideas con una frase opuesta o sea con un paralelismo antitético? (p. ej.: el v. 1 podría ser algo así: Te amo, oh Jehovah, sin ti no tengo nada de fuerza). Los que deseen del segundo sector digan los atributos que encontraron. Cada uno explique el significado de los simbolismos (p. ej.: escudo = protección).

2. La angustia que enreda, Salmo 18:4-6. Llame la atención al título de esta sección. Diga que en los vv. 4-6, al entrar propiamente en el tema del Salmo, verán "cuadros en palabras" de cosas que tantas veces parecen enredarnos tanto que nos creemos sin salida. Un alumno en el primer sector lea el v. 4 en voz alta y los demás noten qué cosas se mencionan. Alguien de ese mismo sector debe luego decir qué problemas menciona. Alguien del segundo sector lea el v. 5 y hagan lo mismo que con el v. 4. Diga luego que el v. 6 es un ejemplo perfecto de un paralelismo sinónimo y que David lo usó para recalcar, por un lado, lo que hizo cuando se sintió "sin salida" y, por otro, lo que Dios hizo. Lean en silencio el v. 6. El primer sector debe decir lo que hizo David, y el segundo sector lo que hizo Dios.

3. La relación que sostiene, Salmo 8:25-29. Dé un resumen de los vv. 7-24. Lean los vv. 25-29 así: Al unísono, el primer sector leerá la primera parte de cada versículo hasta la coma (,), y el segundo sector la segunda parte hasta el punto (.). Pida que los del primer sector identifiquen los paralelismos sinónimos y el segundo sector los antitéticos. Diga que estos versículos muestran claramente condiciones a cumplir para ser objetos de la "fiel misericordia" de Dios. Permita que observen los versículos e identifiquen esas condiciones. Después pregunte: ¿Cómo es Dios con los perversos y altivos? Cuando respondan, recalque que son expresiones de la justicia de Dios. Haga notar que de lo general en los vv. 25-27 pasa a lo personal, a lo que Dios hace por David y lo que él a su vez puede hacer contando con el poder de Dios.

4. La respuesta de agradecimiento, Salmo 18:46, 49. Dé un resumen de los vv. 30-45. Lean al unísono en voz alta los vv. 46 y 49. Explíquelos dando una reseña de los vv. 47 y 48 y valiéndose del material de estudio en este libro y en el del alumno. ADULTOS: Memoricen los vv. 46 y 49.

APLICACIONES DEL ESTUDIO

Guíe a la clase a determinar cuáles de las aplicaciones pueden apropiarse en lo personal.

PRUEBA

1. Completen las tareas que sugiere esta sección en el libro del alumno. **2.** Al terminar, cada uno comparta con una persona a su lado lo que escribió bajo el inciso 2.

Gracias a Dios por su liberación

Contexto: Salmos 34; 35:1-10; 40; 107:1-32
Texto básico: Salmo 34:1-14, 18
Versículo clave: Salmo 34:18
Verdad central: Dios responde al clamor de la persona que acude a él, librándole de sus temores; por eso hay que bendecir su nombre y expresarle gratitud.
Metas de enseñanza-aprendizaje: Que el alumno demuestre su: (1) conocimiento de las maneras como Dios libera a la persona que acude a él en momentos de necesidad, (2) actitud de compromiso para expresarle gratitud por su liberación.

─────────── **Estudio panorámico del contexto** ───────────

A. Fondo histórico:

Dios es conocido como libertador en el Antiguo Testamento, especialmente en su acción de liberar a su pueblo de la esclavitud (Exo. 3:7, 8). Los salmos de gratitud frecuentemente mencionan el elemento de liberación.

El Salmo 107:1-32 es un excelente ejemplo de la liberación de Dios en momentos de necesidad. Narra distintas situaciones cruciales de necesidad, y cómo Dios responde a cada una. Al incluir cuatro difrentes grupos de personas amplía la identificación de los oyentes o lectores con estos grupos: los viajeros, los prisioneros, los enfermos y los marineros. Se sigue la misma fórmula para cada grupo: una descripción del problema, una oración de desesperación a Jehovah, la narración de la liberación específica lograda por Dios y una expresión de gratitud por la liberación efectuada.

Es muy conmovedor ver cómo el Salmista enfatiza la situación desesperante de la persona y la respuesta que viene de Dios, precisamente lo que la persona desesperada necesita.

Después de cada estrofa de este salmo, se incorpora a los oyentes con la invitación: "¡Den gracias a Jehovah por su misericordia y por sus maravillas para con los hijos del hombre!" Esta invitación a expresar su gratitud, su alabanza al Señor por su misericordia, es seguida por una expresión adicional de la bendición del Señor, o por una invitación adicional de ofrecerle sacrificios, de proclamar sus obras, de exaltarle en los cultos.

Vale la pena leer con cuidado este Salmo tan expresivo. Seguramente daba esperanza a los judíos en sus momentos difíciles tener este ejemplo de sus compatriotas quienes habían estado en necesidad y habían recibido la respuesta necesaria.

B. Enfasis:
El Salmo 34, un salmo de liberación personal, es un buen ejemplo de la liberación que Dios ofrece a sus seguidores. Es también didáctico, especialmente los versículos 11-22. Es a la vez un acróstico, el mensaje ha sido bien pensado y deliberado.

El Salmo 34 es típico de otros salmos en que se usa el lenguaje metafórico que permite a cualquier persona identificarse con él. Parece como que todos pueden decir "este es mi salmo".

La segunda parte de este Salmo (vv. 15-22) afirma el interés de Dios en la acción de las personas.

Dios mira y escucha con favor a los justos, pero su ira es activada contra aquellos que hacen mal (vv. 15, 16).

El clamor de los justos es oído por Dios quien les libra de todos sus angustias. Otra vez se ve la secuencia del clamor del justo, y la respuesta precisa del Señor (v. 17).

Dios está cercano a todas las personas que tienen el corazón "quebrantado" (RVA) o "hechos pedazos" (VP). El salva a los que han perdido la esperanza (v. 18).

Dios libera y da protección a los justos (vv. 19, 20).

Estos últimos versículos (21, 22) son un buen ejemplo de la literatura de sabiduría (sapiencial). Una señal precisa de este tipo de literatura es una clara presentación de causa y efecto. Hay castigo para los malos, y bendiciones para los justos. La primera situación se ve en el v. 21, y la segunda en el v. 22.

Tomen nota de la primera parte del v. 21. Su misma maldad matará al impío. A fin de cuentas la maldad es su amo, y este amo le llevará a su triste fin.

――――――― **Estudio del texto básico** ―――――――

1 La necesidad de alabar a Dios constantemente, Salmo 34:1-3.
V. 1. Este Salmo empieza con una expresión de gratitud y de alabanza. Su gratitud es tan grande que es continuamente repetida por el Salmista. No hay ningún tiempo que no sea propicio para dar gracias al Señor. Nadie puede agregar nada a la gloria de Jehovah, pero todos deben reconocer su majestad y amor leal por medio de alabarle y bendecirle *en todo tiempo*.

V. 2. La gloria del salmista se encuentra en Jehovah. No en un sentido de orgullo personal, sino en un sentido de lo que es más valioso en la vida, su relación con Dios.

En Jeremías 9:23, 24, Jehovah ha dicho que la persona no debe alabarse en su fortaleza: sea sabiduría, valentía o riqueza. "Más bien, alábese en esto el que se alabe: en entenderme y conocerme que yo soy Jehovah, que hago misericordia, juicio y justicia en la tierra."

Así, en este sentido el Salmista da gloria a Dios. Es la cosa más importante para él. Quiere que los mansos puedan oírlo y alegrarse de esto. Otras traducciones traducen mansos como los humildes o los afligidos.

V. 3. La invitación es a engrandecer a Jehovah con él por medio de la alabanza. El Salmista ha encontrado un sentido especial para su vida en Jehovah.

135

Esta experiencia tiene que ser compartida con los demás. La invitación es para todos.

2 El resultado feliz de recurrrir a Dios, Salmo 34:4-7.

V. 4. Esta hermosa verdad subraya el mensaje céntrico de los salmos de gratitud. El Salmista necesitaba la ayuda de Dios y la buscaba. Dios contestó, librándole de todos sus *temores.* Tal vez sus temores le habían paralizado, pero Dios le libró de todos ellos. Noten la secuencia otra vez, "busqué..., me oyó..., me libró". Es el mensaje repetido vez tras vez en los salmos de gratitud.

V. 5. *Los que miran* a él quedarán radiantes y *sus rostros* (su ser, o sea su vida) *no serán* defraudados o *avergonzados.* Recibirán la ayuda que pidan de Dios. Este versículo puede ayudarnos a pensar en la importancia de fijar nuestro rostro (nuestra atención) en Dios y su propósito para nuestras vidas. Al contemplarlo, nuestro rostro será transformado, quedará radiante (2 Cor. 3:18).

V. 6. Combinando este versículo con el v. 4, vemos una necesidad especial. El Salmista grita su necesidad. ¡Solamente Dios puede ayudarle! Así hay una progresión de intensidad desde el v. 4. El Señor le ha escuchado y le ha librado. Esta no es una liberación parcial, ha sido librado *de todas sus angustias.*

V. 7. *El ángel de Jehová,* en este caso un mensajero de Dios, enviado precisamente para socorrerle, protegerá y salvará a todo aquel que honra al Señor. La acción de Dios en esta sección ha sido decisiva. Note los verbos: *escuchó, libró, escuchó, libró, acampa, libra.*

3 Una receta para probar la bondad de Dios, Salmo 34:8-10.

V. 8. La imagen aquí de probar (gustar) a Dios para comprobar que es bueno tal vez nos parezca extraña, pero el Salmista está usando un lenguage simbólico. El invita a todos a probar a Dios y ratificar la experiencia del propio Salmista. El resultado de probar es: la felicidad al confiar en él. La palabra *Bienaventurado* significa "Oh la felicidad", así hay felicidad cuando uno encuentra su refugio ...*en él.*

Vv. 9, 10. Sigue la invitación ahora a temer al Señor. El que lo haga, no tendrá *falta de ningún bien.* Temer al Señor no es tener miedo de él, sino reverenciarle, respetarle, sentirse maravillado frente a él. Así "temer al Señor" encuentra su expresión en la adoración, la obediencia, la fidelidad. Hay casos de necesidad en el mundo comola de *los leones* que se mencionan aquí, *pero los que buscan a* Dios *no tendrán* ninguna necesidad. El suplirá todas sus necesidades.

La receta aquí se basa en la acción confiada del creyente Hay cuatro verbos que son esenciales en esta búsqueda de Dios. Son: probar (gustar), ver, temer, buscar. Son verbos de acción que darán el resultado feliz a la persona que los emplea relacionándose con Dios. La providencia de Dios tendrá su manifestación más clara al responder a la confianza que el creyente ha depositado en él.

4 El camino para una vida larga y feliz, Salmo 34:11-14, 18.

En estos versículos se ve claramente la literatura de sabiduría o sapiencial. Es una enseñanza clara, lógica, que sigue las normas de esta filosofía con exactitud. **V. 11.** El Salmista probablemente se dirige a sus alumnos aquí. El tema es: la sabiduría y este es el tema principal de esta sección. **V. 12.** Las dos preguntas enfatizan la misma cosa —¿Quién quiere una vida larga y bendecida? En verdad son preguntas que tienen solamente una respuesta. Todos la queremos. Seguramente el maestro aquí tiene la atención de todos sus oyentes. Todos contestarían afirmativamente y esperan la indicación del maestro para saber cómo lograrlo. **Vv. 13, 14.** La respuesta se da en frases cortas y precisas. Para tener una vida larga y feliz, en primer lugar hay que controlar la *lengua* (no hablar mal ni decir mentiras), apartarse *del mal,* hacer *el bien*, buscar *la paz* y seguirla. Hay muchas recetas que el mundo puede ofrecer, pero ninguna puede ni siquiera compararse con el plan de Dios para una vida feliz.

Para el hebreo la comunidad era de gran importancia; quebrantar la relación con chismes o palabras hirientes era una falta grave. Habría que ser responsable en la comunidad. El Nuevo Testamento condena los pecados de la lengua, y aprueba la importancia de hablar la verdad y con bondad. La segunda norma era alejarse *del mal,* o sea hacer un esfuerzo continuo de ser una persona recta, evitando tanto a las personas como las situaciones que podrían guiarle a la maldad. La tercera norma es la parte complementaria a la segunda, hay que hacer *el bien.* No es suficiente solamente dejar lo malo, hay que hacer lo bueno.

La cuarta norma es buscar *la paz,* este sentido integral de *shalom.* Esto no es sólo la ausencia de guerra, sino abarca el sentido de bienestar integral. Bienestar que permite una relación positiva con los demás y consigo mismo. La última norma es seguir *la paz.* No es suficiente solamente buscarla, hay que seguirla, o sea, hay que practicar la paz, este *shalom* de bienestar integral. Esta receta para una vida larga y feliz sigue tan vigente para nuestras vidas como cuando fue dada por este maestro de antaño. La vida recta agrada a Dios, y trae bendiciones abundantes.

V. 18. Este hermoso y profundo versículo es pertinente en todo tiempo, porque siempre hay muchas personas *quebrantadas de corazón* o que tienen "el corazón hecho pedazos". Su condición les ha llevado a perder la esperanza. Su vida no tiene ningún sentido, están desesperadas. El Señor está cerca de estas personas, de cada una, para salvarles, para ayudarles a reponer su vida. En el Nuevo Testamento Jesús afirma que él ha venido "a sanar a los quebrantados de corazón" (Luc. 4:18c) y darles nueva esperanza para cada día. Toda la Biblia es un caudal de promesas de esperanza para el pueblo de Dios.

──────────── Aplicaciones del estudio ────────────

1. El Señor siempre está dispuesto a oír, ver y librar a quien viene a él, buscando su ayuda. Se presta a ayudarnos, siempre está atento a nuestras peticiones.

2. La respuesta de la persona tan bendecida debe ser alabanza, gratitud "a toda hora". La gratitud no debe ser "programada", sino espontánea y sincera.

3. Dios participa activamente en la vida de sus seguidores. ¿Cómo se manifiesta? Librándoles, protegiéndoles, salvándoles, atendiéndoles, ayudándoles a reconstruir su vida y recobrar su esperanza.

Como consecuencia su seguidor debe demostrar fidelidad, rectitud y obediencia a sus mandatos, humildad y disposición de pedir la ayuda de Dios para su vida.

4. La persona que ha recibido tantas bendiciones del Señor responde no solamente con alabanza y gratitud, sino con una vida recta y comprometida. En esta forma "honran al Señor" con su vida diaria.

Ayuda homilética

¿Quiere gozar de la vida?
Salmo 34:11-22

Introducción: Vivimos en tiempos de mucha inestabilidad. En todas partes se ofrecen entre muchos otros recursos, cursos, conferencias, videos de cómo podemos resolver los conflictos en nuestra vida, cómo encontrar la felicidad, cómo tener éxito. El Salmista, en el contexto de la liberación efectuada por Dios en su vida, ve la necesidad de organizarla según los preceptos de Dios, para encontrar la forma verdadera de gozo en la vida.

I. Pasos seguros para gozar de la vida
A. Aprender a honrar a Dios (v. 11).
B. Controlar la lengua (v. 13).
C. Alejarse del mal y hacer el bien (v. 14a).
D. Buscar la paz y seguirla (v. 14b).

II. Resultados seguros en la vida gozosa
A. Dios le cuidará (v. 15)
B. Dios atenderá sus clamores y le librará (v. 17, 19).
C. Dios estará cerca del que tiene el corazón hecho pedazos y salvará al que ha perdido la esperanza (v. 18).
D. Dios redimirá el alma de los que confían en él (v. 22).

Conclusión: La vida no es fácil; no se puede vivir sin problemas y tristezas, pero en este Salmo se ve el camino a una vida gozosa, honrada, de fidelidad a Dios y sus enseñanzas. ¡Qué buena noticia para nosotros! ¿Quiere entrar en esta relación especial de responsabilidad personal bajo el cuidado y la guía de Dios? Si lo hace, habrá encontrado la forma de gozar de la vida en un sentido profundo y verdadero.

Lecturas bíblicas para el siguiente estudio

Lunes: Salmo 86
Martes: Salmo 25:1-10
Miércoles: Salmo 118:1-14

Jueves: Salmo 136
Viernes: Salmo 65
Sábado: Salmo 57

AGENDA DE CLASE

Antes de la clase
1. Lea los Salmos 34; 35; 40; 107:1-32. Al hacerlo, note las distintas situaciones de las cuales Dios liberó al Salmista. **2.** Lea 1 Samuel 21:10-15 y note que Aquís es el mismo que Abimelec mencionado en la nota introductoria del Salmo 34. **3.** Escriba en una franja/cartel *POR SU LIBERACION*. **4.** Prepare un cartel o escriba en el pizarrón el bosquejo de la lección.
1. La necesidad de alabar a Dios constantemente, Salmo 34:1-3
2. El resultado feliz de recurrir a Dios, Salmo 34:4-7
3. Una receta para probar la bondad de Dios, Salmo 34:8-10
4. El camino para una vida larga y feliz, Salmo 34:11-14
5. Haga la actividad en la primera sección bajo *Estudio del texto básico* en el libro del alumno.

Comprobación de respuestas
JOVENES: **1.** Todo tiempo. **2.** Le oyó, lo libró de temores, lo libró de angustias. **3.** Guarda tu lengua del mal, labios de hablar engaño, haz el bien, busca la paz y síguela.
ADULTOS: **1.** Engrandeced a Jehovah conmigo; ensalcemos juntos su nombre. **2.** El me oyó, y de todos mis temores me libró. **3.** Acampa en derredor de los que le temen, y los libra. **3.** Lengua, mal, labios, engaño, mal haz, bien, paz, síguela.

Ya en la clase
DESPIERTE EL INTERES
1. Llame la atención a las franjas-cartel que fijó en la pared al principio del estudio anterior. Debajo de la que dice *QUE NOS DA LA VICTORIA*, coloque la que preparó para esta ocasión. **2.** Conversen sobre el significado de "liberación" pidiendo que los alumnos den ejemplos, ya sea de la Biblia, la historia o de sus propias vidas. Diga que varios salmos son *CANTOS DE GRATITUD* por alguna liberación en especial y que el Salmo 34 es uno de ellos.

ESTUDIO PANORAMICO DEL CONTEXTO
1. Abran sus Biblias en el Salmo 34. Un alumno lea en voz alta la nota introductoria. Relate 1 Samuel 21:10-15 a la que dicha nota se refiere. **2.** Dé un resumen general del Salmo. **3.** Mencione características de su estilo (escrito en acróstico, tipos de paralelismo, vv. 11-22 dentro del estilo de literatura sapiencial, etc.).

ESTUDIO DEL TEXTO BASICO
Entre dos alumnos lean en voz alta el Salmo 34:1-14, uno leyendo la primera parte de cada versículo hasta el punto y coma (;) o coma (,) y, el otro leyendo la segunda parte hasta el punto. Forme cuatro grupos y llame la atención al bosquejo que escribió en el pizarrón o cartel, asignando a

cada grupo uno de los puntos para estudiar y luego presentar a toda la clase. Estimúlelos a consultar los comentarios respectivos en sus libros del alumno.

1. La necesidad de alabar a Dios constantemente, Salmo 34:1-3. El grupo al cual le tocó esta sección, al informar a toda la clase debe leer en voz alta los versículos y luego explicarlos. Después, llame la atención al hecho de bendecir a Dios (vea el Estudio 15) y repase ese concepto. Agregue información obtenida de su propio estudio si lo cree necesario.

2. El resultado feliz de recurrir a Dios, Salmo 34:4-7. Sugiera al grupo al cual le tocó esta sección que los versículos 4-7 se prestan para dramatizarlos con mímica. Si le parece buena idea, pueden presentar la mímica a la vez que un alumno lee en voz alta dichos versículos. Después de que lean y expliquen el contenido, vuelva a recalcar de qué libró Dios al Salmista (sus temores, sus angustias).

3. Una receta para probar la bondad de Dios, Salmo 34:8-10. Sugiera a este grupo que preste especial atención a los verbos en imperativo, la promesa en el pasaje y la condición para que se cumpla. Después de que informen a toda la clase, agregue usted sus comentarios solamente si hubo algo importante que ellos no cubrieron.

4. El camino para una vida larga y feliz, Salmo 34:11-14. Sugiera a este grupo que noten especialmente las cosas que uno NO debe hacer y cosas que SI debe hacer. Después de que este grupo informe, agregue sus comentarios según lo crea necesario.

Felicite a todos los grupos por el trabajo realizado.

Si a la clase no le gusta trabajar en grupos, forme cuatro sectores y vaya guiando el estudio de manera que un sector dado sea el que aporta a una sección específica. De esta manera, más personas participarán activamente.

Lean al unísono el versículo 18. Compárenlo con Lucas 4:18c. Explíquelo y luego memorícenlo.

APLICACIONES DEL ESTUDIO

1. Diga que estos 14 versículos contienen un caudal de sabiduría para aplicar a nuestras propias vidas. **2.** Pida a cada uno que subraye en su Biblia un versículo de cada sección que más impacto tiene sobre su vida. **3.** Comparen lo que subrayaron y comenten por qué eligieron precisamente esos versículos.

PRUEBA

1. Lea en voz alta el inciso 1 en esta sección en el libro del alumno. Contesten oralmente antes de escribir cada uno la respuesta en su propio libro. **2.** JOVENES: Vea lo que pide el inciso 2 en la sección *PRUEBA* en el libro del alumno. Si lo cree conveniente oren en parejas o pequeños grupos con el fin de que todos tengan oportunidad de expresarse.

ADULTOS: Lea en voz alta el inciso 2 en el libro del alumno y dé oportunidad para que los que deseen hacerlo, compartan su testimonio de cómo el Señor los libró de algún problema o angustia y el agradecimiento que sienten por ello.

Unidad 6

Gracias a Dios
por su eterna misericordia

Contexto: Salmos 25:1-10; 57; 65; 86; 118:1-14; 136
Texto básico: Salmo 138
Versículo clave: Salmo 138:7
Verdad central: Dios, quien empieza su obra en la vida de su siervo, la lleva a feliz término; por lo cual hay que darle gracias de todo corazón por sus constantes bendiciones.
Metas de enseñanza-aprendizaje: Que el alumno demuestre su: (1) conocimiento de la intervención permanente de Dios en su vida, (2) actitud de compromiso para expresarle gratitud por su eterna misericordia con él.

──────── **Estudio panorámico del contexto** ────────

A. Fondo histórico:
Uno de los temas recurrentes en todo el Antiguo Testamento es el amor fiel de Dios (heb. *hesed*). Este concepto es la base de la renovación del pacto que encontramos en Exodo 34:6, 7. El cumplimiento del primer pacto dependía de la capacidad de Israel para guardarlo. Ellos no pudieron hacerlo, entonces Dios estableció un nuevo pacto basándolo en su propio carácter como fundamento para su cumplimiento. La característica central del carácter de Dios es su amor fiel. No hay una palabra precisa en castellano para traducir *hesed* y así lo encontramos descrito de distintas maneras: amor fiel, amor leal, amor, fidelidad, amor eterno, amor sempiterno, misericordia, bondad, afecto. Probablemente "amor leal" es la mejor expresión de esta palabra que refleja esta característica de Dios. Dios trata a su pueblo con amor leal, y espera que ellos le respondan en la misma manera, y traten a los demás con esta misma clase de amor.

B. Enfasis:
Encontramos muchísimas referencias al amor fiel de Dios en el salterio. Limitaremos nuestra discusión de este concepto a los salmos escogidos como contexto para este estudio.
El Salmo 25 es una oración pidiendo la dirección de Dios. El Salmista intercala un sentido de necesidad de perdón por los pecados cometidos, con las peticiones de perdón. Los versículos 6 y 7 muestran su dependencia del "amor fiel" o la "misericordia" del Señor. Enfatiza que este amor es perpetuo, siempre lo ha manifestado y es abundante. La siguiente estrofa (vv. 8-10)

combina los aspectos morales con su amor leal. Dios es bueno y justo... corrige, guía... los instruye en la justicia (25:8, 9). El amor leal de Dios se ve en su instrucción, en su corrección. El versículo 10 dice que Dios siempre procede con amor y fidelidad, "para los que guardan su pacto y sus testimonios". El "amor leal" de Dios actuando en su seguidor produce en éste "amor leal" para vivir con gratitud y obediencia a sus mandatos.

En el salmo 86 encontramos varios versículos donde se usa la palabra "amor leal", afirmando la manera en que Dios actúa con amor con los que le invocan. El Salmista dice que este amor hacia él es tan grande que le ha librado de caer en el sepulcro (86:13b). En la oración final (86:14-17) pide la ayuda y dirección de Dios, afirmando otra vez que Dios es todo amor, es amor leal, es misericordioso.

El Salmo 118 demuestra cómo en la liturgia resaltaba vez tras vez este concepto, el más importante para Israel, el amor del Señor es eterno y que su misericordia es para siempre.

El Salmo 136 es un canto litúrgico, llamado por los judíos el "gran *Halel*", o la "gran aclamación". Es un himno que les ayudaba a recordar cómo Dios había creado el mundo, había salvado a su pueblo de la esclavitud y les había llevado a su tierra para una herencia especial. En los momentos de abatimiento y necesidad les había librado de sus enemigos, y reconoce que es él quien da comida a todos. Intercalando cada frase que relata estas grandes verdades, 26 veces se repite "porque su amor es eterno" o "porque para siempre es su misericordia". Sin duda en el uso litúrgico de este gran Salmo, y su afirmación repetida de la causa detrás de cada acto mencionado, el "amor fiel" de Dios, los judíos tenían que haber sido convencidos de que así es Dios, así actúa, así bendice.

───── Estudio del texto básico ─────

1 La cuádruple expresión de gratitud a Dios, Salmo 138:1-3.

Este salmo empieza con un testimonio de gratitud a Dios. Cada versículo agrega otra expresión de gratitud. El Salmista es exuberante en sus expresiones de gratitud a Dios por su ayuda.

V. 1. *Te doy gracias con todo mi corazón.* La idea es de que a Dios hay que dirigirse con absoluta sinceridad (Deut. 4:29). Con esta sinceridad "lo hallarás". El escritor se acuerda de un momento de necesidad cuando Dios le había ayudado y había intervenido en su mundo personal.

Delante de los dioses te cantaré salmos. Los salmos de alabanza son expresiones de la profunda gratitud del Salmista. Es como si estuviera en la corte divina del Señor y allí con los seres celestiales, *los dioses,* canta de su gratitud a Dios y, seguramente, resaltando cuán grande es él. Esta expresión demuestra la falta de palabras del ser humano para expresar adecuadamente su concepto de Dios y su gratitud por toda su ayuda.

V. 2. *Me postro (arrodillaré) hacia tu santo templo.* Ahora la escena se cambia hacia el templo, el centro de la adoración del pueblo judío. Allí el Salmista en su profunda gratitud a Dios se postra para alabarle.

Doy gracias a tu nombre por tu misericordia y tu verdad. El nombre de

Dios significa él mismo, todo lo que él es. La alabanza se da dentro de las expresiones profundas del pacto. La razón, otra vez, va más allá de las expresiones sencillas *porque has engrandecido tu nombre y tu palabra sobre todas las cosas.* El nombre de Dios era considerado como lo más sagrado, y su palabra la expresión de la poderosa acción de Dios. El Salmista en su alabanza magnifica los más altos conceptos que tiene de Dios.

V. 3. Ahora el Salmista menciona su propia situación adorando a Dios y dándole gracias porque cuando lo llamó, Dios respondió y aumentó sus fuerzas. Ciertamente la verdadera adoración de cualquier persona viene de su propia experiencia y el salmista expresa la verdad que todas las personas que han sido socorrido por Dios pueden decir: "clamé, me respondió, y aumentó mis fuerzas. Pude continuar, pude resolver el problema con la ayuda de Dios".

Estas cuatro frases: *te doy gracias, te cantaré, me postro, doy gracias* demuestran claramente el deseo del Salmista de expresar, en todas las formas que puede encontrar, su profunda gratitud a Dios. Es un ejercicio que vale la pena para todo aquel que siente gratitud con Dios. Es, a la vez, una oportunidad para ser creativos en buscar nuevas formas para adorar a Dios.

2 La grandeza de Dios atiende al humilde, Salmo 138:4-6.

V. 4. El Salmista convoca al acto de alabanza a *todos los reyes* del mundo. *Todos* alabarán al Señor. La razón es porque han oído de sus palabras, las promesas de Dios. Sabemos que las palabras de Dios son activas, vivas, y van produciendo efecto en todo el mundo. El Salmista prevé un tiempo cuando todos se arrodillarán delante del Señor y le llamarán Rey de reyes y Señor de señores. El asunto de la soberanía de Dios es muy importante en el libro de los Salmos. Si los reyes de la tierra reconocen que Dios es superior en sumo grado y se disponen a alabarlo, entonces los súbditos de esos reyes habrán recibido esa influencia y también adorarán al gran Rey.

V. 5. Los reyes *cantarán* de *los caminos de Jehovah*, posiblemente de lo que ha hecho en Israel, sus actos poderosos, porque *la gloria* de Dios *es grande.* Los reyes reconocerán la magnificencia de Dios, su creación, sus actos poderosos. *Los caminos de Jehovah* también puede referirse a las sendas que ha trazado a través de la historia, sendas que llevan al hombre a encontrarse con él.

V. 6. Este versículo dice la razón por la cual los reyes darán gloria a Dios. Aunque es Dios, es el más alto, se fija en el *humilde* y lo atiende. Isaías reitera esta idea: "Porque así ha dicho el Alto y Sublime, el que habita la eternidad y cuyo nombre es el Santo; "Yo habito en las alturas y en santidad; pero estoy con el de espíritu contrito y humillado, para vivificar el espíritu de los humildes y para vivificar el corazón de los oprimidos" (Isa. 57:15). La historia de Israel, el testimonio a las naciones, es que el Alto Dios ama al *humilde* y lo atiende.

Se ve la diferencia entre el trato de Dios con los humildes y con los altivos. Mira al humilde, responde a sus necesidades, pero *reconoce de lejos* a los altivos. Son ellos mismos quienes se han apartado de Dios, quienes no quieren demostrar que tienen necesidad de él. La cercanía de Dios, su presencia constante es parte de su amor leal, pero depende de la persona si lo recibirá o no.

A pesar de que Dios es sublime tiene disposición para mirar al que tiene una actitud de humildad, no así a aquellos que lo miran con altivez.

3 El sempiterno amor de Dios está en acción constante, Salmo 138;7, 8.

V. 7. La última estrofa es un testimonio personal. Hay una confianza total en Dios, en su interés, en su diposición para salvarle de cualquier condición, sea angustias personales, frente a la ira de los enemigos, u otra. Aquí hay tres acciones especiales de Dios a su favor: *me preservarás la vida* (la Versión Popular dice "me vivificarás"), *extenderás tu mano* contra el enemigo, y *me salvará tu diestra*. Estas palabras traen a la memoria el lenguaje del éxodo, así adquieren un significado adicional. El Dios que salvó a Israel, salvará a esta persona también. Otra vez vemos la importancia de traer a la memoria la herencia espiritual. Este lenguaje infunde la experiencia actual con el poder de la experiencia anterior.

V. 8. El Salmista está seguro de que Dios *cumplirá su propósito* en él y esto es lo más grande e importante que su vida necesita. La misericordia, el amor leal de Dios, es para siempre. La última frase de este versículo es una oración pidiendo a Dios que no desampare *la obra de* sus *manos* porque él es la obra de su Dios.

Este hermoso Salmo nos ayuda a expresar nuestra gratitud por los múltiples actos bondadosos de nuestro Dios. Nos confirma que el amor leal de Dios está actuando a nuestro favor siempre.

────────────── Aplicaciones del estudio ──────────────

1. Cuando pensamos en la grandeza de Dios debemos buscar las palabras más expresivas para adorarle. La Biblia, y especialmente los salmos nos ayudan a encontrar este lenguaje. Usémoslo, no solamente en nuestra alabanza, sino en nuestro testimonio y vivir diario.

2. No importa cuál sea nuestra condición en la vida, Dios es nuestro amparo, atiende nuestras súplicas. Por eso hay que pedir su ayuda sea cual fuere nuestra situación.

3. El propósito de Dios se cumplirá siempre. Cada persona puede contar con su misericordia, su intervención precisa (v. 7). Es maravilloso pensar que Dios tiene un propósito no solamente para el mundo, y las naciones, sino que para cada individuo también. Conocer este propósito y seguirlo debe ser nuestra meta.

4. El amor leal, la misericordia es una característica céntrica de Dios. Es el signo primario del pacto. No solamente actúa así Dios, con amor leal, sino que también espera que sus sequidores hagan lo mismo con él y entre sí. En esta forma viviremos según su propósito para nosotros.

5. Nuestro ejemplo para practicar el amor es Dios. Para practicar el amor leal y hacerlo central en nuestras vidas, hay que meditar en los ejemplos de Dios de cómo ha demostrado su amor leal.

Dios cumplirá su propósito en mí
Salmo 138:7, 8

Introducción: El propósito de Dios para sus seguidores es para bien, para que lleguen a ser el hombre o la mujer que él ha ideado. El Salmo 138 nos da unas indicaciones de cómo Dios cumplirá su propósito en nuestras vidas, pero nos da una advertencia también. Podemos fallar en nuestra vida si dejamos de depender de la misericordia de Dios. El Salmista pide al Señor que no desampare la obra de su mano. Es una oración sabia. Muy equivocadamente podríamos pensar que podemos desarrollar nuestra vida sin Dios.

I. Dios cumplirá su proposito en mí, vivificándome (v. 7a).
A. Hay momentos de angustia en la vida cuando uno puede desmayar o desfallecer.
B. Pero Dios tiene poder para vivificar al desfallecido.
II. Dios cumplirá su propósito en mí, extendiendo su mano contra mis enemigos (v. 7c).
La mano de Dios simboliza su acción y poder. Fue con su "mano fuerte y brazo extendido" que libró a su pueblo de Egipto y luchó a su favor para establecerles en la tierrra prometida (vea los siguientes ejemplos: Deut. 7:8; Sal. 89:13; Sal. 98:1).
III. Dios cumplirá su propósito en mí, salvándome con su diestra (v. 7d).
La diestra de Dios simboliza especialmente su poder y su acción (vea Isa. 41:10; Sal. 20:6; 60:5; 118:15 y 16; 139:10).
IV. Dios cumplirá su propósito en mí, con su misericordia, que es para siempre (v. 8b).
El amor leal de Dios cumplirá su propósito en mí, apoyándome, guiándome, ayudándome a cumplir mi compromiso con él, el pacto que he hecho con él.

Conclusión: Una de las cosas más hermosas de la vida cristiana es que nuestra relación con Dios le da propósito a nuestra vida.
¿Qué de su vida? ¿Ha visto cómo Dios está cumpliendo su propósito en su vida? Si no, medite en estos versículos. Le darán aliento y fuerza para buscar, y seguir el propósito en Dios. El lo cumplirá en usted en la medida que le permita estar obrando.

Lecturas bíblicas para el siguiente estudio

Lunes: Salmo 38:1-11, 15 **Jueves:** Salmo 102:18-28
Martes: Salmo 38:16-22 **Viernes:** Salmo 6
Miércoles: Salmo 102:1-17 **Sábado:** Salmo 143

AGENDA DE CLASE

Antes de la clase
1. Lea los Salmos 25:1-10; 57; 65; 118:1-14; 136; 138 e identifique en ellos expresiones de gratitud a Dios. **2.** Estudie el comentario de esta lección en este libro y en el del alumno. **3.** Con anterioridad, pida a los alumnos que lleven a la clase algo "creado" por ellos a lo cual dan valor. **4.** Prepare una franja/cartel que diga *POR SU ETERNA MISERICORDIA*. **5.** Prepare hojas de papel para escribir y lápices para cada alumno. **6.** Complete la primera sección bajo *Estudio del texto básico* en el libro del alumno.

Comprobación de respuestas
JOVENES: **1.** Misericordia, fidelidad, responde y fortalece. **2.** Han oído los dichos de su boca. **3.** Lo vivifican. **4.** Que no la desampare.
ADULTOS: **1.** Con todo su corazón, le cantará salmos, se postrará hacia su santo templo, dará gracias a su nombre. **2.** Clamé, respondiste, valor, alma. **3.** Acerca de los caminos de Jehovah, pues grande es la gloria de Jehovah. **4.** (1) Los mira, (2) lo reconoce de lejos, (3) no mirarle con agrado, ni prestarle atención. **5.** Le preservará la vida; extenderá su mano contra la ira de sus enemigos, salvará su diestra. **6.** Cumplirá, propósito.

Ya en la clase
DESPIERTE EL INTERES
1. Los que trajeron algo creado por ellos, muéstrenlo a los demás. Comente que cada cosa es de valor y pregunte qué valor tiene para cada uno lo que trajo. **2.** Diga que cada uno de los presentes es una creación valiosa de Dios. **3.** Un alumno lea en voz alta la *Verdad central* que aparece al comienzo del estudio en sus libros. Diga que el Salmo 138 es un ejemplo excelente de esta verdad.

ESTUDIO PANORAMICO DEL CONTEXTO
1. Llame la atención al cartel con los títulos de las Unidades y diga que este estudio es el último de la Unidad: *Cantos de gratitud*. **2.** Coloque la franja/cartel *POR SU ETERNA MISERICORDIA* debajo de los otros dos de los dos estudios anteriores. Guíe un breve repaso de los motivos de gratitud estudiados en esta Unidad. **3.** Recalque la expresión "eterna misericordia" usada en el título de este estudio, agregando que en el salmo a estudiar vuelve a aparecer la palabra *HESED*. Repase su significado y amplíelo basándose en el comentario bajo *Fondo histórico* en este libro. **4.** Abran sus Biblias en el Salmo 138. Vean quién es el escritor.

ESTUDIO DEL TEXTO BASICO
1. La cuádruple expresión de gratitud, Salmo 138:1-3. Haga notar el título de esta sección. Divida la clase en dos sectores. Un alumno lea en voz alta los vv. 1-3 mientras los del primer sector identifican la "cuádruple expresión de gratitud" y el segundo sector identifica los "porqués" de tantas

acciones de gracias. Dé amplia oportunidad a los presentes para que se expresen. Pregunte si alguno puede hacer suyas las palabras del v. 3. Si responden que sí, los que deseen hacerlo, compartan su testimonio de alguna ocasión cuando clamaron al Señor y él respondió infundiendo valor. a su alma. Escriba en el pizarrón o en una hoja grande de papel un título para cada testimonio.

2. *La grandeza de Dios atiende al humilde, Salmo 138:4-6.* Llame la atención al título de esta sección. Un alumno lea en voz alta los vv. 4-6. Los integrantes de un sector deben encontrar cuándo es que los reyes alabarán al Señor, qué es lo que cantarán y por qué. El segundo sector debe encontrar la actitud de Dios hacia el humilde y hacia el altivo. Comenten lo que encontraron. Luego usted haga notar el contraste entre "reyes" y "humildes" y que Dios no quiere dejar afuera ni a unos ni a otros, que ricos y pobres, poderosos y desheredados deben tener una actitud de humildad ante Dios. Pregunte qué conclusión pueden sacar de esto para su propia vida. Escríbala en el pizarrón u hoja grande.

3. *El sempiterno amor de Dios está en acción constante, Salmo 138:7, 8.* Llame la atención al título de esta sección. Por si alguno no entiende "sempiterno", explique que significa "eterno", "para siempre". Un alumno del primer sector lea en voz alta el v. 7 mientras los demás de ese mismo sector identifican cosas que Dios hará debido a su sempiterno amor fiel por el Salmista. Comenten lo que encontraron. Pregunte si alguno ha tenido una experiencia de peligro mortal, saliendo ileso de ella. En dicho caso, que la relate. Escriba en el pizarrón un título que podrían darle a la experiencia. Un alumno del segundo sector lea en voz alta el v. 8. Los demás del mismo sector identifiquen una cosa que Dios hará, una afirmación del amor (*hesed*) eterno de Dios, un ruego al Hacedor. Al informar sobre lo que encontraron pida opiniones personales sobre las dos afirmaciones y el ruego.

APLICACIONES DEL ESTUDIO
1. Recalque que así como ellos valoran las cosas que crearon y trajeron a clase, Dios también valora a cada uno y no desampara la obra de sus manos. **2.** Reparta las hojas de papel y lápices. En parejas, escriban un salmo usando el tipo de paralelismo que quieran. Deben incluir la frase "amor fiel" y, de ser posible, basarse en una de las experiencias anotadas en el pizarrón u hoja grande de papel. **3.** Los que deseen, compartan los salmos que escribieron. Pida que los firmen y, recójalos para usarlos más adelante.

PRUEBA
1. Cada uno individualmente escriba la respuesta a la pregunta bajo el inciso 1 en esta sección del libro del alumno. Compruebe las respuestas. **2.** Hagan en parejas o tríos la actividad bajo el inciso 2. Los que deseen, compartan con el resto de la clase lo que hicieron. Muestre su satisfacción por el trabajo que cada uno realizó. Será de estímulo para los alumnos.

Cuando se ha perdido la paz

Contexto: Salmos 6; 38; 102; 143
Texto básico: Salmo 38:1-8, 15, 17-22
Versículos clave: Salmo 38:21, 22
Verdad central: La angustia, tanto física como emocional y espiritual, puede ser llevada a Dios con la confianza en que él responderá ayudándole.
Metas de enseñanza-aprendizaje: Que el alumno demuestre su: (1) conocimiento de la necesidad de expresar a Dios sus angustias más profundas, arrepintiéndose de sus pecados para recibir el perdón, (2) actitud de confianza para hacerlo, seguro de recibir el perdón, la presencia y la ayuda precisa de Dios.

─────── Estudio panorámico del contexto ───────

A. Fondo histórico:

Los salmos de confesión, de petición, de súplica o de lamento forman el grupo más grande en el salterio. En esta unidad estudiaremos tres de ellos. La fe de los salmistas encontró su más fuerte apoyo en el hecho de que el Dios Santo entró en la historia para ayudar a los que sufrían, a los oprimidos. El lamento no se limita a los salmos; lo encontramos en los profetas, en Job, aun en las palabras de Jesús, pero su principal expresión se ve en los salmos. Casi setenta de los ciento cincuenta salmos son de este estilo.

Los salmos de lamento se dividen en dos grupos: (1) lamentos de la comunidad, (2) lamentos individuales. Lo que caracteriza a estos salmos es su convicción de que la intervención de Dios puede hacer la diferencia en su situación. No son "lamentaciones" donde se queja por una situación irreversible, el lamento es una súplica a Dios para que cambie una situación desesperante. Vistos así, podemos ver que son, en verdad, cánticos de esperanza y alabanza.

Como en los demás salmos, el salmo de lamento sigue un formato preciso: 1. Se dirije a Dios; 2. presenta su queja; 3. expresa su confianza en Dios; 4. presenta su petición; 5. ofrece palabras de seguridad; y 6. compromiso o voto de gratitud. Como se puede ver en este formato el salmista seguía una línea lógica y progresiva para presentar su queja y súplica a Dios.

Es interesante que aun cuando en la Biblia casi la mitad de los salmos son de lamento, en las iglesias cantamos más bien los salmos e himnos de alegría, de gozo. Probablemente es porque se ha temido que estos no expresan bastante fe, o que es "malo" quejarse delante de Dios. Hay que enfatizar que estos salmos son expresiones honestas de la fe del salmista. El salmista cree que no hay nada prohibido o fuera del interés de Dios. El creyente debe expresar a

Dios en palabras sus pensamientos y sus emociones.

El mismo formato del salmo de lamento nos ayuda a ver el movimiento del salmista hacia Dios, y la progresión hacia la resolución de su queja. Va de la expresión del lamento a un cántico de alabanza, y a un voto de gratitud. El uso de estos salmos era tan importante en el culto que parece que el sacerdote o algún oficial del culto respondía a la súplica de la persona en el momento oportuno para asegurarle que Dios había oído (recibido) su queja o problema, que era perdonado, y que él le ayudaría. Así, la persona podía irse en paz, podía sonreír, podía renovar su esperanza. Su mundo había sido transformado por su encuentro con Dios.

B. Enfasis:

El contexto de los salmos escogidos para este estudio son todos considerados salmos de lamento del individuo. Hay 7 salmos (6, 32, 38, 51, 102, 120, 143) que durante siglos han sido considerados "los penitenciales", especialmente en la liturgia de confesión. Así han traído bendición y nueva esperanza a muchos. Cada uno de éstos habla de la devastación interna, profunda; no hay otra posibilidad excepto el arrepentimiento y la búsqueda del perdón y la restauración del Señor.

El Salmo 6, es una oración en tiempo de prueba. "Ten misericordia de mí porque desallezco" v. 2. "¡Jehovah ha escuchado mi ruego!

El Salmo 102 expresa el lamento de un enfermo, los síntomas físicos de su dolor y de su necesidad. El versículo 24 pide "Dios mío, no me lleves en la mitad de mis días." La última estrofa refleja el mensaje de Isaías 51:6-8 y se citan en Hebreos 1:10-12.

El Salmo 143 es un lamento individual que expresa la desesperación del Salmista a causa de sus enemigos. Este Salmo tiene algo más. Los vv. 1, 2, 11, 12 forman el "marco" para el lamento y proclama que la única manera en que el Salmista puede acercarse a Dios es por medio de su justicia y su fidelidad. El termina afirmando: "yo soy tu siervo". Estos salmos de lamento van por un camino rocoso y difícil, pero logran la felicidad de haber sido oídos y de haber recibido contestación.

——————— **Estudio del texto básico** ———————

1 La angustia de un afligido, Salmo 38:1-8.

En el título de este Salmo se encuentran las palabras: "Para conmemorar". Probablemente este Salmo fue cantado o presentado con la ofrenda de los panes (vea Lev. 2:2 o 24:7).

Este Salmo refleja tres temas principales: enfermedad, culpabilidad y la hostilidad de los enemigos y aun de sus amigos. Su enfermedad tiene que haber sido algo terrible, algo que le hacía ser repugnante a otros. Lo peor aun era que esta persona sentía que su enfermedad era infligida por Dios, así él confiesa sus pecados.

Vv. 1-3. El Salmista pide a Dios que no le castigue con su enojo. Los hebreos no tenía otra explicación para la enfermedad, y especialmente para una enfermedad tan debilitante. Expresiones como *tu furor... tu ira... tus flechas...*

tu mano... son todas imágenes del dolor del enfermo, visto como el castigo de Dios en esta enfermedad.

Todo el *cuerpo* está enfermo, tanto los *huesos* como la carne le duelen. Aunque procura descansar, no es posible, ha perdido la *paz* en su cuerpo y en su espíritu. **V. 4.** Los pecados del Salmista son vistos como la causa de su condición tan abrumadora. Su situación va de mal en peor. Reconoce lo terrible de su pecado que es como un peso que no puede soportar, le agobia como una *carga pesada.* **V. 5.** Describe el horror de su situación, sus llagas se abren y hieden. Con una descripción tan horrible se puede entender por qué nadie quiere estar con él. Lo interesante aquí es que reconoce que estas *heridas* tan repugnantes son el resultado de su *locura.* Los salmos no son específicos en cuanto a las causas de su situación.

Las palabras metafóricas e imágenes significantes que se usan en este salmo, pueden ser aplicadas a la situación de cualquier otra persona. Por ejemplo, no sabemos en qué consistió la *locura* del Salmista, pero sabemos que hay enfermedades tanto físicas como emocionales que son el resultado directo de la imprudencia, la *locura,* de la persona, cuando no se está bajo el dominio de Dios, ni se practica el dominio propio. **Vv. 6, 7.** Las consecuencias de la enfermedad le guían a la depresión y a una tristeza que consume su cuerpo y su mente. Anda como alguien que está de luto. No hay descanso alguno. Todo su *cuerpo,* desde la planta de los pies hasta la cabeza, le duele. No puede escapar de su dolor. **V. 8.** El Salmista se siente como un hombre paralizado, *debilitado, ...molido.* No tiene fuerza ninguna. No puede hacer nada por el dolor y la incapacidad total. La segunda frase de este versículo demuestra una gran verdad en la enfermedad que se basa en su propia culpabilidad. Sus quejas son quejas del *corazón,* o sea de su mente.

En lugar de poder pensar en forma lógica en cómo mejorar, su mente le acusa, sus pensamientos corren por sus pecados, su locura, y se desespera. No hay paz en el cuerpo ni en su atormentada mente.

2 La esperanza en la acción de Dios, Salmo 38:15.

Los versículos 9-12 hablan del horror de la situación de este enfermo. Sin fuerzas, y cerca de la muerte, es abandonado por sus mejores amigos y su familia. Sus enemigos no le tienen compasión ninguna, sino aumentan sus ataques y fraudes. Quieren matarlo perjudicarlo, arruinarlo, y todo el tiempo hacen planes para su derrota final. Los vv. 13 y 14 demuestran la incapacidad de esta persona de responder a estos ataques, es como mudo, como sordo.

V. 15. Este versículo es de suma importancia en el salmo de lamento. Dios es el único que puede resolver la situación, y el Salmista confía plenamente en él. Puede confiar en Dios porque ha mantenido una relación íntima con él. El uso del nombre *Jehovah,* el nombre usado para la relación más íntima con Dios, afirma esta verdad. Demuestra la grandeza de nuestro Dios y la fe obstinada de este Salmista, que aun en esta situación desesperante, espera la respuesta salvífica de su Dios.

3 La decisión de arrepentirse, Salmo 38:17-20.

Vv. 17, 18. El Salmista se siente próximo a la muerte; sus dolores son constantes. Frente a esta situación tan triste, él decide confesar sus pecados que son la causa de su enfermedad. Sus pecados le llenan de inquietud, de tristeza. Seguramente él ha reflexionado y ahora ve el pecado más como Dios lo vería. El pecado no es solamente algo teórico, sino que es personal y es contra Dios y sus mandatos. Ahora, al verlo desde esta perspectiva, esta realidad le llena de inquietud. Sabe que la única solución es la de confesar sus pecados a Dios, y recibir de él su perdón.

Vv. 19, 20. Ve todavía la situación con el rechazo y hasta el odio de sus enemigos quienes le odian *sin causa*. Acusa a estas personas de darle *mal por bien*. A pesar de que el Salmista quiere hacerles un bien, lo toman por mal. Esta situación de injusticia es tan dolorosa que él no puede dejar de mencionarlo otra vez.

4 La petición por la presencia y ayuda de Dios, Salmo 38:21, 22.

Vv. 21, 22. El Salmista termina con una ferviente petición pidiendo la presencia y socorro constante de Dios. Hay que enfatizar su dependencia total en Dios. Noten que usa cuatro nombres para Dios en estos dos versículos: *Jehovah, Dios mío; Señor, salvación mía.* Es su Dios, su salvador a quien pide su pronto socorro. No hay otra solución posible que el perdón que Dios puede darle, y el socorro constante que le permitiría reconstruir su vida.

Estos dos versículos demuestran el dolor del Salmista, pero a pesar de su profundo dolor, no pierde la esperanza en el Señor. Presenta su plegaria profunda con la seguridad de ser escuchado. La Biblia de Jerusalén traduce estos dos versículos así:

"¡No me abandones, tú Yahveh, Dios mío, no estés lejos de mí! Date prisa a auxiliarme, ¡oh Señor, mi salvación!"

Este Salmo demuestra la pérdida de la paz de parte del Salmista, al comprobar su enfermedad y sentido de rechazo y repugnancia. Busca la renovación de la paz y bienestar personal por medio de la confesión a Dios de sus pecados, confiando en su perdón completo. Pide el cuidado y la ayuda de Dios para su renovación, no solamente en su cuerpo y su mente, sino en la totalidad de su ser, paz consigo mismo, con los demás y con su Dios.

─────────── Aplicaciones del estudio ───────────

1. El ejemplo de este Salmo nos ayuda a entender la importancia de la honestidad frente a Dios. El Salmista sufre horrores y tiene que buscar alivio. Este solamente se encuentra teniendo el perdón y la ayuda de Dios.

2. En ciertas enfermedades hay una relación real entre el pecado y los resultados nocivos en la salud. Este Salmo debe ayudarnos a reconocer cuán dolorosa es esta situación y evitarla.

3. La alienación impuesta al Salmista por sus mejores amigos y aun por su familia es una de las cosas más difíciles de soportar. Esta es la situación de muchas personas en nuestro mundo hoy que sufren de sida y otras enfermedades contagiosas y tan temibles. Este Salmo nos ayuda a identificarnos con su dolor. Como creyentes en Jesús, nuestro deber es procurar aliviar el dolor del cuerpo, tanto como el de la mente y el espíritu.

4. Este es uno de los Salmos penitenciales, usado por la iglesia por siglos para ayudar a las personas a expresar su arrepentimiento y recibir el perdón de Dios. Uno de los ministerios que se puede tener con personas que sufren como el Salmista es de escucharles, y guiarles en esta búsqueda del perdón de Dios.

---------------------------**Ayuda homilética**---------------------------

A punto de caer
Salmo 38:17-21

Introducción: A veces la gente se burla de personas que están sufriendo a causa de sus errores morales. En este Salmo se ve la condición de una persona que sufre por sus pecados. Su sufrimiento aumenta por el rechazo de sus parientes y amigos, su único recurso es Dios.

El Salmo 38 traza el triste camino de la persona enferma a causa de su pecado. Tal vez usted se ve reflejado a sí mismo en este relato. Si esta es su situación, hay que dirigirse a Dios y buscar su perdón y ayuda como el Salmista.

I. A punto de caer —la culminación del pecado (v. 17).
II. La necesidad de la confesión del pecado (v. 18).
    A. La persona no puede pensar en otra cosa.
    B. Sus pecados le acusan.
    C. Es necesario confesarlos.
III. El mal por bien (vv. 19, 20).
    Se agrega a su enfermedad y sus aflicciones la burla, el rechazo y la maldad de sus enemigos, aun cuando procura hacerles bien.
IV. La oración del arrepentido (vv. 21, 22).
    A. El único socorro es Dios, su presencia, su constancia, su cercanía, su prontitud para responder.
    B. El Salmista reconoce a Dios como su única salvación y pide su pronta ayuda.
    C. Su decisión es la única que puede traer un cambio en su vida.

Conclusión: ¿Está a punto de caer con una situación tan dolorosa en su propia vida? Escuche el mensaje del Salmista y decida confesar su pecado y buscar el perdón de Dios.

Lecturas bíblicas para el siguiente estudio

Lunes: Salmo 51:1-9   **Jueves:** Salmo 141
Martes: Salmo 51:10-19   **Viernes:** Salmo 42
Miércoles: Salmo 4   **Sábado:** Salmo 43

AGENDA DE CLASE

Antes de la clase

1. Lea los Salmos 4, 38, 102, 143 y note las expresiones de angustia que contienen y cómo, en cada caso, el Salmista vuelca su dolor ante Dios. **2.** Estudie el comentario en este libro y en el del alumno. **3.** Consiga, para llevar a la clase, una Biblia en Versión Popular. **4.** Con anterioridad, pida a un alumno que se prepare para presentar el *Estudio panorámico del contexto* basándose en el material en su libro del alumno y en cualquier otra fuente que quiera investigar. **5.** Prepárese para agregar información contenida en la sección *Fondo histórico*, en este libro, que no aparece en el libro del alumno. **6.** Haga un cartel con el título de la unidad y con los títulos de los tres estudios. **7.** Conteste las preguntas en la primera sección bajo *Estudio del texto básico* en el libro del alumno.

Comprobación de respuestas

JOVENES: **1.** Nada hay sano en su carne. **2.** Dios lo ha castigado con su ira. **3.** De Jehovah. **4.** No me desampares.

ADULTOS: **1.** (1) V. 2 —tus flechas han penetrado en mí, sobre mí ha descendido tu mano; (2) v. 4 —mis iniquidades han sobrepasado mi cabeza; como carga pesada me agobian. **2.** Hieden y supuran mis heridas, está encorvado y abatido en gran manera, anda enlutado todo el día, sus espaldas están inflamadas, no hay parte sana en su cuerpo debilitado, totalmente molido, gime a causa de la conmoción de su corazón. **3.** La respuesta de Jehovah —tú responderás. **4.** Confesar su iniquidad, acongojarse por su pecado. **5.** No me desampares, no te alejes de mí, apresúrate a socorrerme, salvación mía.

Ya en la clase

DESPIERTE EL INTERES

1. Pregunte cómo se imaginan física, mental, sentimental y espiritualmente a David, el escritor de la mayoría de los salmos estudiados hasta ahora. Con lo que respondan podrán elaborar un "perfil" de su personalidad. **2.** Diga que el Salmo a estudiar en esta ocasión nos presenta un perfil muy distinto, que es uno de los salmos llamados muchas veces *de lamentación*.

ESTUDIO PANORAMICO DEL CONTEXTO

1. Fije en la pared el cartel que hizo y presente el título de la unidad y de sus tres estudios. **2.** El alumno que se preparó para presentar el *Estudio panorámico del contexto* debe hacerlo ahora. Luego, agradézcale su magnífica colaboración. Agregue cualquier dato interesante que él haya omitido.

ESTUDIO DEL TEXTO BASICO

1. La angustia de un afligido, Salmo 38:1-8. Dé a un alumno la Biblia en Versión Popular. Abran todos sus Biblias en el Salmo 38. Vayan leyendo los vv. 1-8 de la siguiente manera entre dos alumnos: Uno leerá el primer versículo en la versión que siempre usan (probablemente Reina Valera Actualizada), y el alumno a quien dio la Biblia en Versión Popular leerá enseguida pausadamente, el mismo versículo que es ya en sí una explicación clara de su contenido. Cuando terminen, sugiera hacer otro "perfil" de David, esta vez en el momento de escribir el Salmo 38. Puede hacer preguntas como las siguientes para arribar a un buen "perfil". ¿Cómo se sentía David físicamente? ¿Qué le dolía? ¿Cómo se sentía anímicamente? ¿A qué atribuía sus sufrimientos? ¿Se sentía inocente o culpable ante el castigo que estaba recibiendo? ¿Qué frases muestran que "ya no da más"? (vv. 4b, 8). Con lo que aporten los alumnos, escriba el "perfil" en el pizarrón o en una hoja grande de papel. Después, lea usted en voz alta los vv. 9-14 en la Versión Popular, sin comentarlos.

2. *La esperanza en la acción de Dios, Salmo 38:15.* Lean este versículo de la misma manera que los anteriores. Comente ahora que David, solo y abandonado por sus seres queridos y amigos, hostigado y despreciado más que nunca por sus detractores, se acerca, con las palabras del v. 15 a quien él sabe no lo rechazará. Ya no espera nada de ningún ser humano, pero sí espera mucho de Dios. ¿Qué pueden agregar al perfil de David escrito en el pizarrón? Escriba lo que opinen.

3. *La decisión de arrepentirse, Salmo 38:17-20.* Lean los dos alumnos los vv. 17-20 en la misma forma como leyeron los anteriores. Destaque que en el v. 15 David pedía a Dios que actuara y que noten en el v. 18 lo que tenía que hacer David antes de que Dios lo salvara. ¿Qué pueden agregar ahora al perfil de David?

4. *La petición por la presencia y ayuda de Dios, Salmo 38:21, 22.* Diga que habiéndose ya David arrepentido y confesado su pecado, vuelve a hacer su petición a Dios. Los dos alumnos lean en voz alta los vv. 21 y 22 de la misma forma que antes. ¿Les sugiere esta súplica algo para agregar al perfil de David? Destaque que en su sufrimiento David no renegó de Dios sino que, al contrario, se aferró más a él. Pregunte qué expresiones denotan una relación muy personal de David con el Señor.

APLICACIONES DEL ESTUDIO

1. Varios alumnos lean las aplicaciones (una cada uno) que aparecen en el libro del alumno, comentando lo que ellos mismos opinan al respecto. 2. Borre el pizarrón o tome otra hoja grande de papel. Escriba: *Angustia es...* Pida a los alumnos que completen la oración. Reciba bien todos los aportes y escríbalos para completar la oración. Escriba enseguida *Felicidad es...* y haga lo mismo que hizo con *Angustia es...* Destaque las respuestas que implican arrepentimiento, confesión y acercarse a Dios.

PRUEBA

1. Hagan en parejas la primera actividad bajo la sección *Prueba* en el libro del alumno. Compruebe lo realizado. 2. Hagan individualmente la segunda actividad. Concluya con una oración agradeciendo a Dios que nunca nos abandona, ni en nuestros peores momentos de angustia.

Un corazón triste y humillado

Contexto: Salmos 4; 42; 43; 51; 141
Texto básico: Salmo 51:1-3, 7-17
Versículos clave: Salmo 51:12, 13
Verdad central: Dios recibe la sincera expresión de arrepentimiento
del pecador, sea cual sea su pecado, y le concede un nuevo corazón para
que pueda renovar su vida y anunciar a otros esta maravilla.
Metas de enseñanza-aprendizaje: Que el alumno demuestre su: (1)
conocimiento de la plegaria de David cuando expresa sentidamente su
arrepentimiento por pecados cometidos, confiado en el perdón y la restauración de Dios, (2) actitud de valorar la restauración de Dios cuando
se le confiesan los pecados.

--------- Estudio panorámico del contexto ---------

A. Fondo histórico:

El Salmo 51 es el salmo de arrepentimiento más conocido en el salterio y
usado como guía por muchas personas que han querido confesar su pecado,
encontrar el perdón y así poder renovar su vida.

Tradicionalmente se ha aceptado que este Salmo refleja la situación tan
triste de la desintegración moral de David y sus múltiples pecados como resultado de su acto de adulterio con Betsabé, cada uno enredándole más y más
hasta que quedó totalmente atrapado.

La Biblia es un libro que habla con transparencia en cuanto a sus héroes.
David, un hombre especialmente amado y usado por Dios para guiar a su pueblo, no solamente en las batallas sino en su adoración y lealtad a Dios, ahora
se ve en una dimensión distinta. Encontramos en 2 Samuel 11:1 a 12:14 la
triste historia, empezando con un ocioso David que no ha acompañado a sus
tropas a la batalla en el tiempo acostumbrado de ir a la guerra. Levantándose
al caer la tarde vio a una hermosa mujer bañándose. A pesar de averiguar
quién era y saber que era la esposa de Urías, uno de sus más valientes soldados, David decidió tenerla, y así lo hizo.

Esto nos parece especialmente repugnante de parte de este hombre que
había recibido protección y grandes bendiciones de Dios. La costumbre de los
derechos de posesión total de los súbditos de los reyes de aquellos tiempos
puede ayudarnos a entender un poco más esta situación tan triste, pero la suce-
sión de los pecados no tiene excusa ninguna.

Al saber que Betsabé está encinta, David procura involucrar a Urías en la
situación, llamándole de la batalla, y dándole la oportunidad de dormir con su

esposa. Urías era mucho más noble que su rey. Porque había tomado el voto de abstenerse de las relaciones sexuales, rechaza esta oferta, aun cuando el rey le emborracha pensando así que no tendría control de sí mismo.

Ahora vemos a un David completamente envuelto en su pecado, en lugar de confesar a su soldado leal la infamia que había cometido, planea su muerte en la batalla, rompiendo así la solidaridad de su ejército. Joab lleva a cabo este plan y cuando informa a David, a pesar de la muerte innecesaria de varios de sus soldados, puesto que incluye a Urías, David envía un mensaje a Joab: "Que esto no parezca malo a tus ojos, pues la espada devora unas veces a uno y otras veces a otro. Refuerza tu ataque contra la ciudad y destrúyela." Y tú aliéntalo. (2 Sam. 11:25). Uno ve aquí la dureza de corazón cuando el pecado ha trastocado el sistema de valores. No hay moralidad, ni respeto, ni pesar.

B. Enfasis:

2 Samuel 11 termina con las tristes y sentidas palabras: "Pero esto que David había hecho pareció malo a los ojos de Dios" (v. 27), y sigue el plan de Dios para confrontar a David con la gravedad de su pecado. Natán, el mensajero de Dios, le cuenta una sencilla pero poderosísima parábola (12:1-4). David se indigna por la conducta del hombre rico del relato de Natán, y dice que "es digno de muerte" una persona tan depravada, sin misericordia. Las palabras de Natán: "Tú eres ese hombre" penetran el corazón de David. Natán sigue con el mensaje de Dios relatando pecado tras pecado de David. "¿Por qué, pues, menospreciaste la palabra de Jehovah e hiciste lo malo ante sus ojos?" (2 Sam. 12:9).

Los Salmos 4, 42, 43 y 141 que forman el contexto de este estudio, también contienen expresiones de un "corazón contrito y humillado" por el pecado cometido, que reclama la restauración de Dios.

Natán entonces da el mensaje del castigo que vendría a la casa de David, una vida de intriga, de muerte, de traición. El resto del capítulo habla de la muerte del hijo concebido con Betsabé, seguido por el nacimiento de Salomón que se toma como signo del perdón otorgado por Dios.

─────────── **Estudio del texto básico** ───────────

1 El reconocimiento del pecado, Salmo 51:1-3.

Este Salmo penitencial por excelencia refleja la necesidad primaria que el pecador arrepentido tiene del amor misericordioso y perdonador de Dios.

Vv. 1, 2. Sin la confesión pidiendo el amor, la piedad, la compasión, la ternura de Dios, su "amor leal" (*hesed*), no habría esperanza. El Salmista, reconociendo la enormidad de su pecado, pide a Dios: *borra mis rebeliones, ...lávame más y más de mi maldad, y ...límpiame de mi pecado*. Estas son palabras del culto y contienen todo el simbolismo del poder transformador del perdón. Para el Salmista su pecado no es una mancha fácil de eliminar, sino tan profunda que solamente la misericordia de Dios puede sacar. El Salmista reconoce que su pecado ha sido múltiple, y usa las tres palabras básicas para el pecado en el Antiguo Testamento: rebelión, maldad y pecado. La idea no es que ha cometido tres pecados, sino que reconoce que el pecado ha penetrado la totalidad de su ser, y busca todas las formas a su disposición para describirlo. **V. 3.** David sabe que carece totalmente de bien en sí mismo, el pecado ha penetrado la totalidad de su ser y sus acciones. Está consumido por el reconocimiento de su pecado, no puede apartarlo de su mente.

En los tres versículos que siguen reconoce que el pecado es un problema teológico porque viola la relación del hombre con Dios mismo.

El versículo 5 no condena el sexo, sino que el Salmista declara que su pecado ha penetrado su ser aun hasta el principio de su vida.

2 La petición para la acción purificadora de Dios, Salmo 51:7-9.

V. 7. El *hisopo* era una planta cuyas ramas se usaban en los cultos de purificación. Pensando en esto el Salmista ve la posibilidad de quedar *limpio* y renovado del pecado por la acción purificadora de Dios. **V. 8.** Su pecado ha afectado todo su ser, está abatido. El cuerpo demuestra tanto el efecto del pecado (v. 8b) como el resultado gozoso de la restauración del perdón (8a). **V. 9.** La idea de que sus *pecados* siempre están delante de Dios preocupa al Salmista, y pide que no los mire, que los borre, que no quede nada de ellos. El pecado y la necesidad del perdón han penetrado su ser de tal forma que no puede pensar en otra cosa. La gravedad del pecado demanda múltiples soluciones, y así la mente creativa de David va de imagen en imagen procurando encontrar las formas precisas para pedir la acción purificadora de Dios.

3 Una nueva conciencia para un nuevo camino, Salmo 51:10-14.

V. 10. El Salmista pide un nuevo *corazón,* un nuevo principio, un cambio de perspectiva, una nueva capacidad para la vida y la felicidad. Dios es el único que puede hacerlo porque para Dios todo es posible. No olvide que en el lenguaje bíblico el corazón tiene que ver con la mente, el poder de la toma de decisiones, la escala de valores. El cambio que necesita el Salmista es dramático. Sólo Dios puede efectuarlo. **Vv. 11, 12.** El erudito Walter Brueggemann sugiere que el espíritu es el don de Dios. David lo había recibido al ser escogido por Dios para ser rey de Israel, ahora se ve privado del Espíritu de Dios y lo pide de todo corazón para poder vivir y actuar como el rey escogido por Dios. En 1 Samuel 16:13 se indica cómo "el Espíritu de Jehovah descendió con poder sobre David" cuando había sido ungido rey. **Vv. 13, 14.** Al ser perdonado por Dios, renovado en su espíritu, testificará enseñando y cantando de la bondad y la justicia de Dios. La respuesta del Salmista al gozo que se ha infundido en su ser es de testificar de la bondad de Dios. Va a enseñar a otros *pecadores* los *caminos* del Señor, y va a cantar de su *justicia* en los cultos. No es posible recibir un perdón tan grande y guardar silencio de lo que ha pasado. Hay que compartirlo con otros que también necesitan oír y recibir este mensaje. Ha habido un cambio total en David, la petición a Dios de un corazón nuevo ha sido otorgada.

4 La ofrenda y la acción que agradan a Dios, Salmo 51:15-17.

Estos versículos forman una estrofa y demuestran que el perdón, la alabanza y el testimonio están íntimamente relacionados. Solamente cuando uno ha buscado con el corazón contrito el perdón de sus pecados, se vuelve a experimentar el gozo de la salvación. Es en ese momento que se pueden cantar alabanzas auténticas.

V. 15. El testimonio del Salmista había sido silenciado por su pecado. Ahora tiene la posibilidad de cantar alabanzas de nuevo por la acción perdonadora de Dios. La alabanza sería vacía sin la relación restaurada por el arrepentimiento y el perdón. Como consecuencia de los graves pecados del adulterio y homicidio, el Salmista no se sentía con la capacidad moral y espiritual para abrir sus labios y proclamar la alabanza a Dios. Se necesita una acción restauradora de perdón y misericordia que sólo Dios puede ejecutar.

Vv. 16, 17. El Salmista reconoce que no·hay sacrificio u ofrenda material que pueda ofrecerse para restablecer su relación con Dios si no es acompañado por el sacrificio vivo del *corazón contrito y humillado*. Esto no es solamente "sentirse mal" por lo que ha hecho, es todo un cambio de perspectiva, un cambio de mente que reconoce el horror de su pecado y su incapacidad para resolverlo.

Es interesante que el sistema de sacrificios que Dios había establecido no incluía sacrificios por el adulterio ni el homicidio. Estos, al ser pecados tan graves contra la comunidad y contra Dios, recibían como consecuencia la muerte. Así la única posibilidad de perdón y restauración era el corazón *contrito y humillado* frente a la misericordia de Dios. La ofrenda que agrada a Dios es el *corazón contrito,* la búsqueda del perdón y la renovación del corazón "hecho pedazos". Al recibirlos puede cantar con nueva vitalidad y transparencia. Algo que Dios no puede rechazar es la actitud de una persona que reconoce que le ha ofendido y que busca humildemente su perdón.

──────────── Aplicaciones del estudio ────────────

1. El camino a la restauración es doloroso. Pero la expresión sincera del arrepentimiento puede cambiar ese dolor en alegría al recibir el acto bondadoso y sanador del perdón de Dios.

2. Dios recibe al pecador arrepentido. Estas son "buenas nuevas" para todos. El arrepentimiento es reconocimiento del pecado cometido, y la determinación de vivir según la guía del Señor.

3. Este salmo ha traído bendición a multitudes de personas durante los siglos. Es un modelo, una fórmula, que puede servir de guía para la persona que arrepentida está en el proceso de confesar su pecado.

4. Hay una relación íntima entre el estado espiritual de la persona y su alabanza a Dios. La alabanza es hueca a los oídos de Dios y de la comunidad si no es respaldada con una vida en plena comunión con el Señor.

5. El arrepentimiento tiene respuesta. Dios recibe la sincera expresión de arrepentimiento y le concede al pecador un nuevo corazón para que pueda renovar su vida y anunciar esta maravilla.

Un corazón limpio
Salmo 51:10-12

Introducción: El pecado separa a la persona no solamente de Dios sino de la comunidad y de sí misma. Su pecado ha entrado y robado su paz, su tranquilidad. En tal estado se debe pedir a Dios una nueva vida, un corazón limpio.

I. Un corazón limpio —la acción de Dios (vv. 10, 11).
A. Sólo la acción de Dios puede crear un nuevo corazón. El hombre por sus propias fuerzas y recursos no se puede proveer este nuevo corazón.
B. Significa un cambio total, un nuevo principio.
C. El corazón representa la mente, el centro de la volición y los valores de la persona.
D. El Espíritu de Dios dará la fuerza para no dejar este nuevo cambio.

II. Un corazón limpio —testigo a los rebeldes (vv. 12, 13).
Una vez que una persona recibe un nuevo corazón en base al amor de Dios y su arrepentimiento, puede experimentar:
A. El gozo de la salvación;
B. Fuerzas para enseñar a los rebeldes los caminos de Dios y verles volver a él.

III. Un corazón limpio —anuncia la justicia de Dios (v. 14).
A. Reconoce la gravedad de su culpa.
B. Reconoce que Dios es su única salvación.
C. Reconoce su función futura: cantar de la justicia de Dios.

Conclusión: El corazón limpio por Dios da resultados no solamente en el pecador, sino en la comunidad. ¿Se ha dado cuenta de que tiene pecados que no ha confesado a Dios? ¿Que su corazón necesita ser limpiado por Dios? Hoy es el momento para arrepentirse sinceramente y recibir el corazón limpio de parte del Señor.

¿Se ha dado cuenta de que no está demostrando y anunciando las buenas nuevas de Dios como él espera de todo aquel que ha sido perdonado y que ha recibido un "corazón limpio"? Hoy es el momento para tomar la decisión de ser un testigo fiel y anunciar su justicia a otros. ¿Lo hará?

Lecturas bíblicas para el siguiente estudio

Lunes: Salmo 32
Martes: Salmo 130
Miércoles: Salmo 79

Jueves: Salmo 85
Viernes: Salmo 116:1-11
Sábado: Salmo 116:12-19

AGENDA DE CLASE

Antes de la clase

1. Lea 2 Samuel 11:1 al 12:14 y prepárese para relatarlo en clase. **2.** Lea el Salmo 51 que es la reacción de David ante la amonestación del profeta Natán. **3.** Asigne con anterioridad a un alumno la tarea de buscar cuál era el castigo legal por el delito de adulterio, según Levítico 20:10, y a otro alumno el castigo por el delito de homicidio intencional, según Números 35:16-21. **4.** Conteste las preguntas en la primera sección bajo *Estudio del texto básico* en el libro del alumno.

Comprobación de respuestas

JOVENES: **1.** Ten piedad, borra mis rebeliones, lávame y límpiame. **2.** Mí, corazón, limpio, renueva, espíritu, recto. **3.** Espíritu quebrantado. **4.** No los desprecia.
ADULTOS: **1.** Cuando el profeta Natán fue a David, después que éste tuvo relaciones con Betsabé. **2.** Piedad, misericordia, compasión. **3.** Maldad, pecado, rebeliones. **4.** Gozo, alegría, regocijarán, huesos. **5.** Crea, mí, corazón, renueva, firme. **6.** Abrir sus labios, proclamar su boca la alabanza de Dios.

Ya en la clase

DESPIERTE EL INTERES

1. Llame la atención al título del estudio en el cartel que preparó para la clase anterior con los títulos de todos los estudios de esta unidad. **2.** Diga que la lamentación y plegaria que es el Salmo 51 que hoy estudiarán brotó del corazón triste y humillado de David. Repase el perfil que hicieron de David en la sesión anterior y agregue que ahora lo verán triste y humillado. ¿Por qué? **3.** Abran sus Biblias en el Salmo 51 y haga ver la explicación introductoria del Salmo.

ESTUDIO PANORAMICO DEL CONTEXTO

1. Relate 2 Samuel 11:1 a 12:14 recalcando al final que David había quebrantado dos leyes importantes de su país: La ley sobre adulterio y la ley sobre homicidio. Vean si pueden decirlas, en caso contrario búsquenlas y léanlas en Exodo 20:13 y 14. Mencione que la ley o "código penal" de la nación hebrea incluía la pena a cumplir por los delitos. **2.** Los alumnos a quienes asignó buscar la pena por los delitos de adulterio y homicidio digan cuál era. Comente que David, aunque rey, merecía, según sus propias leyes, la pena de muerte.

ESTUDIO DEL TEXTO BASICO

1. El reconocimiento del pecado, Salmo 51:1-3. Un alumno lea en voz alta los vv. 1-3. Pregunte: En el v. 1, ¿en base a qué pidió David la piedad de su Juez? Recalque que desde el comienzo mismo del Salmo apela a la compasión (*HESED*) de Dios y no trata en ningún momento de negar o justificar su conducta. Pregunte: ¿Qué tres palabras usó para referirse a sus delitos? (rebeliones, maldad, pecado). Guíe un estudio de lo que cada palabra implica. Pregunte: ¿Qué tres palabras usa para pedir a Dios que haga algo con sus rebeliones, su maldad y su pecado? (borra, lávame, límpiame). Guíe un estudio de lo que cada palabra implica. Pregunte: En el v. 3, ¿Qué frase denota que le remordía terriblemente la conciencia? (mi pecado está siempre delante de mí). Lea usted en voz alta los vv. 4-6 pidiendo a los presentes que noten el contraste entre la humillación que siente por lo que él es y el reconocimiento de las cualidades perfectas de Dios.

2. *La petición para la acción purificadora de Dios, Salmo 51:7-9.* Un alumno lea en voz alta los vv. 7-9. Los demás presten atención para encontrar frases que indican que pide la acción purificadora de Dios y los resultados de la misma. Guíe un diálogo sobre lo que encontraron. Pregunte: ¿Cuáles conceptos son una repetición de los versículos anteriores y cuáles aparecen por primera vez? Coméntenlos.

3. *Una nueva conciencia para un nuevo camino, Salmo 51:10-14.* Dos alumnos lean en voz alta los vv. 10-13, uno leyendo la primera parte de cada versículo y el otro, la segunda parte. Diga que cada versículo es una petición a Dios que va más allá de pedir que "borre", "lave" y "limpie". Pregunte: ¿Cuál es la petición en el v. 10? Después que respondan explique lo que significa y su aproximación con el concepto cristiano de nacer de nuevo y ser una nueva criatura. Pregunte cuál es la petición en el v. 11, explíquelo y haga lo mismo con el v. 12. Lean de la misma forma el v. 13. Explíquelo en base a lo que usted estudió.

4. *La ofrenda y la acción que agradan a Dios, Salmo 51:15-17.* Un alumno lea en voz alta los vv. 15-17. Pregunte: ¿Qué pide y qué promete David en el v. 15? Después que contesten, un alumno lea en voz alta el comentario de este versículo en el libro del alumno. Pregunte: ¿Cómo sabía David que Dios no aceptaría ningún sacrificio suyo en paga por sus pecados? Permita que respondan y recuérdeles luego que David sabía que en el sistema de pago por delitos que Dios dio a su pueblo, no había provisión para sacrificios ni holocaustos que produjeran el perdón por los delitos de adulterio y homicidio intencional. Comente que este v. 17 muestra que David conocía a Dios más que superficialmente, ¿qué palabras lo indican? Guíe un diálogo sobre la maravilla que es nuestro Dios que no desprecia al corazón contrito y humillado.

APLICACIONES DEL ESTUDIO
1. Este Salmo se presta para una aplicación evangelística. Si hubiera alumnos que no han aceptado a Cristo, destaque los pasos indispensables en la salvación: arrepentimiento, confesión y pedir el perdón de Dios. **2.** Pida a los presentes que cada uno elija el versículo que más le impactó. Al decirlos, procure que expliquen brevemente por qué lo eligieron.

PRUEBA
1. En parejas hagan la primera actividad en esta sección en sus libros del alumno. **2.** Trate de lograr un espíritu de reverencia al hacer cada uno individualmente la segunda actividad.

La dicha del perdón

Contexto: Salmos 32; 79; 85; 116; 130
Texto básico: Salmo 32
Versículo clave: Salmo 32:1
Verdad central: Cada persona es responsable frente a Dios por su vida. La experiencia de confesar los pecados a Dios produce perdón y alegría.
Metas de enseñanza-aprendizaje: Que el alumno demuestre su: (1) conocimiento de la condición y los pasos que dio el Salmista para lograr tener la dicha del perdón, (2) actitud de arrepentimiento de sus pecados para experimentar la dicha del perdón.

─────────── **Estudio panorámico del contexto** ───────────

A. Fondo histórico:
   Con éste tema se completan tres estudios de los Salmos penitenciales. Estos Salmos (6, 32, 38, 51, 102, 130, 143) han tenido a través de los siglos un ministerio restaurador en los corazones y los labios de personas culpables de pecado pero que se han arrepentido y han buscado el perdón del Señor. Cada Salmo da un mensaje especial de un momento intenso en la relación de Dios e Israel, o Dios y un individuo.
   En cada caso la situación demandaba algo nuevo, algo radical. En estos Salmos el Salmista reconoce su propio pecado, no acusa a otra persona, ni a Dios por su situación. Reconoce que él es culpable y que el único camino a la restauración es por medio de su arrepentimiento y el perdón de Dios.
   La Biblia tiene muchos ejemplos de pasajes que hablan de la necesidad de arrepentirse y recibir el perdón de Dios. En uno de ellos citado frecuentemente, Jehovah habla con Salomón para hacer un pacto con él y con la nación: "si se humilla mi pueblo sobre el cual es invocado mi nombre, si oran y buscan mi rostro y se vuelven de sus malos caminos, entonces yo oiré desde los cielos, perdonaré sus pecados y sanaré su tierra" (2 Crón. 7:14).
   En la profecía de Isaías encontramos pasajes que nos ayudan a entender lo que es el pecado y el efecto del perdón en la vida de la persona o la nación arrepentida. "Venid, pues, dice Jehovah; y razonemos juntos: Aunque vuestros pecados sean como la grana, como la nieve serán enblanquecidos. Aunque sean rojos como el carmesí, vendrán a ser como blanca lana" (Isa. 1:18). Hay un cambio radical en la vida de la persona que recibe el perdón de Dios. La dicha del perdón es una realidad para todo el que esté dispuesto a confesar su pecado y mostrar su arrepentimiento.

B. Enfasis:

El Salmo 130 es parte del contexto bíblico del estudio de hoy. Este Salmo es el más claro y preciso de los siete Salmos penitenciales. Empieza con una súplica a Dios pidiendo ser escuchado. El Salmista ilustra el contexto de su súplica: "De lo profundo de mi ser" o sea clama a Dios desde la más profunda depresión y necesidad. Podríamos decir que aquí el grito viene de "nadie" de "ninguna parte". Pero esta súplica es oída tal como en los tiempos de los hebreos esclavos en Egipto (Exo. 2:23-25).

Los versículos 3 y 4 presentan la gran verdad del evangelio: nadie podría encontrarse de pie frente a Dios si él tuviera en cuenta nuestra maldad, pero la gran verdad liberadora de Dios es "pero en ti hay perdón" (v. 4a). Como resultado del perdón la persona honrará al Señor, le mostrará la reverencia debida. La reverencia y la honra dadas a Dios son combinadas con la esperanza, una "esperanza viva", una esperanza activa en que Dios responderá a esa necesidad. Espera con entera confianza en que Dios le rescatará del abismo.

El Salmo termina con un mensaje que va de lo personal a toda la nación; "en él hay abundante redención". El individuo como parte de la nación siente responsabilidad por ella, y así llama a la nación al arrepentimiento, porque en Jehovah hay misericordia y abundante redención.

——————————— Estudio del texto básico ———————————

1 La felicidad del perdón y la transparencia personal, Salmo 32:1, 2.

V. 1. El Salmista proclama la gran verdad del evangelio: Feliz *aquel cuya transgresión ha sido perdonada.* Esta proclamación sale del corazón bendecido; no proclama que la felicidad se limita a aquellos que hacen el bien, obedeciendo siempre la ley, sino que no hay felicidad mayor que la de una persona que después de confesar su pecado ha sido perdonada. Eso se llama restauración.

V. 2. Feliz la persona perdonada, que no tiene que vivir bajo el peso de su culpa. Una vez perdonado el pecado, es borrado, Dios no lo recuerda más (Isa. 43:25). El perdón es para quien es sincero, *en cuyo espíritu no hay engaño.* En estos dos versículos se usan las tres palabras básicas en el hebreo para pecado: (1) "transgresión" (*pesha*) es la rebelión contra la autoridad divina; (2) "pecado" (*chatah*) es una acción errada, muchas veces deliberada, con el resultado de no llegar a la meta de Dios; (3) "iniquidad" (*awon*) es la idea de tergiversar o torcer la verdad. Se usan estas palabras en forma sinónima para dar una enseñanza importante de cuán complicado es el pecado, y cómo enreda y destruye a la persona.

Es un peso demasiado grande para soportar, solamente Dios puede aliviarlo. Por ser tan pesada la carga del pecado, y por ser Dios el único que puede perdonarlo, es que el hombre que ha recibido el beneficio del perdón es *bienaventurado.* La felicidad según Dios es muy diferente a la que el hombre trata de proveerse por los medios externos. Esa clase de gozo es pasajero y una vez terminado causa mayor angustia y soledad.

2 El contraste de dos formas de enfrentar el pecado, Salmo 32:3-7.

Vv. 3, 4. El Salmista describe lo que pasa cuando el pecado no es confesado: *se envejecieron mis huesos*, su cuerpo, la totalidad de su ser se debilitó. Su gemido era constante. Este versículo demuestra que cuando el pecado no es confesado, todo el ser es afectado. El vigor decae y la persona queda imposibilitada para realizar cualquier acción. El sentido de alienación es constante, *de día y de noche;* no existía la posibilidad de tener paz. Su aflicción era el resultado del pecado, y así había una relación estrecha entre su dolor y la falta de confesarlo.

V. 5. Aquí se ve el gran cambio; el Salmista decide declarar su pecado y confesarlo al Señor. Noten que usa otro nombre para referirse al pecado, en este caso agrega la palabra *maldad*. A pesar de este cuadro tan triste, sabe que su única esperanza es la confesión al Señor de estos pecados. La confesión no es solamente relatar a Dios lo que se ha hecho, es informarle, sí, pero es tambien dejar el pecado y seguirle obedientemente.

Aquí se ve la fórmula del perdón: *Mi pecado te declaré; ...tú perdonaste.* Siempre se puede contar con Dios para perdonar, no hay que esperar, no hay que hacer cosas adicionales, solamente es tomar la decisión y cumplirla.

V. 6. En la confianza de esta gran bendición en un Dios que perdona y da su paz a quien se arrepiente, el Salmista invita a todas las personas a orar a Dios en su momento de aflicción para encontrar el perdón. *Las caudalosas aguas* puede significar el poder de la muerte o de un gran peligro. El Salmista seguramente había visto los lugares secos en el desierto llenarse de agua en el tiempo de las lluvias torrenciales donde la gente podría ser atrapada en un instante y perder la vida. Arrepentirse del pecado, y seguir a Dios con fidelidad da una nueva valoración de la vida y más seguridad frente a las tentaciones diarias.

V. 7. El Salmista presenta tres acciones de Dios: *tú eres mi refugio; me guardarás de la angustia; con cánticos de liberación me rodearás .* Cada una de estas acciones demuestra la presencia de Dios en su vida, y la maravilla del perdón y la renovación gozosa que vive ahora. Esta es la transformación total hecha por Dios en la persona arrepentida. Hay un sentido de protección y cuidado, pero hay algo más: estar rodeados por los *cánticos de liberación*. Es como si estuviera en la antesala del cielo, rodeado por los cánticos que celebran la felicidad del perdón. Jamás está solo quien se ha arrepentido y recibido el perdón restaurador del Señor en su vida.

Esta sección del Salmo presenta un cuadro claro de la transformación producida por la confesión del pecado a Dios. Hay algo horriblemente destructivo en el pecado oculto, pero confesarlo a Dios y recibir su perdón, es gozar de su presencia y su guía, porque la vida ha sido transformada.

3 El consejo de Dios y su acción en la vida de sus seguidores, Salmo 32:8-11.

Vv. 8, 9. Estos dos versículos nos dan un mensaje especial de Dios. Por regla general los salmos son el mensaje de la persona a Dios, pero este Salmo nos da un mensaje significante de Dios mismo. Como resultado del proceso de arrepentimiento y el perdón obtenido, Dios promete su dirección constante. Le indicará cómo y dónde andar; fijará sus ojos en él, atento a sus necesidades y posibilidades. Aun Dios da un paso más, porque sabe que la persona puede atenderle y seguir su dirección, o puede dejar de hacerlo; así que le aconseja que reciba su instrucción y la siga, y que no sea como el *caballo o el mulo* que tienen que ser forzados a ir al lugar donde deben ir.

Algunos eruditos creen que los versículos 8 y 9 son un oráculo recibido de Dios en el momento cuando el Salmista acudía a él en su necesidad. De todas formas demuestran la necesidad de aprender de la situación que uno ha tenido. Una parte primordial de la experiencia del perdón es la convicción de que uno no está solo, que puede contar con la presencia y guía del Señor en todo momento. Sin duda hay personas que escuchan el mensaje pero no le prestan verdadera atención. Aquí son comparadas con *el mulo* o *el caballo* que tienen que ser sujetados con fuerza. Seguramente la idea es de no menospreciar la enseñanza de este testimonio del Salmista: él había estado preso de su pecado y al arrepentirse encontró la felicidad en el perdón de Dios. Es tan grande su alegría que quiere compartirla con otros, y convencerlos de la verdad a pesar de su obstinación.

V. 10. La gran enseñanza de este versículo es la oportunidad de escoger entre dos posibilidades: el camino del *impío,* que le guiará a *muchos dolores* como los descritos en los versículos 3 y 4, o el camino del que *espera en Jehovah*, quien será rodeado de la misericordia, el amor leal de Dios. Los que escogen a Dios vivirán en el contexto constante del pacto, serán cercados con la misericordia de Dios. Compara este concepto con el versículo 7c para otra expresión de la relación especial con Dios, donde la persona perdonada será rodeada con cánticos de liberación.

Este versículo trae a la memoria el hermoso llamamiento de Deuteronomio 30:19, 20. Hay dos caminos: la vida y la muerte, la bendición y la maldición. "Escoge, pues, la vida..." Todo el mensaje de la Biblia es para que escojamos la vida, que esperemos en Jehovah, que le sigamos en todos los aspectos de la vida. Jesús nos enseña que hay dos caminos también, y que es la "puerta estrecha" la que guía a la vida, Mateo 13:14.

V. 11. Este último versículo es un repetido llamamiento a gozarse en Jehovah: alegraos, *...gozaos, ...cantad con júbilo.* La invitación es a los *justos,* los *rectos de corazón,* o sea, los fieles miembros del pacto, de la comunidad. No la comunidad de los perfectos, sino la comunidad de los perdonados, de los que celebran su experiencia de perdón (v. 1), y en gozosa obediencia viven la vida de justicia y rectitud.

─────────── **Aplicaciones del estudio** ───────────

1. La dicha del perdón es para todo aquel que siente el deseo de arrepentirse de su pecado y pedir el perdón del Señor. Esta es la invitación constante de un Dios de amor.

2. El pecado afecta íntegramente a la persona. La ciencia ha confirmado lo que el Salmista afirma. La salud es afectada por el pecado. Muchos ven cómo una enfermedad tiene su principio en algún momento emocional, en un sentido de debilidad cuando la inmunidad de la persona está en un nivel peligroso. El lenguaje simbólico de "se envejecieron mis huesos en mi gemir, todo el día" y "mi vigor se convirtió en sequedades de verano" demuestran cómo el pecado y su efecto toman preso al cuerpo, las emociones y el espíritu, o sea toda la persona.

3. El pecado puede mantener a una persona en postración. Hay una relación directa entre el mal y algunas enfermedades. La confesión a Dios de un pecado logra la restauración y la sanidad moral y espiritual.

4. Hay dos posibilidades para la persona que ha pecado: arrepentirse y ser perdonado de su pecado o no pedir perdón y continuar en su camino pecaminoso. Dios invita a todos a arrepentirse y buscar su perdón, dándoles el refugio y la protección de la angustia.

─────────── **Ayuda homilética** ───────────

La transformación del perdón
Salmo 32:3-7

Introducción: El pecado no solamente afecta a la persona en su relación con Dios, sino en todo su ser: cuerpo, mente, emociones y en sus relaciones con otros. La dicha del perdón transforma a la persona en todos estos aspectos.

I. El gemir de todo el día (vv. 3, 4).
   A. La multiplicidad del pecado se ve en las tres palabras usadas para describirlo: transgresión, pecado, iniquidad (vv. 1, 2).
   B. Sus efectos corporales (vv. 3a y 4).
   C. Sus efectos emocionales (v. 3b).

II. La confesión del pecado (v. 5).
   A. La confesión ha sido total. Nada quedó encubierto (v. 5a)
   B. El resultado de la confesión: perdón (v. 5c).

III. La transformación gozosa (vv. 6, 7).
   A. Dios es fiel y responde a las oraciones de su seguidor (6a).
   B. Le protege en los momentos de peligro (v. 6b).
   C. Una tríada de beneficios del perdón (v. 7)

Conclusión: Para el pecador hay un camino que guía a la felicidad. Es el camino del arrepentimiento y el perdón. Si está experimentando la angustia que causa el pecado, escuche el testimonio del Salmista. Usted puede tener también esta transformación.

Lecturas bíblicas para el siguiente estudio

Lunes: Salmo 23   **Jueves:** Salmo 16
Martes: Salmo 11   **Viernes:** Salmo 71:17-24
Miércoles: Salmo 28   **Sábado:** Salmo 80:1-7

AGENDA DE CLASE

Antes de la clase
1. Lea en su Biblia los Salmos 32, 79, 85, 116, 130. Identifique las confesiones, los pedidos de perdón y las expresiones de alabanza por el perdón recibido. **2.** Estudie los comentarios en este libro y el del alumno. **3.** El libro *Salmos: Cánticos de Vida* por Fred M. Wood incluye un breve pero excelente estudio del Salmo 32. Si puede conseguirlo, válgase de él. **4.** Prepare para llevar a clase una Biblia en la Versión Popular. **5.** Prepare hojas de papel de escribir y lápices para cada participante. **6.** Complete la primera sección bajo *Estudio del texto básico* en el libro del alumno.

Comprobación de respuestas
JOVENES: **1.** Respuesta personal del alumno. **2.** Envejecieron sus huesos. **3.** Es su refugio. **4.** Le rodea la misericordia. ADULTOS: **1.** V. 1, la persona que tiene su transgresión perdonada y cubierto su pecado. V. 2, la persona a quien Jehová no atribuye iniquidad, y en cuyo espíritu no hay engaño. **2.** Se envejecieron sus huesos en su gemir, todo el día. De día y de noche se agravó sobre su mano, su vigor se convirtió en sequedades de verano. **3.** Jehová perdonó la maldad de su pecado. **4.** Refugio, guardarás, angustia, liberación, rodearás. **5.** Te haré entender y te enseñaré el camino en que debes andar. Sobre ti fijaré mis ojos.

Ya en la clase
DESPIERTE EL INTERES
1. Pida a los alumnos que abran sus Biblias en el Salmo 51 y se fijen si contiene alguna indicación de que la plegaria de David fuera escuchada (no). **2.** Diga que generalmente se cree que el Salmo 32 que hoy estudiarán es el que escribió David después del 51 cuando ya sintió que Dios le había perdonado.

ESTUDIO PANORAMICO DEL CONTEXTO
1. Llame la atención al cartel donde escribió los títulos de los estudios de esta Unidad haciendo notar el título de la lección anterior y de éste, diciendo que la tristeza y humillación de David se transformó en dicha cuando se sintió perdonado por Dios. **2.** Llame la atención al cartel con los títulos de las Unidades y diga que en este último *Canto de confesión* que estudiarán, encontrarán también elementos de *alabanza* y *gratitud*. **3.** Pídales que tengan en mente el Salmo 51 al estudiar el 32.

ESTUDIO DEL TEXTO BASICO
1. La felicidad del perdón y la transparencia personal, Salmo 32:1, 2.
Dé la Biblia en Versión Popular a un alumno. Todos busquen en sus Biblias el Salmo 32. Un alumno lea en voz alta el v. 1 en la versión de la Biblia que siempre usan y el que tiene la Versión Popular lea enseguida el mismo versículo. Procedan de la misma manera con el v. 2. Pregunte: ¿Qué palabras

sinónimas de "pecado" usa David? Escríbalas en el pizarrón o en una hoja grande de papel. Pregunte: ¿Qué expresiones describen el perdón de Dios? Después de que respondan diga que estos versículos introductorios del Salmo son un resumen del testimonio de David que enseguida pasa a relatar en más detalle. 2. *El contraste de dos formas de enfrentar el pecado, Salmo 32:3-7.* Los dos alumnos lean en voz alta los vv. 3 y 4 en la misma forma en que lo hicieron con los versículos anteriores. Pregunte: ¿Qué consecuencias sufrió ○ David mientras no hizo frente a sus pecados? Después de que contesten, destaque el efecto físico de callar su pecado y que estos versículos son una descripción excelente de lo que muchas veces llamamos *carga del pecado*. Lean el v. 5 de la misma forma que los anteriores. Pregunte: ¿Qué decisión tomó David? Haga notar el paralelismo progresivo y pregunte en qué culmina (Dios lo perdonó). Borre las palabras en el pizarrón o si las escribió en una hoja de papel, rómpala en pedacitos y descártela. Diga que eso es lo que hizo Dios con los pecados de David: los borró, los descartó. O sea que le quitó la carga de su pecado. Los dos alumnos lean en la misma forma que antes el v. 6. Guíe el diálogo con preguntas como las siguientes: ¿A qué se refiere "Por eso"? ¿En qué tiempo puede ser hallado Dios? (Mientras uno vive. Con la muerte desaparece la posibilidad del perdón.) ¿Cuál es la consecuencia de las inundaciones y cómo se aplica a la consecuencia de los pecados que uno carga? Lean ahora el v. 7 de la misma forma que antes. Si entre sus alumnos hay alguno a quien le gusta dibujar pídale que en el ○ pizarrón u otra hoja grande de papel haga un dibujo que represente este versículo. Una alternativa sería repartir hojas de papel y lápices y que cada uno haga un dibujo y lo explique.

3. *El consejo de Dios y su acción en la vida de sus seguidores, Salmo 32:8-11.* Haga notar que los vv. 8 y 9 están entre comillas. Agregue que la mayoría de los eruditos bíblicos opinan que se trata de una cita directa de lo que Dios le dijo a David. Los dos alumnos lean los vv. 8 y 9. Pregunte: ¿Qué tres promesas contienen? Coméntenlas recalcando que esas promesas son también para todo el que haga lo que hizo David con la "carga de su pecado". Los dos alumnos lean los vv. 10 y 11. Haga notar el paralelismo antitético. Pregunte: ¿Qué tendrá el impío mientras no confiese su pecado? ¿Pueden describir algunos dolores que sufrirá? ¿Cuál es la promesa para el que espera en Dios?

APLICACIONES DEL ESTUDIO
1. Pida a varios alumnos que lean en voz alta y comenten cada aplicación que aparece en sus libros. 2. Forme parejas y deles hojas de papel para escribir (si hacen dibujos, usen el dorso de esa misma hoja) y lápices. Escri- ○ ban un salmo de por lo menos cuatro líneas sobre la dicha del perdón usando paralelismos antitéticos (ideas opuestas). Compartan lo que escribieron.

PRUEBA
En parejas, contesten las preguntas en esta sección en el libro del alumno. Dialoguen sobre lo realizado.

Unidad 8

Dios es mi pastor

Contexto: Salmos 11; 16; 23; 28; 71:17-24; 80:1-7
Texto básico: Salmo 23
Versículo clave: Salmo 23:4
Verdad central: Se puede tener plena confianza en Dios, en su amor y fidelidad. El es como un cuidadoso pastor, como un anfitrión sensible.
Metas de enseñanza-aprendizaje: Que el alumno demuestre su: (1) conocimiento de las muchas manifestaciones de cuidados precisos que Dios da al que confía en él, (2) actitud de valorar su relación con Dios y desarrollarla continuamente, mostrando cada vez más su confianza en él.

───────── Estudio panorámico del contexto ─────────

A. Fondo histórico:

Los Salmos que estudiaremos en estos próximos cuatro estudios están entre los más significativos del salterio. Son los Salmos de confianza. Ciertamente el interés primario de los salmistas era exaltar el sentido del poder cercano y salvífico de Dios. El lenguaje que antes se centraba en la alabanza a Dios en el templo, ahora es ensanchado para incluir las experiencias diarias de la comunidad. Así, por ejemplo, tenemos el muy amado Salmo 23 que habla del cuidado de Jehovah como un pastor que cuida de sus ovejas.

Estos Salmos demuestran más reflexión que los Salmos de gratitud que ya hemos estudiado. No se quedan tratando acerca de una situación específica cercana. El dolor y la angustia que los salmistas experimentaron en un momento dado ya no era tan palpable. El paso del tiempo les había dado más oportunidad para reflexionar en cuanto al socorro de Dios en aquellas situaciones y se aplican en forma más global a la vida; Jehovah es totalmente confiable frente a cualquier amenaza. Sin una experiencia de profunda protección y salvación ¿cómo podrían expresar tan sentidas expresiones de confianza que han dado valor a creyentes de todas las naciones y todas las edades?

El Salmo 23 es probablemente el más amado de todos los salmos. Ilustra la profunda confianza que un rebaño de ovejas tiene en su pastor. Es una figura que habla de la confianza que el creyente puede tener en el gran Pastor de Israel, Dios mismo. Israel era un pueblo pastoril, y entendía muy bien el significado de la relación de un pastor con su rebaño. Habían usado estas imágenes de relación frecuentemente en su historia (ver Núm. 27:17; Isa. 40:11; Eze. 34:23; Miq. 7:14; Zac. 10:2). Jesús también usó la figura del pastor, aplicándose a sí mismo el título de "buen pastor", especialmente en Juan 10 y Mateo 9:36. Los primeros creyentes también usaban este concepto de Dios.

B. Énfasis:

El Salmo 16 es un hermoso ejemplo de los salmos de confianza. Enseña que la confianza no es solamente en el cuidado de Dios en un momento dado, sino que forma la estructura misma de la vida abierta a la presencia, protección y guía del Señor. Empieza con una breve oración y afirmación de la dependencia del Salmista en Dios como su refugio. Se acuerda de una situación cuando hacía falta gran confianza en él. "Para mí no hay bien aparte de ti." Los versículos 5 y 6 dan varios temas de la confianza que el Salmista siente en el Señor: él es su herencia, sustenta su destino. Seguramente recuerda que la heredad de los judíos venía de Dios. El les había guiado hasta la tierra prometida, les había entregado la tierra a sus antepasados, y ahora él goza de la herencia tan hermosa que tiene.

La respuesta del Salmista de bendecirle, de alabarle, es porque Dios le aconseja siempre. Su certeza de que ha sido instruido por Dios le corrige también. Está convencido de que el Señor está con él continuamente, y le sostiene. La mano derecha simboliza el poder de Dios.

Los versículos 9-11 dan el resultado de esta maravillosa relación con el Señor. Hay alegría y descanso, y confianza en el cuidado del Señor, dándole una vida larga y bendecida. Lo más importante en estos últimos versículos es la confianza del Salmista en su vida con el Señor, plenitud de gozo, delicias para siempre junto a Dios. Estar a la diestra del Señor significa estar en el sitio que él tiene reservado para los fieles. Por eso el Salmista puede decir: "En tu presencia hay plenitud de gozo."

En los salmos que forman el contexto de este estudio, también el Salmista expresa su confianza en Dios quien le ama y es fiel en lo que ha prometido. La fidelidad de Dios es constante, él nunca deja de cumplir sus promesas.

――――――――― **Estudio del texto básico** ―――――――――

1 Confianza en la protección cuidadosa de Dios, Salmo 23:1-3.

El hermoso Salmo 23 presenta dos figuras de Jehovah: la del pastor, y la del anfitrión. Cada imagen tiene como propósito ayudar a los hebreos, y a nosotros, a apreciar aun más el obrar decisivo y constante de Dios en nuestras vidas diarias.

Algunos se preocupan por el uso de las dos figuras. Sin embargo, otros eruditos nos han ayudado a entenderlas mejor. El pastor es el protector de las ovejas mientras van buscando pasto. Pero a la vez él es el protector del viajero que encuentra hospitalidad y protección de los enemigos del desierto en su tienda. Para los que han viajado en el Oriente Medio esta escena no es rara, porque han visto al pastor beduino en estos dos papeles simultáneamente.

V. 1. *Jehovah es mi pastor; nada me faltará.* Los israelitas habían experimentado esta realidad como pueblo en el desierto con el milagro del maná que les sostenía día tras día y año tras año. Pero Dios no les daba solamente el maná para satisfacer su hambre sino también su protección y guía.

La palabra *nada,* se refiere a la totalidad de la vida. El Salmista no divide la vida en lo espiritual y lo material, sino ve la bendición en forma completa:

nada me faltará, con él tengo todo lo necesario. El Pastor amante es suficiente para satisfacer todas las necesidades de sus ovejas.

V. 2. La relación del Salmista con Jehovah es muy personal, sabe que puede confiar en él porque le guía precisamente a llegar hasta el lugar que satisfará sus necesidades básicas. La figura del pastor del Medio Oriente que va a la cabeza de su rebaño nos ayuda a entender esta enseñanza. La primera cosa que busca son los mejores pastos, verdosos, delicados. Uno puede ver este lugar en medio del desierto donde no hay nada, excepto piedras y polvo. El buen pastor le guía a donde la oveja puede encontrar comida. Además, busca una fuente de agua fresca, pero tranquila.

La oveja tiene miedo de aguas torrentosas; pero puesto que es un animal que hace lo que hacen los demás, puede seguir al grupo y entrar en aguas agitadas, empaparse con agua, perder su estabilidad y hundirse. El buen pastor conoce la necesidad de *aguas tranquilas* donde puede abrevar su rebaño sin peligro. Aquí se han mencionado las dos necesidades básicas de la oveja: comida y agua. Sin ellas no puede vivir, y el buen pastor la guía a su encuentro. Por eso confiadamente puede afirmar, "Nada me faltará".

V. 3. *Confortará mi alma* no significa el alma en el sentido griego sino la vida misma, o la parte esencial de la vida, lo que le da vitalidad; "me da nuevas fuerzas" es la idea de la renovación total de la persona por la acción cuidadosa y misericordiosa de Dios.

A la vez el Buen Pastor lleva a su oveja por *sendas de justicia*, o sea le encamina en el camino de la rectitud, y así de la felicidad *por amor de su nombre*. Dios actúa de acuerdo con lo que es, es leal a sí mismo. Uno puede contar con Dios porque actúa según su carácter, actúa de acuerdo con quien es él. Es un pastor que cuida de las necesidades totales de su seguidor: comida, agua, descanso, renovación. Este es su propósito para su seguidor, y lo cumplirá.

2 Confianza en la relación sustentadora de Dios, Salmo 23:4.

V. 4. Este versículo revela la situación más personal del Salmista. En el peligro mayor, el momento y sitio más oscuro de su vida no le va a inundar de miedo. El *valle de sombra de muerte* significa lo más oscuro de los valles. Sea un sitio real o un sitio metafórico, hay razón para tener miedo, para llenarse de angustia. La respuesta del Salmista es: no temeré mal alguno. ¿Cómo es posible esta confianza y seguridad? *Porque tú estarás conmigo.* Con este versículo empieza el corazón de este Salmo; la conversación directa con Dios. Ha pasado de hablar de Dios en tercera persona a la relación más íntima. La razón de toda su confianza es esta relación personal con su Dios.

La *vara* y el *cayado* eran dos instrumentos usados por el pastor para guiar y proteger a las ovejas. La *vara* se usaba para la protección de las ovejas, para golpear a los animales que podrían causarles daño. No se usaba la vara contra las ovejas, sino para protegerlas de los animales de rapiña. El *cayado* era un bastón largo y la parte curvada se podía usar para sacar a una oveja que había caído en un abismo o entre las piedras. También podía usarlo para tocar a la oveja con él para encaminarla.

Este uso de la *vara* y el *cayado* infunde en las ovejas aliento, confianza, seguridad. Su pastor sabe cuidarlas.

3 Confianza en la afirmación y aprecio de Dios, Salmo 23:5, 6.

Aquí se cambia la figura del pastor por la del anfitrión, o posiblemente se ve la doble responsabilidad del mismo pastor.

V. 5. Todavía se habla directamente a Dios en segunda persona: tú. Dios mismo afirma a su seguidor preparándole un banquete frente a sus *adversarios*. Es la primera mención de enemigos, pero ésta es otra vez una muestra del cuidado preciso de Dios.

Dios se identifica con su seguidor, no solamente le da comida sino le manifiesta su amor de manera especial. Ungir la *cabeza con aceite* perfumado mostraba disposición a la amistad y aceptación especial. Esto resulta en la felicidad rebosante del Salmista por el cuidado tan abundante y preciso del anfitrión: *mi copa está rebosando.*

V. 6. La bondad y amor de Dios van a acompañarle *todos los días de su vida*. No es algo temporal, la persona que toma a Jehovah como su Señor recibe *el bien* y la *misericordia* sin fin. Tener a Jehovah como su anfitrión le asegura al creyente bendiciones para toda la vida. Así quiere el Salmista estar siempre al lado de su Dios.

¿Qué mejor que estar en su casa, de poder entrar en su santa presencia en cualquier momento durante el resto de su vida?

La relación del creyente con Dios como pastor y como anfitrión es una relación contínua y hasta la eternidad. Es la gloriosa realidad presente y la esperanza sin fin.

El mensaje primordial de este Salmo tan amado es que la presencia y el compañerismo de Dios transforma cualquier situación. El mensaje no es que no hay peligros, que no hay enemigos, sino que "tú estás conmigo". La presencia poderosa de Dios da confianza en cualquier circunstancia. Jehovah es el pastor que da su vida por las ovejas.

────────────── **Aplicaciones del estudio** ──────────────

1. El cuidado, la protección y la guía de Dios son manifestaciones de su amor. Son constantes y "hechas a la medida" de nuestra necesidad.

2. La figura del pastor de ovejas como un símbolo de Dios y su cuidado amoroso es el más conocido en la Biblia. Se usa tanto en el Antiguo como en el Nuevo Testamentos. El pueblo de Israel era un pueblo pastoril y diariamente podía experimentar la realidad de esta imagen.

3. La imagen del anfitrión que invita a la persona a comer en su casa refleja la solidaridad de Dios con su seguidor. Las bendiciones adicionales recibidas son prueba del abundante amor y bondad de Dios que estarán constantemente con quienes le aman y confían en él.

4. Estos salmos reflejan las características de Dios en su relación con el pueblo. El amor leal y la fidelidad de Dios sobresalen en este Salmo, y pueden ser nuestra experiencia constante y creciente si le seguimos fielmente.

5. El Salmo 23, el más amado universalmente, nos da oportunidades de ministrar a otras personas. Su mensaje tan sentido llega a los corazones del entristecido, de la persona que tiene miedo, o le falta confianza para encarar la vida. Aprenderlo de memoria puede traer consuelo a uno mismo, y ser el medio de traer bendición a otros en momentos de necesidad.

─────────── **Ayuda homilética** ───────────

La mesa preparada por el "Pastor"
Salmo 23:5, 6

Introducción: Hay muchas figuras que se usan en la Biblia para ayudar a las personas a ver y entender mejor a Dios. La figura de anfitrión no es tan común al lado de la figura del pastor, pero vamos a examinarla para recibir múltiples bendiciones en nuestras vidas.

I. Jehová prepara la mesa para su seguidor (v. 5a).
   A. Aderezará significa adornará —¡un banquete!
   B. Se identifica con su seguidor —solidaridad.
   C. Se sienta a la mesa de Dios —amistad.

II. Jehová da bendiciones excepcionales a sus seguidores (vv. 5b y 6a).
   A. Unge su cabeza con aceite o perfume —hospitalidad y signo de aprecio.
   B. La copa rebozante —gozo de recibir la abundante provisión de Dios.
   C. La bondad y misericordia —signos del carácter de Dios, el amor leal del pacto.

III. La respuesta del seguidor de Dios (v. 6b).
   A. Mantener la relación especial con él.
   B. Adorar al Señor en su casa.
   C. Continuar esta relación siempre.

Conclusión: Comer en la casa de otra persona siempre es un acto gozoso de amistad y aceptación. La imagen del anfitrión nos estimula a considerar esta relación especial con él. Reciba y atesore cada uno de estos beneficios. Respóndale buscando su presencia y viviendo cada vez más cerca de él.

Lecturas bíblicas para el siguiente estudio

Lunes: Salmo 27   **Jueves:** Salmo 61
Martes: Salmo 97   **Viernes:** Salmo 86
Miércoles: Salmo 56   **Sábado:** Salmo 46

AGENDA DE CLASE

Antes de la clase
1. Lea los Salmos 11, 16, 23, 28, 71, 80 e identifique las expresiones de confianza en el Señor. **2.** Estudie el material sobre el Salmo 23 en este libro y en el del alumno. **3.** Pida con anterioridad a un alumno que se prepare para presentar la información contenida en la sección *Estudio panorámico del contexto* en el libro del alumno. **4.** Prepare los siguientes elementos para que los alumnos hagan cuadros para la pared: para cada alumno una hoja de papel o cartoncillo tamaño carta. Escriba en cada uno en letra grande *Tú estás conmigo*. Recorte cartulina de color del mismo tamaño de las hojas para hacer un marco como muestran los dibujos. Consiga cuatro broches para cada cuadro y elementos como lápices de colores, marcadores de felpa, papel glasé, papel picado y pegamento para colorear y adornar las letras. **5.** Haga usted un modelo terminado para llevar a la clase. **6.** Complete las actividades en la primera sección bajo *Estudio del texto básico* en el libro del alumno.

Comprobación de respuestas
JOVENES: **1.** En lugares de delicados pastos hará descansar, junto a aguas de reposo pastoreará, guiará por sendas de justicia, su vara y cayado infundirán aliento. **2.** Aderezá mesa, unge su cabeza, su copa está rebosando. **3.** Conforta su alma, en valle de sombra de muerte. **4.** En la casa de Jehovah. ADULTOS: **1.** Jehovah, pastor. **2.** Le hace descansar en prados de tiernos pastos, le conduce junto a aguas tranquilas, confortará su alma, le guiará por sendas de justicia. **3.** Valle, muerte, temeré, tú, conmigo. **4.** Su vara y su cayado. (1) Lo protegen del mal y el peligro, (2) lo guían en el camino y lo rescatan del peligro. **5.** Prepara mesa delante de él en presencia de sus adversarios, unge su cabeza con aceite, su copa rebosa. **6.** Respuesta personal del alumno.

Ya en la clase
DESPIERTE EL INTERES
1. Llame la atención al cartel con los títulos de las Unidades y en especial el título: *Cantos de confianza*. **2.** Dirija un diálogo sobre los distintos significados de la palabra "confianza" escribiendo en el pizarrón o una hoja grade de papel *Confianza es...* y animando a los alumnos a que completen la oración. **3.** Diga que el salmo de confianza por excelencia y el mejor conocido de todos es: el 23. **4.** Díganlo todos juntos de memoria.

ESTUDIO PANORAMICO DEL CONTEXTO
1. Pida al alumno a quien asignó la presentación del *Estudio panorámico* que lo presente. **2.** Dirija un esgrima bíblico en base a la palabra *pastor*, con los versículos del *Fondo histórico* en este libro. Una alternativa sería, con anterioridad, escribir cada cita en tiras de papel y repartirlas a los alumnos para que las localicen y las tengan listas para leer en este momento.

ESTUDIO DEL TEXTO BASICO

Forme tres equipos de estudio y asigne a cada uno, uno de los puntos del bosquejo. Cada equipo nombre una persona para ser el "pastor" (o "pastora") del grupito que después presentará el informe de su estudio a toda la clase. Cada grupo debe encontrar en la cita que le tocó, bendiciones concretas que el Salmista proclama haber recibido de Dios y que son la razón de su confianza y seguridad en él. Anímelos a consultar el material en el libro del alumno sobre el pasaje que les tocó.

1. Confianza en la protección cuidadosa de Dios, Salmo 23:1-3. Bendiciones: Tener a Dios como pastor, no tener falta de nada, poder descansar en Dios y sentir paz, consuelo y salvación.

2. Confianza en la relación sustentadora de Dios, Salmo 23:4. Bendiciones: Sentir seguridad aun en los momentos más negros, peligrosos y en el umbral de la muerte porque "tú estarás conmigo". Protección simbolizada en la vara, salvación simbolizada en el cayado. Aliento.

3. Confianza en la afirmación y aprecio de Dios, Salmo 23:5, 6. Bendiciones: Necesidades básicas suplidas en abundancia aun cuando rondan los enemigos. Dios se identifica conmigo. Dios me acepta y gozo de su compañía y amistad. El bien y la misericordia de Dios como constantes compañeros. Dios nos brinda "su casa" en la cual podemos quedarnos para siempre.

Cuando los grupos hayan terminado la tarea asignada, el "pastor" de cada uno presentará las bendiciones que encontraron. Quizá la forma de expresarlas no será idéntica a la sugerida más arriba. Lo principal es que hayan investigado el texto y captado el significado de cada frase y simbolismo.

APLICACIONES DEL ESTUDIO

1. Si es posible disponga de una mesa sobre la cual trabajar. **2.** Muestre el cuadro como modelo de la actividad que harán. **3.** Reparta las hojas y cartulinas y ponga en el centro de la mesa los elementos con los cuales trabajar. **4.** Mientras confeccionan sus cuadros, comente que el Salmista dice "tú estarás conmigo", en tiempo futuro, y que nosotros lo hemos escrito en el cuadro en el tiempo presente: "tú estás conmigo". Conversen de qué manera sienten en este momento que Dios "está conmigo". **5.** Cuando hayan terminado la actividad creativa, despeje la mesa y guarde todos los elementos. Nota: Si le parece que a sus alumnos no les guastaría esta actividad, use las aplicaciones en el libro del alumno para personalizar las enseñanzas del Salmo 23.

PRUEBA

1. Hagan la primera actividad bajo esta sección en el libro del alumno, en equipo. **2.** JOVENES: Hagan la primera parte de lo que sugiere el inciso 2. Luego, en equipos, bajo la dirección de los "pastores" que eligieron antes, tengan un momento de oración para expresar a Dios lo que sugiere la segunda parte del inciso. ADULTOS: En parejas escriban en forma de salmo el "párrafo o poesía" que sugiere el inciso 2 en sus libros.

Dios es mi luz y mi salvación

Contexto: Salmos 27; 46; 56; 61; 86; 97
Texto básico: Salmo 27
Versículo clave: Salmo 27:1
Verdad central: La relación personal con Dios sostiene a la persona que confía en él frente a cualquier circunstancia y condición que pueda experimentar.
Metas de enseñanza-aprendizaje: Que el alumno demuestre su: (1) conocimiento del cuidado de Dios para quienes confían en él, (2) actitud de valorar el desarrollo continuo de esta relación que le permite dicha confianza.

―――――――― Estudio panorámico del contexto ――――――――

A. Fondo histórico:

El Salmo de nuestro estudio probablemente consta de dos Salmos. La primera parte es un salmo de confianza que ha sido de gran ayuda a miles y miles de creyentes de todas las edades. La segunda es una súplica pidiendo el socorro de Dios en los momentos de angustia. Esta parte sigue el formato que hemos visto para los salmos de lamento o súplica en un movimiento hacia Dios, llevándole su caso con la confianza de que él puede ayudarle, y que lo hará.

El concepto de Dios como luz es tan antiguo como la humanidad. Vemos en Génesis 1 las primeras palabras de Dios el Creador: "'Sea la luz', y fue la luz" (Gén. 1:3). En toda la Biblia la luz representa a Dios y el bien, mientras la oscuridad o las tinieblas significan la maldad y todo lo que se opone a la luz y a Dios.

Isaías usó el concepto de la luz en varias ocasiones, pero es especialmente significante para nosotros su gran invitación al principio de su profecía: "¡Venid y caminemos a la luz de Jehovah!" (Isa. 2:5), y la gran afirmación al terminar el libro: "El sol nunca más te servirá de luz durante el día, ni te alumbrará el resplandor de la luna. Jehovah será para ti luz eterna; tu Dios será tu gloria" (Isa. 60:19). Uno de sus mensajes sobre el Mesías (Isa. 9:2-7) anuncia que él será luz para el pueblo que andaba en tinieblas. Más tarde Jesús lo afirma: "―Yo soy la luz del mundo, el que me sigue nunca andará en tinieblas, sino que tendrá la luz de la vida" (Juan 8:12).

B. Enfasis:

Es posible que el Salmo 27 originalmente estaba compuesto de dos salmos separados. Esto sale a colación por la diferencia de estilos. Sin embargo, el tema de la confianza en Jehovah de una u otra manera liga todo el poema. El dolor del Salmista se agudiza cuando a sus enemigos naturales, los oponentes militares, incluye a su propia familia. Pero al final de todo, David dice: *Jehovah me recogerá*. Esa confianza personal le hace exhortar a otros diciendo: *¡Sí, espera a Jehovah!*

El Salmo 46 consta de tres partes significativas: (1-3) Habla de la disolución del mundo natural por las fuerzas del caos. Si eso ocurriera, el pueblo de Dios deposita su confianza en el *amparo y fortaleza* divinos. (4-7) Describe la paz que reina en la ciudad de Dios que no es afectada por la desrucción, simple y sencillamente porque Dios habita en medio de ella. (8-11) Llegará el día en que Jehovah irrumpirá en la historia para acabar con sus enemigos y establecer su reino de paz.

El Salmo 56 se divide en dos partes (1-4; 5-11), cada una de las cuales expresa un breve lamento y una expresión de confianza en Dios. David escribió este Salmo cuando fue apresado en Gat por los filisteos.

El Salmo 61 es como un lamento de alguien (tal vez un levita) que está lejos del templo. Otra posibilidad es que se trate de un adorador que agradece a Dios por haberle respondido cuando anteriormente clamó a él. Después de la dispersión, el Salmo fue usado como una oración del pueblo disperso y el rey era considerado como el Mesías.

El Salmo 86 es una súplica individual, pero tiene la característica única que está compuesto de versículos tomados de otras partes de las Escrituras. Presenta la búsqueda de Dios, y su encuentro con él. Pide la dirección de Dios para su vida, y afirma cómo la misericordia de Dios obra en su vida, protegiéndole y dándole motivos para alabarle.

El Salmo 97 dibuja con maestría las intervenciones de Dios en la historia mostrándose siempre como un rey victorioso. Sus características sobresalientes son la rectitud y la justicia.

─────── **Estudio del texto básico** ───────

1 La luz y la salvación que apagan el miedo, Salmo 27:1-3.
V. 1. El Salmista afirma: *Jehovah es mi luz y mi salvación*. Solamente aquí en el Antiguo Testamento se utiliza el concepto de Jehovah como la luz en primera persona. En otros lugares es en su relación con el pueblo. La idea del Salmista es que Dios como luz quita su oscuridad, y es su salvador. Dios se ha manifestado como Salvador de su pueblo en los grandes actos históricos, pero aquí esta realidad se aplica a la persona, es un Salvador personal, y su luz trae bien a su vida. Es también su segura *fortaleza*, su refugio.

La pregunta: *¿de quién me he de atemorizar?* es retórica. No hace falta una respuesta a esta manifestación de plena confianza en el Señor. No hay nada que pudiera suceder que sacudiera la confianza puesta en Jehovah, quien es su *luz*, su *salvación*, y su *fortaleza*.

V. 2. Los *enemigos* querían destruir su reputación, *devorar mis carnes*, pero con Jehovah a su lado, eran los *enemigos* quienes iban a tropezar y caer. Los chismes de los *malechores* eran tan enredados y tan mal intencionados que los mismos *enemigos* eran los que caían.

V. 3. La figura de *un ejército* probablemente significa un grave peligro, tan grande que es como un ejército acampado a su lado, constantemente presente. Aunque se *levante guerra* contra él, no tendría miedo. (El "corazón" significa la persona misma.) Su confianza es firme.

2 La alegría del encuentro con Dios en su casa, Salmo 27:4-6.

V. 4. La intención del Salmista es clara: la cosa más importante para él es gozar de la presencia de Dios. No hay nada en este mundo que se pueda comparar con su presencia. Para él la forma mejor de realizarlo es buscarlo y encontrarlo en el *templo*. Allí puede adorarle y reflexionar en cuanto a su *hermosura* y su misericordia, el amor leal del pacto. La idea de *inquirir en su templo* no tiene una interpretación precisa. Puede ser para adorarlo, o buscar una respuesta divina para un problema. Sea cual fuere, el deseo del Salmista es gozar de la presencia del Señor, y el lugar donde puede hacerlo mejor es en *la casa de Jehovah.*

V. 5. El Salmista sabe que sus enemigos continuarán su ataque, pero la protección de Dios es segura. Le ocultará en su *enramada,* en su *tabernáculo.* Esta es la idea de que el Salmista puede encontrar asilo en el templo. Allí estará seguro, fuera del alcance de los enemigos. Además, Dios le pondrá *sobre una roca* fuera del peligro. El Salmista demuestra su confianza en el Señor y sus múltiples formas de cuidarle y protegerle.

V. 6. Desde esta perspectiva, el salmista está por encima de sus *enemigos,* su *cabeza* es levantada en señal de aprobación de parte de Dios y de su protección segura de los enemigos. El Salmista expresa que la vida que está "escondida" en Dios, experimenta un gozo sin límite.

3 El refugio en la presencia protectora de Dios, Salmo 27:7-10.

Comienza ahora la súplica, el lamento. La confianza afirmada en la primera parte de este Salmo; esa confianza experimentada por el Salmista le abre una puerta para buscar inmediatamente el socorro del Señor en el momento de necesidad. La intensidad de la angustia se nota en los verbos que usa: *escucha, ten misericordia, no te escondas, no apartes, no me dejes, ni me desampares.* El confía en que Dios va a guardarle y librarle.

V. 7. El Salmista clama a Dios buscando su *misericordia.* Busca una respuesta basada en el amor leal del Señor.

V. 8. Conversando consigo mismo demuestra que ha andado con Jehovah en tiempos pasados. La decisión es de buscar el *rostro* del Señor, su presencia, su acción. El *rostro* de Jehovah no quiere decir que el Salmista puede ver el rostro de Dios, sino es un símbolo de la presencia del Señor, probablemente en el culto. *¡Tu rostro buscaré!*, expresa que el Salmista estaba decidido a consultar a su Dios.

V. 9. Pide sentidamente que Dios no esconda su *rostro* de él, que no le rechace con *ira.* Estas dos expresiones dicen la misma cosa. "Esconder su rostro" es rechazar a la persona aun con hostilidad. Otra vez hay dos manifestaciones de su confianza: *Tú has sido mi ayuda, ...oh Dios de mi salvación.* Con esta confianza que es el resultado de la ayuda de Dios, puede pedir y esperar la salvación y liberación de Dios.

V. 10. La soledad y dolor del Salmista aumentan por el abandono que ha sufrido por parte de las personas más significativas para él, su *padre* y su *madre.* Pero está confiado en que si esto pasara podría confiar en el Señor, que él lo adoptará, lo recogerá, lo hará suyo, él es parte de la familia de Dios.

4 La dirección de Dios que produce confianza en su seguidor, Salmo 27:11-14.

Vv. 11, 12. El Salmista está confiado en que Dios le puede mostrar un nuevo camino, *sendas de rectitud.* Sus *adversarios* buscan hundirle otra vez con falso testimonio. Solamente la fuerza recibida del Señor que le permite andar con rectitud puede salvarle. Los ataques falsos de sus *adversarios* son cada vez más fuertes, ahora *respiran violencia.* Se ve esta misma idea en Proverbios 14:5 que dice "el testigo falso respira mentiras".

Vv. 13, 14. Otra vez vemos la gran confianza del Salmista. Sin una fe sincera en la bondad de Dios, no hubiera podido continuar, hubiera desmayado. Su fe le da la confianza plena de que Dios será misericordioso con él.

Algunos eruditos creen que el v. 14 puede ser una respuesta del sacerdote en el templo, al haber escuchado la súplica del Salmista, como vemos cuando Elí dice a Ana después de su súplica de dolor: "—Vé en paz, y que el Dios de Israel te conceda la petición que le has hecho" (1 Sam. 1:17).

Otros sugieren que es el Salmista quien testifica a todos que solamente siguiendo a Jehovah puede uno encontrar la vida. "¡Ten confianza en el Señor! ¡Ten valor, no te desanimes! ¡Sí, ten confianza en el Señor!" (Dios Habla Hoy).

Sea cual fuere, este versículo anuncia el mensaje del Salmo: el Salmista puede gozarse, alentarse porque espera en Jehovah quien es su luz y su salvación, su fortaleza segura. Este Salmo demuestra otra vez la gran verdad que la confianza y la necesidad son complementarias. La confianza es activa y real precisamente en el punto de necesidad de la persona. Este Salmo declara que el creyente que ama a Jehovah puede esperar en él, porque es una espera con esperanza.

─────────── **Aplicaciones del estudio** ───────────

1. El más seguro camino para tener confianza frente a las angustias de la vida es haber caminado con Dios anteriormente.

2. El Señor es luz para todo aquel que quiere recibir su ayuda. El ilumina sus tinieblas, dándole seguridad para andar. No solamente esto, sino que le guía por las sendas de rectitud. Por eso puede decir con el Salmista, "¿de quién temeré?"

3. Cuando uno tiene al Señor a su lado, no hay que temer a nada ni a nadie. Los enemigos, sus falsos testimonios y chismes, graves peligros, guerra, o cualquier otra dificultad, no es suficiente para hundir al que confía en el Señor.

4. Es difícil soportar los chismes y los falsos testimonios. La mejor respuesta frente a esta situación es de ser fortalecido por la presencia del Señor, pedirle que le enseñe a andar en el camino recto y no responder con enojo o reaccionar con sarcasmo o chismes contra el adversario. **5. Cuanto más tiempo uno anda con el Señor más estima y atesora su presencia.** Asistir y participar activamente en los cultos de la iglesia le dará múltiples oportunidades de gozarse de la presencia de su Señor. **6. Frente a las dificultades relacionales con familia o amigos, se puede tener confianza en que "con todo, Jehovah me recogerá".** Dios nos ama y quiere mantener la más estrecha relación con nosotros.

─────────────────── Ayuda homilética ───────────────────

El clamor de la angustia
Salmo 27:7-14

Introducción: El hermoso Salmo 27 que habla de Jehovah como luz y salvación ha traído consuelo y aliento a miles de personas al paso de los siglos. Pero este Salmo tiene otra parte, una oración de angustia donde el Salmista clama a Dios desde su más profunda alienación. Examinémosla porque puede ser su experiencia también.

I. El clamor que busca el rostro de Dios (vv. 7-10).
A. Se basa en conocer su palabra y haber andado con él (v. 8).
B. A pesar de las más negativas situaciones (la posiblidad de que Dios esconda su rostro de él, y que su familia lo abandone) hay confianza en que Dios le recogerá (vv. 9, 10).
II. El clamor por la instrucción del Señor (vv. 11-13).
A. Saber andar en el camino de Dios le salvará (v. 11).
B. La confianza en la presencia de Dios le da esperanza viva (v. 13).
III. El clamor se cambia en testimonio (v. 14).
A. Espera en Jehovah. Espera en su respuesta que sin duda vendrá.
B. Esfuérzate, y aliéntese tu corazón.

Conclusión: Angustiarse por una situación difícil es una experiencia común. Pero cuando uno conoce al Señor y ha andado con él, puede llevarle a él su angustia. Aun la oración más angustiada es un proceso. Al compartirla con Dios, él le guía al camino de la rectitud y a compartir su testimonio con otros. ¿Tiene un clamor angustioso? Tráigalo a Dios, él responderá, su clamor será cambiado en confianza.

Lecturas bíblicas para el siguiente estudio

Lunes: Salmo 62
Martes: Salmo 24
Miércoles: Salmo 9:1-14

Jueves: Salmo 70:1-5; 71:1-6
Viernes: Salmo 94:12-23
Sábado: Salmo 90

AGENDA DE CLASE

Antes de la clase
1. Lea los Salmos 27, 46, 56, 86, tratando de encontrar en cada uno expresiones de esperanza y confianza. **2.** Estudie el material de la lección en este libro y en el del alumno. **3.** Si es posible, consiga la colaboración de alguien que cante bien para que cante el himno 291 del *Himnario Bautista* (o el *Himnario de Alabanza Evangélica*) o para dirigir a la clase en el canto del mismo. **4.** Prepare franjas-carteles, cada una con un título del bosquejo de este estudio. **5.** Complete las actividades en la primera sección bajo *Estudio del texto básico* en el libro del alumno.

Comprobación de respuestas
JOVENES: **1.** Luz, salvación, fortaleza. **2.** Estar en la casa de Jehovah todos los días de su vida. **3.** Enséñame, camino, guíame, de rectitud, que me son contrarios.
ADULTOS: **1.** Mi luz, mi salvación, la fortaleza de mi vida. **2.** Devorar mis carnes, tropezaron y cayeron. **3.** Lo esconderá en su enramada en el día del mal; lo ocultará en lo reservado de su tabernáculo; lo pondrá en alto sobre una roca. **4.** Jehovah, tu camino, sendas de rectitud. **5.** Jehovah, esfuérzate, aliéntese, corazón, espera.

Ya en la clase
DESPIERTE EL INTERES
1. Si pudo conseguir la colaboración de alguien que canta bien, preséntelo ahora y diga que lo que va a cantar (o el canto que va a dirigir) son palabras del Salmo 27 que hoy estudiarán. **2.** Si es costumbre traer sus propios himnarios al culto, pídales que busquen el himno 291. Sigan en silencio la letra si se canta un solo. **3.** Si no pudo conseguir un cantor y no es factible cantar el himno, léalo como una poesía.

ESTUDIO PANORAMICO DEL CONTEXTO
1. Basándose en el comentario bajo *Fondo histórico* en este libro, presente un panorama general del Salmo 27 permitiendo que los alumnos intervengan para explicar lo que *luz* y *tinieblas* siempre representan en la Biblia. **2.** Abran sus Biblias en el Salmo 27. Haga notar el título dado al Salmo: *La confianza del que busca a Jehovah.* Noten que éste también es un Salmo de David y que ya lo vamos conociendo muy bien por los salmos que hemos estudiado y que ahora veremos cómo, pase lo que pase, no duda ni un momento de Dios.

ESTUDIO DEL TEXTO BASICO
1. La luz y la salvación que apagan el miedo, Salmo 27:1-3. Coloque en una pared, a la vista de todos, la franja-cartel con el título de esta sección. Léala en voz alta. Lean al unísono el v. 1. Pregunte: ¿Qué tres cosas dice el Salmista que es Dios? (luz, salvación, fortaleza). Comente que porque lo es, David expresa en preguntas retóricas algo que ha logrado vencer (el

temor). Agregue que enseguida leerán los motivos que le infundían miedo. Lea usted en voz alta los vv. 2 y 3 mientras los alumnos identifican los motivos. Digan lo que encontraron. Comente que David fue un rey guerrero, que aparte de los filisteos, sus enemigos de guerra, corría peligro con la gente sinvergüenza y de los que le tenían envidia en su propia corte. Pídales que noten en el v. 2 cómo ve a los que quieren hacerle daño (devoran mis carnes). Todo implica odio y peligro. Pida que se fijen también en su testimonio de lo que había pasado con esos adversarios (tropezaron y cayeron). Por eso, según este versículo, tiene dos reacciones positivas. Preguntes cuáles son (no temerá, estará confiado).

2. *La alegría del encuentro con Dios en su casa, Salmo 27:4-6.* Coloque la franja-cartel con este título debajo de la primera. Léala en voz alta. Diga que por lo común cuando hemos vencido alguna oposición o hemos triunfado, el éxito se nos va a la cabeza y marginamos a Dios, pero que con David no fue así. Pida que mientras un alumno lee los vv. 4-6 los demás busquen las diversas palabras que usa para significar el "lugar de adoración" (casa de Jehovah, templo, enramada, tabernáculo). Enseguida identifiquen qué quiere David en relación con el lugar de adoración. Si han tenido últimamente un retiro espiritual de su iglesia, compárelo con lo que quiere David ¡un retiro espiritual permanente!

3. *El refugio en la presencia protectora de Dios, Salmo 27:7-10.* Coloque la franja-cartel debajo de las anteriores. Léala en voz alta. Comente que el poema cobra en los vv. 7-10 mayor intensidad. Sobre la seguridad y confianza que ha proclamado hasta ahora, David eleva un ruego lleno de emoción y urgencia. Pida a un voluntario que lea en voz alta los versículos 7-9 expresando las profundas emociones que imagina y, enseguida, lea serenamente el v. 10.

4. *La dirección de Dios que produce confianza en su seguidor, Salmo 27:11-14.* Coloque el cartel-franja con este título, debajo de los anteriores. Léalo en voz alta. Pida que lean en silencio los vv. 11-13 para formar una opinión sobre las emociones de David al escribir estos versos. Luego, den sus opiniones. De la información obtenida de su propio estudio, explique lo que se cree del v. 14. Pregunte qué les parece a ellos.

APLICACIONES DEL ESTUDIO
1. Lean al unísono el v. 14 como una exhortación para sus propias vidas. **2.** Lean y comenten las aplicaciones que aparecen en el libro del alumno, ya sea asignando una distinta a distintos grupitos o considerándolas una por una entre toda la clase. Dé libertad para que los que deseen hacerlo expresen lo que piensan.

PRUEBA
1. Hagan en grupitos las actividades que sugiere esta sección en el libro del alumno. **2.** Para terminar, vuelvan a leer el v. 1 y el 14 al unísono como una convicción propia.

Unidad 8

Dios es mi único refugio

Contexto: Salmos 9:1-14; 24; 62; 70; 71:1-6; 90; 94:12-23
Texto básico: Salmo 62
Versículos clave: Salmo 62:1, 2
Verdad central: La confianza en Dios sostiene al Salmista, aun en las situaciones más difíciles, porque es la base segura de su paz y salvación. Por eso invita a los demás a confiar solamente en Dios.
Metas de enseñanza-aprendizaje: Que el alumno demuestre su: (1) conocimiento de la confianza que pudo experimentar el Salmista frente a situaciones difíciles porque tenía a Dios como su único refugio, (2) actitud de compromiso para reforzar día tras día su relación de confianza en el Señor.

──────── **Estudio panorámico del contexto** ────────

A. Fondo histórico:

La idea de Dios como refugio es muy antigua en la Biblia. Viviendo en un sitio inhóspito, la necesidad de tener un refugio era primaria para la supervivencia. En Deuteronomio encontramos la gran afirmación sustentadora que ha dado esperanza tanto a judíos como a cristianos por siglos: "El eterno Dios es tu refugio, y abajo están los brazos eternos" (33:27). Aquí se mezcla la idea de refugio, fortaleza o fuerza, y la protección más íntima, un cuidado personal y continuo, "los brazos eternos".

Uno de los nombres usado para Dios es "mi refugio", denotando la idea de un sitio donde la persona podría buscar protección de una tormenta, o esconderse de un peligro. En esta forma uno ve a Dios como protector, defensor de sus seguidores. Frecuentemente se combinaba la palabra para refugio como protector o fuerza, como en el Salmo 59:17: "Fortaleza mía, a ti cantaré salmos; porque Dios es mi alto refugio, el Dios que tiene misericordia de mí."

Especialmente en tiempos de peligro, ya fuera nacional o personal, la idea de tener un refugio era necesario para protegerse del peligro. Esta idea llegó a ser aun más significativa al pensar en el templo, en la presencia de Dios como el santuario.

El uso de la palabra "refugio" o "amparo" siempre se encuentra en el contexto de un peligro inminente. Por ejemplo, el Salmo 46 probablemente surgió de la crisis creada cuando fue sitiada Jerusalén por Senaquerib en el año 701 a. de J.C. El se jactaba del terrible fin que esperaba a los habitantes de la ciudad. Ezequías oraba a Dios que salvara a la cuidad, y Dios contestó: "No entrará en esta ciudad, ...pues defenderé esta ciudad para salvarla,..." (Isa. 37:34,

35). Y aquella misma noche el ángel del Señor mató a 185,000 de los asirios, salvando la ciudad y sus habitantes. Por eso el Salmista dice sentidamente: "Dios es nuestro amparo (refugio) y fortaleza, nuestro pronto auxilio en las tribulaciones" (Sal. 46:1).

B. Enfasis:
En el Salmo 9:1-14 el Salmista alaba a Dios por su justicia. Tal atributo de Dios hace que David tome la determinación de contar a otros sus alabanzas.

El Salmo 24 refleja la importancia de la obediencia de aquellos quienes desean "subir al monte del Señor". Estar en su presencia da la seguridad que se necesita para continuar una relación personal con Dios a pesar de las adversidades.

El Salmo 62 hace recordar las ciudades de refugio y en él el Salmista declara tres cosas acerca de Dios: (1) es mi roca; (2) es mi salvación; (3) es mi refugio.

En los Salmos 70 y 71 la palabra clave es librar. En sus diferentes formas el escritor pide la liberación de los peligros que le rodean.

El Salmo 90 enfatiza la fidelidad constante de Dios "por todas las edades". Encontrar este refugio da sentido de gran seguridad.

El Salmo 94 vuelve a retomar el tema de la justicia divina y asegura que Dios responderá al que clama reconociendo que Dios es refugio, amparo y salvación, y todo esto está relacionado con su gran misericordia.

─────────── **Estudio del texto básico** ───────────

1 El único refugio que da seguridad, Salmo 62:1, 2.

Este Salmo contiene expresiones difíciles de traducir porque son exclamaciones o jaculatorias (oraciones breves y muy fervientes). Son como expresiones de maravilla como cuando la persona no encuentra las palabras exactas para expresar su idea de Dios. Podemos identificarnos con el Salmista porque nosotros también carecemos de un vocabulario adecuado para expresar nuestros sentimientos y aprecio a Dios que es nuestro refugio seguro, nuestra salvación frente al peligro.

Vv. 1, 2. Empieza con la gran afirmación: *Sólo en Dios reposa mi alma; de él proviene mi salvación.* La Versión Popular dice: "Sólo en Dios encuentro paz." Esta palabra no sólo significa la ausencia de la guerra y la alienación, sino es una manera de hablar de la totalidad de la vida. *Shalom* es el bienestar en todos los aspectos de la vida del Salmista.

El Salmista reconoce que no solamente encuentra su paz en él, sino que es Dios únicamente quien le salva. Repite la idea de la salvación dos veces porque es céntrica a su testimonio. Pero agrega que sólo es Dios quien le protege y le da *refugio*. Por eso, puede decir confiadamente: *no seré grandemente movido.* Seguramente que el Salmista estaba en una situación difícil como se ve en los versículos que siguen: lo único que le daba seguridad era este *refugio* que tenía en Dios. El ya había andado con el Señor y sabía cómo era su cuidado que incluía la totalidad de la vida.

Estos dos versículos son un hermoso ejemplo de cómo se intercalan los nombres y los aspectos de la personalidad Dios cuando se habla de él. Era imposible decir con una sola palabra todo lo que él es y hace.

2 Los ataques son inútiles para derribar esta seguridad, Salmo 62:3-6.

Vv. 3, 4. El Salmista explica las causas de su angustia y lo que le hace sentirse víctima de la saña de sus adversarios. El ataque ha sido fuerte y prolongado. Se pregunta cuánto tiempo más van a continuar. Parece que el ataque es más bien en base a chismes y ataques personales, mentira y decepción. A él (o a ellos) le/les parece una pared que está a punto de caer. Otra vez el Salmista usa el lenguaje metafórico en forma magistral. Sentimos con él la situación dramática, aunque no sabemos precisamente en qué consisten los ataques personales. Lo que sí podemos hacer, sea cual fuere nuestra situación, es apropiarnos de su lenguaje adaptándolo a nuestra situación específica.

Vv. 5, 6. Otra vez se cita el refrán del Salmista que vimos al principio. La única diferencia es en la segunda línea. Esta vez se cambia la palabra "salvación" por *esperanza,* demostrando la realidad en que se encuentra, que parece desesperante. Para el creyente su única esperanza está en Dois. No será *movido* porque tiene un *refugio* sólido.

3 La confianza: testimonio e invitación, Salmo 62:7, 8.

V. 7. El Salmista se siente a punto de caer, pero aquí afirma que solo en Dios hay salvación, honor, protección, refugio. No hay otra posibilidad. Todo depende de Dios, *en Dios está la roca de mi fortaleza y mi refugio.*

V. 8. La invitación a sus conciudadanos es a confiar en Dios, a hablarle con confianza, *esperad.* La razón es que Dios es el *refugio* para todo el pueblo.

Estos versículos demuestran una de las realidades más importantes de la espiritualidad hebrea: su experiencia personal y racional demuestra su fe y su confianza en el Dios de Israel. Usan esta experiencia como oportunidad para compartir con los miembros de la comunidad y animarles a que también ellos confíen en Dios. El énfasis de la comunidad es un hilo que se ve desde el principio del Antiguo Testamento. Quien experimenta que Dios es fiel, desarrolla confianza en él y comparte este testimonio invitando a otros a confiar y esperar en Dios.

Este fuerte énfasis en la comunidad, y la responsabilidad como miembro de ella, se nota años más tarde en el concepto de la iglesia como cuerpo de Cristo. Cada miembro es esencial para el funcionamiento del cuerpo, y cada miembro es responsable de ese cuerpo y de cada uno que forma parte de él.

4 Tenga confianza solo en Dios, no en las cosas, Salmo 62:9-12.

Vv. 9, 10. Las soluciones humanas no son adecuadas para los problemas diarios. Da igual si uno es rico o pobre, son inadecuadas frente a los grandes problemas de la vida. Aun juntándolas son *menos que un soplo* en las balanzas de la vida. Poner la confianza en la violencia o el pillaje, o en enriquecerse, de ninguna manera sería una solución a los problemas. O sea, ni el poder de la fuerza violenta, ni el poder de la riqueza son confiables para solucionar los problemas de la vida. La única solución es confiar en Dios de manera plena.

Estos dos versículos, así como los versículos 3, 4, demuestran la hostilidad y engaño que hay en la sociedad humana y cómo la gente procura ganar la vida usando estas cualidades negativas. El mensaje del Salmista es que hay solamente una fuente para la vida, que es Dios quien es nuestro refugio. *Esperad en él en todo tiempo* (v. 8a).

V. 11. Este versículo es una expresión literaria para poner énfasis en lo que va a seguir. Es como decir: escúchenme cuidadosamente, lo que voy a decir es de gran importancia. Dios ha hablado y le ha revelado a su siervo cómo él es. Estos atributos son importantes porque fundamentan la confianza que el Salmista ha declarado: *que en Dios hay fortaleza.* Esa fortaleza sobrepuja el poder de los hombres.

Ya ha enfatizado que el poder de la fuerza y el poder de la riqueza no van a solucionar nada, pero ahora enfatiza que el amor y el poder pertenecen sólo a Dios, quien puede y quiere ayudar a los que confían en él, y lo hace con amor. Dios puede ayudar, su amor leal y su misericordia, indican que lo hará.

V. 12. El Salmista ha hablado de la maldad de aquellas personas que han actuado con malicia y falsedad contra él, procurando aniquilarlo. Seguramente está pensando en esta realidad cuando afirma que Dios pagará a todos según *su obra.* El que ha hecho bien, recibirá bendición, y el que ha hecho mal, recibirá castigo y condenación. Hay un mensaje más en este Salmo: no hay que pagar de la misma manera a los que nos maldicen y nos tratan mal. Se puede contar a Dios lo que ha pasado, sabiendo que él pagará con justicia a cada uno conforme a sus hechos. Qué bendición adicional para el Salmista encontrar refugio y salvación en Dios. Es parte de la paz de la cual ha hablado al principio: *en Dios reposa mi alma.*

──────────── **Aplicaciones del estudio** ────────────

1. Cada persona necesita la confianza que nace en la experiencia diaria con el Señor. Este Salmo refuerza esta realidad.

2. Cuando somos atacados por otros con mentira e hipocresía, la solución no es pagarles de la misma manera por lo que nos han hecho, sino afirmar delante de ellos y otros que la única salvación y refugio es Dios.

3. Fuerzas y poderes materiales o económicos, aun la más astuta violencia, no es el camino a seguir para los que son atacados falsamente. El verdadero poder se encuentra en Dios. Hay que buscar su presencia, su paz y su salvación.

4. Hay que descansar, reposar en Dios. Los versículos 1 y 5 resaltan esta idea. La primera como una afirmación y la segunda , como una forma de alentarse a sí mismo frente a los ataques de los enemigos. La agitación frente a las situaciones difíciles de la vida, solamente guían al desastre. Jesús da el mismo énfasis cuando nos dice: "No os afanéis por vuestra vida" (Mat. 6:25a); "Os he hablado de estas cosas para que en mí tengáis paz. En el mundo tendréis aflicción; pero ¡tened valor (confiad); yo he vencido al mundo!" (Juan 16:33).

Un diálogo de esperanza
Salmo 62

Introducción: El Salmista conocía el miedo, la opresión, aun la traición de otros, pero había llegado a confirmar en su propia vida que el único refugio y salvación es Dios. En el Salmo 62 vemos un diálogo que sin duda fue escrito con la esperanza de que sería de valor para cualquier persona en circunstancias semejantes a las que él experimentó.

I. Una afirmación de fe (vv. 1, 2).
   A. El testimonio del Salmista reconoce que cuando se está en una situación desesperante lo mejor es no hablar, ni llorar, ni correr, sino esperar en silencio.
   B. No es por eso un esperar "vacío", sino un esperar de fe, expectante, porque él es su salvación, su roca, su fortaleza. La salvación viene de él solamente.

II. La amenaza de los maliciosos (vv. 3, 4).
   A. La amenaza es real, sus enemigos van a aplastarle.
   B. Lo hacen con mentira y falsedad.

III. El testimonio a uno mismo y a los demás (vv. 5-10).
   A. El Salmista dirige su testimonio y su llamada a sí mismo.
   B. Posiblemente está en una situación desesperante y necesita fortalecer su fe (v. 5).
   C. Una admonición a los demás; tener fe en Dios y evitar poner su fe en las manipulaciones de los hombres (vv. 8-10).

IV. El Dios de esperanza: poderoso y misericordioso (vv. 11, 12).
   A. Dios afirma su poder, misericordia y fidelidad a favor de sus siervos.
   B. Con él se puede esperar confiadamente.

Conclusión: Tal vez usted está experimentando una dificultad grande en este momento. Tome en consideración el testimonio del Salmista. Su diálogo de esperanza con Dios, será una bendición para usted y para otros si confían en Dios.

Lecturas bíblicas para el siguiente estudio

Lunes: Salmo 91
Martes: Salmo 3
Miércoles: Salmo 20

Jueves: Salmo 31:1-8
Viernes: Salmo 108
Sábado: Salmo 121

AGENDA DE CLASE

Antes de la clase
1. Lea los Salmos y las porciones de salmos que forman el contexto. **2.** Lea 2 Samuel 15-19 ya que, según muchos estudiosos de la Biblia, la rebelión de Absalón es el marco dentro del cual David escribió el Salmo 62. Por esa rebelión David tuvo que huir de Jerusalén y *refugiarse* en la ciudad de Majanaim, al otro lado del río Jordán. Prepárese para relatar a grandes rasgos el levantamiento de Absalón contra su padre David. **3.** Haga un estudio sobre la importancia de los *refugios* en el Antiguo Testamento. Vea Números 35:9-12 y los comentarios en este libro y en el del alumno. **4.** Confeccione un cartel que diga *REFUGIO*. **5.** Si es posible haga copias del Salmo 62 en la Versión Popular o consiga cuatro Biblias en dicha versión. **6.** ADULTOS: Necesitará hojas de papel de escribir para la segunda actividad de la sección *PRUEBA*. **7.** Conteste todas las preguntas en la primera sección bajo *Estudio del texto básico* en el libro del alumno.

Comprobación de respuestas
JOVENES: **1.** Su salvación, su roca, su refugio. **2.** (a) Consultan cómo arrojarlo de su grandeza, (b) aman la mentira, (c) maldicen en su corazón. **3.** (a) No confíen en la violencia, (b) ni en la rapiña, (c) no se envanezcan, (d) no pongan su corazón en las riquezas. **4.** Poder, misericordia. **5.** Fortaleza y misericordia.
ADULTOS: **1.** Sólo en Dios reposa su alma, de él proviene su salvación, sólo él es su roca, su salvación, su refugio. **2.** Sus enemigos se ensañan contra él, quieren destruirlo, derribarlo, usan la mentira y el engaño (con la boca bendicen pero en su interior maldicen). **3.** Esperar en él en todo tiempo, orar a él (derramar delante de él su corazón). **4.** No confiar ni en la opresión, en la rapiña ni en la riqueza. **5.** En él hay fortaleza, misericordia, es justo (paga a cada uno según su obra).

Ya en la clase
DESPIERTE EL INTERES
1. Escriba en el pizarrón o en una hoja grande de papel: *¿En qué cosas se apoya la gente para resolver sus problemas?* **2.** Primero, pida que los presentes identifiquen problemas que uno enfrenta a lo largo de la vida. Escríbalos en una columna a la izquierda en el pizarrón o en la hoja de papel. Segundo, lea la pregunta que escribió. Al ir contestando los alumnos escriba las respuestas en una columna a la derecha, si es posible concordando con el problema enunciado en la primera columna.

ESTUDIO PANORAMICO DEL CONTEXTO
1. Fije en la pared el cartel que dice *REFUGIO*. Explique la importancia de los *refugios* en la época del Antiguo Testamento. **2.** Relate a grandes rasgos la rebelión de Absalón como posible motivador del Salmo 62. Comente que en el Salmo 27 que estudiaron en la sesión anterior David dice que aunque su padre y su madre lo dejaran, Dios lo recogería, y que en este

Salmo 62 muy bien podía haber dicho: *Aunque mi hijo me deje y traicione, con todo, Jehová me recogerá.*

ESTUDIO DEL TEXTO BASICO

Pida a un alumno, o a un invitado especial que tenga el don de la declamación, que lea en voz alta el Salmo 62 mientras los alumnos siguen la lectura en sus Biblias. Forme cuatro grupos asignando a cada uno una de las divisiones del texto básico. Cada uno debe investigar cómo el Salmista expresa su concepto de Dios como único refugio. Dé a cada grupo una copia del Salmo 62 en la Versión Popular para auxiliarles en su estudio. Estimule a cada grupo a consultar los comentarios en el libro del alumno. Después de unos 10 minutos como máximo, cada grupo presentará su informe a la clase entera.

1. El único refugio da seguridad, Salmo 62:1, 2. El grupo que enfoca estos versículos podrá informar sobre el concepto de Dios como protector y refugio que incluye el sentido de seguridad y paz que da, de sentirse a salvo y apuntalado.

2. Los ataques son inútiles para derribar esta seguridad, Salmo 62:3-6. El grupo que enfoca estos versículos podrá informar sobre la reacción ante la traición que busca derribar y anular a David. La reacción es descansar en Dios, cifrar su esperanza en él que es su roca, su salvación, su refugio, el que lo sostiene y no lo deja caer.

3. La confianza: testimonio e invitación, Salmo 62: 7, 8. El grupo que enfoca estos versículos podrá informar sobre el Dios que da salvación, honor (gloria), fortaleza y que es un refugio en quien se puede confiar siempre.

4. Tenga confianza sólo en Dios, no en las cosas, Salmo 62:9-12. El grupo que enfoca estos versículos podrá informar el contraste entre confiar en cosas sin poder (vv. 9 y 10) y confiar en el Dios lleno de poder (fortaleza, v. 11) y misericordia (*hesed*, v. 12) y justo.

APLICACIONES DEL ESTUDIO

1. Después de que los cuatro grupos hayan informado, llame la atención a las primeras palabras de los vv. 1, 2, 4, 6, 9 diciendo que en el orginal hebreo es la misma palabra: *ak* y que implica que únicamente y con toda certeza es Dios quien provee el refugio seguro y salvador que cada uno de nosotros necesita. Vuelvan a observar las listas que escribieron al principio en el pizarrón u hoja de papel. Tache todo en la columna a la derecha y escriba verticalmente junto a la primera columna *SOLO DIOS*.

PRUEBA

1. Lea en voz alta el inciso 1 en esta sección en el libro del alumno y pida que cada uno escriba la respuesta en su libro. Compruebe las respuestas. **2.** Lea en voz alta el inciso 2. Guíe un diálogo con el fin de que los alumnos expresen oralmente sus respuestas antes de escribirlas.

Dios es mi protector

Contexto: Salmos 91; 3; 20; 31:1-8; 108; 121
Texto básico: Salmo 91:1-6, 9-16
Versículos clave: Salmo 91:1, 2
Verdad central: El salmista capta la asombrosa seguridad de que la fe íntima y personal en Dios permite gozar de la protección constante del Altísimo y Todopoderoso en tiempos de peligro y en situaciones adversas.
Metas de enseñanza-aprendizaje: Que el alumno demuestre su: (1) conocimiento de los múltiples cuidados de Dios para proteger a su seguidor que "mora bajo su sombra", (2) actitud de valorar y desarrollar esta relación sobre todas las demás, confiando plenamente en la protección divina.

─────── **Estudio panorámico del contexto** ───────

A. Fondo histórico:
Uno de los temas del salterio es el del viajero, especialmente el viajero que iba camino a Jerusalén, al templo, para adorar a Dios. Para ciertas celebraciones como la Pascua, Pentecostés, Tabernáculos, Año Nuevo, los judíos venían en largas peregrinaciones para llegar a Jerusalén y tener el privilegio de celebrar cultos en el templo. En estas caminatas enfrentaban muchos peligros en el camino, y su mayor seguridad era la protección constante de Dios.

Los salmos de confianza son salmos de profundas experiencias con Dios en distintas situaciones. Estas experiencias fueron vividas en momentos de crisis que ya han pasado, y los salmistas han podido reflexionar sobre ellas y llegar a la plena confianza de que nada o nadie puede separarlos del amor y la protección constante del Señor. Este es el motivo por el cual celebran su presencia y comparten su confianza con otros.

Los salmos escogidos para el contexto de este estudio demuestran la confianza de los salmistas en distintas situaciones, en cada una de las cuales Dios es confiable para salvarlos. El Salmo 3 es un salmo matutino, uno puede dormir confiadamente y levantarse con la misma confianza cuando tiene a Dios como su escudo.

Imaginemos un cuadro donde está el Salmista frente a un grupo de enemigos armados dispuestos a atacarle, pero él, cubierto con un gran escudo que protege todo su cuerpo y que es sostenido por Dios, confía en que saldrá victorioso en esa confrontación.

El Salmo 20 es una oración por el rey y la victoria en batalla porque mientras que otros confían en carros de guerra o en caballos, los judíos confían en

"Jehová nuestro Dios" (v. 7). El Salmo 108 también pide la protección del Señor frente a los enemigos. El Salmo 31 es de confianza que relata distintas situaciones y condiciones en la vida donde el Salmista pudo experimentar la bendición del Señor. Experiencias como "soy el hazmerreír de mis enemigos", "soy como un jarro hecho pedazos" son comunes entre personas de todas partes y de todas las condiciones.

B. Enfasis:
El Salmo 121 es un salmo muy semejante al 91. También habla de un viaje, y de la protección de Dios en todo momento en este viaje. Termina con la hermosa expresión de confianza: "Jehová guardará tu salida y tu entrada, desde ahora y para siempre" (v. 8). Es el segundo de los "cantos de ascenso gradual" (Sal. 120 a 134), conocidos así porque eran los salmos que cantaban los peregrinos que "subían" a Jerusalén para celebrar las grandes fiestas mandadas por el Señor.

El salmista afirma que Dios es confiable en el largo y peligroso viaje a Jerusalén, y en cualquier otro viaje que podría hacerse. Alguien ha dicho que habla de la fe que nos sostiene en los viajes de la vida, y del viaje o peregrinación que es la vida misma.

El salmista expone el tema de este Salmo en los primeros dos versículos y lo desarrolla en el resto. Su ayuda viene del Señor, de esto está convencido. Los versículos 3-8 explican por qué el escritor dice que Dios es su ayuda. Su ayuda viene de un Dios que nunca duerme, su protección es constante; de un Dios que le cuida y protege de todo impedimento en el viaje. Le protegerá de los efectos del sol y de la luna. Le protegerá de todo peligro, salvará su vida.

Las imágenes usadas tanto para el peligro como para la protección de Dios son simbólicas como las que vamos a ver en el Salmo 91 que estudiaremos a continuación. Dan aliento al lector o al oyente porque él/ella también puede andar confiadamente en su situación específica, y porque puede afirmar confiadamente: "El Señor es mi ayuda."

———————— **Estudio del texto básico** ————————

El Salmo 91 no solamente habla de un viaje o peregrinación en que uno experimenta el cuidado protector de Dios, sino también de un lugar, una morada cerca de Dios. La confianza está en Dios quien le cuida dondequiera que esté, sea fuera cual fuere la situación. Atanasio (patriarca de Alejandría y padre de la Iglesia, 295-373) escribiendo a Marcelino (papa de 296 a 304) le aconseja: "Si quieres establecerte y a otros en la devoción a Dios, conocer la confianza que puedes tener en el Señor, y saber lo que quita todo miedo de tu mente, alaba a Dios recitando el Salmo 91." No es el único que ha dado este consejo. El Salmo 91 ha sido parte de la confesión de fe de judíos y cristianos de todos los siglos. El Libro de Oración de los judíos sugiere que se lea diariamente este Salmo antes de acostarse. Al tener a Dios como su refugio, uno puede dormir con tranquilidad.

1 La relación que produce seguridad, Salmo 91:1, 2.

Vv. 1, 2. Estos versículos combinan la intimidad de la fe personal con una expresión de la trascendencia majestuosa de Dios. Note los distintos nombres que se usan para referirse a Dios: el *Altísimo*, el *Todopoderoso*, nombres de su grandeza. "Tú eres mi refugio" (VP). El refugio era el *abrigo del Altísimo* y la *sombra del Todopoderoso*, cada uno desarrolla la idea de la cercanía protectora de Dios para sus seguidores.

Estos versículos son el mensaje central de este Salmo, el impresionante poder del *Todopoderoso* está a la disposición del viajero que está en lugares peligrosos. La expresión: "vivir a la sombra protectora del Altísimo" da una imagen de seguridad y confianza que no debe menospreciarse. La búsqueda y encuentro de refugio es un tema repetido constantemente en el salterio. Es la idea de encontrar un sitio seguro de protección como vimos en el estudio anterior. El pueblo de Israel siempre ha estado rodeado de peligros constantes, como los que vive en la actualidad. Este vocabulario simbólico resalta la importancia de la confianza en Dios frente a las dificultades que les rodeaban.

2 La constante protección frente al peligro, Salmo 91:3-8.

Vv. 3, 4. Seguramente muchos peregrinos repetían estos versículos al iniciar un viaje y durante el mismo. Había muchos peligros en el camino, y la protección constante de Dios era el único consuelo para el viajero. El terreno del Medio Oriente era muy inhóspito, con trampas ocultas y plagas mortales. Hacer un viaje demandaba una resolución grande y solamente con fe en Dios podían realizarlo, porque él les libraría de las dificultades, las trampas y plagas que ponían su vida en peligro. No solamente eso, sino les protegería *debajo de sus alas*, y su fidelidad, su gran amor fiel, sería como un *escudo*.

Vv. 5, 6. Uno de los peligros en las peregrinaciones era el sol que podía causar deshidratación, ataques cerebrales e insolación. Pero también pensaban que había enemigos invisibles en la noche que podían atacarlos, incluyendo estorbos mentales como se ve con el término "lunáticos". Sea correcto o no su análisis del origen de las enfermedades que podían atacarles en el camino, la relación con Jehovah su Dios los protegería de todos ellos. Así tendrían un viaje seguro con Jehovah como su escudo.

Vv. 7, 8. Usando números exagerados para enfatizar la protección de Dios, el salmista dice que aunque caigan *miles* a su *lado*, al que tiene a Dios como su sombra no le pasará nada. La razón es que el que confía en el Señor puede confiar también en la fidelidad de Dios de recompensar a cada uno por sus acciones. Así verá no solamente su propia protección sino el pago dado a los impíos. Seguramente hay un paralelismo aquí con los que caen a su *lado:* cuando él es protegido los impíos caen heridos.

3 Cuidados adicionales dados por Dios, Salmo 91:9-13.

Vv. 9, 10. El salmista continúa usando las mismas metáforas que había usado antes. Puesto que había hecho a Dios su *refugio*, no hay ningún *mal* que pueda dañar al hijo de Dios. Si el viaje es real o simbólico no importa, allí está la seguridad de la protección por excelencia: el *Altísimo*.

Vv. 11-13. Para asegurar este cuidado tan preciso de Dios, el salmista afirma que los *ángeles,* los mismos mensajeros de Dios, los que hacen su voluntad, van a protegerle. Son ellos quienes estarán a su lado, evitándole cualquier daño. Satanás usó este versículo para tentar a Jesús en el desierto: "Si eres Hijo de Dios, échate abajo, porque escrito está: A sus ángeles mandará acerca de tí, y en sus manos te llevarán, de modo que nunca tropieces con tu pie en piedra" (Mat. 4:6), pero Jesús rechazó la tentación, diciendo: "Además está escrito: No pondrás a prueba al Señor tu Dios" (Mat. 4:7).

Las manifestaciones del cuidado y la misericordia de Dios en favor de su pueblo se ilustran de la manera más sorprendente: *Sobre el león y el áspid pisarás.* No olvidemos que esta expresión es una figura de lenguaje que subraya la manera como Dios cuidará de sus hijos. También se incluye la figura del *cachorro de león* y el *dragón.* Frente a las adversidades de la vida, ante los problemas que parecen infranqueables, el hijo de Dios siempre contará con la ayuda de él.

4 Dios bendice a quienes confían en él, Salmos 91:14-16.

Esta sección revela el gran amor de Dios. Jehovah responde con una serie de verbos en primera persona porque el salmista le ha buscado apasionadamente. La acción de Dios corresponde a la búsqueda de su protección y presencia, no dejará de contestae las oraciones de alguien que llegue a él de corazón.

Vv. 14, 15. "Porque él me ama y me conoce" (VP) es la base de las bendiciones divinas que Dios va a dar a su seguidor. Le pondrá a salvo, le contestará, estará con él. La última parte del versículo 15 demuestra dos polos contrarios de la protección de Dios: 1) lo librará de la angustia y 2) lo glorificará, o sea lo colmará de honores. Dios sabe que nos hace falta protección y liberación, pero también las bendiciones de ser reconocido y honrado. Dios nos ha creado, sabe cómo somos, y que necesitamos estos aspectos diversos de su mano protectora.

V. 16. Una de las bendiciones más grandes en la vida era vivir largos años. Los judíos respetaban al anciano porque su longevidad demostraba que Dios lo estaba bendiciendo. Hoy día cuando las personas están viviendo más años debemos volver a oír la enseñanza de Dios. La vida larga es una bendición. Andar con el Señor y conocer su salvación traen gozo a cada persona que tiene el beneficio de su amor. El siervo de Dios no puede ser una persona triste y de cara larga y actitud negativa. El gozo de la salvación del Señor será la señal más significativa de su vida.

─────────────── **Aplicaciones del estudio** ───────────────

1. Tener confianza en Dios da una perspectiva distinta a la vida. Tanto si es un viaje peligroso o un lugar seguro, la protección de Dios es real para la persona que confía en él.

2. Para recibir las bendiciones de Dios uno tiene que tener una relación básica y significativa. "El que vive bajo la sombra" protectora de Dios es la persona que ha establecido una relación especial con él, no una relación ocasional o parcial, sino total y permanente.

3. La profunda relación con Dios brinda protección frente a los peligros. Sean estos reales o imaginarios, Dios toma control de todas las cosas que debilitan física, emocional y espiritualmente.

Ayuda homilética

Viviendo bajo la protección divina
Salmo 91

Introducción: Sin duda que hay múltiples maneras en que el hombre puede protegerse de las adversidades. Sin embargo, nada se compara a la riqueza de la protección divina. El que busca esa protección encontrará bendiciones como las siguientes:

I. El Todopoderoso lo cubrirá con su sombra (v. 1).
A. Como la nube que cubrió al pueblo en su peregrinar por el desierto.
B. Como la sombra bienechora de un árbol donde descansa el viajero que ha recorrido un gran trecho.

II. Lo librará de diversas circunstancias adversas (vv. 3-8).
A. De la trampa del maligno
B. Del temor nocturno
C. Enfermedades mortales
D. Del juicio contra los impíos

III. Lo hará por medio de sus ángeles (vv. 11-13).
A. Les ordenará que guarden sus caminos.
B. Le llevarán en sus manos.
C. Aun en los peligros más graves, ellos le protegerán.

IV. El único requisito: confiar en él (vv. 14-16).
A. Por amor
B. Invocándole
C. Buscando su salvación

Conclusión: Cuando un hijo de Dios deposita su confianza en Dios, él le responderá con grandes bendiciones. El tiene recursos ilimitados para cumplir con sus promesas. Pero es requisito indispensable que clame a él buscando la respuesta a sus necesidades.

Lecturas bíblicas para el siguiente estudio

Lunes: Isaías 1:1-20
Martes: Isaías 1:21 a 2:4
Miércoles: Isaías 2:5-22

Jueves: Isaías 3:1 a 4:1
Viernes: Isaías 4:2 a 5:7
Sábado: Isaías 5:8-30

AGENDA DE CLASE

Antes de la clase
1. Lea los Salmos 91; 3; 20; 31:1-8; 108; 121. Busque en cada uno expresiones de fe en la *protección* del Señor. **2.** Estudie en este libro y en el del alumno todo el material referente al Salmo 91. **3.** Prepare un cartel con el título de la lección y los títulos de sus cuatro divisiones. **4.** Con anterioridad, pida a dos alumnos que se preparen para presentar un diálogo en base al material bajo *Estudio panorámico del contexto* en el libro del alumno. Ayúdeles a prepararse. **5.** Conteste las preguntas en la primera sección bajo *Estudio del texto básico* en el libro del alumno.

Comprobación de respuestas
JOVENES: **1.** (a) esperanza mía, (b) castillo mío, (c) mi Dios. **2.** (a) lo librará del lazo del cazador, (b) lo librará de la peste destructora. **3.** a sus ángeles. **4.** (a) les responderá, (b) estará en la angustia, (c) lo librará.
ADULTOS: **1.** Altísimo, Todopoderoso, Jehovah, refugio, castillo, Dios. **2.** Con sus plumas le cubrirá, debajo de sus alas puede refugiarse, escudo y defensa es su verdad. **3.** No te sobrevendrá mal, ni plaga se acercará a tu tienda. **4.** Lo librará, lo pondrá en alto, le responderá cuando le invoca, estará con él en la angustia, lo librará, lo glorificará, lo saciará de larga vida, le mostrará su salvación.

Ya en la clase
DESPIERTE EL INTERES
1. Pregunte quién ha hecho un viaje últimamente. Al primero que responda, pídale que cuente acerca de su viaje. Pregunte: ¿Qué tipos de peligro existen en los viajes en la actualidad? Diga que el Salmo a estudiar incluye algunos peligros que corrían en la antigüedad. **2.** Pregunte quiénes tienen en su cartera, bolsa o bolsillo, la llave de su casa. Muéstrenlas. Pregunte por qué cerraron con llave su casa al venir al templo. Aproveche las respuestas para destacar en qué sentido nuestra casa nos brinda protección. **3.** Coloque en una pared, a la vista de todos, el cartel con el título y el bosquejo de este estudio. Lean todos juntos en voz alta *DIOS ES MI PROTECTOR*.

ESTUDIO PANORAMICO DEL CONTEXTO
1. Si consiguió dos alumnos para presentar el *Estudio panorámico del contexto* por medio de un diálogo, preséntenlo ahora. Pueden simular un diálogo entre una persona de la actualidad y el escritor del Salmo, o un reportaje a un erudito bíblico o a alguien que ha sido bendecido de una manera especial por el Salmo 91. **2.** El libro del alumno para adultos contiene en esta sección una excelente anécdota para relatar. Los jóvenes úsenla también.

ESTUDIO DEL TEXTO BASICO
Divida a la clase en dos sectores para estudiar el texto básico.
1. La relación que produce seguridad, Salmo 91:1, 2. Un alumno lea en voz alta el título de esta sección en el cartel y luego los versículos 1, 2. Los

alumnos de un sector deben encontrar los nombres que incluye para referirse a Dios (Altísimo, Todopoderoso, refugio, castillo). Los alumnos del segundo sector deben encontrar palabras que implican protección (abrigo, sombra, refugio). Al compartir cada sector lo que encontraron guíe la conversación enfatizando para quién es la promesa de protección divina y aprecien que es una comparación de la protección que nos brinda nuestro hogar.

2. *La constante protección frente al peligro, Salmo 91:3-8.* Un alumno lea en voz alta el título de esta sección y los vv. 3-6. Los participantes de un sector deben identificar los peligros que acechan en cualquier momento. Los del otro sector deben identificar los peligros que el salmista relaciona con la noche y los que relaciona con el día. Al ir diciendo los peligros, escríbalos en el pizarrón, o en una hoja grande de papel. Hágales notar y diferenciar entre los peligros visibles de afuera (trampa del cazador, flecha) y los que no se ven (peste o sea enfermedades, espanto nocturno, o sea miedo a algo en la oscuridad, real o imaginario). Pregunte: ¿Qué dicen estos versículos que hará el Señor por sus hijos ante tantos peligros que constantemente acechan? (librará, cubrirá, defenderá). Lea en voz alta y sin comentar los vv. 7 y 8, diciendo únicamente que se fijen en la promesa que contiene.

3. *Cuidados adicionales dados por Dios, Salmo 91:9-13.* Un alumno lea en voz alta el título de esta sección y los vv. 9-13. Los alumnos de un sector deben identificar en los vv. 9 y 10 a quienes no les sobrevendrá el mal estando en sus casas, y los alumnos del segundo sector, en los vv. 11-13, de lo que hace Dios por los suyos que están de viaje. Agregue a la lista de peligros, los que aparecen por primera vez. Comente el contenido con la información obtenida de su propio estudio personal del pasaje.

4. *Dios bendice a quienes confían en él, Salmo 91:14-16.* Un alumno lea el título de esta sección en el cartel. Haga notar que los vv. 14-16 están entre comillas, que aquí son las palabras del mismo Dios dadas al salmista. Lean en silencio dichos versículos. Los del primer sector deben identificar las frases que indican acciones de parte de la persona en relación con Dios. Los del segundo sector deben identificar acciones de Dios resultantes de las acciones de la persona. Como resumen, haga notar que el Salmo comienza con el testimonio de fe del salmista y que termina con la respuesta de Dios a esa fe depositada en él.

APLICACIONES DEL ESTUDIO

1. Mirando la lista en el pizarrón, pregunte si alguno ha vivido una circunstancia de inminente peligro del que fue librado milagrosamente. Que la relate. Destaque la gracia de Dios en acción. **2.** Enfatice que muchas veces la protección de Dios consiste en llenarnos de su gracia para no ser vencidos por las pruebas y para sobreponernos victoriosamente.

PRUEBA

Hagan en parejas las dos actividades bajo esta sección en el libro del alumno.

PLAN DE ESTUDIOS
ISAIAS

Escriba antes del número de cada estudio, la fecha en que lo usará.

Fecha   **Unidad 9: El Dios incomparable prepara el camino**
_____ 27. Dios acusa a su pueblo
_____ 28. Dios llama a su profeta
_____ 29. Dios da esperanza a su pueblo

Unidad 10: El Dios incomparable y su pueblo escogido
_____ 30. Sufrimiento y juicio
_____ 31. La debilidad del hombre y el poder de Dios
_____ 32. El gozo de los redimidos

Unidad 11: El Dios incomparable consuela a su pueblo
_____ 33. Consolación y renovación
_____ 34. El invencible amor de Dios
_____ 35. Restauración y misión

Unidad 12: Las incomparables buenas nuevas
_____ 36. Buenas nuevas de perdón
_____ 37. La incomparable invitación
_____ 38. La religión verdadera
_____ 39. Buenas nuevas de gran gozo

**COMENTARIO BIBLICO MUNDO HISPANO,
Tomo 10, ISAIAS.** Núm. 03110 EMH
Muchos eruditos consideran que el libro de Isaías es
el más importante de los escritos proféticos. Se trata
de un estilo literario muy elevado: su prosa es clásica
y su poesía sublime. Además, la fe del Antiguo Testamento se presenta con una claridad incomparable.
Los judíos de la época de Jesús lo reconocieron como
uno de los libros de mayor valor en su canon sagrado. Fue
colocado en el primer lugar de la división conocida como
los _profetas posteriores._ Aunque su aporte histórico ayuda
a los eruditos a entender mejor las épocas pasadas, se destaca por su mensaje de esperanza nacido en medio de circunstancias trágicas; el libro llegó a ser una de las fuentes
de estímulo más grandes para Israel en las horas críticas de
su existencia nacional.

ISAIAS
Una introducción

Isaías.
La profecía de Isaías, junto con el libro de los Salmos es el más leído del Antiguo Testamento. Parece que fue así también para los judíos del tiempo de Jesús, ya que se encontraron en los descubrimientos del mar Muerto más copias del libro de Isaías que de cualquier otro libro.

El profeta y su época. Isaías profetizó durante los reinados de Jotam, Acaz y Ezequías y parte del reinado de Manasés. Cumplió, además de la función profética, la de consejero de Estado, ya que intervino en los asuntos políticos de su tiempo en numerosas ocasiones.

El cumplimiento de su ministerio que llevó unos cuarenta años estuvo plagado de momentos difíciles. En el año 735 a. de. J.C. el rey de Siria, Rezín, y el rey de Israel, Peka, quisieron arrastrar al joven monarca de Judá a una alianza en contra de Asiria. Acaz se negó a formar parte de esa alianza y como consecuencia fue invadido. En vez de buscar la ayuda de Dios, Acaz recurrió a Asiria, lo que Isaías condena severamente. Esa actitud de Acaz precipitó su ruina. Ezequías sucedió a Acaz en el trono. Este era una persona piadosa, deseosa de realizar algunas reformas en Judá. Surgieron nuevas dificultades lo cual hizo que Ezequías buscara el apoyo de Egipto, cometiendo así el mismo error que su antecesor. La reacción de Isaías fue inmediata recomendando a Ezequías que rechazara toda alianza militar y aprendiera a depender y confiar en Dios. La alianza contra Asiria trajo funestos resultados, ya que Senaquerib reaccionó furiosamente asolando a Egipto y Judá. Debido a la intervención de Isaías el rey Ezequías resistió la invasión y milagrosamente la ciudad de Jerusalén fue salvada.

El estilo en que está escrito el libro revela a una persona altamente educada, con una visión y dotes poéticos. Los temas sobresalientes del libro son: la santidad de Dios, la gravedad del pecado personal y las profecías acerca del Mesías.

El hombre. El nombre Isaías significa "Jehovah es salvación", o "Jehovah salva". Es muy poco lo que sabemos acerca del hombre mismo. Es probable que vivía en Jerusalén porque dirigió la mayoría de sus mensajes a los reyes y al pueblo que ocupaban la ciudad santa. Era hombre casado y a su esposa se le conocía como "la profetiza", lo que no significa necesariamente que ella tuviera ese don. El nombre de su padre era Amoz.

La pareja tenía por lo menos dos hijos a los cuales Isaías les dio nombres simbólicos, ilustrando en forma viva y dramática algunas de sus predicciones (7:3; 8:3).

Su destacada participación en los asuntos públicos lo convirtieron en héroe nacional.

Dios acusa a su pueblo

Contexto: Isaías 1 a 5
Texto básico: Isaías 1:1-9; 5:1-7
Versículos clave: Isaías 1:2, 3
Verdad central: El Dios incomparable que demanda obediencia de su pueblo entró en pleito con ellos, acusándoles de rebelión contra él. El resultado de tal pecado fue desastroso para el pueblo y decepcionante para Dios.
Metas de enseñanza-aprendizaje: Que el alumno demuestre su: (1) conocimiento de las acusaciones de Dios contra su pueblo y las consecuencias de esas acciones pecaminosas, (2) actitud de arrepentirse y cambiar sus acciones de rebelión contra Dios.

─────────── **Estudio panorámico del contexto** ───────────

A. Fondo histórico:
El profeta Isaías vivía en Jerusalén. Era una persona muy culta; tal vez fue primo del rey Ezequías. Alrededor de 740 años a. de J.C., Dios le llamó a ser profeta por medio de una experiencia conmovedora durante un momento de adoración personal en el templo. Le tocó vivir durante una época de crisis recurrentes en la historia de Israel. Asiria apareció sobre el escenario del Medio Oriente como superpotencia. Conquistó a todos sus vecinos y el momento para el pueblo de Dios de Israel llegó cuando destruyó a Samaria y avanzó para tomar a Jerusalén.

Los primeros cinco capítulos de Isaías forman la introducción. El profeta pinta un cuadro con palabras muy descriptivas que muestra al pueblo desobediente a Dios en contraste con el pueblo ideal que Dios esperaba. Estos capítulos proceden de los primeros ocho años del ministerio de Isaías.

B. Enfasis:
El Padre de corazón quebrantado, Isaías 1:1-31. Como los hijos rebeldes, el pueblo de Dios fue motivo de mucha tristeza para su Padre. El les castigó sin resultado y finalmente les llamó a dejar de hacer lo malo y a aprender a hacer lo bueno. Este capítulo es el prólogo al libro de Isaías y describe cómo Dios ha hecho todo lo posible a favor de su pueblo sin resultado. Aquí se señala cómo Dios no desea una religión de ritual y ceremonia sino de arrepentimiento y servicio a él y al prójimo. Al terminar este capítulo se anuncia que Dios va a enviar el fuego purificador sobre Jerusalén por su rebeldía.
La maravillosa paz universal, Isaías 2:1-5. Igual que Miqueas 4:1-5, Isaías

reflexiona sobre el día futuro cuando las naciones vendrán a Jerusalén a buscar la palabra de Dios. Un mundo sin guerra es una visión todavía no lograda. Al ver la nobleza y la honradez de los hebreos los pueblos del mundo irán a Jerusalén para aprender una mejor manera de resolver sus problemas y aprender a vivir en los caminos de Dios.

El "Día de Jehovah", Isaías 2:6-22. El profeta proclama que "El Día de Jehovah" vendrá sobre todo orgullo y toda altivez humana y que sólo Dios será engrandecido en aquel día. Sólo Dios es digno de toda alabanza. Los tesoros materiales no sirven para nada ante el juicio de Dios.

Anarquía y la caída del pueblo, Isaías 3:1 a 4:1. Jerusalén está arruinada por la falta de dirigentes competentes y por los que oprimen a los pobres. No hay líderes dignos para el pueblo. El profeta condena a las mujeres por su orgullo y el hecho de emplear dinero sacado de los pobres para comprar sus adornos.

El futuro glorioso del pueblo, Isaías 4:2-6. Es otro retrato del futuro glorioso de Jerusalén y una profecía de cómo la gente de todas partes llegará a la ciudad santa para adorar a Dios.

Oráculos de Juicio, Isaías 5:1-25. Con una parábola magistral el profeta describe cómo Dios ha hecho todo lo posible para salvar a su pueblo. Pero ahora por su desobediencia sufrirá las consecuencias de su pecado. Isaías pronunció "ayes" sobre pecados específicos. Es importante estudiar esta lista de pecados. El pueblo tiene sus valores morales invertidos. Son los pecados del humanismo cuando el ser humano cree que sabe todo y no importa lo que hace.

───────────── **Estudio del texto básico** ─────────────

1 Dios acusó al pueblo por su falta de gratitud, Isaías 1:1-4.

V. 1. Hay que tomar nota que el padre de Isaías no fue el profeta Amós, sino un *Amoz* desconocido. Una tradición judaica dice que fue hermano del Rey Amasías, por lo tanto Isaías sería primo hermano del Rey *Ezequías* pero no hay evidencia bíblica para apoyar esta leyenda. El versículo también indica que la obra de Isaías duró desde el año 740 hasta el año 687 a. de J.C., o sea que su ministerio fue de 53 años.

V. 2. Este versículo es el gemido de dolor profundo del padre abandonado por sus hijos ingratos. Es Dios quien invita a los *cielos* y la *tierra* que él ha creado a ser testigos de la ingratitud y rebelión de sus hijos los hebreos que él ha educado con tanto esmero. Es bien evidente que la rebelión se manifiesta por su idolatría y desobediencia.

V. 3. Se nota la ironía en el hecho que los animales domésticos demuestran más gratitud a sus dueños que el pueblo redimido a Dios, quien le libró de la esclavitud. Israel no reconoce que debe todo a Dios. En esta comparación queda demostrada la gravedad de la situación espiritual del pueblo. El reclamo de Dios es ... *mi pueblo no entiende.*

V. 4. La primera palabra del versículo que se traduce *Ay*, es la introducción a una descripción de la ingratitud del pueblo. La causa de su rebelión es su pecado. El profeta identifica al pueblo con cuatro frases. No son solamente pecadores, también son *pueblo cargado de iniquidad* por sus muchos hechos de desobediencia a Dios. Son también *malhechores* los que dañan o lastiman a los demás. Finalmente son *depravados* o "degenerados" los que pervierten o destruyen en busca de su propio placer.

Provocaron la ira de Dios, que no es enojo o rabia sino el castigo bien merecido del pecador, es breve en contraste a su amor que dura para siempre. El *Santo de Israel* es el título favorito de Dios que emplea Isaías. Se halla 25 veces en su libro. La santidad es un atributo importante de Dios. Dios es perfecto, sublime, totalmente diferente del ser humano, pero no está distante del ser humano. Al contrario, él desea que le adoremos con sumo respeto; así tendremos una experiencia del misterio de su presencia divina y de la transformación que él obra en nosotros. Nos capacitará para reflejar sus cualidades éticas, las cuales el Dios Santo exige de sus seguidores.

2 La triste consecuencia de su rebelión, Isaías 1:5-9.

Vv. 5, 6. Estos versículos demuestran que el castigo físico no produce siempre arrepentimiento en el pecador. Israel era como un esclavo rebelde cuyo amo le había castigado desde la cabeza hasta los pies sin producir ningún cambio en su conducta. El hecho que *las heridas no han sido curadas* se refiere a la devastación total obrada en Judá por el ejército de Asiria. Con sus pocos recursos el pequeño Estado no pudo reparar los daños, no logró sanidad.

V. 7. Esta es la aclaración sobre los versículos 5, 6. En la antigüedad los ejércitos no llevaban sus provisiones sino que vivían del país conquistado y no dejaban nada para los habitantes.

V. 8. Este versículo describe con figuras gráficas la situación difícil cuando el ejército de Asiria rodeó Jerusalén en el año 701 a. de J.C. La expresión *hija de Sion* se refiere a Jerusalén como igualmente *ciudad sitiada*. En aquel entonces el rey Ezequías estaba desesperado y pidió ayuda del profeta Isaías quien le aseguró que ni una saeta iba a caer dentro de la ciudad (Isa. 37:33-35).

V. 9. No obstante, Isaías no tuvo ilusiones en cuanto al futuro a largo plazo. El sabía que un día la ciudad y la nación iban a caer en manos de un ejército extranjero y solamente *unos pocos sobrevivientes* del pueblo iban a quedar para continuar su misión en la tierra. La doctrina del "remanente" figura mucho en el pensamiento de Isaías; y aparece como "resto" o "remanente" muchas veces en el libro. Como siervo de Dios muy inteligente Isaías sabía que Dios no iba a destruir la nación toda como hizo con *Sodoma y Gomorra*, sino que iba a dejar unos pocos para comenzar de nuevo su pueblo.

3 La viña del Señor que fracasó, Isaías 5:1-4.

V. 1. Con este versículo comienza una de las muchas parábolas de la Biblia. No solo Jesús empleó las parábolas para enseñar verdades importantes, sino que también muchas enseñanzas en el Antiguo Testamento se dieron así. (Ver Jue. 2, 2 Sam. 12 y Eze. 17 como ejemplos.) En la presente ocasión el profeta comienza su parábola como una canción folklórica que se escuchaba en las fiestas populares. Tal vez era la fiesta de las cosechas, Exodo 23:16. *Canción* *de mi amado* se refiere al autor de la canción, es mensaje de Dios, que ama a su pueblo y toma todas las medidas para que la viña diera fruto. *Mi amigo* se refiere a Dios como dueño de la viña. *Fértil ladera* ilustra el cuidado de Dios a su pueblo. **V. 2.** Este versículo es la idea gráfica de la parábola. El dueño preparó bien el lugar y plantó brotes de la mejor clase de uvas, pero a pesar de su esfuerzo todo resultó en "uvas de mal olor y mal sabor" (traducción del Hebreo). Uno puede imaginar su sorpresa al descubrir uvas que no se podían comer. **V. 3.** El cantante pide la colaboración de sus oyentes. Ellos deben decidir lo que el dueño debe hacer con su viña. **V. 4.** De forma muy natural continúan las preguntas. Es la pregunta triste de muchos padres. "¿Qué más pudiera haber hecho por mis hijos?" Es muy triste tener hijos rebeldes, ingratos, cuando uno ha hecho todo lo posible para conseguir su bienestar.

4 Dios quitará su protección a su pueblo, Isaías 5:5-7.
V. 5. Se ve el disgusto del Dueño de la *viña.* Después de toda su labor la *viña* no ha producido uvas deliciosas y sabrosas. Por lo tanto, va a quitar el cerco de defensa y dejar que los animales entren y destruyan el área cultivada. **V. 6.** Este versículo es de suma importancia. Un dueño humano puede tomar la decisión de no cultivar una viña y retirar los cercos, pero solamente Dios puede mandar a *las nubes* que no lluevan más sobre ella. Dios demuestra ser el verdadero dueño de la viña. **V. 7.** Es el momento decisivo en la narración. *La viña* representa al pueblo escogido y protegido por Dios para llevar su mensaje al mundo entero. Dios esperaba juicio y derecho de parte de ellos y descubrió vileza y derramamiento de sangre. Esperaba *justicia* y en su lugar escuchó la voz de los oprimidos clamando por la justicia. Vea una expresión semejante en Exodo 3:7-9 y 1 Samuel 9:16. El versículo es un juego de palabras en hebreo con un mensaje poderoso. Dios esperaba *mishpat* (justicia) y descubrió *mispach* (vileza); él esperaba *tsedaqah* (derecho) y oyó *tse aqah* (clamor). Sin duda esta parábola tan tremenda sirvió de inspiración para la parábola que nuestro Señor contó en Mateo 21:33-46.

────────────── **Aplicaciones del estudio** ──────────────

1. Debemos ser cuidadosos en manifestar siempre nuestra gratitud. Uno de los mayores errores que cometemos es olvidarnos de los beneficios que recibimos. Como el pueblo de Dios en el pasado, así hacemos en el presente. En todas nuestras relaciones debemos mostrar con actos y palabras nuestra gratitud a otras personas por lo que hacen por nosotros.
2. Debemos reconocer la sabiduría de los planes de Dios. Dios, en su eterna misericordia dejó unos pocos sobrevivientes de entre su pueblo, con el fin de levantar una nueva generación que le fuera fiel. Dios sabe por qué hace las cosas, y nosotros debemos asumir una actitud de contentamiento y aceptación de su voluntad sabiendo que él no se equivoca.

3. Dios ha hecho todo lo posible para que produzcamos fruto en su reino. La parábola de la viña (5:1-7) nos muestra que Dios espera que su pueblo cumpla con la parte que le corresponde. La iglesia ha sido llamada a ser una entidad reproductora. El crecimiento numérico y espiritual de la iglesia es parte de su naturaleza. Es nuestra responsabilidad producir frutos que honren a Dios.

4. Dios espera justicia y conducta correcta de todo su pueblo. La iglesia debe colaborar como cuerpo, y cada miembro individualmente, para aliviar la injusticia y las condiciones sociales de opresión y de necesidad. La demostración del amor de Dios, por parte de la iglesia, se da en el campo de las necesidades humanas. Hoy, más que nunca, se necesita urgentemente que el pueblo de Dios obre con justicia y practique una conducta correcta.

─────────── **Ayuda homilética** ───────────

Las consecuencias de la ingratitud
Isaías 1:1-9

Introducción: La respuesta lógica del pueblo de Dios, de la iglesia y de los individuos debiera ser una actitud de agradecimiento por lo que él es y lo que ha hecho. Sin embargo, la historia nos muestra una situación diferente en que la ingratitud es el elemento predominante. Una actitud de ingratitud traerá necesariamente consecuencias negativas.

I. El profeta se asombra por la falta de gratitud de los hebreos.
   A. A pesar de las obras portentosas de Dios.
   B. A pesar del cuidado providente del Señor.
II. El castigo físico no produce el cambio deseado.
   Muchos no aprenden nada a largo plazo de los accidentes y desastres.
III. La nación de Israel fue destruida por su falta de gratitud.
IV. Dios tuvo que trabajar por medio de un remanente para hacer la obra que toda la nación fue llamada a hacer.
   En la actualidad son pocos los que hacen grandes cosas para el Señor.

Conclusión: Hay que vigilar al corazón para no ser personas ingratas. No hay que preguntar: ¿Qué hacen, o por qué la mayoría no hace la obra de Cristo? La actitud correcta es analizar la propia actitud. La pregunta correcta frente a los grandes beneficios que recibimos de Dios es: ¿Soy yo agradecido al Señor? ¿Cómo demuestro mi gratitud?

Lecturas bíblicas para el siguiente estudio

Lunes: Isaías 6:1-8   **Jueves:** Isaías 7:10-25
Martes: Isaías 6:9-13   **Viernes:** Isaías 8:1-10
Miércoles: Isaías 7:1-9   **Sábado:** Isaías 8:11-22

AGENDA DE CLASE

Antes de la clase

1. Comience su estudio de este importante libro: Isaías, con la debida anticipación. Si tiene disponible un comentario sobre Isaías, consúltelo. **2.** Ponga un mapa del Oriente Medio en los tiempos del profeta Isaías (ver página 6 de este libro). Este debe estar disponible durante todo el semestre para encontrar los muchos sitios mencionados por el profeta. **3.** Escriba en una tira de papel "ISAIAS, PROFETA DEL DIOS INCOMPARABLE" y en otra "Vocero del Señor". **4.** Haga un "collage" de eventos actuales de problemas sociales (recortes, fotografías, palabras o frases) que demuestran la falta de reconocer y seguir las leyes de Dios. Haga otro de eventos actuales que demuestran el reino de Dios en el mundo.

Comprobación de respuestas

JOVENES: **1.** Uzías, Jotam, Acaz, Ezequías. **2.** Que su pueblo se rebeló contra él. **3.** Enfermo en todo su cuerpo, y no ha sido sanado en ninguna forma. **4.** Atrapada, cercada, amenazada. **5.** A la casa de Israel, y Judá. **6.** Derecho, justicia. Vileza, clamor.

ADULTOS: **1.** Los animales conocen a su dueño, el pueblo no. **2.** a. Enfermedad; b. Tierra desolada; c. Ciudad sitiada. **3.** Dios los cuidó dejando algunos sobrevivientes. **4.** Respuesta personal. **5.** Castigo por haber fracasado.

Ya en la clase

DESPIERTE EL INTERES

1. Escriba en un cartel o en la pizarra: "Isaías, Profeta del Dios Incomparable" y hablen del gran profeta y su concepto de Dios. Enfatice cuán importante es el concepto que tenemos de Dios. Isaías creía y enseñaba que Jehovah el Dios de Israel era Dios Incomparable. **2.** Pregunte el significado de "profeta", después de escuchar sus ideas, ponga la tira "el vocero del Señor" en la pared. Hoy vamos a ver cómo Isaías era el vocero del Señor dando su acusación contra el pueblo. **3.** Hable de Isaías, conocido por muchos como el príncipe de los profetas.

ESTUDIO PANORAMICO DEL CONTEXTO

1. Usando la información en el Libro del Maestro repase brevemente el tiempo histórico de Isaías. **2.** Aclare los conceptos de "El Día del Señor", "visión" y "oráculo". Use los *"collages"* que ha hecho para demostrar los dos caminos que escogemos: desobedecer al Señor y traer desastres, u obedecerle y traer bendición al mundo. Como resultado de estas decisiones, en el Día del Señor Dios castigará a los primeros y bendecirá a los segundos. Este concepto va a ser repetido vez tras vez en el libro de Isaías. Dios responde a la acción de su pueblo a quien ha dado libertad para escoger su camino. **3.** Pida a los alumnos que completen la sección "Lea su Biblia y responda" y compruebe sus respuestas.

ESTUDIO DEL TEXTO BASICO

1. Dios acusó al pueblo por su falta de gratitud, Isaías 1:1-4. Mencione que el libro de Isaías no sigue cronológicamente el ministerio del profeta. Probablemente el capítulo 1 da un resumen de su ministerio. Mencione el largo ministerio de Isaías y los reyes durante este período. Enfatice el significado de la palabra "visión". Pregunte cómo Israel trató a Dios, y cómo Isaías lo presenta. ¿Por qué? ¿Cómo se sintió Dios frente a esta falta de gratitud? Note el primer uso del nombre "Santo de Isarel" para Dios. Este nombre y este concepto eran muy importantes para Isaías. Hablen de la importancia de reconocer el papel de Dios en nuestras vidas.

2. La triste consecuencia de su rebelión, Isaías 1:5-9. Describa la enfermedad de Israel como consecuencia de su rebelión. Se puede hablar de la progresión de la enfermedad de Israel, y el resultado de no buscar remedio para ella. ¿Cómo ha quedado la ciudad de Jerusalén? Enfatice que Dios ha castigado a los malos y ha bendecido al remanente, los buenos. Explique que este es el mensaje eterno del "Día del Señor": castigo y juicio o bendición y esperanza eterna. Puede referirse de nuevo a los *"collages"* que ilustran las acciones del hombre que serán bendecidas por Dios o castigadas por él en "aquél día". Termine hablando de la misericordia de Dios en "dejar unos pocos sobrevivientes". Pregunte qué es "misericordia". Aclare que es el amor eterno de Dios, el amor del pacto.

3. La viña del Señor que fracasó, Isaías 5:1-4. Explique el significado de "parábola". La viña, su cuidado y su importancia para la familia eran muy conocidos por los judíos. Dios usó esta relación conocida para describir su relación con Israel. El Señor había hecho la mejor plantación, los mejores preparativos y había dado el mejor cuidado a su viña. Sus expectativas eran grandes, pero solamente cosechó uvas silvestres, amargas, sin valor. ¿Qué haría usted con esta viña?

4. Dios quitará su protección a su pueblo, Isaías 5:5-7. ¿Qué decide hacer Dios? (vv. 5, 6) ¿Qué significa para Dios, y para el pueblo? ¿Qué esperaba Dios de Isarael? ¿Qué recibía de ellos? Enfatice que Dios es un Dios de justicia y rectitud. El espera que su pueblo viva en comunidad, practicando justicia con otras personas. Espera que vivan vidas rectas, siguiendo sus leyes. ¿Cómo nos comportamos hoy de la misma manera que el pueblo de Israel? ¿Qué espera Dios de nosotros? ¿Cómo podemos cumplir?

APLICACIONES DEL ESTUDIO

Lean juntos en el libro del Alumno las aplicaciones. Agregue ideas del libro del Maestro. Enfatice especialmente la bondad de Dios y sus expectativas para la vida de cada persona.

PRUEBA

Dé oportunidad para que contesten la prueba en el libro del Alumno. Pida a los alumnos que compartan sus respuestas. Resalte la relación de este estudio con el siguiente. Las lecturas diarias son el enlace necesario para el próximo estudio. Termine con una oración pidiendo que Dios les ayude a tomar la decisión de seguirle y cumplir con sus enseñanzas.

Dios llama a su profeta

Contexto: Isaías 6 a 8
Texto básico: Isaías 6:1-13
Versículo clave: Isaías 6:8
Verdad central: El Dios incomparable preparó el camino de salvación llamando al profeta, cuya responsablidad fue dar un mensaje de juicio y de esperanza.

Metas de enseñanza-aprendizaje: Que el alumno demuestre su: (1) conocimiento del llamamiento de Dios al profeta Isaías, (2) actitud de gratitud por las maneras en que Dios actuó preparando el camino de salvación y esperanza para él como objeto de su amor.

Estudio panorámico del contexto

A. Fondo histórico:

El capítulo que nos ocupa se podría llamar el testimonio de Isaías, un documento que en sí mismo es un dictamen de la infidelidad de la corte y la nación. La palabra de Dios fue desobedecida en una situación histórica específica trayendo como consecuencia la repentina crisis causada por la invasión de Judá por los ejércitos arameos e israelitas.

El material autobiográfico demuestra la manera como Isaías se consagró a persuadir al rey Acaz a adoptar diferentes políticas tendientes a confiar en Dios en lugar de hacer alianzas políticas y militares.

Después de la muerte de Uzías (742 a. de J.C.) su joven hijo Acaz fue una sorpresa desagradable. Al ser presionado por los reyes de Efraín (Israel del Norte) y Damasco a entrar en una alianza contra Asiria el joven no sabía qué hacer. Rechazó el consejo de Isaías y se convirtió en un subordinado de Asiria. En estos capítulos que forman el contexto de este estudio, se ve a una persona presa del pánico sobre el trasfondo del magnífico llamamiento del profeta Isaías.

B. Enfasis:

El llamado del profeta, Isaías 6:1-13. En este pasaje encontramos al profeta mismo por primera vez, después de cinco capítulos de mensajes a Judá. En los siguientes capítulos encontraremos unos cuantos episodios de su vida y actividad. La misión de Isaías tropezará con una fuerte oposición por parte de los que oirán sus mensajes.

El encuentro de Isaías con Acaz, Isaías 7:1-13. Probablemente fue la primera intervención de Isaías como profeta. Quiso asegurar al joven rey Acaz que debía confiar en Dios y no establecer una alianza con Asiria que resultaría en un desastre para Judá. El v. 9 es de mucha importancia. Si uno cree en los propósitos de Dios tendrá firmeza y resistirá la tentación de hacer maniobras para salir de las situaciones difíciles. Muchas veces Dios obra a largo plazo; hay que darle tiempo para actuar.

La señal de Emanuel, esperanza para el pueblo, Isaías 7:14-25. En una de la grandes profecías del Antiguo Testamento, Isaías anuncia la llegada de un bebé con el nombre Emanuel. Asegura al rey que antes de 13 años el país estará libre del peligro de Samaria y Damasco. La palabra en Hebreo (*almah*) puede significar "virgen" o una joven capaz de concebir. Es imposible saber si Isaías tenía en mente una persona determinada, lo que sí sabemos es que la profecía fue cumplida finalmente en Cristo. Lo demás es bien evidente que Asiria era una "navaja alquilada" para efectuar el juicio de Dios sobre un pueblo pecaminoso.

Isaías llama al pueblo a tener fe en Dios y predice la destrucción de Israel y Siria, Isaías 8:1-22. El profeta anuncia con toda la claridad posible la derrota de los dos pequeños reinos. Luego también le dice a la gente que él se retirará del ministerio público puesto que ni el rey ni sus consejeros le escucharon. La tristeza más grande para los profetas del Antiguo Testamento era que cuando la gente desobedecía sus mensajes sufría enormes desastres cuando todo se pudiera haber evitado. Aunque tenían entonces al profeta de Dios presente, preferían consultar a los adivinos y astrólogos.

─────────── **Estudio del texto básico** ───────────

1 Dios se revela a su profeta, Isaías 6:1-4.

V. 1. *En el año que murió el Rey Usías* (742 a. de J.C.), *vi al Señor sentado sobre un trono alto y sublime.* La muerte del rey Uzías fue un golpe incalculable para Judá. En 1 Reyes 15 y 2 Crónicas 27 se describe el esplendor de su reinado. Modernizó el ejército, estableció la industria de cobre y de hierro, y fomentó el progreso de la agricultura. Bajo su gobierno el país conoció la paz y una prosperidad sin igual desde la época de Salomón.

Normalmente se esperaría encontrar el llamamiento del profeta al principio de su libro; sin embargo, es posible que el escrito vino después del cumplimiento de algunas de las amenazas pronunciadas en los capítulos anteriores y sirve como un prólogo de introducción a los próximos capítulos que forman una unidad literaria denominada frecuentemente con el título: "El libro de Emanuel (7 a 12).

Al morir Uzías el pueblo quedó como ovejas sin pastor. Isaías tal vez entró en el templo para orar y se asombró al descubrir que la grandeza humana siempre termina en la tumba, y que la grandeza de Dios dura para siempre. En un instante comprendió que sólo Dios es *Soberano, Sublime* y *Santo.* Es el Creador de todo, el Rey de reyes, sus propósitos se cumplen hasta los fines de la tierra y para toda la eternidad. Es digno de toda honra y alabanza y es *Santo* totalmente diferente del ser humano. No está lejos de nosotros pero no comparte nuestro pecado y violencia. Ningún ser humano jamás vio a Dios; Isaías tuvo una visión de la gloria de Dios tal como Ezequiel describe en 1:26-28. En ese momento Isaías también comprendió que la gloria de Dios llena el universo: *el borde de sus vestiduras llenaba el templo.* **V. 2.** Alrededor del trono de Dios había un número no determinado de siervos de Dios. La palabra *serafín* procede de un verbo que significa arder. Puede ser que fueron seres espirituales que podían volar con la rapidez del fuego en obediencia a los mandatos de Dios. De todos modos son los mensajeros de Dios y vuelan a cualquier parte para hacer su voluntad. Son seres obedientes que muestran mucho respeto a Dios. **Vv. 3, 4.** Formaban un coro antifonal para anunciar una cualidad única de Dios. Solamente él es *Santo.* También proclamaban que no hay lugar en la tierra donde la *gloria* de Dios no se manifieste. La palabra *Santo* es de suma importancia. Viene de un verbo que significa "separar". Dios está completamente separado de todo lo pecaminoso por su naturaleza. No obstante, no está distante de su creación. Ama a sus hijos, pero no ama sus pecados. Treinta veces aparece el título de "Santo" en el libro de Isaías. Jehovah era el santo, soberano Dios que cuidaba a Judá. Al olvidar eso Judá estaba destinado a la ruina.

¡La experiencia de escuchar al coro celestial y tener una visión de Dios dejó al joven Isaías asombrado! Tal como el templo se llenó de la gloria de Dios cuando Salomón lo dedicó, así sucedió durante el llamamiento de Isaías (1 Rey. 8:10, 11).

2 Dios limpia el pecado del profeta arrepentido, Isaías 6:5-7.

V. 5. Aquí se enfatiza la reacción natural del profeta: reconocer y confesar su pecaminosidad y la de su pueblo. Al tener una visión de Dios en toda su gloria y santidad Isaías comprendió la gravedad de su propio pecado. La santidad y pureza de Dios siempre obran este resultado en el ser humano. La santidad de Dios tiene un aspecto moral que se destaca de la naturaleza humana por buena que esta sea. La exclamación de Isaías se traduce mejor con la nota al pie de página en la RVA "¡Ay de mí, pues soy perdido!" El profeta se sentía tumbado, destruido, sin esperanza alguna.

Labios impuros, tal vez el pueblo y el joven Isaías eran tan materialistas que alababan sus posesiones en lugar de a Dios o adoraban a los ídolos al mismo tiempo que adoraban a Dios. Empleaban sus labios en alabar a sus posesiones en lugar de al Creador de todo. Nuestros labios son inmundos cuando toda nuestra conversación es sobre cosas materiales que pronto desaparecerán y no consiste en oración al Dios eterno.

V. 6. El perdón del pecado de Isaías es logrado sin ningún sacrificio animal y sin el ritual establecido por la Ley. Esto es de suma importancia: Generalmente en el A.T. el perdón de pecado estaba ligado a la observancia de la ley y al sistema de sacrificios, pero en el N.T. es por la gracia de Dios. En el caso de Isaías se ve la gracia de Dios obrando ante el arrepentimiento del pecador.

El hecho de recibir el perdón fue doloroso para Isaías, un carbón encendido, pero muy eficaz. La iniciativa fue de Dios frente a la sumisión de Isaías: *Entonces voló hacia mí uno de los serafines.*

V. 7. El anuncio del serafín es muy semejante a la frase que Jesús empleó en muchas ocasiones. "Hijo, tus pecados te son perdonados" (Mar. 2:5). Es importante anotar que juntamente con el perdón viene el alivio del sentido de culpabilidad. Precisamente el perdón llegó para limpiar la parte más afectada: *tu culpa ha sido quitada, y tu pecado ha sido perdonado.*

3 Dios llama a Isaías a servirle, Isaías 6:8-10.

V. 8. Al estar agobiado por su pecado Isaías no podía oír la voz de Dios buscando un mensajero humano. El perdón le hizo ser una "nueva creatura" y pudo ver un mundo que necesitaba el mensaje de Dios. A diferencia de otros, como Moisés, Jeremías y Ezequiel, Isaías no presentó un montón de excusas, sino que se presentó en seguida como voluntario en el ejército del Señor. Su respuesta en hebreo consiste en dos palabras: Algunos preguntan por qué Dios habla en plural: *¿Y quién irá por nosotros?* Seguramente Dios tomó en cuenta a los ángeles que le sirven. No es que ellos tengan que decidir, pero Dios se comunica con ellos al tomar su decisión y les hace parte de su misión en la tierra. (Como muestra de la idea ver: Gén. 1:26; 3:22; 11:7; 1 Rey. 22:19-22; Job 1:6-12; 2:1-6; y Sal. 82:1; 89:5.)

Vv. 9, 10. El ministerio de Isaías iba a ser difícil y sin éxito aparente. Predicaría y el pueblo no entendería. El efecto de su obra sería completamente distinto de lo que él quiso. A los ojos del pueblo su misión sería un fracaso.

No es fácil entender la expresión: *Haz insensible el corazón de este pueblo; ensordece sus oídos y ciega sus ojos, no sea que vea con sus ojos, y oiga con sus oídos, ...y yo los sane.* ¿Acaso quería Dios que Isaías predicase de tal manera que las personas no entendieran? ¡No! La voluntad de Dios no era esa. El Señor conocía a su pueblo, había trabajado con ellos por muchos años y con mucha paciencia (1:2-9). Los imperativos de los versículos indican la naturaleza rebelde del pueblo y el no entender describía meramente lo que sería el resultado de la predicación. El problema era el pueblo y no la calidad de los mensajes. Al analizar el trabajo de Isaías no hay manera de ocultar esta verdad.

4 Dios anuncia la tarea difícil de su profeta, Isaías 6:11-13.

Vv. 11-13. Es muy normal que el profeta diga: *¿Hasta cuando Señor?* Cuando el labrador siembra la semilla, la cultiva y la cuida, espera recibir frutos de esa semilla. Esa espera se hace con la pregunta: ¿Cuándo levantaremos la cosecha? La respuesta de Dios a Isaías no era halagüeña. Dios vio que Samaria iba a quedar en ruinas y también todo el territorio de Judá sería destruido durante el transcurso de la vida de Isaías. El profeta en el v. 12 anuncia el cautiverio de Samaria que ocurrió después de 10 años de su labor; pero también Dios le avisó que un remanente fiel sobreviviría a la invasión. Utilizando esta "semilla santa" Dios podría comenzar de nuevo su tarea de levantar a su pueblo santo para hacer su obra en la tierra.

El pueblo de Israel sería purificado por fuego para cumplir los propósitos de Dios en la tierra. Seguramente este pensamiento constituía la única motivación para Isaías a continuar con su predicación.

Aplicaciones del estudio

1. La necesidad más apremiante de una persona es la de ser perdonada. Sin esta experiencia se sigue preso en el pecado. Sin esta experiencia no hay la posibilidad de la redención que ofrece el Señor. **2. El arrepentimiento no viene por mirar nuestro pecado sino la santidad de Dios y su gran amor.** Sólo Dios es santo, sólo él puede perdonarnos, sólo él puede ayudarnos a dejar nuestros pecados y buscar y vivir la santidad. **3. No necesitamos hacer nada ritual para ser perdonados, sino que somos perdonados por la gracia de Dios según nuestra fe.** La dependencia en rituales limita nuestra comprensión de la gracia de Dios. El nos busca y quiere perdonarnos; quiere ofrecernos vida nueva. Hay que responder a su oferta con fe.

Ayuda homilética

Las cuatro visiones de Isaías
Isaías 6:1-8

Introducción: Necesitamos experiencias espirituales en la vida. Pueden venir en cualquier momento, tanto al asistir a un culto como al orar y tener un tiempo devocional cada día.

I. Isaías tuvo una visión de Dios, Isaías 6:1-4.
   A. El joven vio a Dios santo, soberano y sublime.
   B. Comprendió el poder y el dominio universal de Dios.
II. Isaías tuvo una visión de sí mismo, Isaías 6:5.
   A. Comprendió su pecado y el pecado de sus compatriotas.
   B. Para él no había esperanza alguna.
III. Isaías tuvo una visión de la gracia redentora de Dios, Isaías 6:7.
   A. Experimentó el perdón inmediato y personal, sin ritual alguno.
   B. Comprendió que había recibido una nueva vida.
IV. Isaías tuvo una visión de la misión de Dios, Isaías 6:8.
   A. Comprendió que Dios no iba a abandonar a la humanidad que había creado, sino que buscaba mensajeros humanos para llevar las noticias de su amor.
   B. Isaías respondió en seguida como voluntario.

Conclusión: Hemos sido perdonados por la gracia de Dios. ¿Están atentos nuestros oídos a la voz de Dios en la actualidad? Si es así, ¿cual es su respuesta a la voz de Dios?

Lecturas bíblicas para el siguiente estudio

Lunes: Isaías 9:1-7   **Jueves:** Isaías 10:20-34
Martes: Isaías 9:8-21   **Viernes:** Isaías 11:1-16
Miércoles: Isaías 10:1-19   **Sábado:** Isaías 12:1-6

AGENDA DE CLASE

Antes de la clase
1. Coloque en la pared de nuevo las tiras de papel "Isaías, Profeta del Dios Incomparable" y "El Vocero del Señor". **2.** Prepare otra tira que diga: "Llamado por Dios". **3.** Tenga un dibujo del templo de Salomón si es posible para que puedan ver algo del ambiente donde Isaías tuvo su llamamiento. **4.** Traiga un himnario que tenga el himno, "Santo, Santo, Santo", o haga copias del himno para el grupo.

Comprobación de respuestas
JOVENES: **1.** Vio al Señor sentado sobre un trono alto y sublime, y el borde de sus vestiduras llenaba el templo. **2.** "¡Santo, santo, santo es Jehovah de los Ejércitos! ¡Toda la tierra está llena de su gloria!" **3.** "¡Ay de mí, pues soy muerto! Porque siendo un hombre de labios impuros y habitando en medio de un pueblo de labios impuros, mis ojos han visto al Rey, a Jehovah de los Ejércitos." **4.** "¿A quién enviaré? ¿Y quién irá por nosotros?" "Heme aquí, envíame a mí." **5.** "...después de ser derribados, aún les queda el tronco. Su tronco es la simiente santa".
ADULTOS: **1.** Santidad, omnipresencia, soberanía. **2.** a. Dolerse por el pueblo; b. Decidir no hacer lo malo, confesión; c. Limpieza, perdón; d. Entrega; f. Misión encomendada. **3.** ¿Hasta cuándo, Señor? **4.** Hasta que Jehovah cumpliera su obra en el pueblo.

Ya en la clase
DESPIERTE EL INTERES
1. Hoy el estudio tiene que ver con la decisión de Dios de llamar a su vocero para dar su mensaje de juicio a su pueblo. Coloque la tira "Llamado por Dios" con "El Vocero de Dios" y hable de lo esencial de esta relación. **2.** En el estudio anterior vimos cómo Dios acusó a su pueblo de infidelidad. Les había dado todo lo posible para su bienestar, pero porque ellos le rechazaron Dios tuvo que castigarles. Era necesario darles este mensaje e Isaías fue escogido para ser el vocero de Dios. **3.** Pregunte sobre el llamamiento de los siervos del Señor. ¿Hay situaciones u ocasiones que influyen en la persona, que la hacen más abierta a la voz de Dios? Veremos algunos de estos casos en el estudio de hoy.

ESTUDIO PANORAMICO DEL CONTEXTO
1. El contexto incluye los capítulos 6—8. Mencione el encuentro de Isaías y el rey Acaz, su miedo y falta de confianza en Dios. A pesar de su falta de confianza, Dios le da la gran promesa de la venida de Emanuel en Isaías 7:14 y de la esperanza que trae "Dios con nosotros". A la vez enfatice el castigo que promete en el capítulo 8. Estos son ejemplos de la bendición y el castigo de Dios que encontramos repetidamente en Isaías. **2.** Muestre el dibujo del templo de Salomón y hable de su hermosura, y de lo que significaba para el pueblo. ¡Allí encontraron la presencia del Señor! Pregunte sobre las cosas que influyen en nuestro sentido de reverencia y maravilla en

la casa del Señor. ¿Cómo influyen en nuestra apertura a su llamamiento? ¿En la de Isaías? **3.** Canten "Santo, Santo, Santo", y pidan al Señor que podamos responder a su santidad. **4.** Dé tiempo para completar la sección *Lea su Biblia y responda.* Comprueben las respuestas.

ESTUDIO DEL TEXTO BASICO

1. Dios se revela a su profeta, Isaías 6:1-4. Enfatice el duelo que Isaías tiene que haber sentido por la muerte del gran rey Uzías. Más de treinta veces usa la expresión: "El Santo de Israel". Lo más importante aquí es el encuentro de Isaías con Dios y su llamamiento a servirle.

2. Dios limpia el pecado del profeta arrepentido, Isaías 6:5-7. Esta experiencia tan conmovedora culmina en el grito de Isaías: "Ay de mí". Hay un sentido de pecado total frente a su experiencia de haber visto al Señor. Reconocía que el pecado era tanto social como personal porque él era parte de la sociedad que influía en su acción. En la presencia de la santidad de Dios Isaías es más consciente de su pecado. Dios responde a la declaración de su pecado y su arrepentimiento limpiándole de su pecado. No fue una acción facil, el carbón encendido cauterizó la boca de Isaías. Perdonar el pecado no es algo fácil, tiene su precio. A Dios le costó la vida de su Hijo.

3. Dios llama a Isaías a servirle, Isaías 6:8-10. Examine el llamamiento a Isaías, las palabras de Dios y las palabras de Isaías. Isaías estaba tan agradecido a Dios que respondió aun antes de saber cuál sería su misión. Considere la misión encargada a Isaías frente a la dureza de los corazones y los ojos y oídos cerrados de los que tienen que haber recibido el mensaje.

4. Dios anuncia la tarea difícil de su profeta, Isaías 6:11-13. Examine la respuesta patética de Isaías "¿Hasta cuándo?" Era una pregunta natural. La respuesta de Dios es más desanimadora. Hable de la continuación del castigo, del significado del tronco, y la "simiente santa", el remanente. Pregunte: ¿Quién era esta simiente santa? ¿Resultó tal como Dios había indicado? ¿Somos parte de la simiente santa? ¿Qué es nuestra tarea ahora?

APLICACIONES DEL ESTUDIO

1. Lean juntos las *Aplicaciones del Estudio.* Agregue las que sean pertinentes del libro del Maestro. ¿Habría cosas específicas que podríamos hacer para que nuestros cultos fueran más reverentes, y que fuéramos más abiertos a la voz del Señor? **2.** No es fácil ser siervo del Señor. Muchas personas piensan que el éxito consiste en números, popularidad, presupuestos abundantes, posición social, entre otros. Sin embargo, el llamamiento de Isaías y la interpretación de Dios dicen exactamente lo opuesto.

PRUEBA

Pida al grupo que contesten esta sección, y entonces compartan sus respuestas. Este tiempo da la oportunidad de aclarar dudas y evitar que el alumno salga con ideas equivocadas del proceso del arrepentimiento, el perdón, y el llamamiento de Dios para servirle. Tenga cuidado de no forzar su propia opinión sobre la de su alumno, especialmente en el área afectiva.

Unidad 9

Dios da esperanza a su pueblo

Contexto: Isaías 9:1 a 12:6
Texto básico: Isaías 9:1-7; 11:1-9
Versículo clave: Isaías 9:6
Verdad central: El Dios incomparable preparó el camino para el Mesías que traerá luz, estabilidad y un reinado justo y bendecido con paz y alegría.
Metas de enseñanza-aprendizaje: Que el alumno demuestre su: (1) conocimiento de cómo sería el reinado mesiánico y los beneficios que traería para el pueblo, (2) actitud de compromiso con el Mesías en respuesta a los beneficios otorgados a quienes confían en él como Salvador personal.

─────────── **Estudio panorámico del contexto** ───────────

A. Fondo histórico:
El avance de los ejércitos de Asiria continuó hacia Jerusalén. Los reyes de los pequeños Estados de Damasco y Samaria (Siria e Israel del norte) no pudieron impedir su progreso. El emperador tomó a Damasco en el año 732 a. de J.C. y diez años más tarde Asiria destruyó totalmente a Samaria y deportó a sus habitantes. La ciudad nunca fue reconstruida. Isaías vio todo esto y anunció que Asiria era la vara del juicio que Dios utilizaba para castigar a su pueblo ingrato y rebelde. Ante la incompetencia de los reyes de Judá el profeta tuvo la revelación que Dios iba a mandar un rey de la línea de David quien sería el Salvador del pueblo.

B. Enfasis:
Hay esperanza a pesar de las dificultades políticas, Isaías 9:1-7. El territorio alrededor del mar de Galilea había caído en manos de los asirios en su avance hacia el sur. El profeta anuncia que Dios va a enviar a un rey incomparable para librar a su pueblo. Será de la línea de David, el más competente administrador desde los días de aquel rey, gobernará el territorio más grande que el que Israel había conocido.

El pueblo será juzgado y castigado por su pecado y por no seguir a Dios, Isaías 9:8 a 10:4. El juicio de Dios cayó primeramente sobre Israel del norte por su desobediencia. A pesar de su sufrimiento el pueblo no se convirtió a Dios. Sus propios líderes les engañaron y para el pueblo y los líderes sería horrible la ira de Dios. Dos veces se repite la frase: "A pesar de todo esto, no ha cesado su furor, y su mano todavía está extendida." Ante semejante castigo la gloria humana no sirve para nada.

Asiria será castigada, Isaías 10:5-19. Como superpotencia Asiria creía que con su fuerza e inteligencia podría conquistar al mundo mediterráneo, pero el profeta anuncia que es la vara que Dios emplea para castigar a su pueblo rebelde y es Dios quien les mueve en su campaña hacia el mar Mediterráneo. Al terminar con el propósito divino, Dios va a enviar debilidad y fracaso sobre ese ejército que pretende ser invencible.

El remanente y la era mesiánica, Isaías 10:20 a 11:16. Después de la conquista de la nación, el profeta vio que Dios continuaría su obra por medio de un remanente. La guerra sería terrible y la destrucción completa, pero después la carga pesada sería levantada de Judá. Una vez más Dios anuncia la llegada de un rey de la familia de David. Este gobernará no con criterio humano sino con sabiduría sobrehumana. Con él comenzará una época de paz y armonía desconocida en la historia. La tierra será llena del conocimiento de Dios.

Acción de gracias a Dios por la liberación de su pueblo, Isaías 12:1-6. Esta porción del libro de Isaías termina con dos canciones alabando a Dios por su salvación, cada una empieza con "en aquel día". Una es una canción al pozo que representa las fuentes de salvación. El agua es un elemento tan esencial para la vida que no nos extraña que es figura de salvación en toda la Biblia. También nos da el motivo de cantar Salmos: es porque Dios ha hecho cosas magníficas en la tierra.

────────────── **Estudio del texto básico** ──────────────

1 Esperanza: luz que brilla en la oscuridad, Isaías 9:1-5.

V. 1. Se describe aquí la invasión por el ejército de Asiria que penetró hasta Samaria en la campaña de los años 734-732 a. de J.C. y que resultó en la captura de Damasco. Todo el territorio de Israel del norte quedó en manos de Asiria excepto la ciudad de Samaria. No obstante, el profeta espera que la situación cambiará en tiempos posteriores al llegar el rey mesiánico, e Israel será un solo reino como en días de Salomón. *Galilea de los gentiles* es el territorio al oeste del mar de Galilea que tal vez en aquel entonces tuvo una población bastante numerosa de no judíos, la razón podría ser porque la conquista por Josué comenzó en el sur y nunca fue total en el norte.

V. 2. La guerra trae siempre oscuridad y desesperación. La gente no ve solución por ninguna parte; todas sus posesiones han sido llevadas y han quedado en la pobreza absoluta. Eran *los que habitaban en la tierra de sombra de muerte.* Pero Isaías anuncia que de repente la luz de paz resplandecerá en las calles destruidas y la gente podrá salir de sus casas sin peligro.

Vv. 3, 4. Una mejor traducción sería: "Tú has multiplicado el regocijo. Tú has aumentado el gozo." No cabe duda de que Dios ha dado la victoria sobre los opresores. El pueblo puede regocijarse como lo hacen los agricultores después de una cosecha abundante, como soldados que están muriendo de hambre y hallan comida abundante entre las provisiones del enemigo derrotado. La guerra los deja en pobreza completa. Solamente Dios puede proveer para las necesidades de su pueblo que no tiene nada. Tal como Dios dio la victoria a Gedeón y sus pocos soldados en el campo de Madián dará la victoria a

Israel frente al poderoso ejército de Asiria. Jueces 6-8 relata la victoria gloriosa de Gedeón y sus 600 hombres.

V. 5. El calzado del soldado que ha matado en batalla y su ropa manchada de sangre serán quemados, simbolizando el fin de los conflictos y la matanza. Será día de alegría, porque representará el inicio de la época de paz.

2 Esperanza: el niño será el Rey Eterno, Isaías 9:6, 7.

V. 6. Este es el momento culminante en la profecía. Algunos intérpretes dicen que Isaías se refiere al rey Ezequías quien subió al trono de Judá, en 715 a. de J.C., después del rey sumamente débil Acaz. Pero lo más probable es que pensaba en un rey ideal de la línea de David. Iba a ser el soberano porque llevaría el emblema de autoridad sobre su hombro. No podemos estar seguros de la situación histórica en que Isaías pronunció la profecía, pero podemos afirmar que esta profecía tuvo su cumplimiento en la persona del Mesías.

Los cuatro nombres merecen mucha atención: *Admirable Consejero* significa su gran capacidad administrativa y talento para planear. Las palabras en hebreo no dan énfasis sobre el pastor consejero sino sobre el rey capaz de guiar a sus generales y administradores en su labor. *Dios Fuerte* enfatiza su superioridad sobre sus enemigos. Es capaz de ser el comandante de sus tropas y de la población civil en tiempos de guerra. Sabe planear y administrar la estrategia que produce victoria. *Padre Eterno* significa su cuidado constante a su pueblo. No es la idea que él mismo va a vivir para siempre sino que va a hacer provisión para que su reino dure para siempre. *Príncipe de Paz* pone énfasis sobre la vida abundante que su pueblo va a disfrutar. Va a lograr una paz internacional que permitirá la prosperidad de la nación por no tener que gastar tanto en armamentos y guerras con los vecinos. Como alguien ha dicho: "Este rey tendrá la sabiduría de Salomón, el valor de David y las virtudes religiosas de Moisés."

V. 7. El reino del Mesías traerá felicidad, armonía y gozo, algo totalmente desconocido hasta aquel entonces. La palabra *paz,* que es *shalom,* significa felicidad en el hogar, bienestar en la sociedad y contentamiento en el corazón. El reinado mesiánico se caracteriza por *derecho y justicia,* dos términos utilizados frecuentemente por los profetas. La promesa aquí asegura la victoria final de las fuerzas de Dios cumpliéndose así su propósito divino.

3 Esperanza: por las cualidades del Mesías, Isaías 11:1-5.

V. 1. Isaías anuncia que *un retoño* de la familia de David será el Mesías de Israel. Como profeta él sabía que un día la nación pecaminosa iba a ser destruida y Dios tendría que hacer su obra por medio de un grupo reducido de sus seguidores. Pero Dios no será derrotado y sus propósitos se cumplirán en la tierra. Tal vez esta profecía fue anunciada unos meses más tarde que la del capítulo 9. Los representantes de la familia de David no habían dado un testimonio que honrara a su gran antepasado. El tronco de Isaí se refiere al linaje del cual salieron todos los reyes de Judá, desde Abraham, y del linaje de Jesús, trazado por medio de José, en Mateo 1:1-16.

V. 2. Lo más importante es que el Mesías será equipado por el Espíritu de

Jehovah para hacer su obra. Esta referencia que señala al Mesías, ciertamente se refiere en forma perfecta a Cristo y su ministerio terrenal. El mismo Jesús proclamó que el *Espíritu de Jehovah* estaba sobre él, Lucas 4:18. Se debe notar que es un solo Espíritu que concede seis virtudes al Rey Mesías. Estas aparecen en tres pares. El primer par da sabiduría al rey. *Sabiduría e inteligencia,* son dones de Dios, no cualidades recibidas por herencia. Luego recibirá una capacidad administrativa extraordinaria, *espíritu de consejo y fortaleza.* Tendrá poder que un ser humano normalmente no tendría para trabajar. Dos cualidades son de suma importancia: *conocimiento y temor de Jehovah,* conocer a Dios en una relación personal y respetarle como Soberano. Esto es la verdadera piedad. Conocimiento es conocer a una persona por medio de una relación personal. El temor de Dios es el respeto y reverencia.

Vv. 3, 4. *Se deleitará,* indica que Cristo tiene el propósito único de cumplir la voluntad de su Padre, Hebreos 10:7, 9. Estos versículos explican las funciones del Espíritu de Dios en el Mesías. No obrará como un rey humano quien actúa a veces a favor de los intereses creados de sus príncipes, sino que administrará justicia a los pobres y oprimidos. *Golpeará la tierra,* es una expresión que ilustra su dominio sobre la creación. *Dará muerte al impío,* ilustra el juicio que Dios manifestará hacia los que fomentan la injusticia, el sufrimiento y la opresión.

V. 5. La misión del Mesías es social en promoción de la ética personal y nacional. Se ve esto en el gran *cinturón* que llevará que se distingue por *justicia y fidelidad.* Lo más esencial de su uniforme serán estas dos cualidades que identificarán su ministerio mesiánico.

4 Esperanza: aun en la naturaleza, Isaías 11:6-9.

V. 6. Después del relato de la virtudes del Mesías el profeta da una descripción del reino del Señor en la tierra cuando toda la naturaleza estará en paz entre sí. Unicamente el Rey-Mesías tendrá las cualidades para lograr este resultado. Es la paz universal que anticipa el libro del Apocalipsis. *Un niño los conducirá,* ilustra el gran contraste entre el presente y el futuro.

V. 7. La esperanza del paraíso nuevo aparece con frecuencia en el Antiguo Testamento. (Ver Isa. 32:15; 41:17-19; Eze. 34:25-28; 47:1-12; Amós 9:13-15; y Zac. 14:4-11 entre otros.) El creyente hebreo sabía muy bien lo que significaba haber perdido el privilegio de vivir en el Edén junto al árbol de la vida.

V. 8. En la esperanza que Dios daba a su pueblo, preparando el camino para el Mesías, usa hechos que desafiaban a tener fe en su poderoso y algunas veces increíble obrar: *Un niño de pecho* con la *cobra,* y *el recién destetado extenderá su mano sobre... la víbora.* Niños indefensos que disfrutarán de la armonía y confianza de un nuevo orden mesiánico.

V. 9. El momento culminante del oráculo es la afirmación que *la tierra estará llena del conocimiento de Jehovah.* Así se describe la influencia universal y total de la presencia de Dios *como las aguas cubren el mar.* Estas profecías eran de cumplimiento futuro en el tiempo de Isaías, así como lo son para nosotros hoy, porque aún el conocimiento de Jehovah no ha llegado a cubrir toda la tierra. Jesús nos envió a ir "hasta lo último de la tierra".

1. **En los momentos más oscuros de la vida debemos recordar que en cualquier momento la luz de Dios puede aparecer.** En una sociedad de violencia, odio y guerra, Dios puede resolver estos problemas tan difíciles. 2. **La celebración de la Navidad no es solamente sobre el nacimiento del niño.** Jesús no se quedó como bebé. Lo más significativo son sus años de enseñanza y aquel gran día de sacrificio que cambió la historia del mundo. 3. **El Señor no obra con el criterio humano.** **El ve aun posibilidades en la persona más humilde.** Solamente Cristo puede establecer la verdadera paz en la tierra y administrar la justicia imparcial. Hemos de trabajar y nombrar a los líderes más capaces.

Ayuda homilética

El Himno de la Navidad
Isaías 9:2-7

Introducción: Ocho siglos antes de que Cristo naciera, Isaías profetizó lo que dio origen a muchos de los conocidos villancicos navideños.

I. **La oscuridad ha pasado.**
   A. Humanamente no vemos solución a muchos problemas, pero Dios enviará la luz en el momento oportuno.
   B. Podemos limpiar la tierra de los instrumentos de guerra.
II. **El destino del Niño de Navidad.**
   A. Hablará con autoridad. El principado estará sobre su hombro porque Dios le reconocerá en el momento de su bautismo.
   B. Será un Admirable Consejero. Hablará con autoridad no como los escribas y fariseos. Sus oyentes quedarán asombrados.
   C. Tendrá poder sobre los vientos, el mar, sobre la enfermedad, la muerte y más importante, tendrá el poder de perdonar el pecado.
   D. La paz que Cristo nos da el mundo no la puede dar. En el mundo tendremos aflicción, pero Cristo ha vencido al mundo.
III. **Su soberanía.**
   Un día todos los reinos y gobiernos pasarán, solamente Cristo reinará, Apocalipsis 11:15.

Conclusión: No es suficiente recibir a Cristo como Salvador, hay que hacerle Señor de nuestra vida. El canto del verdadero significado de la Navidad puede ser nuestro todos los días de nuestra vida.

Lecturas bíblicas para el siguiente estudio

Lunes: Isaías 13:1 a 14:32
Martes: Isaías 15:1 a 16:14
Miércoles: Isaías 17:1 a 19:25

Jueves: Isaías 20:1 a 23:18
Viernes: Isaías 24:1 a 25:12
Sábado: Isaías 26:1 a 27:13

AGENDA DE CLASE

Antes de la clase
1. Empiece su preparación para este estudio con antelación. Lea las lecturas diarias que le darán una visión más completa del contexto. **2.** Prepare un cartelón con la palabra "ESPERANZA" escrita en el lado izquierdo. Escriba cada una de estas cuatro palabras: "LUZ", "NIÑO", "MESIAS", "NATURALEZA". Estas tiras estarán colocadas detras del cartel con la palabra "Esperanza". **3.** Traiga una linterna o una vela, y una hoja de cartulina o papel negro.

Comprobación de respuestas
JOVENES: **1.** El pueblo que andaba en tinieblas vio una gran luz, la luz les replandeció. **2.** Respuesta personal. **3.** El Espíritu de Jehovah reposará sobre él con dones especiales mencionados; se deleitará en el temor de Jehovah; juzgará con justicia; arbitrará a favor de los afligidos de la tierra; castigará a los impíos; se vestirá de justicia y fidelidad. **4.** El lobo y el cordero habitarán juntos; el leopardo con el cabrito; el ternero con el cachorro del león; la vaca y la osa pacerán; el león comerá paja como el buey; el niño pequeño jugará sobre el agujero de la cobra y la víbora. **5.** "Porque la tierra estará llena del conocimiento de Jehovah, como las aguas cubren el mar."
ADULTOS: **1.** Admirable, Consejero, Dios fuerte, Padre eterno, Príncipe de paz. **2.** El celo de Jehovah de los Ejércitos. **3.** Sabiduría, inteligencia, espíritu de consejo, fortaleza, espíritu de conocimiento, temor de Jehovah. **4.** Justicia y paz.

Ya en la clase
DESPIERTE EL INTERES
1. ¿Han tenido que pasar por tiempos de larga espera? ¿Qué fue lo que cambió su desesperación en esperanza? ¿Qué es esperar con fe? **2.** El pueblo de Dios había perdido su esperanza, pero Dios les dio cuatro mensajes de esperanza que el profeta Isaías compartió con ellos. Estos mensajes siguen iguales para nosotros hoy día. **3.** Coloque el cartelón "ESPERANZA". ¿Quiere tener esperanza? ¿Hoy? ¿Siempre? ¡Preste atención a los dones que Dios nos da!

ESTUDIO PANORAMICO DEL CONTEXTO
1. En este último estudio de la Unidad "El Dios Incomparable prepara el camino" vemos que lo esencial de esta preparación era infundir al pueblo esperanza. Vamos a ver cómo Dios lo hace. **2.** Usando un mapa hable de las condiciones socio-políticas de los tiempos de Isaías. Asiria está avanzando, ya han caído Neftalí y Zabulón, e Israel está a punto de caer bajo su control. El pequeño Judá está aterrorizado y busca ayuda en adivinos en lugar del Santo de Israel. **3.** Viene "el Día del Señor, y los que han desobedecido van a ser castigados, mientras los fieles van a vivir la esperanza prometida. **4.** Lea rápidamente el himno de alabanza en el capítulo 12. Isaías está tan

seguro de la esperanza que proclama, que canta ya de la restauración del pueblo. **5.** Pida a los alumnos que contesten la sección "Lea su Biblia y Responda". Tome tiempo para comprobar las respuestas.

ESTUDIO DEL TEXTO BASICO

1. Esperanza: luz que brilla en la oscuridad, Isaías 9:1-5. Coloque la tira "LUZ" en primer lugar a la derecha del cartelón en que tiene escrita la palabra "ESPERANZA". Las tinieblas son símbolos de la maldad que ha oprimido al pueblo por haberse opuesto al mensaje de Dios. Pero las tinieblas serán disipadas, la luz ha penetrado en la oscuridad. Tome la hoja de papel negro y la linterna, y demuestre cómo la luz puede cambiar el papel negro con un círculo de luz. Hablen de los primeros cuatro versículos y la alegría que resulta de la venida de la luz.

2. Esperanza: el niño será el Rey Eterno, Isaías 9:6, 7. Coloque en el cartelón la palabra "NIÑO" debajo de la palabra "LUZ". ¿Cómo es posible que en un niño estaría la esperanza de un pueblo? Hablen del significado de los cuatro nombres y las funciones que tendrá este niño. Para el hebreo el nombre era muy significativo, así estos cuatro nombres enfatizan la esencia de quién es el Mesías, y lo que será para el pueblo.

3. Esperanza: por las cualidades del Mesías, Isaías 11:1-5. En el cartelón coloque la palabra "MESIAS" debajo de "NIÑO". ¿De dónde vendrá el Mesías? Aclare que Isaí era el padre de David. ¿Cómo va a ser el Mesías? (lea 11:1-5). ¿Daría esperanza al pueblo un Mesías con estas cualidades? ¿Cómo sigue dándonos esperanza?

4. Esperanza; aun en la naturaleza, Isaías 11:6-9. Coloque en el cartelón la palabra "NATURALEZA" debajo de "MESIAS". Describa en forma idílica el cuadro de la era mesiánica como Isaías lo hace. Pregunte: ¿Por qué serían estas manifestaciones tan contradictorias a lo común y corriente de la naturaleza? Busquen la respuesta en el v. 9. Hablen de lo que significa "el conocimiento del Señor". ¿Cómo serán la vida y las acciones de las personas en el reino mesiánico?

Termine reflexionando sobre la pregunta: ¿Estamos más esperanzados ahora que hemos tenido este estudio?

APLICACIONES DEL ESTUDIO

Invite a los alumnos a leer las Aplicaciones en su libro. Agregue otras del libro del Maestro que sean pertinentes. Hablen sobre estas preguntas: ¿Cómo podemos vivir más esperanzadamente? ¿Qué espera Dios de nosotros? ¿Cómo debemos responder a él?

PRUEBA

Completen las preguntas. Comprueben las respuestas o compartan las decisiones tomadas. Mencione que con el estudio que viene empezamos una nueva unidad en el libro del profeta Isaías, "El Dios Incomparable y su Pueblo Escogido", donde veremos en el pueblo alegrías y tristezas. Lean las lecturas diarias para tener una mejor preparación al continuar este estudio tan importante para nuestras vidas.

Sufrimiento y juicio

Contexto: Isaías 13 a 27
Texto básico: Isaías 24:1-8, 21-23; 26:1-4
Versículos clave: Isaías 26:3, 4
Verdad central: Dios le dio leyes a su pueblo para guiarles. El rechazarlas les trajo sufrimiento y juicio. Pero, para los que confiaran en Dios habría paz y protección divinas.
Metas de enseñanza-aprendizaje: Que el alumno demuestre su: (1) conocimiento de las consecuencias de la desobediencia del pueblo de Dios, (2) actitud de obediencia a Dios y su decisión de andar con renovada fidelidad a las demandas que él hace.

———————— **Estudio panorámico del contexto** ————————

A. Fondo histórico:

Isaías comprendió que no solamente Israel iba a caer bajo el juicio de Dios, sino también las demás naciones. En estos capítulos se mencionan diversas naciones por nombre y se anuncia el castigo de Dios por sus pecados y crueldad. El profeta seguramente tenía dos propósitos al escribir estos capítulos. En primer lugar, convencer a los hebreos de que su Dios era el único y tenía dominio sobre todas las naciones. En segundo lugar, convencerles de que Dios no solamente iba a castigar a Israel por sus pecados sino también a las demás naciones.

Probablemente estos capítulos se escribieron entre los años 734 y 715 a de J.C. cuando el profeta se retiró de un ministerio público debido al hecho que el rey Acaz no le escuchó. No hay nada más frustrante que hablar a una persona que no presta ninguna atención a lo que se le está diciendo. Isaías tenía sus propias fuentes de ingresos. El rey Acaz no le pagaba por ser profeta y por lo tanto el profeta se retiró de la corte para vivir con su familia y escribir estos capítulos y mucho más.

Los capítulos 24 al 27 constituyen una porción escatológica de la Biblia en la cual el profeta anuncia la victoria de Dios en el mundo y la redención de Israel. No son un apocalipsis como el libro de Daniel o el libro de Apocalipsis en el Nuevo Testamento, pero son precursores de esta clase de literatura.

B. Enfasis:

El juicio de Dios es real, Isaías 13 a 23. Estos capítulos sirvieron mucho en la época del profeta porque anunciaron que las demás naciones también vivían bajo la soberanía de Dios y tendrían que comparecer ante su tribunal para recibir el castigo por sus pecados. No importa que no tuvieran la Ley de

Dios. Hay ciertos crímenes contra la humanidad por los cuales todos tendremos que responder. Israel tuvo relaciones comerciales con muchas de estas naciones, y de ellas como de otras sufrió la agresión. En estos capítulos 13 al 23, se menciona quiénes eran los vecinos de Israel en aquel entonces.

El juicio de Dios es universal, Isaías 24:1-12. Este capítulo anuncia que la tierra será saqueada puesto que sus habitantes han violado el pacto sempiterno. El juicio de Dios será universal y horrible. Se refiere al pacto con Noé que es para toda la humanidad.

Dios es el Dios Eterno de todo el universo, Isaías capítulo 25. Este capítulo enseña que Dios es la fortaleza del pobre y que un día él derrotará la muerte para siempre.

Habrá alegría para los que confían en Dios y renuevan su pacto con él, Isaías 26:1 a 27:5. Hermosas canciones de alabanza a Dios y la seguridad de la resurrección de los fieles de su pueblo. Estos capítulos comienzan con el juicio universal y terminan con alegría universal.

El Dios incomparable aplicará su perdón, Isaías 27:6-13. Un pasaje maravilloso que promete que un día Dios va a reunir a su pueblo en su propia tierra y ya no vivirán más como desterrados. El pueblo de Dios no goza de sus bendiciones porque las merezca; es la pura gracia de Dios que nos salva y bendice lo que hace posible tener esas bendiciones.

─────────── **Estudio del texto básico** ───────────

En estos pasajes tenemos un drama, el drama del "Día del Señor". En ese día habrá juicio sobre todos, aun sobre la creación. Habrá castigo y maldición para la gente que rechazó al Señor y quebrantó su ley. Pero habrá afirmación y bendición para los justos y los que habrán seguido al Señor obedeciendo sus mandatos. Es el día de Dios, el día de su juicio y de la aplicación de su justicia.

1 El juicio de Dios sobre el mundo, Isaías 24:1-4.

V. 1. El tema de todo el capítulo es el juicio de Dios sobre la tierra. La palabra *tierra* se menciona 16 veces en este capítulo. Se describe una devastación mundial. Este versículo indica cómo el juicio de Dios va a afectar el orden físico, *devastará y arrasará* son dos verbos que ilustran los efectos de la ira de Dios. Jehovah es el que aplica su juicio a las naciones debido a los actos de rebeldía e idolatría.

Trastornará su superficie, seguramente se refiere a los terremotos que alteran la superficie de la tierra. No es que cada terremoto sea por el juicio de Dios, pero se demuestra que Dios usa aun los elementos de la naturaleza para aplicar su juicio.

V. 2. Ni los de la alta sociedad ni los humildes pueden escapar del juicio de Dios. Este versículo señala cómo en aquel día de juicio será afectado el orden social. El juicio de Dios cae sobre cada nivel social y cada clase de persona. Se nota que la sociedad ya no es solamente agrícola sino que ya hay vida comercial en el pueblo.

Vv. 3, 4. Aquí se describe un juicio cósmico. La población del mundo va a ser reducida. Es como si la tierra volviera a su estado antes de la creación descrito en Génesis 1:2. El anuncio cobra aun más importancia por la afirmación: *Jehovah ha pronunciado esta palabra.* Tal como Dios creó al mundo por su Palabra, puede destruirlo por su Palabra. *Si la tierra,* elemento impersonal, *está de duelo* al sentir los efectos del juicio de Dios, cuánto más sus rebeldes habitantes van a sufrir las consecuencias.

2 La culpabilidad del pueblo, Isaías 24:5-8.

V. 5. La tierra sufre por los pecados de sus habitantes. Han transgredido la Ley de Dios. *Han falseado el derecho* en los tribunales. Pero lo más asombroso es que *quebrantaron el pacto eterno.* Muchos intérpretes piensan que esto se refiere al pacto hecho con toda la humanidad en los días de Noé (Gén. 9:16). Al ver la tierra contaminada de nuevo tal como fue en los días de Noé, el profeta piensa en la posibilidad de un nuevo diluvio (Isa. 24:18; 26:20). Es importante notar que Dios no es caprichoso. La culpa no la tiene la naturaleza; es el ser humano quien ha contaminado la tierra. Desobedecieron leyes elementales de una sociedad organizada, no han administrado justicia en los tribunales y han quebrantado el pacto universal.

V. 6. Noten que el versículo empieza con las palabras *por esta causa;* la causa de la destrucción tan terrible es el pecado del pueblo. Es cosa horrible estar bajo el juicio de Dios. El alcohol, la violencia, la guerra y muchas cosas son verdaderas maldiciones que destruyen la tierra y al hombre por su propia culpa. *Una maldición ha devorado la tierra,* describe en forma gráfica el percance que ha caído sobre la tierra que fue prometida a Abraham y a sus descendientes.

Vv. 7, 8. Estos versículos anuncian que durante una época de juicio y desastre no hay ocasión para alegría y fiestas. Es tan hermoso ver a la gente reír y tan triste verles llorar, pero el pecado trae mucha tristeza al pecador y al que sufre a causa del pecado. Las fiestas relacionadas con las cosechas en Israel eran tiempos de alegría. La música formaba parte de las fiestas como puede indicarse por los instrumentos mencionados. Aun hoy en Israel se puede ver cuán importante es la música en sus festivales, en los que se usan estos mismos instrumentos. Pero en aquel día de juicio descrito por el profeta, las vides se han secado y no hay vino. Los elementos de la fiesta, la buena bebida y la buena música, han desaparecido y el pueblo desobediente a su Dios es el culpable.

3 El castigo de Dios, Isaías 24:21-23.

V. 21. El Rey de reyes es el Señor de la tierra y sus habitantes y también de las huestes celestiales. Dios castigará tanto a los seres espirituales que le desobedezcan como a los humanos. Las naciones que rodeaban al pueblo de Dios no tenían una idea tan grande de la esfera de soberanía de sus dioses, fueran dioses de tribus o territorios. El Dios de Israel es Rey de reyes y Señor de señores y cada ser del universo que desobedezca tendrá que responder por sus hechos.

V. 22. *Ellos,* se refiere a los reyes que van a sufrir el mismo trato que cualquier preso común tiene que soportar. La *mazmorra* podría ser un calabozo subterráneo del cual era muy difícil escapar. Allí *quedarán encerrados* bajo la vigilancia de los conquistadores. El castigo podía consistir en torturas, aislamiento, actos vergonzosos delante de otros y aun llegar a la pena capital. **V. 23.** De nuevo la Biblia demuestra que ni el sol ni la luna son dioses, sino lumbreras creadas por Dios y sujetas completamente al dominio del Señor. Tan grande es la turbación ante el juicio y castigo de Dios que *la luna y el sol* muestran dolor por la tragedia. *Jehovah de los Ejércitos* es el término que comunica el poder sobrenatural de Dios. En aquel día (v. 21), el fin será gloria total del Rey. El brillo de *la luna y el sol* queda opacado por la brillantez de la luz de su Creador, por el Rey que reina en toda su magnificencia.

4 Cánticos de fe de los que confían en Dios, Isaías 26:1-4.

V. 1. Este versículo constituye la primera parte de un himno de alabanza, considerado como un salmo procesional para entrar en Jerusalén, la ciudad fuerte. *Tenemos una ciudad fortificada,* se refiere al muro que rodeaba la ciudad. Era seguridad para los habitantes, porque desde sus torres los atalayas vigilaban para anunciar cualquier amenaza. La seguridad del pueblo de Dios está basada en el poder de su Dios, *Dios ha puesto la salvación.* Salvación en sus raíces más profundas significa salud. Salud para el pueblo en todos sus aspectos trascendentes es lo que Dios ha puesto.

V. 2. Isaías percibió y anunció que llegaría el tiempo cuando el pueblo de Dios estaría viviendo gozosamente por haber vencido a sus enemigos. Un día, ese pueblo renovado por su Dios, sería fiel: *que guarda la fidelidad.* Entonces el grito de victoria será: *Abrid las puertas.* Se refiere a las puertas que tenían los muros que rodeaban la ciudad, que garantizaban protección y seguridad para el pueblo, y ahora esas puertas serán abiertas, porque el peligro de los enemigos ha pasado y por ellas *entrará la nación justa.* La transformación y el tiempo pertenecen a Dios, así lo declara el v. 15: "Tú has engrandecido la nación, oh Jehovah." Nación justa es aquella que mantiene una relación adecuada con Dios. Una buena relación con Dios trae como consecuencia natural una buena relación con los demás.

V. 3. Aquí hay una de las más grandes afirmaciones de fe en la Biblia. Es la idea de apoyarse, de descansar en los brazos del Señor. Es el único camino a la perfecta paz. Solamente la bondad de Dios puede darnos paz perfecta: el esfuerzo humano no puede conseguirla nunca. El creyente que confía plenamente en su Dios, y cuyo pensamiento en él *persevera* experimentará esta *completa paz.*

V. 4. Isaías invita a las personas a confiar en Dios aun en los momentos más difíciles *porque Jehovah es la Roca de la eternidad.* No hay nada fabricado por manos humanas que dure para siempre. Solamente Cristo puede prometer que a la persona que acude a él como Salvador nunca la echará fuera (Juan 6:37). *Roca de la eternidad* es una poderosa expresión para afirmar la fuerza, divinidad y fidelidad de Dios. Esas características de Dios constituyen la base sólida de nuestra confianza.

1. Un día Dios va a juzgar a esta tierra. Los que confían únicamente en la tierra y sus bienes van a quedar sin nada. **2. Hay un pacto con la humanidad que es universal.** Debemos respetar la vida y la propiedad de todos y como cristianos mostrar amor a cada persona. **3. La fe no es un hecho que ocurre una sola vez.** Debemos permanecer en una confianza absoluta en Dios.

Ayuda homilética

Paz en un mundo lleno de conflictos
Isaías 26:3, 4

Introducción: A pesar de los avances en la ciencia, la medicina, el transporte, la industria y el comercio, el ser humano vive en un mundo muy peligroso y todos los peligros no son físicos. Muchos sufren de depresión, estrés, fobias, miedo, conflictos y ansiedad. Se ve a la gente tensa y preocupada.

    I. El fracaso de los esfuerzos humanos para lograr la paz:
      A. Militares
      B. Económicos
      C. Sociales
      D. Psicológicos
    II. Dios ofrece la paz perfecta.
      A. Paz no es la ausencia de guerra.
      B. Paz es un sentido de bienestar, de seguridad.
      C. Paz es la satisfacción de poder vivir en familia.
      Jesús es la persona que nos ofrece la paz verdadera, Juan 14:27 (dé una exposición breve). Juan 16:33 también merece una explicación breve.
    III. El método de obtener la paz.
      A. Confiar en Dios.
      B. A pesar de toda la evidencia que indique que no sirve para hacerlo.
      C. Dejar nuestras preocupaciones en las manos de Dios y hacer nuestro trabajo cotidiano.

Conclusión: Dios nos ha dado la solución perfecta para vivir seguros en un mundo de conflictos. Confiar plenamente en él quien es la Roca de la eternidad.

Lecturas bíblicas para el siguiente estudio

Lunes: Isaías 28:1-29   **Jueves:** Isaías 31:1 a 32:8
Martes: Isaías 29:1-24   **Viernes:** Isaías 32:9 a 33:9
Miércoles: Isaías 30:1-33   **Sábado:** Isaías 33:10-24

AGENDA DE CLASE

Antes de la clase

1. En este estudio será tratado el tema del sufrimiento y juicio de Dios para su pueblo. Dedique tiempo suficiente a su preparación leyendo todo el comentario bíblico que se presenta en este su libro del Maestro. **2.** Tomando Deuteronomio 30:19, 20 prepare un cartel con el dibujo de un camino dividiéndose en dos. En uno escriba "Vida", "Bendición" y "Alegría", y en el otro "Muerte", "Maldición" y "Tristeza". **3.** Lea en un diccionario bíblico la definición de "El Día del Señor" o "El Día de Jehovah", y "Apocalipsis".

Comprobación de respuestas

JOVENES: **1.** Devastará y arrasará la tierra, trastornará su superficie y dispersará a sus habitantes. **2.** La tierra ha sido profanada, han transgredido las leyes, han falseado el derecho, han quebrantado el pacto eterno. **3.** La tierra ha sido devorada, han disminuido los habitantes de la tierra, quedan muy pocos. **4.** "Tenemos una ciudada fortificada; Dios ha puesto la salvación como muros y antemuros." **5.** Respuesta personal del alumno. **6.** Porque es la Roca de la eternidad.

ADULTOS: **1.** Devastará, arrasará. trastornará, dispersará. **2.** La tierra; profanada, las leyes: transgredidas, el derecho: falseado, el pacto: quebrantado. **3.** Respuesta personal del alumno. **4.** En lo alto, al ejército de los alto, en la tierra a los reyes de la tierra. **5.** Dios les guardará en perfecta paz.

Ya en la clase

DESPIERTE EL INTERES

1. Tomando el cartel que ilustra los dos caminos que Dios ha puesto delante de todas las personas, hablen de este tema que se ilustra desde el principio de la humanidad y en especial el momento decisivo antes de entrar el pueblo de Dios a la tierra prometida. Dios no ha creado al hombre y a la mujer como títeres sin poder alguno. Aun desde el Edén le dio a cada persona la oportunidad de escoger el camino en el cual quería andar, el de la obediencia o el de la desobediencia a Dios. En muchas ocasiones el pueblo escuchó y siguió la voz de Dios, pero en otras escogió desobedecerle entrando en el camino de la muerte y la maldición. En el estudio de hoy veremos en forma gráfica el resultado de los que escogieron mal y los que escogieron bien.

ESTUDIO PANORAMICO DEL CONTEXTO

1. Lean juntos la *Verdad Central* de este estudio y mencionen brevemente algunas leyes que Dios dio durante la formación de su pueblo. Que los alumnos mencionen evidencias de estos dos caminos que Isaías, el vocero de Dios, ha presentado. **2.** Isaías presenta al Señor como Dios de todas las naciones, y así hay oráculos contra las naciones (Isaías 13-23), muchas de las cuales han sido enemigas de Judá. **3.** Conocido como "el Pequeño Apocalipsis de Isaías", Isaías 24:1 a 27:13 habla del fin del mundo, "el Día del Señor", el juicio final, cuando cada persona será recompensada por la manera en que ha vivido y el camino que ha escogido y seguido. Habrá castigo y habrá bendición. **4.** Se puede comparar la canción de la viña del Señor del capítulo 27, con la viña amada y protegida del capítulo 5 que había sido dejada por Dios por su pecado.

ESTUDIO DEL TEXTO BASICO

1. El juicio de Dios sobre el mundo, Isaías 24:1-4. Que cada alumno lea estos versículos y el comentario en su libro para compartir con la clase el mensaje de este pasaje. Lean los vv. 1-3 y hablen de las palabras tan gráficas que describen la destrucción de la tierra. Noten que la posición social o profesional no dará a nadie una ventaja sobre otra persona. Dependerá de cómo cada uno ha vivido, de qué camino ha escogido. Hablen del cuadro presentado en el v. 4, la tierra de duelo, y la gente languideciendo.

2. La culpabilidad del pueblo, Isaías 24:5-8. La gente es culpable por la destrucción que les rodea. Enfaticen y hablen del significado de las tres grandes pecados mencionados en el v. 5. Hablen de la vendimia y la alegría normal en este tiempo de bendición. Pero en esta ocasión no hay alegría, porque el castigo sobre el pueblo pecador ha llegado y ha sido tan devastador. Si hay una fiesta especial en su pueblo compare la alegría de esta con la vendimia judía como era normalmente. Entonces pregunte: ¿sería posible celebrar una cosecha y fiesta con tanta destrucción.

3. El castigo de Dios, Isaías 24:21-23. "Aquel día" va a incluir la destrucción de la fuente de la maldad, "en lo alto" como los que han guiado al pueblo a dejar el camino de Dios y seguir lo malo. Después de su encarcelación humillante y dolorosa, vendrá el castigo final para éstos y sus seguidores. Que en grupos de dos alumnos lean en sus libros el comentario a estos versículos para comentarlos luego al grupo general.

4. Cánticos de fe de los que confían en Dios, Isaías 26:1-4. Lean juntos esta canción de "aquel día", y resalten las cosas que hay que agradecer que se mencionan en los vv. 1-3. El v. 3 es la receta para la "perfecta paz" del que "en ti ha confiado". Es un versículo que debemos aprender de memoria. Junto con el v. 4 forman nuestro Versículo Clave, y dan la nota eterna de la salvación prometida a los que confían en Dios y le siguen. Hablen de esta esperanza segura para ahora y "aquel día".

APLICACIONES DEL ESTUDIO

Divida a la clase en grupos de tres y asigne a cada uno una de las aplicaciones presentadas en el libro del Alumno para que reflexionen sobre su importancia y cómo implementarlas en sus vidas. Después de unos momentos pida que cada grupo informe brevemente. Enfatice que este estudio es una advertencia de "aquel día" y demanda de cada uno una decisión seria en cuanto al camino que ha escogido: obedecer a Dios o desobedecerle.

PRUEBA

Pida a los alumnos que completen los puntos 1 y 2 de la Prueba. Después, dé tiempo para compartir sus respuestas. Tenga un tiempo de oración cuando pueden pedir al Señor su ayuda en mantenerse fieles a él en todo momento.

La debilidad del hombre y el poder de Dios

Contexto: Isaías 28 a 33
Texto básico: Isaías 31:1-6; 33:13-16, 20-22
Versículo clave: Isaías 33:2
Verdad central: El pueblo era débil y falto de sabiduría. Sólo Dios es el que puede ayudarles y salvarlos. Los que no confían en el Dios incomparable, caerán.

Metas de enseñanza-aprendizaje: Que el alumno demuestre su: (1) conocimiento del las incomparables características de Dios expresadas en 33:22, (2) actitud de valorar el poder de Dios ayudándole en sus debilidades.

──────────── **Estudio panorámico del contexto** ────────────

A. Fondo histórico:

Los capítulos 28 al 33 constituyen una mezcla de profecías de juicio y redención escritas durante la amenaza de Asiria a Judá o sea del año 734 al 701 a. de J.C. El rey débil Acaz casi entregó el país en manos de los asirios. Dio grandes cantidades de dinero a esa superpotencia con el propósito de mantener el privilegio de quedarse en el trono. Pero aun con todo esto, los hebreos no eran dueños de su propio país. Al llegar al trono Ezequías quiso lograr la independencia de Asiria. Mientras tanto, Isaías proclamaba que si se practicaba la opresión de los pobres por los ricos y la corrupción en el gobierno todo iba a ir mal. Muchas de sus profecías comienzan con la palabra "Ay". Es una palabra que significa "Cuidado" o "Triste será el fin de". Se usa en la Biblia para advertir el juicio venidero sobre los pecadores.

También Isaías se burla de los esfuerzos de Judá en buscar ayuda de Egipto. Sería cuestión de cambiar un amo extranjero por otro. Su llamado era a no perder las esperanzas porque un día Dios les enviaría un heredero de la familia de David quien les daría la victoria sobre el imperialismo y la agresión.

B. Enfasis:

El contraste entre la seguridad falsa y la seguridad verdadera que Dios provee, Isaías 28:1 a 29:16. El profeta quedó asombrado por la falta de seriedad de los líderes del pueblo y estaba seguro de que un diluvio de juicios les iba a ahogar. Ellos eran ciegos y sobre todo hipócritas, actuaban como si el barro mandara al alfarero. Los dirigentes de Israel del norte y de Judá eran alcohólicos y no querían escuchar la voz de Dios. El pacto que habían hecho con Egipto era un pacto con la muerte. Esta lamentable situación recibe de parte de Dios una fuerte queja (v. 13) y estas mismas palabras las mencionó Jesús en Mateo 15:7-9 y Marcos 7:6, 7. El pueblo canta alabanzas a Dios, pero sus mentes están ocupadas en otras cosas distintas. Su alabanza viene de sus labios y de rituales que han aprendido, pero que no significan nada en la experiencia íntima de cada persona.

El profeta advierte de la futilidad de confiar en la ayuda militar de Egipto, Isaías 29:17 a 31:7. Es muy humano creer en la solución militar o económica a los problemas nacionales. Isaías hace que los habitantes de Jerusalén recuerden que los egipcios también son personas de carne y hueso y no pueden resistir el avance del ejército más grande del mundo. El pueblo rebelde rechazó todo consejo del profeta e Isaías les advierte que ese no es el principio sobre el cual Dios estableció la nación.

La liberación por medio del rey justo, Isaías 31:8 a 33:24. No habrá necesidad de ejércitos, dice el profeta, el asirio caerá "por espada, no de varón". En el momento menos esperado Dios enviará al rey justo; incluso él mismo reinará sobre su pueblo. En contraste al orgullo de los dirigentes alcohólicos solo Dios será exaltado en aquel día. Será juez, legislador y rey, y sobre todo Salvador de su pueblo. Verán al Rey en toda su hermosura rodeado con dirigentes que vivirán una vida de alta moralidad.

─────────── **Estudio del texto básico** ───────────

1 La futilidad de confiar en el poder humano, Isaías 31:1-3.

Estos versículos constituyen una joya del Antiguo Testamento porque enseñan que Dios es espíritu y que no se le puede adorar por medio de imagen alguna. **V. 1.** *¡Ay... !* indica el gran error del pueblo que ha confiado en fuerzas de animales y de humanos en lugar de confiar en Dios. Unirse como pueblo de Dios a un país pagano, Egipto, para luchar contra el gran ejército de Asiria era una rebelión frontal contra Dios. Isaías predice el fracaso final porque *no miran al Santo de Israel, ni buscan a Jehovah.* Ponen su fe y su confianza en caballos, en jinetes, en los famosos carros de guerra de los egipcios en lugar del *Santo de Israel.* Triste será el fin de los que han tomado esta decisión.

V. 2. *No obstante,* Dios no será burlado porque él es *sabio y traerá el desastre,* lo cual declara enfáticamente la soberanía de Dios en la historia. Dios no está ausente en la historia humana, sino que en medio de ella va cumpliendo su plan maestro para la humanidad. *No retirará sus palabras,* él cumplirá lo que ha prometido. *La casa de los malhechores* hace referencia a los líderes de Israel, quienes no confiaban en el poder de Dios, y *los que obran iniquidad* son los egipcios quienes basaban su poder en sus ejércitos y en la ayuda de sus dioses hechos por ellos mismos.

Dios no solamente es sabio, sino también es juez. Traerá su juicio sobre los que buscan ayuda fuera de él, y sobre los que les ayudan. Tanto el uno como el otro hacen iniquidad.

V. 3. Este versículo es de suma importancia por su paralelismo. Es uno de los versículos más conocidos en el libro del profeta. Tal como los egipcios son hombres y no Dios, Dios es Espíritu y no carne. *Hombres, no dioses*. Esta profunda declaración de Isaías señala la futilidad de confiar en poderes humanos. Los egipcios por fuertes que sean, son hombres. Sus caballos son animales, no *espíritu*. Solamente Dios es espíritu y solamente él puede levantar su mano y *tropezará el que da la ayuda*, Egipto, *y caerá el que la recibe*, Israel. Isaías está así condenando la política del pueblo de Dios, *todos ellos serán exterminados juntos*. Los que no confían en el Dios incomparable, caerán.

2 El poder de Dios en acción, Isaías 31:4-6.

V. 4. Así como el león o el cachorro no se turba *ni se agachará ante el tumulto* originado por los gritos de un grupo de pastores que procuran proteger su rebaño, Dios no se detiene por el ruido humano, *descenderá Jehovah de los ejércitos para luchar* y vencer a los que se creen fuertes. El "ruido humano" no atemoriza a Dios, así como el león, por tener fuerza superior, no teme a la voz de esos pastores.

V. 5. Tal como el ave protege a sus pequeños, Dios protegerá a Jerusalén, ciudad de David y ciudad de su santuario. Isaías usa cuatro verbos para indicar la acción protectora de Dios sobre la ciudad santa: *La defenderá y la auxiliará, la preservará y la rescatará*. *Así defenderá Jehovah de los Ejércitos*, el Dios de todo poder las defenderá, en tanto que el pueblo erróneamente había buscado ser defendido por el ejército egipcio, olvidándose de la fuerza de su Dios.

V. 6. Es la única invitación al arrepentimiento que se halla en los primeros 39 capítulos de Isaías. Otros profetas de la época como Amós y Oseas lo han hecho con frecuencia, pero Isaías no. Los pecados de Judá son graves y entre los más graves está el abandono del Dios verdadero para adorar ídolos (ver Isa. 2:20; 30:22 y 31:7). Volver a Dios es volverse del camino malo que han escogido. El profeta acusa al pueblo de una rebelión tan radical contra Dios. Su apostasía ha sido grande, su única esperanza es volver al Santo de Israel, quien es la fuente de salvación.

3 El carácter de la persona que sigue a Dios, Isaías 33:13-16.

Isaías 33:2-9 expresa la oración del pueblo de Dios que estaba en angustia: "¡Oh Jehovah, ten misericordia de nosotros... (v. 2). *'Ahora me levantaré'*, dice Jehovah" (v. 10).

V. 13. Este versículo es parte de la respuesta de Dios quien llama a los que están lejos (las naciones) y a los cercanos (Israel) para que oigan y conozcan sus poderosos hechos. Es una invitación a prestar atención a lo que Dios va a decir y mostrar a su pueblo.

V. 14. Tal como Hebreos 10:26-31 afirma, nuestro Dios es un fuego consumidor, y *los pecadores en Sion tienen temor* porque ven que el juicio de Dios se acerca y ellos están en falta para con Dios, *el estremecimiento* les domina por el castigo que merecen recibir. Isaías pregunta: ¿Quién podrá estar ante la santidad de Dios y sobrevivir su castigo?

V. 15. Este versículo es muy semejante a los de los Salmos 1 y 15. *El que camina* indica un estilo de vida que evidencia las virtudes y valores verdaderos. La vida noble tiene dos aspectos, lo positivo y lo negativo. El hacer es más importante que el hablar. Practicar la justicia en todas las relaciones sociales es más importante que solamente hablar lo recto. Hablar *con rectitud* era una actitud muy poco vista, no se podía confiar en las palabras de muchos, inclusive de líderes. *Lucro de la opresión* expresa el hecho de enriquecerse a costa de otros. *El que tapa sus oídos,* no se puede controlar lo que otros dicen, pero se puede dejar de poner atención a lo que dicen.

V. 16. Al contrario de la época moderna donde el refugio de las armas atómicas es un lugar subterráneo, en el mundo de Israel la fortaleza sobre una loma era el lugar para repeler los ataques de los enemigos.

La promesa de bendiciones personales a los que cumplen las demandas de Dios se halla también en Salmos 15:5 y 24:5. Habrá la seguridad de un lugar protegido donde vivir, y tendría *pan y agua* suficientes. Así Dios proveerá para las cuatro necesidades básicas: techo, comida, agua y seguridad para la persona que vive según las características mencionadas en el v. 15. Solamente el tener buenas creencias nunca puede sustituir la vida noble y recta que sigue fielmente las enseñanzas del Señor.

4 El incomparable poder salvador de Dios, Isaías 33:20-22.

V. 20. Este versículo introduce una profecía de la edad escatológica. El profeta vuelve al tema de la permanencia de Sion y las bendiciones para Jerusalén. Vemos la ciudad ideal, glorificada. Los enemigos, especialmente Asiria han desaparecido. Los judíos viven en paz, pueden celebrar sus fiestas religiosas sin interrupción.

Es interesante observar que para describir a una ciudad construida totalmente con piedra el profeta emplea la figura de una tienda. Tal vez estaba pensando en el tabernáculo. Seguramente quería enseñar que toda obra del ser humano es frágil y puede desaparecer en un momento dado. Sólo Dios puede garantizar que la tienda humana no será desarmada.

V. 21. *Allí Jehovah será poderoso,* lo que asegura la permanencia de la ciudad es la presencia de Dios mismo con su pueblo. El simbolismo de la *embarcación de remos* y la *nave poderosa* es la incapacitación total de los enemigos de Israel. No podrán pasar por la ciudad a su gusto amenazándola. Jerusalén será como *un lugar de ríos y anchas corrientes,* en el cual se goza de la paz de Dios.

V. 22. Dios es el *Juez,* Dios es el *Legislador* y Dios es el *Rey* de reyes. Si Dios en toda su majestad está por su pueblo, ¿quién puede estar en contra de ellos? Vea Romanos 8:31. Es sin duda un cuadro de la Nueva Jerusalén, escena de la gloria y majestad de Dios.

El mismo salvará a su pueblo. La lucha de Isaías durante toda su vida fue la de conseguir que la gente pusiera su confianza en Dios y no en soluciones militares. En repetidas ocasiones se había demostrado que ir a la guerra con base en la fuerza humana, divorciada de la dirección divina, era ir al fracaso. El pueblo de Dios ya había buscado alianza con ejércitos poderosos para ir a conquistar espacios que ya estaban prometidos por Dios y que si confiaran en él y obedecían sus órdenes serían tomados con relativa facilidad.

---------------- Aplicaciones del estudio ----------------

1. Cada persona debe preguntar con mucha seriedad: "¿En quién o en qué confío yo?" Si es en dinero, prestigio, casas, terrenos, títulos, una profesión o un empleo está en grave peligro. **2.** Dios es Espíritu y desea que le adoremos en espíritu y en verdad. No es el lugar; es la manera de adorar a Dios lo que importa (Juan 4:23, 24). No es según nuestro criterio, sino según las instrucciones de Dios. **3.** Nadie se salva por ser miembro de una familia o de una religión. Somos creyentes por nuestra fe personal en Dios y no por la de nuestros parientes. **4.** Un día todas nuestras preguntas serán contestadas. Cuando estemos en la presencia del Señor tendremos nuestras dudas resueltas. No habrá nada que quede sin ser aclarado.

---------------- Ayuda homilética ----------------

El que mora con el fuego consumidor
Isaías 33:13-16

Introducción: ¿Quién es el que vivirá en las alturas? ¿Quién tendrá su alto refugio en una fortaleza de roca?

I. Nuestro Dios es un fuego consumidor.
 A. Vea Hebreos 10:26-31.
 B. Dios ejerce su juicio por medio de fuego (Amós 7:4, 5 y Núm. 11:1-3).
II. Los requisitos para caminar con Dios, v. 15.
 A. Practicar acciones correctas en cada aspecto de la vida.
 B. Hablar la verdad sin insinuar ni decir media verdad.
 C. Rechazar toda ganancia que procede de hechos criminales.
 D. Nunca aceptar favores, dinero ni ninguna clase de soborno.
 E. Alejarse de las personas que le tientan a hacer mal.
III. El poder de Dios hace la obra, v. 16.
 A. Eleva a las alturas.
 B. Protege en lugar seguro.
 C. Provee para toda necesidad.

Conclusión: Invitación a examinar cada uno su vida sin mirar la vida de nadie más. Tome la decisión de caminar con Dios.

Lecturas bíblicas para el siguiente estudio

Lunes: Isaías 34:1-17   **Jueves:** Isaías 37:1-38
Martes: Isaías 35:1-10   **Viernes:** Isaías 38:1-21
Miércoles: Isaías 36:1-22   **Sábado:** Isaías 39:1-8

231

AGENDA DE CLASE

Antes de la clase
1. Lea con cuidado los materiales preparados para este estudio, tanto en el Libro del Maestro como en el del Alumno. Siga fielmente las lecturas diarias para incluir en su estudio todo el contexto. **2.** Prepare un "collage" de recortes de cosas en las cuales las personas confían en lugar de confiar en el Señor **3.** Prepare otro que resalte las cualidades del seguidor fiel de Dios, basándose en Isaías 33:13-16, pero agregando otras que pueden estimular a los alumnos a apropiarlas diariamente. **4.** Pida a una persona que prepare un breve testimonio de cómo el Señor ha sido su fuerza en una situación en que no tenía ningún poder en sí misma.

Comprobación de respuestas
JOVENES: **1.** Caballos y carros de guerra; el Santo de Israel, Jehová. **2.** Tropezarán; caerán; porque los egipcios son hombres, no dioses, y sus caballos carne, no espíritu. **3.** El que camina en justicia, habla con rectitud, aborrece el lucro de la opresión, no recibe soborno, cierra sus ojos para no ver la iniquidad. **4.** Juez; Legislador; Rey. Nos salvará.
ADULTOS: **1.** a. V. b. V. c. F. d. V. e. V. f. F. **2.** Respuesta personal del alumno.

Ya en la clase
DESPIERTE EL INTERES
1. El estudio hoy trata el tema: "La debilidad del hombre y el poder de Dios". Son dos elementos que hacen posible lo imposible. **2.** Pida a la persona que dé el testimonio que ha preparado de como el Señor ha sido su fuerza cuando no tuvo poder en sí misma. **3.** Presente el "collage" que ha preparado de las cosas en las cuales muchos ponen su confianza. Pregunte si hay otras cosas en las cuales la gente confía. Hable de la futilidad de confiar en ellas cuando podemos confiar en Dios y en su poder eterno.

ESTUDIO PANORAMICO DEL CONTEXTO
1. Usando un mapa ubique la situación geográfica de Judá en este tiempo político caótico, 705-701 a. de J. C. Asiria se acerca cada vez más y parece que para el pueblo de Dios "no hay solución" excepto hacer una alianza con Egipto. **2.** El capítulo 28 presenta a los líderes políticos y religiosos en Judá como no confiables, borrachos e irresponsables, no pueden pensar con claridad y comparan un plan de buscar ayuda de Egipto como "la cama demasiado corta". Lean Isaías 28:20 para sentir el impacto de esta comparación. **3.** Isaías les invita a volver a Jehovah, porque él "espera para tener piedad de vosotros" (30:18a). El capítulo 32, como otros, da el cuadro tanto de justicia y restauración, como el juicio contra las personas indolentes. El capítulo 33 contiene una oración en busca de la ayuda del Señor y termina con hermosas palabras de esperanza.

ESTUDIO DEL TEXTO BASICO

Completen la sección, *Lea(e) su/tu Biblia y responda/e* y comprueben las respuestas.

1. La futilidad de confiar en el poder humano, Isaías 31:1-3. Noten que Isaías empieza este oráculo con la palabra "ay". Se da cuenta del castigo que viene sobre los que han dejado de confiar en el Señor y han buscado alianzas con Egipto o con cualquier otro poder humano. Dios rechaza la idea y va a castigar tanto a los que dan como a los que reciben ayuda. Dé tiempo para hablar del significado del v. 3 y señale que cuando uno escoge entre Dios y otra ayuda las palabras de este versículo deben resonar en sus oídos. Miren otra vez el "collage" y pregunte: ¿Qué diría Dios de lo que sustituye la confianza en él?

2. El poder de Dios en acción, Isaías 31:4-6. Dios tiene suficiente poder para defender a los suyos, no necesita la ayuda de personas ajenas. Se usan dos ejemplos del mundo animal para subrayar su poder. Dios luchará como éstos y protegerá a su pueblo. Hablen de las acciones de Dios a favor de Jerusalén según el v. 5. ¿Por qué se incluye este cuadro? ¿Hay evidencias de que Dios cumplió esta promesa? El v. 6 nos da una visión del corazón de Dios: invita al pueblo que se ha rebelado de manera tan radical a volver a él.

3. El carácter de la persona que sigue a Dios, Isaías 33:13-16. Dios invita a los que están lejos (las naciones) y los que están cerca (Judá) a conocer su poder y sus hechos. Sigue buscando a los suyos pero entre ellos hay temor de no poder resistir el juicio de Dios. El profeta pregunta quién podría hacerlo. La respuesta en el v. 15 es una de las listas cortas de una persona de fe y obediente. Presente el segundo "collage" sobre las cualidades del seguidor fiel de Dios. Hablen de estas cualidades y su importancia en la vida de la persona de fe. Que un alumno lea el v. 16 para ver el resultado de ser una persona con estas cualidades.

4. El incomparable poder salvador de Dios, Isaías 33:20-22. Dios traerá salvación a su pueblo, y restaurará a Jerusalén con múltiples bendiciones de paz, prosperidad, y protección. Enfatice las funciones de Jehovah en la salvación: Juez, Legislador y Rey (v. 22).

APLICACIONES DEL ESTUDIO

Pida a los alumnos que lean las aplicaciones y las comenten. Escojan las que son más acordes con sus necesidades y hablen de cómo practicarlas.

PRUEBA

Pida a los alumnos que desarrollen las actividades correspondientes. Después que dos o tres compartan sus respuestas. Invite a todos a leer las lecturas diarias y reforzar así la preparación para el siguiente estudio.

El gozo de los redimidos

Contexto: Isaías 34 a 39
Texto básico: Isaías 35:1-10
Versículos clave: Isaías 35:3, 4
Verdad central: El Dios incomparable trae bendición y salvación tanto a la naturaleza como al pueblo que han sido estériles y están tristes. Los que esperan en él vivirán la alegría de la redención y del gozo perpetuo.
Metas de enseñanza-aprendizaje: Que el alumno demuestre su: (1) conocimiento del significado de las manifestaciones de la salvación del Dios incomparable en este texto, (2) actitud de valorarlas como metas para su propia vida.

––––––––––– **Estudio panorámico del contexto** –––––––––––

A. Fondo histórico:

Los capítulos 34 al 39 de Isaías abarcan el período de la amenaza mayor del emperador de Asiria, Senaquerib, contra Judá y Jerusalén. Samaria ya había sido conquistada en el año 722 a. de JC. y ahora llegó la hora de Jerusalén. El profeta Isaías en primer lugar habla de la edad gloriosa cuando Dios reinará sobre todas las naciones y luego nos permite leer su diario sobre los acontecimientos de los últimos años del rey Ezequías. Isaías era un anciano en aquel entonces y le quedaban pocos años de servicio para su Señor. En tales circunstancias escribió dos capítulos proféticos sobre el futuro (Isa. 34 y 35), para anunciar el juicio de Dios sobre las naciones y el futuro glorioso de Sion.

Después pasó a describir la más grande liberación en la historia de Jerusalén. El ejército de Asiria rodeó la ciudad. No permitieron que nadie saliera ni nadie entrara a Jerusalén. Luego el emperador de Asiria anunció a los habitantes que Dios le había enviado contra la ciudad. Frente a tal blasfemia Isaías declaró que ni una flecha suya iba a caer en Jerusalén. Efectivamente, el ejército de Asiria fue destruido por el poder de Dios y tuvo que levantar el sitio y retirarse.

El capítulo 38 relata la sanidad del rey Ezequías de una enfermedad misteriosa. En el capítulo 39 Isaías le aconsejó sobre el peligro de comportarse con orgullo frente a los embajadores de Babilonia.

B. Enfasis:

En los últimos tiempos: Juicio y redención, Isaías 34. Este capítulo describe el gran juicio sobre todas las naciones. Habrá una destrucción total de la naturaleza debido a su pecado. El capítulo 35 anima a los fieles a ser constantes en su devoción al Señor. Dios anuncia el paraíso que existirá en la nueva tierra con su Camino de Santidad que conducirá a los redimidos a Sion. *El orgullo del Emperador de Asiria, Isaías 36.* Por medio de un comisario político Senaquerib anuncia que el Dios de Israel le ha enviado a tomar Jerusalén. Su representante habla en hebreo y esto infunde miedo en el pueblo. Ezequías manda a la gente que no responda a las amenazas del asirio. *La liberación de Jerusalén, Isaías 37.* Isaías anuncia que tales amenazas son nada menos que blasfemia contra el Dios verdadero. No las aguantará Dios y el enemigo no entrará a la ciudad sino que volverá derrotado a su tierra. Así ocurrió como milagro inolvidable para Israel. Sabían que Dios y Dios solo había salvado a Jerusalén. *Dios sana y salva al rey, Isaías 38.* Para que Ezequías no tuviera orgullo por la liberación de Jerusalén, Dios permitió que estuviera muy enfermo. Dios le sanó y el rey prometió andar con humildad ante Dios el resto de su vida. *El error de Ezequías, Isaías 39.* Tal vez unos dos años después y como resultado de la prosperidad, Ezequías recibió embajadores de Babilonia y les mostró toda la riqueza de su palacio y en todos sus dominios. Isaías se asombró y le anunció al rey que un día ese mismo país iba a invadir a Judá y llevar como botín toda la riqueza que él les había mostrado.

─────────── *Estudio del texto básico* ───────────

El capítulo 35 nos presenta un cuadro del futuro glorioso que habrá para los que han confiado en el Señor y han seguido sus enseñanzas. Usando sus talentos poéticos en forma magistral, el profeta nos da una idea de la gloria y la alegría que va a experimentar la gente al volver a la amada ciudad de Dios. Canta de la hermosura de la naturaleza cambiada por el Señor, del esfuerzo y valor del pueblo, de la santidad del camino en el cual regresarán, de la seguridad que había en él, y de la gloriosa llegada a la ciudad amada donde tendrán gozo y alegría.

1 La incomparable gloria de Dios, Isaías 35:1, 2.
V. 1. Palestina está rodeada por desierto en tres de sus lados. Cualquier viaje por tierra es un viaje por el desierto. La visión del paraíso es que el pueblo como el desierto van a florecer, tener vida. La manifestación de Dios será en la tierra santa. Dios salvará a los fieles, y para redimir a su pueblo toda la naturaleza será transformada. Las flores del desierto aparecen por breves días y algunas solo por pocas horas, pero las *rosas* duran mucho más para dar gozo a los transeúntes. Habrá regocijo y profusión de rosas en *el Arabá*, la región desértica de Judá. En un nuevo Edén la gloria de Jehovah se manifestará.

V. 2. *Florecerá profusamente* indica que las flores crecerán en abundancia en el árido desierto, creando un ambiente de fiesta *se regocijará en gran manera.* La majestad *del Carmelo y de Sarón* era su gran vegetación entre ella "la jara", un arbusto en el que florece una pequeña rosa que unida a otras flores que cubren el terreno dan color y variedad al subsuelo. La gloria (presencia) de Dios es la causa de la hermosura de las montañas y los valles. La *gloria* y *majestad* son cualidades benignas de Dios que contrastan con la ira y el juicio, que Isaías señala en el capítulo 34.

2 Los débiles recibirán ánimo y esperanza, Isaías 35:3, 4.

V. 3. Después de proclamar la gloria de Dios en el mundo, el profeta anima al pueblo de Israel con un mensaje de consolación. *Las manos débiles y las rodillas vacilantes* muestran a un pueblo que como prisioneros agotados vivieron esclavizados por sus vencedores. Pero ha llegado el tiempo de la redención y los imperativos *fortaleced ...afirmad* ...dan ánimo a los que llegan a Sion en donde *verán la gloria de Jehovah.*

V. 4. El profeta continúa con el mismo enfoque del versículo anterior, deben animarse y dar esperanza el uno al otro. *Corazón apocado* es el que está desanimado. *Vuestro Dios viene con venganza,* afirma que Dios sabe todo lo que pasa y está listo para dar retribución divina. Dios está con nosotros en medio de las tempestades, las pérdidas y las derrotas. No tenemos que tomar represalias ni practicar la venganza; Dios administrará la justicia y al mismo tiempo nos *salvará.* El verbo "salvar" en hebreo significa colocar en un lugar amplio y espacioso, todo lo contrario a una cárcel, es ser libre. Dios nos libra del lugar estrecho y peligroso para dejarnos en un lugar con amplios horizontes. En el sentido más amplio, la salvación significa libertad.

3 Los milagros de Dios, Isaías 35:5-7.

V. 5. La evidencia de la presencia de Dios en un mundo destruido por el pecado y la desobediencia, es su poder para sanar a los heridos por el pecado y la injusticia. Dios quería hacer esto con su pueblo para que sanado y restablecido se uniera al cántico de la naturaleza (v. 1). Dios mandó a Isaías a predicar a un pueblo que tenía ojos y oídos pero no querían ver ni oír su mensaje. En el glorioso día de la redención el profeta sabía que Dios iba a abrir los ojos y destapar los oídos para ver y escuchar el mensaje con el cual termina el v. 4: Jehovah *vendrá y os salvará.*

V. 6. *Entonces* ¿cuándo y por qué sucederá lo que anuncia este versículo? La respuesta es otra vez: Jehovah *vendrá y os salvará.* Cuando Dios haya sanado y renovado la tierra (vv. 1, 2) *entonces* él obrará milagros físicos en la gente: *el cojo saltará... cantará la lengua del mudo.* Su pueblo podrá andar sin obstáculos por su camino, es tiempo de restauración, y todos podrán cantar alabanzas ya no en un desierto estéril, sino entre la abundancia de las refrescantes *aguas* que en *torrentes* Dios les envía. La salvación trae aparejadas muchas bendiciones.

V. 7. No hay nada más maravilloso que encontrar agua en el desierto. Significa la diferencia entre vida y muerte. Nadie puede vivir sin agua. Así pondrá Dios manantiales u oasis en el desierto para sostener a los redimidos. El territorio que había sido totalmente inhóspito iba a producir vida para el pueblo, y nacerán pastizales y cañaverales. A través de la Biblia el agua significa vida y gozo. Jesús usa este simbolismo para dar su mensaje de salvación a la mujer samaritana y a su pueblo. Su mensaje en el "gran día de la fiesta" fue: "Si alguno tiene sed, venga a mí y beba. El que cree en mí... ríos de agua viva correrán de su interior" (Juan 7:37b, 38). ¡Sin agua no hay vida abundante ni vida de ninguna clase!

4 El incomparable y perpetuo gozo de los redimidos, Isaías 35:8-10.

V. 8. Estos tres versículos constituyen una descripción del *Camino de Santidad.* La fe bíblica es una fe del camino. Estamos viajando constantemente hacia la tierra prometida donde fluye leche y miel. Este versículo nos enseña que Dios ha preparado un "camino de santidad" para los suyos por el que hemos de estar viajando constantemente en la vida espiritual, progresando para ser una persona más completa en Cristo. *Ningún impuro,* sucio por el pecado, pasará por ese "camino", solamente los redimidos. Dios mismo estará con nosotros. Aun los no experimentados en la vida religiosa, los nuevos creyentes, los simples, no van a extraviarse. Es el camino seguro porque ha sido hecho por Dios.

En la noche antes de su crucifixión Jesús les dijo a sus atemorizados discípulos que les iba a dejar, pero que iba a preparar lugar para ellos. "Sabéis a dónde voy, y sabéis el camino." Cuando Tomás pone en palabras la pregunta de todos: "¿Cómo podemos saber el camino?" Jesús responde: "Yo soy el camino, la verdad y la vida; nadie viene al Padre, sino por mí" (Juan 14: 4, 5b y 6a). No nos extraña que los primeros creyentes fueron conocidos como "los del Camino" (Véase Hech. 9:2; 19:9; 22:4; 24:14). **V. 9.** En el *Camino de Santidad* no habrá animales salvajes para destruirnos. El diablo es como león rugiente. Los redimidos pueden viajar en seguridad porque Dios les protegerá en cada paso que den. Vivimos en un mundo de tentaciones y peligros, pero si caminamos en el camino de Dios estos no van a tumbarnos. *Caminarán por allí los redimidos* es la ilustración de una gran multitud de creyentes que están en el camino que los lleva a la ciudad de Sion por el *Camino de Santidad.* **V. 10.** El deseo universal de los judíos es volver a la tierra prometida. Aun hoy día muchos que no quieren vivir en Israel quieren visitar Jerusalén para orar allí antes de su muerte. En la Biblia volver es "arrepentirse". El profeta tiene plena confianza en que muchos judíos van a dejar su vida de pecado para regresar arrepentidos a Dios. Será un gozo y alegría perpetuos volver a Jerusalén, la Ciudad Santa, la ciudad de la Palabra de Dios. Habrá paz eterna en Jerusalén y toda la tristeza huirá por estar en la presencia del Señor. Hay un gozo, una alegría que la persona perdonada experimenta que ninguno otro puede entender, es huir de la tristeza y el gemido del pecado y gozar de una vida nueva donde el gozo es perpetuo. Esta es la esperanza que Isaías tuvo aun ante el ataque de un ejército extranjero.

──────────── Aplicaciones del estudio ────────────

1. Hay gozo perpetuo para los redimidos. Los que esperan en Dios y confían en su obrar milagroso, vivirán la alegría perpetua de la redención.
2. En la naturaleza vemos la gloria de Dios. La naturaleza no es para adorar. Debemos adorar siempre al Creador y nunca a la creación. La natu-

raleza nos enseña que Dios es Dios de orden, armonía y simetría.
3. Podemos fortalecer a los débiles con la verdad que Dios vendrá y salvará a los que creen en él. Qué hermosas son las palabras: "¡Fortaleceos, no temáis!" La vida es muy difícil para muchos. Algunos ya no pueden más. A veces no hay que decir nada sino solamente visitar y mostrar por nuestra presencia que amamos a la persona y hemos venido en el nombre de Cristo. **4. Dios nos ha preparado un "camino de santidad" que nos lleva a través de todo peligro hasta llegar a su presencia para que podamos disfrutar de gozo perpetuo.** Debemos meditar mucho sobre el camino que Dios nos ofrece. Es el único camino seguro que nos conduce a una vida abundante y segura.

──────────── **Ayuda homilética** ────────────

El camino de los redimidos
Isaías 35:8-10

Introducción: Es muy fácil perderse en el mundo. No solamente en carreteras, sino también en seguir firmes en la que Dios ha establecido para que andemos cada día dentro de su voluntad.

    I. Dios ha preparado un camino para su pueblo. Es un camino santo
    A. De la esclavitud al camino de la libertad.
    B. Del pecado al camino del perdón.
    C. El "camino de la santidad".
    II. Un camino libre de peligros mortales Es un camino seguro
    A. La tentaciones sucias no están allí.
    B. Aun el no experimentado en la fe puede viajar sin extraviarse.
    C. El diablo no puede atacarnos para devorarnos.
    III. Un camino con un destino feliz. Es un camino feliz
    A. La ciudad de Dios, el cielo, el paraíso
    B. En su presencia habrá alegría y gozo perpetuos
    C. En el mundo tendremos aflicción y tristeza, pero Dios ha vencido al mundo y nos lleva a su presencia para siempre.

Conclusión: Jesús es el camino. Nadie viene a Dios sino por él. El que va por cualquier otro camino pierde la vida.

Lecturas bíblicas para el siguiente estudio

Lunes: Isaías 40:1-11   **Jueves:** Isaías 41:1-10
Martes: Isaías 40:12-26   **Viernes:** Isaías 41:11-20
Miércoles: Isaías 40:27-31   **Sábado:** Isaías 41:21-29

AGENDA DE CLASE

Antes de la clase
1. Hay varios énfasis en los capítulos 34 al 39. Léalos cuidadosamente para poder orientar a su clase sobre este periodo y el mensaje del profeta. El capítulo 35, nuestro presente estudio, está lleno de figuras y símbolos de la redención de Sion y la era mesiánica. Léalo repetidamente y use ideas propias para reforzar el estudio. **2.** Algunas posibilidades serían de traer gafas, aparatos para sordos, una venda para torceduras, un bastón; cuadros del sol brillando sobre la arena cambiando en un lindo oasis, un cuadro del desierto inhabitado, un lindo cañaveral o un dibujo de un coro cantando con evidencias de "alegría perpetua". **3.** Escriba en un cartelón: "La Redención de Sión". Dibuje y recorte en papel siluetas de personas en posición de correr. Escriba en esas figuras las palabras: "tristeza", "gemido", "gozo" y "alegría". Puede usar "formas humanas" o solamente piernas para subrayar su mensaje. **4.** Haga una tira con las palabras "Camino de Santidad". **5.** Traiga escrita una canción que exprese gozo en el Señor. **6.** Traiga varias versiones de la Biblia para leer el pasaje de Isaías 35.

Comprobación de respuestas
JOVENES: **1.** Se alegrarán el desierto y el sequedal, florecerá como la rosa, profusamente, cantará con júbilo. Verán la gloria de Jehová. **2.** Una paráfrasis por el alumno. **3.** Los ciegos verán; los sordos oirán; el cojo saltará; cantará el mudo. **4.** Camino de Santidad; impuro. **5.** Los rescatados entrarán a la ciudad con cánticos; habrá alegría perpetua; tendrán gozo y alegría y huirán la tristeza y el gemido.
ADULTOS: **1.** a. Alegrarán, b. Regocijará, c. Florecerá, d. florecerá profusamente, e. regocijará en gran manera, f. Cantará, g. Será dada la gloria, h. Verán la gloria de Jehovah. **2.** desanimado; vendrá y los salvará. **3.** a. serán abiertos. b. se destaparán. c. saltarán. d. cantarán. **4.** los redimidos.

Ya en la clase
DESPIERTE EL INTERES
1. Entonen la canción como símbolo de la alegría que deben sentir los creyentes. **2.** Pida a tres personas que digan en una frase algo que les trajo mucha alegría durante la semana. Deben ser cosas inesperadas. **3.** Pida a otra persona cuya vida demuestra la verdadera felicidad de ser una persona salva por Cristo, que testifique de la diferencia que Cristo ha hecho en su vida.

ESTUDIO PANORAMICO DEL CONTEXTO
1. En los capítulos 34 y 35 Isaías continúa dando evidencias del "Día del Señor": maldición y castigo, y bendición y alegría perpetuas. Pero los capítulos 36 y 37 son muy diferentes y tratan de cuando Senaquerib, rey de Asiria, vino para sitiar a Jerusalén. La fecha es de 701-688 a. de J. C. y Ezequías era el rey de Judá. El pueblo de Dios que vivía en Judá se preocupaba tremendamente por el poderío de los asirios, y pidieron el consejo de Isaías quien les da la palabra de Dios, "no temas", y les promete que Senaquerib huirá de Jerusalén. Lea con cuidado 2 Reyes 18:13 a 20:19 para

tener información adicional a la de Isaías. **2.** Después de este milagro, Ezequías se enferma y Dios responde a su petición para no morir (capítulo 38). El capítulo 39 demuestra la falta de buen juicio de Ezequías e Isaías predice la destrucción de Jerusalén y la familia real, y la esclavitud en Babilonia.

ESTUDIO DEL TEXTO BASICO

Pida a los alumnos que completen la sección: *Lea(e) (t)su Biblia y responda(e).* Comprueben las respuestas en grupo.

1. La incomparable gloria de Dios, Isaías 35:1, 2. Lean estos versículos en varias versiones de la Biblia para captar más de la imaginación de Isaías y su deseo de compartir el significado de la restauración que vendrá en la era mesiánica. Pida que los alumnos mencionen cambios marcados en la naturaleza, como el cambio de las estaciones, o un árbol frutal que vuelve a dar fruto, etc. Isaías habla de sitios inhóspitos, secos, desérticos que van a cambiar: habrá flores, alegría, gozo y cántico de la misma naturaleza.

2. Los débiles recibirán ánimo y esperanza, Isaías 35:3, 4. La salvación viene de Dios. Hay que animarse el uno al otro y hacer todo lo posible para fortalecer las manos débiles y las rodillas vacilantes. Este simbolismo es muy importante porque el pueblo de Dios había perdido la esperanza, pero podía fortalecerse y animarse porque Dios vendría a salvarles. Tomen tiempo para meditar y memorizar los vv. 3 y 4. Serán de gran valor para reforzar la esperanza en momentos de desánimo.

3. Los milagros de Dios, Isaías 35: 5-7. Aquí hay milagros del cuerpo humano y de la naturaleza. Cada uno es algo que no se podría esperar, pero son evidencias de las grandes bendiciones del Señor. Muestre los objetos o los cuadros que se sugieren en la sección: *Antes de la clase.* Relacione estos objetos con los milagros en la gran manifestación del fin del exilio, y dolor del pueblo de Dios, y el gozo por la entrada en la redención preparada por el Señor.

4. El incomparable y perpetuo gozo de los redimidos, Salmo 35:8-10. Lean este pasaje. Presente la tira "El Camino de Santidad" y pregunte quién podría entrar en este camino, y quién no podrá entrar. ¿Para qué serviría este camino? ¿Cómo sería el ánimo de las personas que andan en él? ¿Hay una diferencia entre los "rescatados de Jehovah" y "los redimidos"? ¿Qué es la redención? Presente el cartelón sugerido en la sección: *Antes de la clase* con la frase: "La redención de Sion" y las palabras escritas en las siluetas de las piernas que corren. Muestre que la tristeza y el gemido huyen de los redimidos y son reemplazados por el gozo y la alegría.

APLICACIONES DEL ESTUDIO

Lean las aplicaciones y hablen entre sí del significado de ser redimido, y acerca de cómo vivir con alegría y gozo la vida redimida. Procure que todos participen en esta discusión.

PRUEBA

Pida a los alumnos que respondan en su libro la sección de Prueba. Si hay tiempo, comparta sus respuestas.

Consolación y renovación

Contexto: Isaías 40 a 41
Texto básico: Isaías 40:1-5, 27-31; 41:8-10
Versículos clave: Isaías 40:30, 31
Verdad central: El incomparable consuelo de Dios renueva a su pueblo, y en momentos de desaliento les infunde esperanza y valor para afrontar cualquier situación.
Metas de enseñanza-aprendizaje: Que el alumno demuestre su: (1) conocimiento de las maneras en que Dios consoló a su pueblo, (2) actitud de valorar la consolación y renovación que Dios le ofrece.

─────────── Estudio panorámico del contexto ───────────

A. Fondo histórico:
Los capítulos 40 al 55 constituyen el Libro de Consolación. Muestran a los judíos cautivos en Babilonia que muy pronto Dios va a librarles de su cautividad y llevarles a la tierra prometida en un segundo éxodo. El pueblo que había sido llevado en cautiverio por los babilonios y pasó largos años allí. Babilonia había sido la potencia dominante del Medio Oriente, pero ahora estaba decayendo y un nuevo poder pronto terminará con su dominio.

El libro profetiza que Dios va a levantar a Ciro para librarlos de Babilonia y enviarlos de nuevo a su tierra. Ciro, el rey perso, que había unido a los medos con Persia iba en su marcha de conquista. Cuando conquistó a los babilonios fue recibido en su ciudad con gran aclamación. Entre sus primeros actos como conquistador dio decretos de liberación para los pueblos que habían sido llevados a Babilonia como cautivos. No solamente eso sino que el gobierno persa iba a ayudarles a regresar a su país de origen y reconstruirlo. Veremos esto más adelante con el pueblo de Israel en su regreso a Jerusalén y sus esfuerzos de reconstruir la ciudad, incluyendo el templo.

El pueblo en cautiverio estaba totalmente desanimado. La ciudad de Jerusalén había quedado en ruinas. El territorio a su alrededor estaba escasamente poblado, y los lugares donde antes había viñas y plantaciones estaban abandonados y llenos de espinos. Pensaban que su Dios ya no era capaz de librarlos o que les había olvidado por completo.

B. Enfasis:
La profecía hebrea llega a su clímax en estos capítulos de Isaías 40 al 66.
Son expresiones gozosas de la esperanza y la consolación que Dios está dándoles. Los días de juicio han pasado. Israel ha sufrido mucho por sus pecados,

por haber dejado al Señor y no obedecerle como él esperaba. Pero ahora Dios viene para librarles, para guiarles como "un pastor", y va a reunirles con su brazo extendido y con mano cariñosa.

Los capítulos 40 al 55 son como una sinfonía. El profeta presenta y desarrolla varios temas, los deja un poco de lado, y luego vuelve a repetirlos. Otras veces va entremezclándolos en un crescendo. Especialmente se ve el himno escatológico que celebra la victoria de Dios sobre sus enemigos, y que establece su reino de justicia en el mundo.

La visión de Dios es para la restauración de su pueblo, pero además es para que su nombre pueda ser conocido en toda la tierra y que los pueblos puedan conocerle como su Redentor. "¡Mirad a mí y sed salvos, todos los confines de la tierra! Porque yo soy Dios, y no hay otro" (Isa. 45:22).

El gran Dios Creador de la tierra va a rescatar a su pueblo con poder y con brazo fuerte (Isaías 40). El no es como los ídolos que no pueden hacer nada, sino que es el Dios incomparable que se acuerda de su pueblo cansado y desanimado y les da nuevas fuerzas para seguir adelante.

A pesar de ser un pueblo muy pequeño en el Medio Oriente, Dios ha escogido a los hebreos como sus siervos (Isaías 41). Los dioses falsos y sus seguidores van a reconocer que el Santo de Israel es el Creador de todo. Dios va a juzgar a todas las naciones, incluyendo a Israel, pero renueva su llamado y apoyo a su pueblo.

──────────── **Estudio del texto básico** ────────────

1 Consuelo y perdón, Isaías 40:1, 2.
V. 1. Con este versículo se inicia el Libro de Consolación. Con un imperativo doble, "¡Consolad, consolad...!", Dios acentúa la importancia de su mensaje. Por regla general los profetas son enviados a condenar al pueblo por su pecado y llamarles al arrepentimiento, pero aquí es un llamado al profeta a consolar a su pueblo que ha sufrido tanto. En otras partes de este libro es Dios mismo quien da el consuelo (véase 49:13; 51:3, 12; y 66:13). La última palabra de Dios nunca es de condenación sino de consolación. Después del castigo viene la restauración. El pueblo necesitaba la palabra de consuelo y perdón. Vivía en tiempos de crisis, eran cautivos en tierra ajena, y ahora venía otro poder conquistando todo lo que encontraba en su camino.

V. 2. Hablar al corazón en hebreo es hablar a la mente. ¡El centro de las emociones eran los riñones! Dios habla a su pueblo aunque estén lejos de Jerusalén. Su condena ya llega a su fin; su castigo ha sido cumplido; los años de cautiverio ya han pasado. Jeremías 25:9-14 indica que serían setenta años. Muy pronto Dios va a levantar el yugo de Babilonia y el pueblo regresará a casa. El castigo ha sido duro; han recibido el doble por su pecado. Pero ahora la voz de Dios proclama palabras maravillosas: *...su iniquidad ha sido perdonada.*

2 La gloria del Señor será revelada, Isaías 40:3-5.
V. 3. En contraste total con los ídolos, Dios sí habla a su pueblo. *Una voz*

proclama, es la voz celestial que anuncia que el desfile de los cautivos en Babilonia va a comenzar. Ahora habrá un segundo éxodo. Esta vez no de Egipto, sino de Babilonia. Había que preparar el camino para el Señor en el desierto. El desierto era una realidad para los hebreos. Habían vivido en uno 40 años (Núm. 14:33), y ahora para llegar de nuevo a su hogar tendrían que cruzar otro largo desierto. El desierto en la Biblia es usado frecuentemente en forma simbólica como el lugar de disciplina y de sufrimiento, pero no es el destino final del pueblo (vea Oseas 2:14). Se usa el desierto como una descripción simbólica de la vida carente de la presencia de Dios. *Enderezad calzada* se refiere a la práctica de hacer todos los arreglos necesarios para que haya un mínimo de incomodidad para la entrada del Rey.

Vv. 4, 5. La carretera nueva y bien construida será hecha para que el mundo entero pueda ver la gloria de Dios, cuando el pueblo regrese a su tierra. *La gloria de Jehovah* significa una manifestación visible del Dios invisible. Se confirma que esto será una realidad porque Dios mismo ha pronunciado esta palabra. *Todo mortal juntamente la verá;* debemos notar que el mensaje de Isaías es para el mundo entero no solamente para un pueblo pequeño (Isa. 42:6, 7; 45:22; 49:6).

3 Fortaleza y confianza, Isaías 40:27-31.

V. 27. *Jacob* e *Israel* son dos nombres para describir tanto al padre del pueblo como al pueblo mismo. Aquí se ve el efecto desanimador de su largo cautiverio. Creen que Dios les ha olvidado por completo, no solamente creen que el camino por donde andan le es oculto a él, sino que también se quejan diciendo: ... *mi causa pasa inadvertida a mi Dios.* No han comprendido el poder y grandeza del Creador expresada en los vv. 21-26 por lo cual están turbados y confundidos.

V. 28. El profeta anuncia tres cosas muy importantes: Dios es creador de todo, *no se cansa* como el ser humano y su *entendimiento* es sobre toda inteligencia humana. El concepto que los hebreos tenían de Dios era demasiado pequeño. ¡No sabían cuán grande es él!

V. 29. Este versículo describe el amor y la bondad de Dios. Cuando se han agotado las fuerzas humanas Dios da nuevas energías. Dios no solamente tiene poder, como el profeta ha proclamado, sino que también ¡da poder! a los débiles. Un problema horrible del ritmo de la vida moderna es el cansancio que todos sufrimos. Nos gusta el trabajo pero no tenemos suficientes fuerzas para cumplir con todas las exigencias de nuestra época. Las enseñanzas de estos versículos pueden ser una fuente de fuerza para los desanimados, los cansados, y los que no tiene vigor.

V. 30. Aun los jóvenes se cansan ante las demandas excesivas de la vida. Aquí encontramos una paradoja. Son los jóvenes los que por regla general tienen vigor y fuerza. Son ágiles y pueden encarar la vida con fuerza y determinación. La exposición es clara: Nadie está exento de la necesidad de depender de Dios. Tanto jóvenes como los adultos alguna vez *tropiezan* o *caen.*

V. 31. Este es uno de los más grandes versículos de la Biblia. *Los que esperan en Jehovah* significa esperar no con resignación sino con esperanza, confiar totalmente en Dios. En el hebreo la palabra esperar quiere decir trenzar o enrollar, como enrollar una cuerda o una soga. Así el que espera en Dios va formando una cuerda irrompible con la cual está asido a Dios. En este "esperar" no hay pérdida. Su confianza está totalmente en él y en su fuerza y poder. No es que van a experimentar un aumento de sus energías sino que *renovarán sus fuerzas* completamente. Son las energías de Dios que llegarán a ser suyas, y que les darán nuevas fuerzas para enfrentar las experiencias de cada día. Encontrarán una nueva fuente de poder para vivir.

Los hijos de Dios no solamente *levantarán las alas* para volar con rapidez y libertad con la ilusión de ganar la carrera, sino que también *correrán* para cumplir diligentemente con los deberes de la vida cotidiana y *caminarán* persistentemente día tras día con nuevas fuerzas para avanzar y cumplir la misión por Dios encomendada.

4 El renovado llamado de Dios, Isaías 41:8-10.

V. 8. El título *siervo* es uno de mucho honor en la Biblia. Abraham, Moisés, Samuel, David y otros fueron llamados siervos del Señor. El siervo del Señor no solamente le sirve y le honra, sino que es su *amigo* en el cual Dios tiene completa confianza. Dios aseguró a los hebreos cautivos, lejos de su tierra, que todavía son sus siervos para hacer su voluntad. Dios ha escogido a su pueblo de entre todos los pueblos para que le sirva como testigo en la gran asamblea de las naciones.

V. 9. Para el hebreo, con su conocimiento limitado de geografía, Egipto era el límite de la tierra. El hecho que Dios había sacado a sus antepasados de la esclavitud en Egipto no era nada menos que maravilloso. Ahora, después de otro largo exilio en Babilonia les asegura, *no te he desechado.* Dios les afirma que su propósito para ellos todavía es válido.

V. 10. La nota de confianza que resuena desde el comienzo de la Biblia hasta el fin es que Dios está con su pueblo. No debemos tener miedo sabiendo que no estamos solos, sino que Dios nos acompaña en cada situación que tenemos que enfrentar. Cuando estamos a punto de desmayar Dios nos da poder. La diestra de la justicia de Dios nos salvará a pesar de la injusticia que reina en la tierra y las maniobras de Satanás para derrotarnos.

Dios habla directamente al corazón del pueblo, no deben tener miedo porque Dios va a responder a su necesidad y darles precisamente lo que les hace falta. La acción de Dios está demostrada en como usa el pronombre *yo* vez tras vez. *Yo estoy contigo ...yo soy tu Dios ...te fortaleceré..., te ayudaré..., te sustentaré con la diestra de mi justicia.*

──────────── **Aplicaciones del estudio** ────────────

1. No importa la gravedad de nuestro pecado, el deseo de Dios es de perdonarnos. El mensaje del Libro de Consolación es que Dios busca a su pueblo, quiere perdonarles y consolarles. Sigue haciéndolo con su Palabra que nos proclama que "de tal manera nos amó" que ha preparado el camino para nuestro perdón.

2. En Cristo Jesús el mundo ha visto la gloria de Dios. Por medio de nuestro testimonio fiel a él su gloria sigue siendo proclamada al mundo. **3. Para la persona sumamente cansada Dios tiene una reserva de nuevas fuerzas que quiere darle.** Dios quiere ser nuestra fuente de fuerza y paz. Nos ofrece su fuerza para cuando sentimos que ya no tenemos ninguna. Dios puede hacerlo porque "no se cansa ni se fatiga". Son buenas nuevas para cada persona. **4. El más grande estímulo para enfrentar tareas difíciles es la presencia de Dios en nosotros.** No hay que temer porque él está con nosotros. En la presencia del Espíritu Santo prometida por Cristo, Dios obra con nosotros, animándonos, guiándonos, enseñándonos y consolándonos. Gracias a Dios por su presencia en nuestra vida.

───────────── **Ayuda homilética** ─────────────

Las nuevas fuerzas que Dios nos da
Isaías 40:27-31

Introducción: El problema del cansancio es casi una enfermedad universal conocido como estrés, fatiga y muchas veces vista en síntomas fisiológicos y psicológicos.

I. El complejo del ser humano.
   Somos cifras, números nada más. El mundo no sabe lo que nos pasa y la mayoría de las veces no les importa.
II. Cuán grande es Dios.
   A. El es Creador de todo.
   B. No se fatiga con cansancio.
   C. Su inteligencia va más allá de nuestra comprensión.
III. Dios quiere darnos nuevas fuerzas.
   A. El requisito es esperar a Dios. No con resignación ni indiferencia sino con ilusión y fe en que él va a actuar.
   B. Dios no va renovar nuestras pobres fuerzas, sino va a darnos fuerzas, totalmente nuevas y sobrehumanas.
   C. No tendremos solamente fuerzas para los grandes logros sino también para caminar y cumplir nuestras obligaciones diarias como personas y cristianos.

Conclusión: Deje de confiar en sus energías y entréguese en las manos de Dios.

Lecturas bíblicas para el siguiente estudio

Lunes: Isaías 42:1-17   **Jueves:** Isaías 44:6-28
Martes: Isaías 42:18 a 43:13   **Viernes:** Isaías 45:1-13
Miércoles: Isaías 43:14 a 44:5 **Sábado:** Isaías 45:14-25

AGENDA DE CLASE

Antes de la clase
1. Este estudio habla del consuelo que ha traído esperanza a miles de personas en todas los tiempos. Pida al Señor que le llene de esta esperanza y que le permita compartirla. **2.** Piense en símbolos de esperanza que serían especialmente significantes para su grupo. Podrían ser, entre otros, una sonrisa amable, una mano abierta, la Biblia, alguien orando, un techo seguro en una tormenta, una sombrilla o paraguas. En cada uno escriba las palabras "consuelo... esperanza". **3.** Traiga un trozo de soga (trenzado) para demostrar el concepto "esperanza" en el hebreo y un trocito de cordón para cada alumno para enfatizar este significado y para ayudarle a recordarlo.

Comprobación de respuestas
JOVENES: **1.** Proclamadle que su condena ha terminado, su iniquidad ha sido perdonada. **2.** Enderezado; todo valle será rellenado, todo monte y colina rebajados, lo torcido en llanura, lo escabroso en amplio valle. **3.** No se cansa ni se fatiga, su entendimiento es insondable, da fuerzas al cansado y le aumenta el poder al que no tiene vigor. **4.** Respuesta personal del alumno. **5.** Va a estar con él, no debe tener miedo, le fortalecerá, le ayudará, le sustentará porque él es su Dios.
ADULTOS: **1.** Al pueblo de Dios. **2.** El camino de Jehovah,... para Dios. **3.** Todo mortal. **4.** La palabra de Dios. **5.** ¡He aquí vuestro Dios! El Señor Jehovah vendrá con poder y gobernará. **6.** Fuerza y poder. **7.** Correrán y no se cansarán; caminarán y no se fatigarán.

Ya en la clase
1. DESPIERTE EL INTERES Pregunte: "¿Ha estado deprimido o desesperado en alguna ocasión?" "¿Qué sentía?" "¿Qué le dio esperanza en ese momento?" Después de unas breves respuestas, llame la atención a algunos de los símbolos de esperanza que ha traído. Enfatice que en cada caso son símbolos de consuelo. Esta sección de Isaías es conocida como "el libro de Consolación". En el plan de Dios el consuelo siempre está relacionado con la esperanza.

ESTUDIO PANORAMICO DEL CONTEXTO
Lean el Salmo 137 para "dar el tono" a la situación tan difícil del pueblo, y de su necesidad de consuelo. Ahora Dios con palabras tiernas anuncia que está llegando el final de este largo y penoso exilio. El consuelo es una realidad; Dios quiere salvar a su pueblo y demuestra su plan para hacerlo. Jesús anuncia en esta misma forma la gran compasión de Dios en Juan 3:16 y 17. Lean juntos estos dos versículos.

ESTUDIO DEL TEXTO BASICO
Dé tiempo para completar la sección: *Lea(e) (t)su Biblia y responda(e).*
1. Consuelo y perdón, Isaías 40:1, 2. Dios anuncia su consolación y le

indica al pueblo que los problemas que han tenido ya van a terminar. El consuelo está íntimamente relacionado con el perdón y con la salvación prometida. Dios habla tiernamente para animar a su pueblo. Aclare la segunda parte del v. 2 (vean los libros de Maestro y de Alumno).

2. *La gloria del Señor será revelada, Isaías 40:3-5.* Que todos juntos lean estos versículos y el comentario en el libro del Alumno. La promesa del Señor de salvación para su pueblo tiene que ser recibida y afirmada. Todos son invitados a preparar el camino para él en el desierto. Aun en el "desierto" de la experiencia íntima hay que demostrar aceptación de la esperanza ofrecida por el Señor.

3. *Fortaleza y confianza, Isaías 40:27-31.* Pregunte "¿Ha sentido alguna vez que en su camino ha estado oculto el Señor?" "¿Por qué?" "¿Por qué sentían los judíos este alejamiento del Señor?" "¿Qué es la respuesta del profeta al pueblo?" "¿Su respuesta nos daría nueva esperanza hoy?" "¿Cómo?" Hablen de las características de Dios que se enfatizan: es Creador, no desmaya, no se cansa (siempre está atento), su entendimiento va más allá de nuestra comprensión, da poder y fuerza al necesitado.

Muestre el trozo de soga y explique el significado de la palabra "esperar" en hebreo, que es torcer o trenzar. Esperar en el Señor es hacer de él su "soga de salvación". Si constante y activamente la persona está "trenzando" su esperanza, el Señor responde con fuerza y poder. Hable de las tres acciones que serán la evidencia de su "consuelo": volando, corriendo y andando.

Estas acciones, inversas a lo que se podría esperar normalmente, enfatizan la acción de Dios en cada caso. Aunque el correr y volar parecen más notables, sin embargo, andar es la acción más constante de la vida, demanda más de la persona, y poder hacerlo, paso tras paso, es el don más grande del Señor.

4. *El renovado llamado de Dios, Isaías 41: 8-10.* Dios continúa con su plan para su pueblo. No ha dado la responsabilidad a otros. El Señor no deja a su siervo solo para actuar, le anima, le quita su miedo y le ayuda a cumplir con su responsabilidad. Si usted ha estado desanimado, escuche a Dios y sígale confiadamente.

APLICACIONES DEL ESTUDIO
Pida que lean las aplicaciones. ¿Cuál le llama más la atención? ¿Cómo pueden ser aplicadas en el diario vivir? Dé a cada alumno un trocito de cordón para recordar que el significado de "esperar en el Señor" es el de hacer de nuestro Dios nuestra soga de salvación.

PRUEBA
Anime a cada alumno a contestar una de las interrogantes. Finalice hablando de cómo podrían compartir este mensaje con otros. Diga que el próximo estudio les ayudará a entender mejor el amor invencible de Dios y vivirlo con fe y esperanza.

El invencible amor de Dios

Contexto: Isaías 42 a 45
Texto básico: Isaías 43:1-13
Versículos clave: Isaías 43:2, 3a
Verdad central: El amor de Dios es invencible. Dios con gran poder protege a su pueblo al cual escogió para que sea testigo suyo y le sirva con lealtad.
Metas de enseñanza-aprendizaje: Que el alumno demuestre su: (1) conocimiento de la relación del invencible amor de Dios con las responsabilidades del pueblo como su siervo, (2) actitud de valorar las manifestaciones del amor de Dios en su vida siendo un fiel testigo de él.

A. Fondo histórico:

Israel todavía no podrá ver que Dios estaba obrando a través de los acontecimientos históricos, para sacarles del cautiverio. Habían pasado muchos años en Babilonia y ahora que oyen del progreso de Ciro en su camino de conquista por las naciones, el pueblo de Dios piensa que su situación no cambiará en nada excepto en quien será su amo. A su alrededor la gente está haciendo nuevos ídolos y poniendo su confianza en ellos. El pueblo de Babilonia se tambalea de miedo, y el pueblo de Dios con ellos.

Como siervo de Dios el pueblo representa a una persona sorda y ciega. Dios les ha enviado a los profetas con su mensaje, pero no han guardado nada de lo que han visto o han oído.han hecho caso omiso de la voluntad de Dios y de sus mandamientos.

Dios anuncia a su pueblo que Ciro el Grande, de Persia, era solamente su instrumento para conquistar a Babilonia y librar así a los judíos y a otros pueblos cautivos. Es sorprendente la afirmación de Dios, llamándole a Ciro "mi pastor" (44:28) y dirigiéndose a él como "su ungido" para sojuzgar a las naciones (45:1). Además, dice Dios que Ciro va a ser su instrumento para la restauración de la tierra prometida, que va a mandarles y ayudarles a reconstruir su ciudad y el templo. No hay que considerar a Ciro como el Mesías del Señor, sino como su instrumento efectivo para librar ahora a su pueblo. Ciro conquistó a Babilonia en 539 a. de J.C.

B. Enfasis:

El primer poema del siervo. En el capítulo 42 aparece el primero de los cuatro "poemas del Siervo del Señor" (42:1-4) que hay en el libro de Isaías (42:1-9). Dios ha escogido a su siervo para establecer justicia en la tierra (se menciona tres veces en el poema) y llevar la enseñanza de Dios a otros pueblos.

El pueblo de Dios es ciego, Isaías 42:10-25. Israel no fue capaz de aceptar un llamamiento tan importante y por eso sufrió el castigo. Podía oír y ver, pero no quiso hacerlo; a pesar de esta rebelión sigue como el siervo escogido de Dios.

Dios es el formador y el Salvador de Israel, Isaías 43:1-13. Esta es una porción de gran consuelo: Dios está con su pueblo en los momentos difíciles. El es el único Dios verdadero. Redime a su pueblo de todo peligro.

El camino en el desierto, Isaías 43:14 a 44:8. Después de la caída de Babilonia bajo el poder de Ciro, Dios haría algo nuevo en un mundo viejo: un segundo éxodo para su pueblo. Lo hace porque él ha borrado los pecados del pueblo y los ha redimido para darles vida nueva. En 44:6-8 Dios se identifica como "Yo soy el primero y el último, y fuera de mi no hay Dios". No deben temer porque Dios les afirma "Lo que hago, ¿quién lo deshará?

Jehovah, digno de ser adorado, Isaías 44:9 a 45:25. El profeta se burla de los ídolos. Son trozos de madera, de la misma madera que se emplea para cocinar la comida. Jehovah el redentor es capaz de levantar de nuevo el templo y de reconstruir la ciudad de Jerusalén. Jehovah va a utilizar a quien no le adora, Ciro, emperador de Persia, como instrumento para salvar a su pueblo. El que creó la tierra y los cielos no lo hizo en vano. Extiende una invitación a todas las naciones para ser salvas por su gran amor (45:22, 23). Sólo hay que "mirar" a Dios y recibir la salvación que solamente él puede dar.

───────────── **Estudio del texto básico** ─────────────

1 Amor invencible que redime y protege, Isaías 43:1-3.

V. 1. Con este versículo comienza una serie de promesas de redención. A su pueblo deprimido Dios le habla con un himno de salvación. Pero les habla como a un grupo de esclavos totalmente desorganizados y les anuncia una gran verdad: El ha redimido a ese pueblo. Las expresiones: *Te he redimido... te he llamado... tú eres mío,* forman un trío de grandes afirmaciones de seguridad. Indignos como eran y aunque por su desobediencia ya no eran merecedores de las misericordias de Dios, sin embargo, eran "preciosos ante sus ojos", eran posesión suya: *tú eres mío.*

V. 2. Como hijos adoptivos de Dios, él les va a proteger de todo peligro. Aun en la actualidad *el fuego* y *el agua* representan graves peligros. Simbolizan aquí cualquier peligro o desastre que el pueblo podría enfrentar. Ellos no debían dar por sentado que iban a ser librados de todos los peligros y pruebas. Hay un paralelismo que enfatiza esta enseñanza: Dios no nos va a librar de todos los peligros, pero promete estar con nosotros al pasar por esas pruebas. El énfasis está en su compasión, su presencia con nosotros en el momento de angustia.

V. 3. El verbo "salvar" en hebreo significa: "Colocar en un lugar amplio, espacioso o liberar a uno de una cárcel estrecha y oscura." Con frecuencia el profeta habla de Dios como *Salvador* de su pueblo: Isaías 43:12; 45:15, 21; 46:4; 49:25, 26; 60:16 y 63:1, 8. Dios nos saca de condiciones desesperantes para darnos vida nueva y abundante. La idea detrás de mencionar a *Egipto, Etiopía* y *Seba* es proclamar que Dios es tan poderoso que él puede dar todo Africa como el precio de rescate por su pueblo. La idea aquí no es que las otras naciones no tienen valor ante los ojos de Dios, sino que se enfatiza simbólicamente lo que Dios estaba dispuesto a hacer por ellos. Esta declaración muestra el esfuerzo del profeta por ayudar a Israel a comprender cuánto estaba Dios dispuesto a hacer por ellos.

2 El valor del pueblo ante los ojos del Dios incomparable, Isaías 43:4-7.

V. 4. Este versículo es una continuación del v. 3. Israel es tan valioso para Dios que pagaría cualquier precio para salvarlo. El versículo se debe entender como poesía. Dios no va a sacrificar a *hombres* y *pueblos* por Israel, puesto que toda persona es creada a su imagen y semejanza. La idea es que Dios ha elegido a su pequeño pueblo para cumplir su obra en la tierra, y que como Dios soberano él va a eliminar cualquier obstáculo para que su pueblo cumpla la misión encomendada. ¡Cuán grande es el amor de Dios! *Y yo te amo.*

V. 5. Muchas veces Jesús dijo palabras semejantes a sus discípulos: *No temas, yo estoy contigo,* es la promesa de la permanente presencia de Dios. Debido a la guerra, la opresión y la conquista los judíos habían sido esparcidos en las cuatro direcciones. *Del oriente* volverían desde Babilonia, donde habían pasado setenta años en cautiverio. *Del occidente* podrían ser los muchos israelitas llevados durante la caída de Samaria en el año 722 a. de J.C.

Vv. 6, 7. Una de las consecuencias horribles de la guerra es la separación de la familia y amigos. Dios no va a dejar a sus *hijos* ni sus *hijas* abandonados como extranjeros desterrados por el mundo. Los va a traer a todos de nuevo a la tierra prometida para que puedan comenzar de nuevo su vida nacional todos juntos. Estos versículos afirman que Dios es universal. En aquellos tiempos se creía en los dioses nacionales quienes eran limitados a sus propias fronteras. Pero Dios es quien creó todo el mundo, él es dueño de las naciones, aunque no sea conocido por ellas.

Es importante destacar que los judíos fueron llamados por el nombre de Dios, o sea que no se conocieron tanto por su nacionalidad como los babilonios, sino como el pueblo de Jehovah. Dios dice que los ha creado, los ha formado y los ha hecho, pero no para su orgullo y satisfacción, sino para manifestar la gloria de Dios en el mundo. El judío no debía sentirse orgulloso por ser miembro del "pueblo escogido", pues sabía que Dios le había escogido para manifestar la *gloria* de Dios ante la humanidad. Lo que debía sentir era responsabilidad por la tarea que Dios les encomendó.

3 El pueblo: siervo y testigo del invencible amor de Dios, Isaías 43:8-13.

Vv. 8, 9. Dios lanza un reto a las naciones del mundo y sus dioses. La escena es de un tribunal. Las naciones están citadas ante Dios para presentar evidencias de que sus dioses son en realidad dioses y no solamente ídolos. Es semejante a Isaías 41:1-4 y 41: 21-29.

Un Dios verdadero puede demostrar el significado de sus hechos históricos tanto pasados como futuros. Todo el Oriente Medio sabía de las conquistas relámpago de Ciro de Persia, pero nadie entendía la relación de esas conquistas con el plan de Dios.

V. 10. Ante el silencio de las naciones Dios presenta a su pueblo como testigo de su obra en el mundo. *Vosotros sois mis testigos...* Al estar cautivos en Babilonia el pueblo de Dios pudo ver por todos lados hermosos templos a los dioses de Babilonia. Era muy fácil creer que Jehovah no era capaz de salvar a su pueblo mientras los dioses de Babilonia estaban otorgando muchos éxitos al pueblo pagano. Dios quería que su pueblo, sin lugar a dudas, confiara en que sólo él es Dios y que no hubo dios antes de él ni lo habrá jamás. El nombre que Dios reveló a Moisés significa "el que era, el que es y el que será" Dios eterno (Exo. 3:13-17).

V. 11. Alguien ha dicho que este versículo 11 es "monoteísmo en su punto de mayor intensidad". Israel había sido sacado de la esclavitud sólo por medio del poder y de la suprema autoridad de Dios, por lo tanto él declara: *fuera de mí no hay quien salve.*

V. 12. Este versículo se refiere a la liberación de Egipto. Dios anunció de manera repetida su liberación y la efectuó. Los dioses de los cananeos el becerro de oro, todos eran ídolos. Solamente Jehovah anunció su plan y lo llevó a cabo. Los hebreos, a pesar de su infidelidad y pecado son testigos por los hechos de la historia, de que solamente Jehovah es Dios.

V. 13. *Antes que hubiera día,* se refiere al primer capítulo de Génesis. Dios existía antes de la creación de la luz, y la luz fue la primera cosa creada. Dios dice una verdad sumamente grande a un pueblo pequeño: ni los poderes de los ídolos, ni los poderes militares pueden estorbar la liberación de mi pueblo del cautiverio de Babilonia. En un mundo lleno de dioses, y frente a grandes poderes militares que van en su marcha de conquista mundial, esta afirmación los declara incapaces e insignificantes. *Yo soy* demanda la confianza completa de su pueblo en el obrar divino.

El es el mismo que los formó, que les salvó de Egipto, y que les formó como nación. El les puede librar ahora y llevarles de nuevo a su hogar. *Lo que yo hago, ¿quién lo deshará?*

─────────── **Aplicaciones del estudio** ───────────

1. Dios cuida de los suyos. Hay una relación especial con él porque nos formó y nos conoce por nombre. Somos su posesión, y por eso tiene especial interés en protegernos. Se dice que pertenecemos a Dios por varias razones; por derecho de creación (él nos hizo y no nosotros a nosotros mismos); por derecho de sustentación (él provee para las necesidades de sus hijos, es un Dios providente); por derecho de redención (fuimos comprados por precio). Dio a su Hijo en la cruz para perdonarnos de nuestros pecados.

2. La presencia de Dios es la consolación más grande que tenemos. No importa la prueba o la tribulación, Dios está con nosotros en cada momento. El creyente sabe que la consolación que recibe de Dios le da la posibilidad de encarar cualquier dificultad de manera confiada. Sabe que al final de cuentas su vida ya está en las manos de Dios. Para el creyente aun la pérdida de su vida es ganancia, porque irá con el Señor.

3. Sólo Dios puede salvar; ni el dinero, ni los estudios, ni el prestigio, ni la posición social pueden hacerlo. Todos estos son ídolos. La apariencia de éxito de estos dioses engaña a muchas personas. Solo Dios nos libra de la cárcel del pecado.

4. Ser testigo de Dios nos da la oportunidad de conocerle mejor. Cumplir una misión que Dios nos da, testificando que él es Dios, permite que crezcamos en conocimiento, en fe y en el entendimiento de su plan para nuestra vida. Nuestra fe crece con nuestro servicio, no en huir de la responsabilidad que él nos ha dado.

───────────────── **Ayuda homilética** ─────────────────

La presencia permanente de Dios
Isaías 43:1-3

Introducción: Una dama después de largos años de enfermedad dijo: "No doy más..." Fue entonces cuando su hija le ofreció distintos versículos de la Biblia para consolarla y así fue fortalecida. Mucha gente sabe el límite de sus recursos. No pueden más en un mundo difícil.

I. Lo que Dios ha hecho por nosotros
A. Es nuestro creador.
B. Es nuestro formador.
C. Aun más, nos ha redimido de pecado. No queda una cuenta pendiente contra nosotros.

II. En las circunstancias difíciles
A. Estamos a punto de ahogarnos.
B. Las llamas nos atormentan.
C. Dios está con nosotros.

III. El Salvador
A. Somos presos del pecado
B. Estamos perdidos y sin dirección
C. Jesús es nuestro Salvador.

Conclusión: Dios está con nosotros, dispuesto a responder cuando clamamos a él en busca de ayuda. La tendencia natural del hombre es buscar ayuda en otras fuentes. Al final se da cuenta de que solo hay una fuente inagotable a su disposición. Esa fuente que no se agota es el amor y la misericordia de Dios. No confíe en su inteligencia, ni en sus recursos. Acuda a Cristo, él le salvará y le dará una vida abundante.

Lecturas bíblicas para el siguiente estudio

Lunes: Isaías 46:1-13
Martes: Isaías 47:1-15
Miércoles: Isaías 48:1-22
Jueves: Isaías 49:1-11
Viernes: Isaías 49:12-26
Sábado: Isaías 50:1-11

AGENDA DE CLASE

Antes de la clase
1. Escriba en tiras de papel las palabras: "Yo Jehovah"; en otra: "Dios, el actor primario", y en otra: "El pueblo... siervo y testigo". **2.** En un cartelón o en la pizarra escriba: "Amor es...". **3.** Lea con cuidado el pasaje. Además, lea Oseas 11 para ver otras maneras como Dios expresa su amor para su pueblo. **4.** Prepare para cantar en la clase un himno o canción que hable del amor de Dios.

Comprobación de respuestas
JOVENES: **1.** Es su creador, lo formó, lo redimió, lo llama por su nombre, es suyo. **2. Peligro:** pasar por las aguas, pasar por los ríos, andar por el fuego, la llama. **Protección:** yo estaré contigo, no te inundarán, no te quemarás, ni te abrasará. **3.** No hay que temer. Les va a traer de los confines de la tierra. **4.** Testigos, mi siervo. Para que me conozcáis, Yo Soy? **5.** Vosotros sois mis testigos.
ADULTOS: **1.** Porque Jehovah le ha redimido. **2.** Su cuidado y protección. **3.** De Jehovah. **4.** 8 veces.

Ya en la clase
DESPIERTE EL INTERES
1. Utilizando el cartelón "Amor es..." pregunte: "¿Qué es el amor para usted?" Anime a todos a contribuir con sus ideas. Escriban allí las respuestas. **2.** Hoy estudiaremos más acerca de cómo Dios amó a su pueblo como grupo, y como individuos: Les hablaba con amor en momentos de la más profunda necesidad y así sigue hablando con amor para nosotros hoy. **3.** Pida a tres alumnos que oren brevemente pidiendo a Dios que hoy se pueda sentir más profundamente su amor en la vida de los que forman esta clase.

ESTUDIO PANORAMICO DEL CONTEXTO
Recuerde que los judíos estaban en el exilio donde habían sufrido no solamente el destierro, sino largos años de esclavitud. Los avances de Ciro les causaban pavor, y para consolarles Dios les asegura el amor y cuidado divinos. Una de las formas de darles esperanza fue por medio de los "Poemas del Siervo".
Hay cuatro de estos poemas y se encuentran en Isaías 42:1-9; 49:1-6; 50:4-9; y 52:13—53:12. Jesús afirma este concepto en su ministerio, tomando para sí mismo el papel de siervo, lo cual nos ayuda a comprender mejor el plan de Dios para salvarnos.

ESTUDIO DEL TEXTO BASICO
Completen la sección *Lea(e) (t)su Biblia y Responda(e)*.
1. Amor invencible que redime y protege, Isaías 43:1-3. Aclare con el grupo la importancia del concepto del *"go'el"* para el judío y que al tener a Dios como su *"go'el"*, su redentor, afirma su relación íntima con ellos. Muestre la tira de papel con el escrito: "Yo, Jehovah" y pida que lean los

versículos de esta sección buscando las acciones de Dios en la vida de su pueblo. Comenten sobre las acciones de Dios en estos versículos. Presente la otra tira: "Dios, el actor primario", y comenten sobre el hecho que Dios no solamente ama a su pueblo, sino que constantemente está actuando en su beneficio.

Enfatice el cuidado de Dios en medio de nuestros problemas, simbolizado por "las aguas, los ríos, el fuego y la llama". Dios jamás les dice, ni nos dice, que no vamos a tener problemas, sino que él estará con nosotros en los problemas, y que éstos no pueden acabar con nosotros. (Vea 1 Cor. 10:13 para una explicación de esta idea.)

2. *El valor del pueblo ante los ojos de Dios, Isaías 43:4-7.* Dios continúa afirmando su amor por el pueblo y les va a traer de todas partes para que gocen de la redención. Noten la relación personal: "mis hijos y mis hijas". En tiempos cuando la mujer era considerada de poco valor, Dios afirma que ellas son de igual valor para él. Pregunte sobre el mandato de Dios que se encuentra tanto en el v. 1 como en el v. 5. ¿Cuál es la razón del énfasis de Dios sobre el hecho de no temer? Compare las enseñanzas de estos dos versículos.

3. *El pueblo: siervo y testigo del invencible amor de Dios, Isaías 43:8-13.* Muestre la tira con la inscripción: "El pueblo... siervo y testigo", y diga que la salvación siempre está relacionada con el servicio. Isaías declara que Dios prepara una asamblea de naciones, llamando a los judíos en exilio que no han sido leales a él. Estos tienen oídos y ojos, pero han sido ciegos y sordos a su mensaje. Además, llama a los paganos para que testifiquen de la eficacia de sus dioses. Dios declara quién es y afirma que él sólo es Dios, Creador, Salvador y Redentor. El pueblo es su siervo y el testigo de su propósito para el mundo y de su amor invencible que actúa en sus vidas.

Presentando las tres tiras de papel pregunte: ¿Cuál es la relación entre "Yo, Jehovah", "Dios, el actor primario" y "El pueblo... siervo y testigo"? Enfatice que la acción de Dios siempre está relacionada con la acción que él espera de sus seguidores. Ser salvo por su amor invencible demanda nuestra lealtad constante. Si ha preparado un himno o canción acerca del amor de Dios, se puede cantar ahora.

APLICACIONES DEL ESTUDIO

Lean juntos las aplicaciones y hablen de cómo pueden ser testigos del amor invencible del Señor demostrando ser responsables para cumplir su voluntad y su misión para el mundo.

PRUEBA

Completen una de las interrogantes y compartan sus respuestas, afirmando el amor de Dios en sus vidas. Mencione que en el estudio que viene veremos cómo Dios restaura a su pueblo, y cómo les encarga una misión más amplia: ser luz a las naciones.

Restauración y misión

Contexto: Isaías 46:1 a 50:11
Texto básico: Isaías 49:1-6, 14-23
Versículo clave: Isaías 49:13
Verdad central: El Dios incomparable consoló a su pueblo no sólo restaurándoles su tierra, sino ensanchando su misión, la de ser luz a las naciones.
Metas de enseñanza-aprendizaje: Que el alumno demuestre su: (1) conocimiento de la misión que Dios le asignó a su pueblo restaurado, (2) actitud de aceptar la restauración que Dios ofrece y cumplir la misión que él les asigna a quienes son parte de su nuevo pueblo.

Estudio panorámico del contexto

A. Fondo histórico:

En los capítulos 46 a 50 Dios anuncia que el cautiverio está a punto de terminar y que su pueblo debe prepararse para el viaje a través del desierto hasta su tierra. "¡Salid de Babilonia! ...Anunciad esto con voz de alegría. Decid: 'Jehovah ha redimido a su siervo Jacob'" (Isa. 48:20). Para el que tenga miedo del largo viaje por el desierto, el profeta le recuerda de las provisiones que Dios hizo para sus antepasados en el éxodo. ¿No hará lo mismo para ellos ahora?

El poder de Babilonia no es tan grande como parece y sus dioses no son capaces de defender la nación. Estos capítulos revelan los últimos días del imperio que había reinado en gran parte del Medio Oriente. Babilonia pensaba que su imperio era permanente y no mostraba ninguna misericordia para los pueblos que había tomado cautivos. Dios le acusa: "Dijiste: 'Para siempre seré soberana' " (Isa. 47:7).

Lamentablemente Israel no ha cumplido con Dios. Dios les va a salvar, no por sus méritos, sino a causa del gran amor de Dios por ellos. Aun en su largo exilio Dios no se ha olvidado de su pueblo. Ahora ellos pueden cantar con alegría juntamente con la naturaleza: "Porque Jehovah ha consolado a su pueblo y de sus afligidos tendrá misericordia" (Isa. 49:13b).

B. Enfasis:

Los dioses de Babilonia son totalmente incapaces de salvar a su pueblo, Isaías 46 y 47. Es más, el juicio de Dios descenderá sobre aquella nación tan grande. George Adam Smith resalta una gran verdad del capítulo 46: "Hay una gran diferencia entre el dios que tiene que ser cargado, y el Dios que carga a su pueblo." Nuestra religión puede ser una carga que hace más difícil la vida o puede ser lo que nos saca de las situaciones difíciles ayudándonos a sobrellevarlas.

Bel y Nebo eran dos de los dioses más importantes del pueblo de Babilonia. Se describe cómo para evitar que los persas los tomen, son cargados sobre bestias cansadas para huir de la ciudad. Pero aun esto no los salvará, porque esos dioses y su pueblo serán tomados por las fuerzas de Ciro.

Las consecuencias de desobedecer los mandamientos de Dios, Isaías 48. Este capítulo presenta el mensaje constante de Dios a su pueblo, la obediencia trae perdón y bendición, mientras la desobediencia trae condenación y castigo. El capítulo es dirigido al pueblo de Dios en el exilio, a los que dicen que son suyos, pero "no en verdad ni con justicia" (v. 1c). Dios les invita a reflexionar sobre sus faltas y el capítulo termina con el llamamiento a salir del cautiverio.

La misión del siervo del Señor es presentada en esta sección, con dos de las "Poemas del Siervo", Isaías 49:1-6 y 50: 4-9. Dios le ha preparado para su tarea "desde las entrañas de mi madre". Su misión es ampliada desde traer a su propio pueblo al Señor hasta la de llevar la luz de Dios a las demás naciones. En el segundo poema se habla de su obediencia y de su lealtad y fortaleza frente a los ataques de la gente: "Porque el Señor Jehovah me ayuda, no he sido confundido" (50:7a). A pesar de sus muchos adversarios el siervo del Señor sabe que Dios no le va a abandonar.

Es importante señalar que la referencia al "siervo" debe entenderse en relación con el contexto inmediato en que es mencionado. A veces se refiere a un individuo, puede ser un profeta, un rey como Ciro de Persia, la nación misma como pueblo misionero. Como corolario del llamamiento de Dios a ser siervo, encontramos al Siervo sufriente que es Jesucristo en quien se cumple más ampliamente la misión. El salvará a su pueblo de sus pecados.

———————— Estudio del texto básico ————————

1 Elegido y protegido por Dios, Isaías 49: 1-3.

V. 1. Todo este capítulo es un poema en sí mismo, incluyendo los primeros seis versículos que componen el segundo "Poema del Siervo". Como en otros capítulos de Isaías, las naciones son invitadas a oír el mensaje de Dios, enfatizando la responsabilidad misionera de la nación de Israel. En esta ocasión el siervo anuncia que ha sido llamado a servir al Señor y que su nombre fue mencionado *desde... el vientre* de su *madre*. Es una referencia a un individuo de entre la nación que cumple el papel de siervo. En este caso no es la nación porque es evidente que falló en esta tarea.

V. 2. La herramienta de la obra del siervo es su *boca*. Podemos estar seguros de los buenos resultados de lo que decimos solamente si la lengua es guiada por Dios. La palabra de Dios es como una espada de dos filos y a veces el siervo de Dios es como una *flecha* para declarar la voluntad de Dios por difícil que sea. También Dios guarda a los suyos, no solamente de peligros físicos sino de los que puedan destruir el alma y el espíritu. La Biblia destaca la bendición de estar bajo la protección de Dios (Sal. 17:8; 27:5; 31:20; 64:2; y Jer. 36:26).

V. 3. Dios afirma con toda claridad que Israel es su siervo. Más adelante veremos que es una persona quien personifica la misión de toda la nación. Es más fácil de comprender esta paradoja cuando uno aprecia la identificación casi total del individuo con la comunidad en Israel. Es digno de notar que Dios se glorifica en la obra de sus siervos pero el fracaso de ellos le da pena y tristeza, y aun más, es una mancha sobre la obra de Dios en la tierra.

2 Enviado a ser luz de las naciones, Isaías 49:4-6.

V. 4. Frente a las dificultades que tiene que encarar, el siervo se desanima y proclama que ha trabajado *sin provecho* y ha gastado todas sus energías en la misión que Dios le ha dado. Es muy común decir que hemos trabajado en vano. A veces no vemos ningún resultado aparente de nuestra labor, pero la Biblia nos indica lo que debemos hacer: reconocer que nuestra *causa* está con Dios y que nuestra *recompensa* viene de él y no de los seres humanos.

V. 5. Se usan estos dos nombres para Israel en forma paralela. El siervo sabe que Dios le formó con el propósito de restaurar a *Israel* a su posición de servicio, pero no sabe que Dios tiene planes aun más grandes para él.

V. 6. Este es uno de los textos más importantes del Antiguo Testamento. La misión del siervo del Señor no es solamente *levantar a las tribus de Israel y restaurar a Israel* a su tierra; es mucho más importante. El pueblo de Dios debe ser una *luz para las naciones* o pueblos. Debe ser el instrumento para que la salvación de Dios llegue hasta los lugares más distantes de la tierra. Israel tenía la misión que nosotros como cristianos hemos recibido por herencia. ¡Al siervo desanimado Dios le dio una visión de un mundo enorme que espera y necesita su mensaje! Se siente el comienzo de una transición de menor a mayor. El siervo en esta parte de la historia es llamado a una misión nacional, pero habrá otro Siervo cuya misión será universal. Ese Siervo será el Mesías.

3 Amado y consolado por el Dios incomparable, Isaías 49:14-16.

V. 14. En repetidas ocasiones el profeta acusa a su pueblo de su falta de confianza en Dios. A pesar de las grandes promesas de la salvación que Dios ha hecho y está realizando (vea el v. 13), Israel continúa expresando que ha sido dejado por Dios. Dice constantemente: "Dios se olvidó de nosotros. Nos tiene abandonados; nunca piensa en nosotros."

V. 15. Dios responde por medio del profeta con una ilustración muy gráfica. Es uno de los pasajes más conmovedores que se encuentran en toda la Biblia, pregunta si la *mujer* puede dejar de compadecerse de su propio *hijo*. Asegura que el amor de Dios es aun más grande que el amor humano más fuerte que se puede describir, y que aunque la madre olvide a su niño, él nunca se olvidará de su pueblo Israel.

Este cuadro es muy importante, porque para la mujer hebrea no había nada en la vida tan importante como el hecho de ser madre. Ser estéril era considerado como la maldición más grande que una mujer pudiera experimentar. Tener hijos era considerado como la bendición más alta de Dios. Lamentablemente en la actualidad no existen los lazos familiares tan fuertes como en la época del Antiguo Testamento y el mundo está lleno de niños abandonados.

Pero aun hoy, como en los tiempos del Antiguo Testamento, Dios cumple sus promesas de protección constante, *yo no me olvidaré de ti.* **V. 16.** Una posible traducción para este versículo sería: "Mira, en mis palmas te llevo tatuada, tus muros están siempre ante mí." Probablemente se refiere a la práctica de escribir el nombre de una persona sobre la mano tal como indica Exodo 13: 9. Dios amaba la ciudad de Jerusalén por ser el lugar del santuario y deseaba su paz (vea 2 Sam. 7 y Sal. 122).

4 Restaurado y prosperado, Isaías 49:17-23.

V. 17. En esta porción Dios invita a los judíos a contemplar sus planes para la reconstrucción de Jerusalén. Al mismo tiempo los que van a construir entrarán y los que han destruido la ciudad saldrán. Jerusalén ha pagado el doble por sus pecados; el momento de edificar la ciudad ha llegado.

V. 18. Tal como los hebreos llevaron cosas de Egipto al salir, el profeta piensa que van a tener de las riquezas del mundo para adornarse al volver. La figura de Israel como novia de Dios se halla en Ezequiel, Oseas y otros libros. Isaías es un precursor del concepto de la iglesia como la novia de Cristo.

Vv. 19-21. No es solamente un problema moderno el hecho que los otros habitantes de Palestina son más numerosos que los judíos. Dios les da en este versículo el consuelo de saber que los enemigos se irán lejos y la tierra santa será *estrecha* para albergar a los hebreos que vivirán en ella.

Al volver de muchos lugares distintos del mundo mediterráneo donde fueron esparcidos, no habrá lugar para todos. Pero es tiempo de confiar en que Dios también en esta situación tiene planes perfectos para su pueblo.

La gente que por ser cautiva no tuvo muchos hijos ahora pregunta: *¿De donde han, pues, venido éstos?* Es un grito de gozo.

V. 22. Este versículo es un anticipo de lo que Ciro de Persia hizo. El mandó a los judíos a casa y hasta les ayudó con el viaje y con materiales para reconstruir Jerusalén (Esd. 1). Más tarde Nehemías recibió mucha ayuda de los persas para edificar de nuevo los muros destruidos (Neh. 2).

V. 23. Versículos como este son difíciles de entender y lamentablemente han sido ultilizados para acusar a los judíos de un orgullo sobrenatural. La idea se halla en la última frase del versículo. El milagro del regreso a la tierra será motivo para que los judíos sepan quién es Dios y se den cuenta de su enorme poder y prestigio. La persona que confía en Dios no tendrá que avergonzarse ante la acusación de los incrédulos de que su Dios no puede salvar.

——————————— Aplicaciones del estudio ———————————

1. Dios llama a sus siervos y los equipa para su tarea. Tanto en la experiencia de muchos de los siervos del Señor en la Biblia como en nuestros días, se han quejado de su inhabilidad de cumplir la tarea dada por el Señor. Estas protestas son calmadas por el Señor al darle a cada uno dones para cumplir su misión.

A la vez nuestra "debilidad" llega a ser "fuerza" cuando nos acercamos a él pidiendo su dirección y guía. (Vea 2 Cor. 12:10.)

2. La Palabra de Dios consuela al siervo desanimado diciéndole que Dios sabe lo que hace y le dará la recompensa indicada en el momento indicado. Dios ama a los suyos y los recompensa no según lo que espera el mundo sino como él desea. Una de las recompensas es la de ser "estimado en los ojos de Jehovah" y saber que él es su fortaleza.
3. Nuestra misión no es a nuestra localidad únicamente, es al mundo entero. Ser "luz a las naciones" es el llamamiento de Dios a cada creyente. Cada uno tiene que decidir cómo cumplir mejoresta misión. Jesús nos ha dado una misión a todo el mundo, hay que cumplirla con dedicación.

─────────── **Ayuda homilética** ───────────

Nuestra misión es grande
Isaías 49. 1-6

Introducción: Cuando Martín Lutero estaba muy desanimado su superior le mandó a estudiar teología para que obtuviera su doctorado. Lutero le dijo: "Tanto trabajo me matará." Su superior contestó: "No importa, Dios necesita buenos hombres en el cielo." Como resultado de su estudio Lutero descubrió que somos salvos por la gracia y nuestra fe, y así comenzó la Reforma en Europa. Cuando estamos desanimados a veces Dios nos da aun más trabajo.

  I. El siervo de Dios y su preparación
    A. Sabe que Dios lo tiene destinado a la obra.
    B. Sabe que Dios le ayudará a obtener las herramientas necesarias para el trabajo.
  II. El desaliento es normal
    A. Es fácil pensar que hemos trabajado en vano.
    B. Nuestra causa está en las manos de Dios.
    C. El nos dará la recompensa en el momento indicado.
  III. Dios nos da algo grande para hacer
    A. Un trabajo pequeño no es suficiente. Debemos hacer el máximo, no el mínimo en la obra de Dios.
    B. No debemos olvidar nunca que nuestra responsabilidad no es local ni nacional sino universal y hasta los lugares más difíciles del mundo.

Conclusión: Dios llama a sus siervos a tareas grandes, pero les promete su dirección y guía al cumplirlas. Dios comparte con sus siervos la alegría de ver la misión cumplida.

Lecturas bíblicas para el siguiente estudio

Lunes: Isaías 51:1-6	**Jueves:** Isaías 52:1-11
Martes: Isaías 51:7-16	**Viernes:** Isaías 52:13 a 53:3
Miércoles: Isaías 51:17-23	**Sábado:** Isaías 53:4-12

AGENDA DE CLASE

Antes de la clase

1. Tenga un mapa del mundo, y especialmente de sitios de su país donde su Convención tiene obra misionera. **2.** Escriba en una tira de papel las palabras: "La misión de Dios... mi misión". **3.** Prepare un cartelón o escriba en la pizarra los cuatro subtítulos de las divisiones del texto básico de este estudio, titulándolo EL PUEBLO DE DIOS, RESTAURACION Y MISION. **4.** Busque en el himnario una canción que celebre la consolación y misericordia de Dios en nuestras vidas. (Vea Isaías 49:13.)

Comprobación de respuestas

JOVENES: **1.** Hizo de mi boca una espada puntiaguda; me cubrió con la sombra de su mano; hizo de mí una flecha afilada; me guardó en su aljaba. **2.** Que Jacob (Israel) volviera a Dios, y que se le adhiriera. **3.** Ser luz para las naciones, a fin de que su salvación se extendiera a los extremos de la tierra. **4.** La tiene grabada en las palmas de sus manos; sus murallas están siempre delante de él. **5.** Le traerán a sus hijos y sus hijas.
ADULTOS: **1.** a-V, b-V, c-V, d-V, e-V. **2.** En que Dios le había respondido y ayudado otras veces. **3.** Porque era Dios quien iba a actuar. "Yo" dice el v. 11. **4.** Abandonado, olvidado.

Ya en la clase
DESPIERTE EL INTERES

1. Pida que algunos alumnos cuenten brevemente de "encargos" que tuvieron que cumplir cuando eran niños. ¿Cómo se sintieron cuando los terminaron? Enfatice que sentir la responsabilidad de cumplir un encargo, como parte de una familia o una comunidad, es importante para la persona. **2.** Dios nos ha dado "encargos" también; son parte de su misión para el mundo. Pida que alguien cuente cómo fue llamado a cumplir una misión, y cómo respondió. **3.** Hoy veremos uno de los Poemas del Siervo, y cómo Dios llamó a su pueblo a ser su siervo y a cumplir una misión específica: ser luz a las naciones.

ESTUDIO PANORAMICO DEL CONTEXTO

Este estudio tiene una gran enseñanza: Dios no solamente restaura, también da una misión que cumplir. Hable de la futilidad de los dioses cualesquiera que sean, los de antaño o los de hoy. Dios, al contrario, ha sido y es el Maestro de su pueblo, cite Isaías 48:18a. Su mensaje continúa: bendición para los que le siguen y castigo para los que no le obedecen.

ESTUDIO DEL TEXTO BASICO

Cumplan la sección: *Lea(e) (t)su Biblia y responda(e).*

Llame la atención al cartelón que ha preparado con los subtítulos del texto básico de este estudio. Diga que estas cuatro frases describen cualidades y responsabilidades del pueblo, o del individuo restaurado por Dios. Uselo durante todo el estudio.

1. Elegido y protegido por Dios, Isaías 49:1-3. Los primeros seis versículos de este texto son el segundo Poema del Siervo. El pueblo, como siervo, ha sido llamado a testificar del amor de Dios desde su nacimiento (Gén. 12:1-3). Pregunte por las cualidades especiales y la protección que Dios le ha dado para que pudiera cumplir su misión.

2. Enviado a ser luz de las naciones, Isaías 49:4-6. Localice en el mapa el lugar donde estaba el pueblo de Dios e indique que desde allí habían sido encargados por Dios a ser "luz de las naciones". Guíe a la clase a leer todos juntos los vv. 4-6 y también la *Verdad Central* de este estudio. Que en grupos pequeños, los alumnos relacionen los puntos sobresalientes en ambas lecturas.

3. Amado y consolado por el Dios incomparable, Isaías 49:14-16. El pueblo estaba deprimido porque Dios les había abandonado, pero Dios responde con una de las más sentidas expresiones de amor que se encuentran en la Biblia. Lean juntos los vv. 15 y 16. Hablen de cómo Dios nos ama, y quiere que tengamos la seguridad de su amor y consolación. Dé gracias por este amor tan tierno.

4. Restaurado y prosperado, Isaías 49:17-23. El plan de Dios es para bendecir a su pueblo: los desoladores "se irán", llegará mucha gente a la ciudad, tendrán muchos hijos, tantos que el lugar quedará estrecho, sus enemigos serán sus siervos y les harán venia. Afirmarán que su Dios es poderoso y que "los que esperan en él" no serán avergonzados.

El versículo clave (13) invita a cantar con júbilo por la manera en que Dios ha consolado al pueblo y les ha tenido misericordia. Lean juntos este versículo y entonen una canción que exprese esta verdad. Muestre la tira de papel con la inscripción: "La Misión de Dios... mi misión". Pregunte: "¿Cuál es la misión de Dios para el mundo?" "¿Cuál es la misión que él tiene para usted?" Pida que varias personas den sus respuestas. Oren dedicándose a la misión que Dios tiene para cada uno. Oren por los misioneros de su convención y, si es posible, señale en un mapa el lugar donde están.

APLICACIONES DEL ESTUDIO
Lean juntos las *Aplicaciones* en el libro del alumno, y agregue aquellas del libro del Maestro que sean pertinentes. Hablen acerca de cómo se pueden aplicar estas enseñanzas en la vida diaria.

PRUEBA
Pida a sus alumnos que respondan en parejas a uno de los ejercicios y compartan sus respuestas. El segundo ejercicio (indicador) de la prueba lo pueden responder de manera individual. El próximo estudio es uno de los más amados en Isaías: el del Siervo Sufriente (52:13 a 53:12). Pida que lean el pasaje bíblico y el comentario en sus libros varias veces y que cumplan el plan de lecturas bíblicas diarias. Puede decirles que de manera espontánea pedirá a algunos de los alumnos que compartan con los demás algo de lo que aprendieron en sus lecturas bíblicas. Tome muy en cuenta esta declaración, y el próximo estudio no olvide llevar a cabo lo que dijo.

Buenas nuevas de perdón

Contexto: Isaías 51:1 a 53:12
Texto básico: Isaías 52:13 a 53:12
Versículo clave: Isaías 53:5
Verdad central: El Dios incomparable busca restaurar y mantener la relación del pacto con su pueblo por medio del sufrimiento vicario de su Siervo. El Siervo será exaltado por su fidelidad al llamado de Dios.
Metas de enseñanza-aprendizaje: Que el alumno demuestre su: (1) conocimiento del sufrimiento experimentado por el Siervo del Señor para dar salvación, (2) actitud de gratitud por lo que él hizo y su compromiso de demostrarlo sirviéndole.

—————— Estudio panorámico del contexto ——————

A. Fondo histórico:

Estos capítulos describen la situación de los isrealitas en la víspera de la salida de Babilonia para regresar a su tierra. Ciro el Grande, Emperador de Persia, está a punto de conquistar a Babilonia. Esta conquista está en los planes de Dios, ya que por ese medio su pueblo alcanzará la liberación. Por lo tanto los capítulos 51 al 53 se escribieron para animar a los hebreos en esta hora crítica de su historia.

Son capítulos de consolación. El tiempo de la ira de Dios ha pasado. Una misión nueva se les ha dado: ¡la de anunciar al mundo entero que Dios reina! Por eso Dios les va a librar de ese cautiverio de 70 años. Sin embargo, antes de hacerlo, su propio pecado tiene que ser quitado. Dios anuncia su propósito de hacerlo por medio de su Siervo, refiriéndose al Mesías.

B. Enfasis:

Animo para los desanimados, Isaías 51. El profeta asegura a los hebreos que pronto vendrá su liberación. Les anima a reconocer que tal como Dios libró a sus antepasados de la esclavitud en Egipto, a ellos les va a sacar de Babilonia. La copa de la ira de Dios que han tomado durante 70 años ahora pasará a sus enemigos.

Los israelitas van a ser redimidos sin dinero para que el mundo vea el poder y la soberanía de Dios, Isaías 52:1-11. Todos los confines de la tierra verán la obra de salvación que Dios va a hacer por su pueblo. El Siervo Sufriente, Isaías 52:13 a 53:12. Este grandioso pasaje de Isaías describe cómo el Siervo del Señor va a morir por muchos y por su muerte llevará sus pecados y obrará perdón para ellos. Aquí ya entramos de lleno a identificar al

Siervo como Jesucristo. Es una profecía enorme que se cumplió en el juicio, la muerte y la resurrección de Cristo.

Estudio del texto básico

Se ha dicho que la porción de la Biblia que constituye el texto básico de esta lección es el "corazón de la Biblia" o "la joya más valiosa de la Biblia". Los versículos que vamos a estudiar se podrían titular: "El Sufrimiento y el Triunfo del Siervo del Señor", porque describen las experiencias del Siervo durante un sufrimiento agudo que se transforma en victoria absoluta. Citas de estos dos capítulos se hallan en los cuatro Evangelios, Hechos, Romanos, Filipenses, Hebreos y 1 Pedro. No cabe duda que los primeros cristianos vieron el cumplimiento de este mensaje en la persona y obra de Cristo.

1 El Siervo Sufriente: exaltado por Dios, Isaías 52:13-15.

V. 13. Estas expresiones son de triunfo. Es importante observar que antes de hablar del sufrimiento tan horrible del Siervo Dios afirma que al final será victorioso. Dice: *Mi siervo triunfará... y será muy enaltecido.* El mundo no le apreciará ni le comprenderá pero Dios le exaltará como Rey de reyes y Señor de señores.

V. 14. Pasando de la victoria y la exaltación se describen los sufrimientos que el Siervo debe soportar antes de ser enaltecido. Las aflicciones llegarán a tal grado e intensidad que serán más que las de cualquier hombre. La gente quedará espantada y horrorizada por el desfigurado aspecto del Siervo y al comprobar tanta agonía amontonada sobre él.

V. 15. La maravilla de la obra de redención que realizará el Siervo Sufriente causará asombro no sólo a mucha gente sino a muchas naciones. Su sifrimiento y su victoria serán hechos tan incomprensibles a los hombres que ellos verán así *lo que nunca les había sido contado, y comprenderán lo que nunca habían oído.*

2 El Siervo Sufriente: despreciado y desechado, Isaías 53:1-3.

V. 1. ¿Quién podría ver a Dios obrando a través de ese Siervo? *¿Quién ha creído...?* La respuesta esperada es "nadie". Lo proclamado en Isaías 52:13-15 parecía tan increíble que lo más probable sería que nadie llegase a aceptarlo. *¿Sobre quién se ha manifestado el brazo de Jehovah?* Se refiere a la esfera del alcance divino: su brazo se extiende hasta los lugares más remotos.

V. 2. Muchas veces los profetas usaron la expresión *retoño* con una aplicación mesiánica (Isa. 11:1; Jer. 23:5; Zac. 3:8). Una *raíz de tierra seca* está anunciando todo lo milagroso que sería tanto la vida como la muerte de Cristo. El Siervo no tendrá buen parecer, ni hermosura, como tampoco será *atractivo*. La gente no será atraída a él por su apariencia física o estética porque: "¡Miráis las cosas según las apariencias!" (2 Cor. 10:7). Sin embargo, sería el Siervo de Jehovah y el redentor de la humanidad.

V. 3. El Siervo conoció la amargura, la soledad y el repudio de sus compatriotas. *Despreciado y deshechado* son los términos más descriptivos que se hayan podido usar para expresar el rechazo que los hombres hicieron de Jesús. Y *no lo estimamos*, el significado de esta frase es, como sugiere Lutero: "Nosotros lo estimamos como si no valiera nada."

3 El Siervo Sufriente: da su vida por los demás, Isaías 53:4-9.

V. 4. Con este versículo llegamos a lo más profundo del mensaje del profeta. Tenemos que reconocer que este Siervo que sufrió tanto no sufrió debido a su propio pecado sino que sufrió por los pecados de otros. Se han reconocido tres causas o motivos del sufrimiento de unos por otros. (1) Los débiles sufren por los fuertes (la ley de la selva), la liebre sufre por el lobo. (2) Los fuertes sufren por los débiles. Se ve cuando la madre sacrifica su vida para salvar a su hijo. (3) Los inocentes sufren por los culpables. En el mundo lo vemos en el sufrimiento de las víctimas de la guerra. Pero el ejemplo sin par es el sufrimiento de Cristo. Sin estos versículos de Isaías sería mucho más difícil entender la muerte inmerecida de Jesús.

V. 5. Los que creían que todo sufrimiento era el resultado directo del pecado se asombraron. Por medio de lo declarado en este versículo comprendieron que el sufrimiento del Siervo no era como consecuencia de sus pecados sino por los de ellos. Como seres pecadores, antes de experimentar paz, tendríamos que sufrir el castigo justo de nuestros pecados. La RVA traduce mejor la última parte del versículo. *El castigo que nos trajo paz fue sobre él, y por sus heridas fuimos nosotros sanados.* Lo que le ocurrió debiera habernos ocurrido a nosotros, no al Siervo que fue totalmente inocente.

V. 6. Este versículo que es el Juan 3:16 del Antiguo Testamento enseña que el pecado es universal. El versículo comienza con *todos nosotros* y termina con *todos nosotros*. Todos somos pecadores pero también el perdón es para *todos nosotros* si queremos recibirlo. La oveja es un animal sencillo que fácilmente se extravía. Es egoísta, quiere ir por su propio camino no por el camino del buen pastor, sin embargo, el amor de Dios es grande. Dios *cargó*, es decir, dejó caer sobre su Hijo todo el peso de nuestro pecado.

V. 7. Al padecer sufrimientos horribles el Siervo no abrió su boca para quejarse o preguntar: "¿Por qué?" Era totalmente inocente; recibió un trato totalmente injusto, sin embargo, nunca se quejó de su suerte porque entendió y aceptó voluntariamente la razón de su sufrimiento.

V. 8. *Por medio de la opresión y del juicio fue quitado.* Para describir mejor lo que la pasó a Jesús se podría expresar así: "con opresión y sin justicia fue llevado". En relación con el Siervo, los contemporáneos de Isaías no podían comprender por qué iba a sufrir siendo inocente. El profeta al fin lo comprendió cuando dijo *...por la transgresión de mi pueblo fue herido.* Los discípulos no entendieron el significado de la muerte de Cristo hasta que después de su resurrección él citó la profecía del Antiguo Testamento y les explicó el motivo de su sacrificio (Luc. 24:44-48).

V. 9. Existen dos posibles interpretaciones sobre la sepultura del Siervo. (1) Posiblemente es una expresión irónica del profeta: los que le condenaban disponían que su sepultura fuera con los impíos porque lo habían destinado para la infamia; no obstante no fue así; al contrario, en su muerte fue enterrado con los ricos, es decir, con los renombrados. Dios no permitió tal infamia

porque *nunca hizo violencia, ni hubo engaño en su boca.*
(2) Otros consideran que, aunque era inocente, murió la muerte de un pecador y fue enterrado con los malvados (los ricos). En esta interpretación se igualan los ricos con los malos (Prov. 28:6, 11; Jer. 9:23; 17:11; Miq. 6:12). Es posible dar esta interpretación. Cabe aclarar que la Biblia no enseña que los ricos son necesariamente malos, aunque siempre advierte el peligro de las riquezas.

4 El Siervo Sufriente: mensaje de juicio y perdón, Isaías 53:10-12.

V. 10. Jehovah quiso mostrar que los propósitos de Dios a favor del hombre se iban a cumplir según él lo había determinado. Cuando quebrantado y herido haya puesto su vida, verá resultados: su descendencia *vivirá por días sin fin:* resucitará. Su posteridad espiritual será numerosa y el resucitado estará con ellos "hasta el fin del mundo".

V. 11. Debido al descubrimiento de los manuscritos más antiguos del mar Muerto muchos eruditos traducen este verículo: "Después del sufrimiento de su alma verá luz y estará completamente satisfecho por su conocimiento." Por medio de la experiencia horrible de la muerte en la cruz y la experiencia gloriosa de la resurrección el Siervo proclamará, sin lugar a dudas, que tiene el poder de redimir y transformar la vida de los que confían en él.

V. 12. Aquí se describen los resultados de la victoria del Siervo. Será enumerado *con los grandes* del mundo porque antes fue enumerado con los transgresores y fue el único en obtener victoria sobre el pecado y la muerte. Si hay alguno que merece el título "grande" o "fuerte" es Cristo. Como dice Juan en Apocalipsis 11:15: "El reino del mundo ha venido a ser de nuestro Señor y de su Cristo. El reinará por los siglos de los siglos."

El versículo termina con una expresión que es difícil de traducir. Es mejor decir: "... habiendo llevado el pecado de muchos él intercede continuamente por los transgresores." El es el intercesor entre Dios y el ser humano. (Véase Heb. 7:25.) Es más, como algunos eruditos señalan, interceder no significa orar por los transgresores, sino ponerse en su lugar y recibir todo el impacto por el castigo que ellos merecían. Es una intercesión activa, no pasiva. Es interponerse entre el hombre y las consecuencias de su pecado.

No hay nada tan maravilloso en todo el Antiguo Testamento que el texto básico de este estudio. ¡Hoy hemos puesto nuestros pies sobre tierra santa!

————————— **Aplicaciones del estudio** —————————

1. No debemos menospreciar la posición de Siervo. Es fácil aun hoy día menospreciar al siervo por su origen tan humilde y su sufrimiento tan horrible. Muchos le ven como "el Mártir del Calvario" y nada más. (Isa. 53:1-3).

2. El alcance del sufrimiento de Cristo. La verdad más grande de la Biblia es que Cristo sufrió por nuestros pecados; fue herido por nuestros pecados; fue herido por nuestras rebeliones. Por su sufrimiento hay perdón y alivio para nosotros. Dios cargó en él nuestro pecado. La condición esencial para recibir el beneficio de su muerte es que le recibamos como Salvador.

3. La victoria del Siervo es completa y eterna. *Triunfó sobre el pecado y la muerte.* Verá el fruto de su sufrimiento y quedará satisfecho por su obra. Y nosotros, tenemos uno que vive siempre para interceder por nosotros. **4. Es necesario entender la misión del Siervo para apreciar el plan de Dios.** Si el problema del pecado es de carácter universal, se necesita también una solución universal. Así como no se puede tratar de solucionar un cáncer con una aspirina, se necesita algo poderoso como lo es el sacrificio en la cruz del Calvario para curar el pecado.

Ayuda homilética

El pecado y su solución
Isaías 53:6

Introducción: En la actualidad no es bien visto hablar mucho del pecado. Al aumentar la violencia y los crímenes atroces en el mundo la gente prefiere hablar de "errores, equivocaciones, tendencias, fobias, influencias del ambiente o de nuestra herencia biológica". La lista podría ser mucho más larga. Hay un solo versículo y éste nos ofrece mucho para pensar: Isaías 53:6.

I. La naturaleza del pecado
   A. Es universal: "Todos nosotros" somos pecadores.
   B. Es un desvío de la vida sana: "Nos descarriamos".
   C. Es insensato: Las ovejas son animales que fácilmente se pierden
   D. Es egoísta: Cada uno se aparta por su propio camino.

II. La naturaleza del perdón
   A. Dios toma la iniciativa: El nos busca aun cuando no pensamos en él.
   B. Es activo: Dios permitió que nuestro pecado cayera sobre Cristo..
   C. El perdón no es fácil: Cristo tuvo que recibir el impacto de todo el peso de nuestro pecado.
   D. Es eficaz: Una vez perdonados tenemos una vida nueva como resultado de un nuevo nacimiento.
   E. Es accesible a todos: El versículo comienza con "todos nosotros" y termina con "todos nosotros". Los que desean tener el perdón de Dios pueden tenerlo hoy.

Conclusión: Usted está incluido en la expresión "todos nosotros". Venga a Cristo quien le ama, quien desea perdonarle y quien vive para siempre e intercede por usted.

Lecturas bíblicas para el siguiente estudio

Lunes: Isaías 54:1-4
Martes: Isaías 54:5-8
Miércoles: Isaías 54:9-17

Jueves: Isaías 55:1-5
Viernes: Isaías 55:6-9
Sábado: Isaías 55:10-13

AGENDA DE CLASE

Antes de la clase
1. Este estudio le da la oportunidad de compartir el evangelio con aquellas personas que no han aceptado a Cristo como su Salvador. Ore a favor de los alumnos que están en su grupo, o por sus familiares que no han tomado esta decisión. **2.** Traiga unos tratados evangelísticos que pueda dar a los alumnos para que compartan con otros. **3.** Consiga un cuadro de la crucifixión de Cristo y escriba las palabras: "El Siervo Sufriente, el Salvador". **4.** Escriba en una tira de papel el título: "El Dolor y el Triunfo del Siervo". **5.** Busque en el diccionario la palabra "vicario" para explicar el sacrificio del Siervo Sufriente.

Comprobación de respuestas
JOVENES: **1.** Será engrandecido, exaltado y muy enaltecido. **2.** Fue despreciado y desechado; escondieron su rostro de él, lo menospreciaron y no le estimaron. **3.** Fue cortado de la tierra de los vivientes, herido por la transgresión del pueblo, se dispuso con los impíos su sepultura, pero fue sepultado con los ricos. Aunque nunca hizo violencia, no hubo engaño en su boca. **4.** Derramó su vida hasta la muerte, fue contado entre los transgresores, llevó el pecado de muchos, intercedió por los transgresores. **5.** Le dará parte con los grandes; premiarle.
ADULTOS: **1.** a. Triunfará, b. Será engrandecido, c. Será exaltado, d. Será muy enaltecido. **2.** Más que cualquier hombre. **3.** a. No hay parecer en él, b. Ni hermosura, c. No tenía atractivo. **4.** Jesús, su pasión y muerte. **5.** Tomó nuestro lugar y nos dio salvación. **6.** Vivirá por días sin fin, la voluntad de Jehovah será en su mano prosperada, verá la luz.

Ya en la clase
DESPIERTE EL INTERES
1. Que el grupo comente situaciones en las que han visto a un inocente sufrir a favor de otros. **2.** Después de escuchar las respuestas, muestre el cuadro de la crucifixión de Jesús y diga que aquí está el ejemplo más grande de toda la historia de alguien que sufrió y dio su vida por lo demás. Llame la atención a las palabras que ha escrito: "El Siervo Sufriente... el Redentor". Colóquelo en la pared. **3.** Explique el significado de la palabra "vicario" y cómo el Siervo ha sufrido en forma vicaria, no por sus propios pecados, sino por los nuestros. **4.** Tengan un período de oraciones voluntarias dando gracias al Señor por su sacrificio para darnos la salvación.

ESTUDIO PANORAMICO DEL CONTEXTO
Los capítulos 51 al 53 contienen lo que se ha llamado "el poema más influyente en cualquier literatura". Dios quiere relacionarse con las personas y sigue buscándolas, con palabras como "oídme", "estad atentos" porque "la salvación ya se ha iniciado". Además, él promete que "Los rescatados de Jehovah volverán y entrarán en Sion con cánticos" (51:11). "¿Cómo será posible?" "¿Dónde está el camino de la salvación?" Que un alumno lea de su libro y para todo el grupo la sección: *Estudio panorámico del contexto.*

ESTUDIO DEL TEXTO BASICO

Que completen los ejercicios de la sección: *"Lea(e) (t)su Biblia y Responda(e)"*.

1. El Siervo Sufriente: exaltado por Dios, Isaías 52:13-15.

Guíe a los alumnos a leer juntos este pasaje donde Dios anuncia, desde el principio de este precioso poema, que su Siervo triunfará y será muy enaltecido. Parece imposible porque físicamente no da ninguna razón para pensar que podría llegar a cumplir tan alta misión, y ser exaltado por Dios. Debemos recordar que las apariencias no nos indican la verdad siempre. El plan de Dios fue traer victoria y triunfo a través del sufrimiento vicario.

2. El Siervo Sufriente: despreciado y desechado, Isaías 53: 1-3. Hablen del asombro que se expresa en las preguntas retóricas del v. 1. Hablen del rechazo del Siervo, y cómo nosotros también tendemos a rechazar a las personas por sus apariencias.

3. El Siervo Sufriente: da su vida por lo demás, Isaías 53: 4-9. Estos versículos son el corazón del estudio. Dé tiempo para hablar de este concepto de Dios, del sacrificio vicario de su siervo a favor de los demás, y de la descripción dada en estos versículos. Resalten la idea de que el Siervo es inocente, pero no "abrió su boca" contra los que le sacrificaban. Aceptaba que era el plan de Dios para redimirnos a "todos nosotros". Noten que el v. 6 empieza y termina con "todos nosotros". Aquí puede compartir "las buenas nuevas de salvación" y dar oportunidad de aceptarlas.

4. El Siervo Sufriente: mensaje de juicio y perdón, Isaías 53:10-12. El sacrificio no fue el final de la misión del Siervo Sufriente. Hablen de cómo Dios le premia por lo que ha hecho a favor de "todos nosotros". Lo maravilloso es que él fue contado con los transgresores, llevando sus pecados, intercediendo por ellos. La victoria es de Dios, ¡y de todos nosotros! Muestre la tira de papel con la inscripción: "El Dolor y el Triunfo del Siervo" y hablen de lo que significa para cada uno.

APLICACIONES DEL ESTUDIO

Lean juntos las Aplicaciones del estudio y dé gracias a Dios por el sacrificio del Señor. Considere también las que están en el libro del Maestro, de modo que enriquezca este aspecto tan importante del estudio. Hablen de cómo pueden compartir estas Buenas Nuevas. Ofrezca los tratados a los que quieren usarlos para compartir las buenas nuevas de salvación.

PRUEBA

Dirija a la clase a completar las actividades correspondientes a esta sección. Anuncie que el próximo estudio tratará de la "La Incomparable Invitación", y anime a sus alumnos a que lean las lecturas bíblicas diarias que forman el contexto del siguiente estudio.

Unidad 12

La incomparable invitación

Contexto: Isaías 54 a 55
Texto básico: Isaías 55:1-13
Versículos clave: Isaías 55:6, 7
Verdad central: La invitación de Dios es para todos los que, reconociendo sus necesidades espirituales, se vuelven a él y aceptan voluntariamente el don que él les ofrece: eterna salvación a través de su Siervo Sufriente y entrada a su pacto eterno.
Metas de enseñanza-aprendizaje: Que el alumno demuestre su: (1) conocimiento de la invitación de Dios y los beneficios de aceptarla, (2) actitud de decisión de aceptar la invitación de Dios para vivir en una nueva relación con él.

─────── **Estudio panorámico del contexto** ───────

A. Fondo histórico:
Los capítulos 54 y 55, forman la conclusión de la segunda parte del libro de Isaías. Ciro, Emperador de Persia había conquistado a Babilonia o estaba a punto de hacerlo. Por lo tanto la fecha de estos capítulos es cerca de 540 a. de J.C.
El cautiverio en Babilonia no era del todo duro para los judíos. Vivían en colonias, algunos compraron propiedades, abrieron negocios y hasta tuvieron cuentas bancarias según la evidencia arqueológica. Por eso como dice Josefo, un autor de la antigüedad, muchos "no estaban dispuestos a dejar sus posesiones". Para contrarrestar esa tendencia el profeta les habla de la protección de Dios en el viaje y les hace una invitación muy especial a seguir al Señor.

B. Enfasis:
Los redimidos tendrán la protección y bendición de Dios, Isaías 54. Vemos en este capítulo un cambio abrupto del poema del Siervo Sufriente donde se había llegado a un gran clímax. Es como una recapitulación de los temas que se habían presentado antes, y en anticipación al próximo clímax en el capítulo 55 con la gran invitación de Dios.
Una invitación importante, 54:1-3. Una invitación a la nación hebrea estéril y cautiva a comenzar a cantar por el momento de una expansión espiritual y física que ha llegado.
Una hermosa promesa a este pueblo desanimado, 54:4-8. El tiempo de la ira de Dios ha pasado y a partir de este momento Dios va a tener compasión de ellos con misericordia eterna.

Un nuevo pacto, 54:9, 10. El pacto de paz que Dios les va a dar durará para siempre.

Una gran promesa, 54:11-17. El capítulo concluye con la promesa que Israel va a tener una herencia de paz y prosperidad para siempre. Es una conclusión de triunfo que anuncia la paz y la bendición que el pueblo de Dios tendrá una vez que sean residentes en su tierra.

La gran invitación de Dios, 55:1-13. Es uno de los grandes capítulos de la Biblia. Invita a todos a dejar el materialismo y seguir a Dios toda la vida. La palabra de Dios siempre hará lo que Dios desea (vv. 10, 11).

────────── **Estudio del texto básico** ──────────

1 La generosidad de Dios, Isaías 55:1-5.

V. 1. Muchas veces en la Biblia se ilustran con términos físicos verdades espirituales (Deut. 8:3; Sal. 42:2; Luc. 22:30, etc.). *El agua* se menciona como símbolo de vida (Juan 4:14). El *vino* para el gozo (Prov. 31:6; Sal. 104:15). La *leche* para paz y prosperidad (Exo. 3:8; Joel 3:18). Evidentemente estos tres vocablos son metáforas para designar las bendiciones espirituales que fortalecerían, alegrarían y alimentarían a los que voluntariamente aceptaran la invitación: *Oh todos ...venid* ¡venid! Dios es el que toma la iniciativa en invitar a *todos* y provee las bendiciones *sin precio.*

V.2. Aquí se reconoce que hay necesidades profundas del espíritu que las cosas materiales no pueden satisfacer. La gente que no busca a Dios gasta sus bienes y emplea sus energías buscando lo que no satisface. *¿Por qué...?,* es el inicio de una pregunta que demanda una respuesta reflexiva. El pueblo debía pensar seriamente en lo que estaban haciendo.

Al no tener patria, el pueblo de Dios en Babilonia se había dedicado de forma frenética a conseguir riquezas. El profeta les advierte con solemnidad: "¿Esto realmente les satisface? ¿Es esto lo único que buscáis?" En su afán de conseguir riquezas materiales habían hecho caso omiso de las verdaderas riquezas espirituales que Dios les ofrecía.

V. 3. La gran invitación de Dios es: ¡*Venid a mí!* Es una invitación no a una religión, a un templo, a una ceremonia sino directamente a Dios. Esta invitación incluye tres imperativos: *Inclinad vuestros oídos... venid a mí... escuchad,* para luego expresar el propósito central de la invitación: *vivirá vuestra alma. Yo haré con vosotros un pacto eterno.* Distinto al pacto en el Sinaí (Exo. 19:1-8), ahora Dios promete *un pacto eterno* a su pueblo. Ellos por su desobediencia habían invalidado el pacto del Sinaí. Siguiendo la palabra de Jeremías 31:27-37, Dios promete un pacto eterno que solamente llegó en Jesús (Luc. 22:15-20). En 2 Samuel 7 Dios prometió a David que nunca faltaría un hijo de su familia sobre el trono de Jerusalén. Isaías declara que Dios cumplirá *las fieles misericordias demostradas a David.* Lo que era imposible saber fue que uno más grande que David iba a cumplirla con su muerte y resurrección en Jerusalén.

V. 4. Con la visión que solamente Dios puede dar, el profeta anuncia que el Mesías va a ser un líder de la humanidad, *un testigo a su pueblo.* Como resultado de su obra mucha gente vendrá a Israel buscando a su Dios. Tal como más tarde se proclamó que la salvación de la humanidad dependía de una nal relación con Jesús como Señor y Salvador, en esta profecía, siglos antes de Cristo, el Mesías de la línea de David va a ser un "testigo" a las naciones. No por medio de la espada va a dominar al mundo sino por la Palabra de su testimonio.

V. 5. Un testimonio de la maravilla del evangelio. No va a ser la gente que sabe de la religión de Israel quienes correrán a su Dios, sino los que Dios ha motivado por su gran amor. Una vez más Dios avisa a Israel que le ha elegido para ser su instrumento de salvación para muchos pueblos, a la vez que les va revelando quiénes serán los redimidos, el nuevo Israel, y al inclinarse ellos obedientemente ante Jehovah, *el Santo de Israel* honrará a los suyos.

2 Invitación al arrepentimiento, Isaías 55:6-9.

V. 6. En este versículo y en el próximo el profeta toca la nota de urgencia en su mensaje. Israel ya ha vivido setenta años en el cautiverio, ahora Dios se ha acordado de ellos y deben aprovechar el momento. La fuerza de esta invitación está en los imperativos *¡Buscad... Llamadle...!* que demandan acción urgente de parte del hombre. Pero aquí se añade un nuevo elemento a la invitación de los versículos anteriores: se presenta la realidad de que el día de la oportunidad para el perdón puede pasar y luego será demasiado tarde para buscar a Dios, *mientras puede ser hallado.*

V. 7. El verdadero arrepentimiento consiste en dos cosas importantes: (1) Hay que dejar la maldad, (2) volverse a Dios de todo corazón. El texto nos enseña que el pecado no consiste solamente de hechos malos sino también de pensamientos malos.

No es solamente hacer lo malo; es planear y meditar sobre cosas indignas. *Misericordia* en este caso es "tener compasión" y debido a esta compasión tierna del corazón de Dios su perdón es amplio para los que se acercan a él en fe y arrepentimiento. Dios es amor y es amplio en su actuación para perdonar a los que responden afirmativamente a su invitación.

Vv. 8, 9. Hay que reconocer que existe mucha diferencia entre los pensamientos y los hechos del ser humano y los de Dios. Quizás, la traducción "planes" en vez de *pensamientos* mostraría más claramente el significado de este versículo. Dios había revelado su plan a su pueblo. ¿Pondrían ellos sus planes por encima de la redención de Dios? Desde el Edén *el camino* del hombre se inclina al mal, en su propia ignorancia actúa equivocadamente: "Hay camino que al hombre le parece derecho, pero que al final es camino de muerte" (Prov. 14:12).

3 La palabra eficaz, Isaías 55:10, 11.

Vv. 10, 11. Tal como las estaciones del año vuelven con regularidad el profeta anuncia de parte de Dios que, en su tiempo, su Palabra va a cumplir su misión en la tierra.

Así como la lluvia cae y ablanda la tierra, hace que la semilla germine, y da vida a la planta para que dé su fruto (v. 10), así será la Palabra de Dios, penetra (Heb. 4:12) y ablanda el corazón endurecido del hombre para que se vuelva a Dios, da vida al que está muerto en sus pecados y sostiene hasta la eternidad la vida engendrada por la fe.

Recuerde que la Palabra de Dios no se refiere únicamente a la Palabra escrita. Mucho antes Moisés dio los diez mandamientos y muchas otras palabras de Dios al pueblo. Los profetas solían comenzar sus mensajes diciendo: "Así ha dicho Jehovah" ó "La palabra de Dios que vino a Isaías". La palabra de Dios es viva, y *no volverá* a Dios *vacía*.

4 Un regreso gozoso, Isaías 55:12, 13.

Vv. 12, 13. Un viaje por el desierto es siempre desagradable. El profeta anuncia una transformación de la naturaleza para hacer más fácil el viaje de regreso de Babilonia a la Tierra Santa. Es nada menos que un nuevo éxodo y toda la creación se goza en un acontecimiento tan importante.

La misma naturaleza será transformada y esa transformación será una *señal eterna que nunca será borrada*. Es la escena del pueblo saliendo de Babilonia rumbo a la tierra que Dios les ha dado. No será un viaje lleno de peligros como el primer éxodo; saldrán en paz bajo la protección de Dios. Los mismos árboles darán palmadas de gozo. Los árboles inútiles que sirven de estorbo serán cambiados por los que dan sombra abundante y buena leña para preparar la comida. Como memorial de su liberación el desierto quedará transformado para siempre.

La fe del Antiguo Testamento es la fe del camino. Dios siempre lleva a su pueblo a nuevos triunfos y a nuevos destinos. Lo importante es no desviarse sino seguir a Dios siempre.

———————— Aplicaciones del estudio ————————

1. Sólo Dios puede satisfacer las necesidades más profundas del ser humano. Su invitación es a la salvación y a una vida de obediencia a él. Esta relación con el Señor dará paz y descanso al creyente fiel, y encontrará así la vida abundante y de verdadero significado.

2. El día de la salvación y redención se ha acercado y el momento de obedecer y seguir a Dios ha llegado. Hay urgencia en la invitación. Debemos compartirla con las personas que todavía no la hayan aceptado. Para los que han dejado de obedecer y seguir al Señor, hay que pedirles que vuelvan al Señor, él tendrá misericordia de ellos porque es amplio en perdonar.

3. Dios entra en pacto con nosotros al recibir su invitación y dejar nuestro pecado. El cumple el pacto por medio de su misericordia en nuestras vidas. Lo que se espera de nosotros es nuestra lealtad incondicional, siendo un testimonio a todos los que nos rodean por medio de nuestras acciones y nuestras palabras.

4. Dios es siempre fiel a sus promesas y su Palabra siempre se cumple. Nuestro Dios hace promesas y las cumple. Su obrar en nuestra vida hará que se cumpla el propósito por el cual nos creó. Hay que buscarle, escucharle y seguirle con fidelidad.

El obsequio más valioso del mundo
Isaías 55:1-9

Introducción: Observe las caras y las actitudes de las personas en una ciudad grande o un pequeño pueblo. La gran mayoría busca con afán una vida mejor. Quieren obtener más posesiones, mejores casas, mejores colegios para sus hijos, más tiempo de vacaciones y muchas otras cosas. ¿En qué consiste la vida que vale la pena vivir según los rostros de la gente?

I. El problema.
   Gastamos nuestro dinero y energía para lo que a largo plazo no nos satisface.

II. La invitación generosa.
   A. Dios nos invita al agua que puede calmar la sed del alma, Salmo 42:2.
   B. No es gratuito porque Dios mismo ha pagado el precio de lo que nos ofrece.

III. Los resultados de aceptar la invitación.
   A. Vamos a gozar del compañerismo de Dios. Nuestra alma vivirá. Muchos gozan de buena salud física pero tienen el alma muerta.
   B. Dios nos ofrece un pacto eterno. Nada es seguro en este mundo, .ni el empleo, ni el matrimonio, ni el valor de la moneda. Sólo Dios puede ofrecernos algo queno pierde nunca su valor.
   C. El privilegio de ser testigo y maestro a otros. Muchos piensan que no pueden ofrecer nada a nadie. En Cristo tenemos el regalo más importante para dar a otros: la posibilidad de ser perdonado y salvo por la eternidad.

IV. La urgencia de aceptar la oferta de Dios
   A. El momento es crítico. Dios nos espera ahora. El está cerca.
   B. Hay hábitos y prácticas que puedan destruir su vida. Debe abandonarlos ya.
   C. No importa si no puede entenderlo todo en este momento. Los pensamiento de Dios son más altos que nuestros pensamientos y sus propósitos más altos que los nuestros.

Conclusión: Venga a Dios sin tardar y recibirá el obsequio más valioso del mundo: la salvación que Dios le ofrece en Cristo Jesús.

Lecturas bíblicas para el siguiente estudio

Lunes: Isaías 56:1-12
Martes: Isaías 57:1-13
Miércoles: Isaías 57:14-21

Jueves: Isaías 58:1-14
Viernes: Isaías 59:1-8
Sábado: Isaías 59:9-21

AGENDA DE CLASE

Antes de la clase
1. Ore por los alumnos para que puedan reconocer sus necesidades espirituales, y responder a la invitación de Dios. **2.** Traiga una invitación a una boda o a una fiesta. **3.** Recorte fotografías de personas refugiadas, hambrientas o sedientas, y haga un *"collage"* con ellas. Escriba en una tira de papel que durante la clase pegará diagonalmente sobre el *"collage"*: "Oh, todos los sedientos, ¡venid a las aguas!" **4.** Escriba en un cartelón o en la pizarra: "Dios le invita a..." y abajo a la izquierda escriba: "la salvación", y a la derecha: "un pacto eterno". Más tarde el grupo pondrá ideas de lo que significan estas dos invitaciones.

Comprobación de respuestas
JOVENES: **1.** Venid a las aguas, venid, comprad y comed sin dinero y sin precio, vino y leche. **2.** Pacto, testigo a los pueblos. **3.** Buscad a Jehovah mientras puede ser hallado, mientras está cercano. **4.** No son iguales, son "más altos" los de Dios. **5.** Saldrán con alegría y paz; los montes y las colinas cantarán, los árboles del campo aplaudirán. Habrá ciprés en lugar de espino y mirto en lugar de ortiga. Estos serán la señal eterna del Señor.
ADULTOS: **1.** A todos. **2.** Venid, comprad, comed. **3.** Las fieles misericordias demostradas a David. **4.** Por causa de Jehovah. **5.** Mientras puede ser hallado. **6.** Dejar el mal camino. **7.** No volverá vacía. **8.** Alegría y paz. **9.** Lo que no sirve será transformado en algo útil.

Ya en la clase
DESPIERTE EL INTERES
1. Muestre a la clase la invitación a una boda o fiesta y pregunte cómo respondemos a una invitación semejante. Resalten la alegría de ser incluidos. **2.** Diga que hoy consideraremos otra invitación. Presente el *collage* con fotos de los refugiados, personas hambrientas y sedientas. Hablen de sus necesidades. **3.** Diga que Dios quiere satisfacerlas, y les invita a hacerlo. Pegue encima la tira "Oh, todos los sedientos ¡Venid a las aguas!" Hoy estudiaremos la "Incomparable Invitación" de Dios.

ESTUDIO PANORAMICO DEL CONTEXTO
Después del poema del Siervo Sufriente del estudio anterior, el profeta afirma el gran amor de Dios por su pueblo. Usando figuras de la alegría de la mujer estéril que llega a tener muchos hijos, Dios asegura a su pueblo un futuro lleno de bendiciones. Usa otra figura muy conocida por los judíos, de la mujer repudiada o divorciada por su marido. Ahora Dios anuncia que su alienación ha terminado, y que él la recoge con "compasión" y "misericordia". Hable del significado hebreo de estas palabras. Todo esto depende de la respuesta a la invitación de Dios.

ESTUDIO DEL TEXTO BASICO

Que cumplan y comprueben la sección: *Lea su Biblia y responda.*
1. La generosidad de Dios, Isaías 55:1-5. Lean con cuidado estos versículos y pregunte: ¿Cómo respondió usted a esa invitación de Dios? ¿Cuál es el resultado por aceptarla? ¿Qué es un pacto? ¿Cuáles son las responsabilidades de cada parte? Hablen de lo que es ser "testigo a las naciones". ¿Cómo podemos hacerlo?

2. Invitación al arrepentimiento, Isaías 55:6-9. Esta segunda invitación ofrece la salvación a los que quieren buscar al Señor o volverse a él. Lean los vv. 6 y 7 todos juntos. Resalten que los pensamientos de Dios y sus caminos son más altos que los nuestros. Que un alumno lea en su libro el comentario de estos versículos.

3. La palabra eficaz, Isaías 55:10, 11. Dios afirma que su palabra pronunciada, o sea su enseñanza, cumplirá el propósito para el cual la envió. El ejemplo de la naturaleza demuestra el proceso de su desarrollo. No volverá a él "vacía". Su invitación tendrá respuestas, se cumplirá.

4. Un regreso gozoso, Isaías 55:12, 13. Isaías habla otra vez del fin del exilio, y el regreso gozoso a Sion. Lean juntos estos versículos y pregunte qué piensan y sienten al leerlos. Enfatice que la visión de Dios de la restauración de su pueblo en un pacto eterno incluye la alegría de la misma naturaleza. Todo esto es "una señal eterna".

Tome el cartelón que preparó y divida la clase en grupos de tres. Pida a algunos que consideren lo que significa para la persona la invitación de Dios "a la salvación" y a otro grupo lo que significa la invitación a "el pacto eterno". Después de unos 3-5 minutos pida que informen alternadamente y escriba sus ideas en el cartelón. Termine preguntando: "¿Qué hará usted con estas dos invitaciones del Señor?" Oren para que cada uno pueda responder en forma positiva y vivir alegremente su salvación y responsablemente el pacto eterno con el Señor.

APLICACIONES DEL ESTUDIO

Después de leer esta sección en los libros de alumno y maestro, hablen de cómo pueden aplicarlas en las diferentes situaciones del diario vivir. Presente un plan concreto de cómo compartirán esta invitación con quienes no son salvos.

Es una buena oportunidad para hacer una lista de familiares, amigos, vecinos, etc., no creyentes, y comenzar a orar por ellos a fin de preparar el camino para compartirles el mensaje de salvación.

PRUEBA

Pida que completen las actividades correspondientes a esta sección en el libro del alumno. Que uno o dos voluntarios compartan sus respuestas. Terminen en oración pidiendo que podamos compartir esta "incomparable invitación" de Dios cada vez que tengamos oportunidad de hacerlo.

Unidad 12

La religión verdadera

Contexto: Isaías 56 a 59
Texto básico: Isaías 58:1-14
Versículos clave: Isaías 58:6, 7
Verdad central: Dios demanda de su pueblo misericordia, bondad y justicia. La religión verdadera se evidencia en una relación correcta con Dios y con el prójimo.
Metas de enseñanza-aprendizaje: Que el alumno demuestre su: (1) conocimiento de la diferencia entre el ayuno que Dios rechaza y el que él aprueba, (2) actitud de valorar y practicar las características del ayuno que agrada a Dios.

Estudio panorámico del contexto

A. Fondo histórico:

Los capítulos 56-59 reflejan las condiciones sociales y religiosas que existían en la tierra de Israel después del regreso del primer grupo de cautivos de Babilonia. (Ver los libros de Esdras y Nehemías). Estos capítulos de Isaías describen las condiciones que existían en Jerusalén entre los años 530 a 520 a. de J.C.

Al llegar a su tierra no fueron tan llenos de bendición como el pueblo esperaba. Encontraron la ciudad y el templo todavía en ruinas; la tierra estaba habitada por un pueblo que no era ni judío ni gentil; las autoridades persas no estaban dispuestas a cederles autoridad para que ellos gobernaran en su propia tierra, y les obligaron a pagar impuestos a Persia. Era muy difícil cultivar la tierra que había sido abandonada por tanto tiempo.

Hasta dudaban del amor de Dios y pensaban que tal vez sería mejor volver a Babilonia. Continuaban las prácticas religiosas, pero como ceremonias sin significado. Estos capítulos de Isaías nos demuestran lo difícil que sería la tarea de animar a un pueblo tan desanimado.

B. Enfasis:

La fidelidad de Dios con los que no son miembros de la comunidad, Isaías 56. En este capítulo aparece el texto que Jesús citó en Mateo 21:13: "...mi casa será llamada casa de oración". Los eunucos que regresaron con el pueblo también querían servir al Señor, pero los judíos, seguramente utilizando Deuteronomio 23:1-8, no quisieron permitir personas mutiladas en los cultos. Isaías dice que todos pueden adorar y servir a Dios.

A los líderes les falta visión y fidelidad, Isaías 57. Aun antes de comenzar este capítulo el profeta advierte que los profetas falsos son como perros que no pueden ladrar, y los dirigentes políticos son ignorantes borrachos que no saben qué hacer. El problema es el adulterio y el culto casi pagano que ellos practicaban. En lugar de elevar la moralidad de la sociedad en que se hallaron, habían caído en los mismos pecados hasta llegar a descubrir que la idolatría no puede salvarles. Pero a pesar de esa maldad Dios todavía tiene paciencia con su creación y está dispuesto a recibirles en arrepentimiento. Nos enseña que Dios mora no solamente en la eternidad sino también con el humilde de espíritu (v. 15). El capítulo da mucho consuelo en un mundo de orgullo y desleales maniobras políticas.

La condenación de un culto indigno, Isaías 58. Con una voz estruendosa se le señalan a Israel sus profundos fracasos en lo relacionado con las prácticas formalistas de la adoración.

Un llamado al arrepentimiento nacional, Isaías 59. Este capítulo describe casi como ningún otro en la Biblia los efectos del pecado en los vv. 9-15. Nuestros pecados forman una muralla entre nosotros y Dios; él no puede responder a nuestras oraciones hasta que confesamos nuestro pecado y pedimos perdón. Dios no abandona a su pueblo; el Redentor vendrá a Sion. Pero primero el pueblo tiene que arrepentirse y buscar a Dios.

────────────── **Estudio del texto básico** ──────────────

Este capítulo 58 es semejante a Isaías 1:10-20, Amós 5:21-24 y Miqueas 6: 1-8. Trata de lo que significa la verdadera religión y condena la ceremonia superficial que no produce cambios en la vida diaria de los adoradores. Es una profecía semejante al libro de Malaquías llena de exhortaciónes y preguntas que Dios hace a su pueblo que piensa que el cumplir con ciertas prácticas religiosas es todo lo que Dios demanda de ellos.

1 La religión verdadera: motivación correcta, Isaías 58:1-5.

V. 1. Dios manda al profeta que publique un edicto al pueblo anunciando la gravedad de su rebelión y pecado. Su voz debe sonar como la corneta que se empleaba en la sinagoga para anunciar el comienzo del Día de Expiación (Lev. 25:4). Se fabricaba del cuerno del macho cabrío y emitía un sonido que infundía miedo en los que lo oían.

V. 2. El pueblo trataba de ser devoto a Dios; *me consultan... les agrada saber mis caminos.* Los cultos religiosos eran populares y posiblemente muy concurridos, pero los asistentes recibían muy pocos beneficios espirituales, *quieren acercarse a Dios,* pero por no ser correcta la motivación que los llevaba a actuar, ellos se expresaban con las quejas del siguiente versículo.

V. 3. *¿Por qué... Por qué...?* El pueblo se quejaba de que Dios no les había dado bendiciones según los esfuerzos que ellos realizaban al practicar el ayuno. ¡Parece que piensan que por ayunar con tanta fidelidad Dios les debe algo por ser tan buenos!

Después de la caída de Jerusalén la gente iba con frecuencia a las ruinas del templo para ayunar y orar por su restauración (Jer. 41:4, 5; Zac. 7:2-7; 8:19). Puede ser que la palabra "ayunar" abarcaba distintas prácticas de privación y no solamente abstenerse de comida durante una temporada. La última parte del versículo es la voz de Dios denunciando el culto superficial del pueblo, él sabe que el culto era para jactarse y mostrar cuán piadosos eran. Les pregunta: ¿De qué les sirve abstenerse de un poco de comida si ustedes oprimen a sus obreros que dependen de ese trabajo para comer?

V. 4. Parece que al practicar el ayuno no se quedaban en sus casas sino que iban a la sinagoga donde tenían discusiones fuertes sobre prácticas religiosas, la piedad de algunos, y probablemente sobre temas como la distribución del terreno para sus casas y la falta de progreso de la comunidad. Pelearon por 15 años antes de comenzar en serio los trabajos de la construcción del templo. Llegaron en el año 536 a. de J.C. y la obra definitiva del templo no se comenzó sino hasta el año 520 a. de J.C. Sus *ayunos* eran *ocasión de contiendas y riñas*.

V. 5. Este versículo nos da una mejor idea sobre lo que era *el ayuno*. No era solamente privarse de comida, sino dar una manifestación pública de una piedad exagerada con las prácticas de luto y lamentación. Jesús condenó semejantes prácticas de los fariseos años más tarde. El mismo recomendó que la gente continuase con su vida normal para que nadie supiera que estaban ayunando (Mat. 6:16-18).

2 La religión verdadera: relaciones correctas, Isaías 58:6-9b.

Vv. 6, 7. Estos dos versículos son de suma importancia para entender lo que es la verdadera justicia en el Antiguo Testamento. Tal como Dios utilizó su gran poder para librar a los judíos oprimidos en Egipto, el hebreo fiel debe "desatar las ligaduras de impiedad, romper todo yugo y compartir pan con el hambriento". Las cualidades de amor enumeradas en estos dos versículos dan un vuelco total a la idea del ayuno como ellos lo practicaban. No sirve para nada privarse de un poco de comida o vestirse en cilicio y ceniza si uno no hace nada para aliviar el sufrimiento de otros. (Véa Isa. 1:14.)

V. 8. Aquí se describen las consecuencias y los resultados de una obediencia sincera y completa. El versículo comienza con *entonces* para advertirnos que Dios va a indicar los resultados del ayuno que él desea. Son varios y muy hermosos: El pueblo de Dios debe ser la luz del mundo. La gente al ver nuestra luz dará la gloria a Dios (Mat. 5:14-16).

Los israelitas son pocos y su luz es como el alba, pero va en aumento hasta alumbrar al mundo entero. En estas nuevas experiencias Dios no les deja ir solos *Jehovah irá a tu retaguardia*.

V. 9b. El aspecto más importante de la oración sincera es que Dios siempre la oye. Dios se resiste a escuchar la oración de un pecador que no piensa cambiar su manera de vivir. Isaías 59:1, 2 dice que nuestros pecados son como una muralla entre nosotros y Dios.

Para poder tener acceso a Dios el primer paso es pedirle perdón y misericordia. Una vez confesado el pecado y experimentado el perdón el camino de la oración está abierto. Isaías, al ser perdonado, escuchó con claridad la voz de Dios llamándole (Isa. 6:8). En este texto es Dios, no el profeta, quien dice: ¡Aquí estoy!

3 La religión verdadera: resultados correctos, Isaías 58:9c-12.

V. 9c. El profeta enumera las bendiciones que recibirán las personas que practican la verdadera religión. Hay ciertas cosas que tendrán que quitar. Habían sido esclavos en Babilonia, recién liberados, y ahora oprimen a sus empleados o a esclavos que compraron al llegar a su tierra. El *yugo* que simboliza dominio, opresión, derrota, debían quitarlo. Seguramente que el profeta les está diciendo que un pueblo liberado no debe tener esclavos sino contratar a sus obreros entre gente libre. La costumbre de acusar y amenazar a otros con el dedo y la de *hablar vilezas* tenían que ser eliminadas como muestra de que el pueblo practicaba la religión verdadera.

V. 10. No solamente hay que dar comida sino también hay que ayudar a la persona atropellada, tal vez despedida de su empleo sin causa o abandonada por su cónyuge. *Tu oscuridad será como el medio día* es anunciarle al pueblo que el estado de calamidad y de tristeza será sustituido por el brillo del favor de Dios.

V. 11. La promesa que *Jehovah te guiará siempre y saciará tu alma* promete saciar todas las necesidades espirituales. *Fortalecerá tus huesos* es recibir fuerza para seguir adelante. *Como manantial de aguas* es semejante a la declaración de Jesús en Juan 7:38.

V. 12. La promesa gloriosa que el pueblo va a edificar a las ruinas antiguas viene a los que obedecen a Dios y no confían en ceremonias huecas. Tendrán la presencia de Dios y serán el instrumento de Dios en edificar toda la ciudad. Es una lástima recordar que puesto que no obedecieron a Dios nunca terminaron con la reconstrucción de Jerusalén.

4 La religión verdadera: práctica y herencia, Isaías 58:13, 14.

Las dos cosas que distinguen al judío, aún hasta el presente, son guardar el sábado (el *shabát*, el día de reposo) y practicar la circuncisión en los varones. Génesis 17:10-14. Al volver a la tierra sin templo y sin autoridad estas dos ceremonias sirvieron para distinguirlos de sus vecinos paganos; Nehemías 13:15-22.

V. 13. Este versículo contiene tres *si: Si apartas tu pie...si al sábado llamas delicia...si lo honras* (a Jehovah)... cada *si* eran acciones que debían cumplir el día sábado como práctica de su verdadera religión. Quedaba así en ellos la decisión y la responsabilidad de ser bendecidos o no.

V. 14. *Si* el pueblo hacía su parte en las demandas del v. 13 serían bendecidos: *Entonces te deleitarás en Jehovah.*

Al gozar de la presencia de Dios uno puede *cabalgar sobre las alturas de la tierra*. Sus problemas no le aplastan.

Las promesas a Abraham, Isaac y Jacob constituyeron para el pueblo su heredad. Comienzan en Génesis 12:1-3. Estos desterrados que volvieron a Palestina con mucha esperanza ahora estaban totalmente desanimados. Para remediar la situación Dios les promete que van a vivir y comer en la tierra que él dio a sus antepasados. Esta promesa es muy importante aun para los judíos de la actualidad.

Aplicaciones del estudio

1. **El culto verdadero no consiste en ceremonias y rituales sino en adorar a Dios "en espíritu y en verdad".** El creyente debe examinarse frecuentemente y estar seguro de que su motivación es correcta.
2. **El peligro del ayuno es que quien lo practica se sienta hasta orgulloso de que está haciendo algo importante para Dios.** Jesús enseñó que al ayunar no deben ser como los hipócritas, el ayuno debe ser presentado en privado, y solamente entre la persona y Dios.
3. **Isaías nos enseña cómo debe ser el ayuno que Dios acepta.** Se trata de un ayuno congruente con las actitudes que el ayunador muestra en sus relaciones con los demás.

Ayuda homilética

El ayuno en la vida del creyente
Isaías 58:1-11

Introducción: Para el pueblo judío el ayuno ha servido como medio para humillarse ante Dios, pedir su perdón y consagrarse a una vida más santa. El profeta Isaías nos enseña lo que el ayuno debe ser y lo que no debe ser.

I. Lo que el ayuno no es (vv. 1-5).
   A. No es algo que el creyente hace a su gusto.
   B. No se ayuna y se oprime a los menos afortunados.
   C. No se puede hacer con una actitud de contienda.
   D. No se puede hacer con un espíritu acusatorio.
II. Lo que el ayuno sí es (vv. 6, 7).
   A. Es participar en la campaña contra la impiedad.
   B. Hacer algo que beneficie a otros.
III. Las bendiciones del verdadero ayuno (vv. 8-11).
   A. Poder dar buen testimonio ante la sociedad (v. 8).
   B. Gozarse de la presencia de Dios (v. 8).
   C. Orar sabiendo que sus pecados no son una muralla entre él y Dios (v. 9).
   D. Saber que el Señor es su Pastor (v. 11).
   E. Poder satisfacer su sed con el agua viva (v. 11).

Conclusión: Decida practicar la religión verdadera que se evidencia en una relación correcta con Dios y con el prójimo.

Lecturas bíblicas para el siguiente estudio

Lunes: Isaías 60:1-22
Martes: Isaías 61:1-11
Miércoles: Isaías 62:1 a 63:6

Jueves: Isaías 63:7 a 64:12
Viernes: Isaías 65:1-25
Sábado: Isaías 66:1-24

AGENDA DE CLASE

Antes de la clase
1. Porque hoy como antes hay superficialidad e hipocresía en la expresión de la fe este estudio presenta una oportunidad para que usted y sus alumnos examinen cómo expresan su fe. Pida al Señor que le ayude a examinar su propia experiencia y poder ayudar a los alumnos a hacer lo mismo. **2.** En una tira de papel escriba: "La Religión Verdadera". **3.** Prepare fotografías o dibujos que simbolicen las cuatro divisiones de este estudio sobre la religión verdadera: 1) motivación correcta; 2) relaciones correctas; 3) resultados correctos; 4) práctica y herencia, o escriba estos cuatro subtítulos en un cartel o en la pizarra.

Comprobación de respuestas
JOVENES: **1.** Buscan y logran solamente sus propios deseos y explotan a todos sus trabajadores. **2.** Desatar las ligaduras de impiedad, soltar las ataduras del yugo, dejar libres a los quebrantados, romper todo yugo, compartir el pan con el hambriento, hospedar a los pobres sin hogar, cubrir al desnudo, no esconderse de su propia familia. **3.** Tendrán luz, recuperación rápida, la justicia y gloria de Dios como sus acompañantes. **4.** Se deleitará en Jehovah, cabalgará sobre las alturas de la tierra, tendrá las bendiciones de la heredad de Jacob.
ADULTOS: **1.** La transgresión y el pecado. **2.** Justos juicios. **3.** Desatar ligaduras de impiedad, soltar ataduras del yugo, dejar libres a los quebrantados, compartir pan con el hambriento, dar casa a quien no tiene, cubrir al desnudo. **4.** Respuesta personal. **5.** Te deleitarás en Jehovah.

Ya en la clase
DESPIERTE EL INTERES
1. ¿Ha escuchado a alguien decir: "No hay ninguna diferencia entre los creyentes y los que no lo son?" ¿Qué se quiere decir con esto? ¿Hay falta de sinceridad o hipocresía en cómo expresamos nuestra fe? **2.** Después de discutir estos puntos brevemente diga que el tema del estudio de hoy es: "La Religión Verdadera". Diga que hace siglos esto era un gran problema, y que también lo es hoy. Veamos cómo encararlo, y cómo practicar lo que Dios espera de nosotros.

ESTUDIO PANORAMICO DEL CONTEXTO
En esta sección tenemos un cuadro del pueblo que ha regresado a su tierra. Dios y su pueblo tenían grandes esperanzas para esta nueva etapa. Lean 56:1. Hablen de la visión compasiva de Dios para el extranjero y para el eunuco como indicaciones de su amor inclusivo y como muestra de la religión verdadera (56:3-8). A la vez Dios combate activamente el pecado (capítulo 59). Este estudio demuestra claramente la hipocresía de muchos religiosos: cumplían exactamente el ayuno, pero no practicaban la ética. Dios nos enseñó lo que él esperaba de ellos, y lo que espera de nosotros.

ESTUDIO DEL TEXTO BASICO

1. La religión verdadera: motivación correcta, Isaías 58;1-5. Muestre los dibujos o fotos que simbolizan "motivación correcta". Lean juntos este pasaje bíblico y luego que, en grupos de dos, los alumnos lean el comentario bíblico a estos versículos.

Explique que el ayuno había llegado a ser una manifestación de falsa religiosidad, se jactaban de su cumplimiento (Mat. 6:16-18). Que alumnos voluntarios expliquen, según lo leído y comentado, qué demandaba Dios y cómo respondía su pueblo.

2. La religión verdadera: relaciones correctas, Isaías 58:6-9b. Muestre los materiales que simbolizan "relaciones correctas". En este pasaje hay una lista de lo que Dios espera del verdadero ayuno en nuestras relaciones con otros. Escriban esta lista en la pizarra y hablen de la importancia de cada una y cómo aplicarlas cada día. Estos versículos señalan también que esta relación no será solamente con el prójimo, sino que también habrá una relación especial con Dios.

Enfatice la hermosa manifestación de la primera parte del v. 9: "Entonces invocarás, y Jehovah te escuchará."

3. La religión verdadera: resultados correctos, Isaías 58:9c-12. Presente los materiales que simbolizan "resultados correctos". Dios da una lista de los resultados que habrá cuando se practique la religión verdadera: dejarán de oprimir al prójimo en cualquier forma y ayudarán a los hambrientos y desanimados. Escriba esta lista en un cartel o en la pizarra cuidando siempre que la lista sea lo suficientemente visible. De esta manera se asegura que todos tienen los elementos para participar activamente en la clase.

4. La religión verdadera: práctica y herencia, Isaías 58:13, 14. Presente los materiales que simbolizan "práctica y herencia". Que cada alumno lea individualmente estos dos versículos y marque en su Biblia la promesa que Dios les hace a quienes practican una religión verdadera.

El énfasis aquí es en guardar el sábado. Dios lo había mandado en el decálogo y al regresar del exilio cobraba nueva importancia. Había que guardarlo para honrar a Dios, para acercarse a él y deleitarse en su presencia.

APLICACIONES DEL ESTUDIO

Lean con cuidado las aplicaciones y decidan con acciones concretas cómo pueden practicar la religión verdadera. Tengan un tiempo de oración pidiendo la guía y el apoyo de Dios al procurar practicarla cada día. No olvide que la aplicación de la Palabra a la vida diaria de sus alumnos es una de las partes más importantes del proceso de enseñanza-aprendizaje.

PRUEBA

Completen las actividades de Prueba que les ayudarán a reflexionar más sobre el tema y a cumplir la meta de este estudio. Motive a los alumnos a leer las lecturas bíblicas diarias con las cuales completaría el libro de Isaías.

Unidad 12

Buenas nuevas de gran gozo

Contexto: Isaías 60 a 66
Texto básico: Isaías 61:1-11
Versículo clave: Isaías 61:10
Verdad central: La misión y la obra del Ungido de Dios son buenas nuevas de gran gozo. Dios cumple su pacto y el cumplimiento de sus promesas produce renovado gozo y esperanza en los que forman su pueblo.
Metas de enseñanza-aprendizaje: Que el alumno demuestre su: (1) conocimiento de las múltiples acciones de Dios a favor de su pueblo, (2) actitud de valorar su efecto en su propia vida y en su relación con otros.

—————— Estudio panorámico del contexto ——————

A. Fondo histórico:
Los últimos siete capítulos del libro de Isaías forman un grupo de poemas escatológicos que hablan de los últimos días y de la victoria universal de la fe de Israel.

Probablemente fueron escritos por el profeta alrededor del año 520 a. de J.C. algunos meses antes de la predicación de los profetas Hageo y Zacarías.

Es importante notar que el tema de los capítulos 56-59 es el del juicio por los pecados y la pereza de los judíos que habían regresado. El profeta exhortó a la gente a poner manos a la obra en Jerusalén. Comenzando con el capítulo 60 la nota es de exaltación y confianza en las promesas de Dios. El profeta anuncia la manifestación muy próxima de la gloria de Dios. Las naciones del mundo van a acudir a Sion buscando a Dios de Israel. Habrá un juicio de los malos y luego un nuevo cielo y una nueva tierra.

B. Enfasis:
La transformación de Sion (Jerusalén), Isaías 60. Dios va a dirigir la reconstrucción de la ciudad, la cual llegará a ser la capital religiosa del mundo. Las naciones del mundo van a reconocer la verdad de la fe de Israel y querrán llegar a Jerusalén para aprenderla. Es un cuadro del futuro glorioso que nos hace pensar en Apocalipsis 21:23-25.

Ungido para proclamar noticias de gran gozo, 61. El mismo profeta es el mensajero ungido para proclamar a los israelitas su misión principal. El futuro del pueblo será glorioso.

El ministerio de la intercesión, 62. El profeta anuncia que algunos son atalayas especiales para orar por el pueblo. Debido a la presencia de Dios el pueblo puede caminar sin peligro.

Un cuadro escatológico de Dios que viene al mundo para juzgar a los malos, 63:1-6. Presenta la victoria de Jehovah sobre sus enemigos. *La oración del profeta por el pueblo, capítulo 63:7 a 64:12.* Han sido desobedientes, pero el profeta recuerda los hechos de misericordia de Dios y pide su ayuda en circunstancias difíciles. Reconoce que un padre no puede olvidarse de sus hijos. Confiesa la culpa del pueblo y pide el perdón de Dios. *Un último mensaje a un pueblo apóstata, 65.* Algunos van a ser condenados y otros salvos. Los fieles serán tanto gentiles como judíos. *Los nuevos cielos y la nueva tierra, capítulos 65 y 66.* Un cuadro hermoso de la gente que vivirá muchos años de la naturaleza transformada. Es inútil confiar en el templo y los sacrificios. Habrá un juicio universal y solamente los fieles que demuestran con su vida su lealtad a Dios van a perdurar.

──────────── **Estudio del texto básico** ────────────

1 La unción de Dios resulta en actos de gran gozo, Isaías 61:1-3.
Estos versículos conmueven el corazón de cada creyente por ser los que Jesús leyó en la sinagoga de Nazaret (Luc. 4:18, 19). Es emocionante leer las mismas palabras que nuestro Salvador leyó. La mejor evidencia es que es el Siervo del Señor puesto que Dios anuncia en Isaías 42:1 que ha puesto su Espíritu sobre él.
V. 1. Dios por su *Espíritu* levantó a sus siervos, los profetas, para dar su Palabra a reyes, nobles, soldados y a todo el pueblo. Vea Números 11:26-29; 24:2, 3 y 1 Samuel 10:6-10. Tal como Jesús, el profeta declara que el Siervo no se ha lanzado a la obra por su propia cuenta y riesgo.
El Espíritu del Señor Jehovah está sobre él y *Jehovah le ha ungido* para su tarea. Está totalmente autorizado para hacerla. Y la obra es la que hemos visto en los capítulos anteriores como la obra del Siervo del Señor. Ante todo y sobre todo el Siervo es enviado a predicar las *buenas nuevas,* el evangelio.
Los pobres de espíritu, de ánimo caído, los abatidos necesitan una palabra de estímulo, de optimismo, de salvación, y *los quebrantados de corazón* necesitan a alguien para vendar sus heridas espirituales. Necesitan ayuda, consuelo, amor.
Las heridas más graves no son las físicas sino las emocionales y espirituales y sólo el Siervo del Señor tiene medicamentos para aliviarlas. Tal como las dos frases anteriores son paralelas, las dos últimas son variaciones de la misma situación. El pecado esclaviza a la persona. Muchas personas han hecho esfuerzos sin éxito para librarse de un hábito que no les conviene. La palabra *salvar* en hebreo significa "colocar en un lugar espacioso, amplio." Miles de personas se sienten cautivas debido a circunstancias o hechos que no pueden cambiar. Dios viene a dar libertad, a través de un nuevo nacimiento (Juan 3: 16 y 8:36).
V. 2. En la sinagoga de Nazaret Jesús leyó solamente la primera línea de versículo 2. Después dijo: "Hoy se ha cumplido esta Escritura delante de vosotros." En verdad era la buena voluntad de Dios enviar a su Hijo al mundo en un año determinado. La historia de la humanidad ha cambiado desde esa fecha. Tiene mejor sentido traducir estas palabras como "el día de salvación de nuestro Dios". Es la salvación que consuela a los que estén de duelo. Nin

guna de estas cosas puede ser hecha por poder humano, sólo Dios puede y quiere hacerlas.

V. 3. *Duelo por Sion* se refiere al sufrimiento del pueblo cuando Jerusalén fue saqueada y destruida. El consuelo de Dios cambia la *ceniza*, símbolo de dolor, en *diadema*, que es símbolo de gozo. *El aceite* era para curar y cambiaría el luto por *regocijo y manto de alabanza*. Porque Dios espera que su pueblo viva rectamente al ser ungido por su espíritu, le llama *plantío de Jehovah*.

2 La restauración produce gran gozo, Isaías 61:4-7.

En esta sección se habla de las grandes cosas que los israelitas harán después de cobrar nuevo ánimo por la obra del Siervo del Señor.

V. 4. Hay que recordar que muchas generaciones habían pasado a través de más de setenta años. Los babilonios ocuparon todo el territorio de Judá mucho antes de la caída de Jerusalén en 586 a. de J.C. De tal manera que al volver los israelitas a Jerusalén se encontraron con ruinas antiguas, cubiertas de maleza y dañadas por el sol y la lluvia. El profeta reconoce que en primer lugar hay que rehacer las ciudades y limpiar la tierra para poder cultivarla. Sería una tarea dura, más de una vez la gente se desanimaría porque la tarea parecía imposible.

Vv. 5, 6. Para entender el v. 5 hay que leer el v. 6. Los hebreos serán *llamados sacerdotes de Jehovah... servidores de nuestro Dios.* Serán los mensajeros a toda la humanidad de la voluntad de Dios. Es el cumplimiento del plan de Dios anunciado en la formación de la nación (Exo. 19:5-6). Es la obra que Pedro vio como la misión de los cristianos (1 Ped. 2:9). Enseñarán los caminos de Dios a gente de toda nación y raza. Para que puedan dedicarse a ese ministerio los extranjeros van a cuidar sus animales y cultivar sus tierras. Esto no es tan extraño como nos parece. Los levitas no tenían territorio en Israel y las demás tribus les sostenían para que pudieran servir como sacerdotes. A los que Israel va a servir, éstos van a sostenerles en su ministerio espiritual, ya no habría segregación entre los pueblos.

V. 7. Para muchos hebreos era vergonzoso reconocer que habían sido derrotados por sus enemigos y sacados de su tierra. Perdieron todo y aun al volver a su territorio encontraron que su tierra era una provincia de Persia. Tal como Isaías 40:2 indica, han sufrido el doble por sus pecados. Ahora al ser siervos de Dios tendrán una *doble porción* de honra y bendición y tienen además la promesa de que *su gozo será eterno.*

3 El pacto eterno, causa de gran gozo, Isaías 61:8, 9.

V. 8. El enfoque del capítulo cambia con este versículo. Dios anuncia su propósito de hacer un pacto eterno con Israel muy diferente del pacto del Sinaí, (Exo. 19). El pacto eterno existirá cuando la Palabra de Dios esté en el corazón de la persona y su vida sea dirigida por el Espíritu de Dios (Isa 55:3; 59:21; y Jer. 31:31-34). Este v. 8 tiene mucho que enseñarnos: Dios odia la intriga, el engaño, la manipulación de las personas. La doblez de la política de los reyes llevó al pueblo de Dios al cautiverio, pero ahora a los que obran en la justicia Dios, él les propone confirmarlos con un pacto eterno.

V. 9. Los descendientes de este pueblo recién salido del cautiverio van a florecer y prosperar. Las naciones del mundo no les van a admirar por su inteligencia y su industria, sino que van a reconocer que son benditos del Señor. Con este pacto el profeta anuncia que Dios comienza una manera distinta de relacionarse con su pueblo; no va a ser por mandamientos legalistas, sino que reconocerán *que ellos son la simiente que Jehovah bendijo.*

4 La respuesta gozosa por las nuevas de gran gozo, Isaías 61:10, 11.

En estos últimos versículos el Siervo del Señor responde a las promesas de Dios reconociendo que lo que le ocurrirá a Israel va a ser un mensaje a todas las naciones.

V. 10. Este hermoso himno comienza con el lenguaje de una boda y en una boda hay gozo y alegría: *me gozaré en Jehovah, mi alma se alegrará en mi Dios.* El hecho de que el profeta hace referencia al novio y a la novia significa que el gozo se comparte entre Dios y su pueblo redimido. La iglesia es la novia y Cristo es el novio. En verdad hay gozo en los cielos cuando el pueblo obedece y sigue a Dios. Vea Isaías 49:18; 62:5 y Apocalipsis 21:2.

V. 11. El profeta vuelve a un tema importante: la Palabra de Dios produce fruto y hace la obra que Dios desea, no vuelve vacía (Isa. 40:8 y 55:10, 11). Tal como en el capítulo 5 Israel es la semilla sembrada, Dios se preocupa de que su pueblo redimido brote y produzca fruto. Es más, por la prosperidad de Israel Dios va a dar una demostración de justicia y alabanza ante *todas las naciones* de la tierra. La prosperidad del nuevo Israel va a tener significado para todos los pueblos. *Así el Señor Jehovah hará germinar la justicia y la alabanza delante de todas las naciones.*

─────────── **Aplicaciones del estudio** ───────────

1. La predicación de las buenas nuevas y el mensaje de consuelo a los afligidos y quebrantados van muy unidos. Se nos ha encomendado esta misión. Hay que ser sensibles a las personas afligidas. Su dolor puede ser el resultado de muchas circunstancias, no solamente del pecado.

2. Nuestro ministerio debe tener el doble propósito de anunciar el amor de Dios y demostrarlo ayudando a los necesitados. El amor se comparte más por hechos que por palabras.

3. Si solo en este mundo tenemos esperanza no hay consuelo al perder un ser querido. Solamente Dios puede cambiar el luto a óleo de gozo.

4. El nuevo pacto en Cristo es un pacto perpetuo. Nuestro futuro está completamente asegurado. Hay que cumplir con nuestra responsabilidad como miembro del pacto, siguiendo al Señor, obedeciéndole, y cumpliendo su misión en la tierra.

5. La vida cristiana debe caracterizarse por el gozo constante. La salvación es un asunto vital en la vida de las personas. La seguridad del perdón y de la vida eterna con Cristo en los cielos debe producir un gran gozo en la vida de quienes han aceptado por la fe esa gracia de Dios. Dicho gozo no es superficial ni pasajero.

La misión de Cristo y la nuestra
Isaías 61:1-3

Introducción: En la sinagoga a la que había asistido desde niño, Jesús escogió este pasaje para leer conforme a la costumbre de aquellos días. Lo usó para fundamentar el principio de su ministerio. A la gente asombrada le dijo: "Hoy se ha cumplido esta Escritura delante de vosotros." Lo anunció como el plan de su ministerio y lo cumplió al pie de la letra. Examinémoslo porque él nos llamó a continuar su obra en la tierra.

I. El Espíritu del Señor está sobre sus siervos.
  A. Tal como el Espíritu del Señor vino sobre Cristo tenemos la promesa del Espíritu.
  B. El Espíritu Santo nos acompaña, nos guarda, nos enseña, nos da poder de hacer la obra de Dios. Juan 14, 15 y 16.

II. Somos enviados a predicar buenas nuevas: el evangelio y la libertad.
  A. Muchos que tienen dinero y buena posición social están abatidos y afligidos.
  B. Solamente el evangelio puede levantar el alma decaída y darle la libertad de sus pecados.

III. Anunciamos el año de la buena voluntad de Dios.
  A. Este año, cualquier año es el año para anunciar la salvación, la buena obra de Dios.
  B. La oportunidad es ahora; no la desperdicie.

IV. Consolamos a los afligidos y a los enlutados.
  A. La muerte le afecta al no creyente con desesperación.
  B. Como creyentes podemos consolar a otros con el mismo consuelo que Dios nos ha dado.
  C. Sólo el evangelio da la oportunidad de cambiar el espíritu angustiado por el manto de alegría.

Conclusión: Cristo nos dejó a nosotros el encargo de continuar la proclamación de las buenas nuevas. Sabemos por experiencia que ese mensaje es la respuesta para las grandes necesidades del hombre. Así como el Padre envió al Hijo, así el Hijo nos envía a nosotros a cumplir la misión.

Lecturas bíblicas para el siguiente estudio

Lunes: 1 Pedro 1:1-5   **Jueves:** 1 Pedro 1:13-17
Martes: 1 Pedro 1:6-9   **Viernes:** 1 Pedro 1:18-20
Miércoles: 1 Pedro 1:10-12   **Sábado:** 1 Pedro 1:21-25

AGENDA DE CLASE

Antes de la clase
1. Este es el último de los estudios en Isaías. Procure repasar brevemente los doce anteriores para tener una idea comprensiva de todo el libro. **2.** Tomando Isaías 61:1-3, escriba en un cartelón las palabras: "Me ha enviado a...". A un lado ponga figuras que demuestran las acciones que se señalan en los vv. 1, 2a, y al otro ponga las que ilustran los vv. 2b, 3b. **3.** Pida a una persona que haya sido beneficiada en un momento específico de su vida de un ministerio especial de la iglesia o de un hermano/a que prepare un breve testimonio (máximo de tres minutos) de lo que le significó esto para ella. **4.** Lleve para cada alumno un círculo de papel blanco de unos cinco centímetros de diámetro.

Comprobación de respuestas
JOVENES: **1.** Ver los vv. 2, 3b para la lista completa. **2.** Tendrán doble porción; se regocijarán por su heredad. **3.** Justicia, rapiña, iniquidad, fidelidad, pacto eterno. **4.** Le ha vestido con vestiduras de salvación, le ha cubierto con manto de justicia. Como novia, le ha ataviado con una diadema y le ha adornado con sus joyas.
ADULTOS: 1. a. F, b.V, c. V, d. V, e. F, f. F.

Ya en la clase
DESPIERTE EL INTERES
1. Porque con este estudio se terminan los temas basados en Isaías, pida a los alumnos comentarios breves sobre lo que han aprendido, o el impacto que ciertas enseñanzas han tenido en sus vidas. **2.** Entregue a cada alumno un círculo de papel para que dibuje una cara que exprese gozo. Que coloque este "rostro gozoso" dentro de su Biblia en Isaías 61. **3.** Hoy el estudio es de las Buenas Nuevas de Gozo que Dios proclamaba a su profeta y al pueblo. **4.** Que la persona asignada presente el testimonio que preparó.

ESTUDIO PANORAMICO DEL CONTEXTO
Guíe a los alumnos a señalar en sus Biblias los capítulos 61—66 de Isaías. Escriban en un cartel o en la pizarra los títulos de cada uno de estos capítulos. Explique que estos últimos siete capítulos de Isaías dan mensajes escatológicos, o sea de los últimos tiempos. El capítulo 62 presenta a Sion con la figura simbólica de una novia amada que será protegida siempre por el Señor.
La oración del profeta en 63:7 a 64:12 a favor de su pueblo, es especialmente conmovedora, por la respuesta de Dios que asegura que las bendiciones y el castigo vendrán. En el capítulo 65:17-25 hay una descripción del gran gozo que habrá para Dios y el pueblo en forma mutua.

ESTUDIO DEL TEXTO BASICO

1. La unción de Dios resulta en actos de gran gozo, Isaías 61:1-3. Lean juntos estos versículos y pregunte por qué son tan signficativos hoy para los cristianos. Pida que alguien lea Lucas 4:16-20. Presente el cartelón que ha preparado. El concepto de que Dios envía a sus seguidores es muy importante en toda la Biblia. Jesús lo usa repetidas veces, especialmente en Juan. Aquí hay actos específicos que Dios da a su ungido para que los cumpla. ¿Cuáles son? Escriba un listado de ellos.

2. La restauración produce gran gozo, Isaías 61:4-7. Un alumno leerá uno de estos versículos a la vez y otro alumno responderá leyendo el comentario del texto que está impreso en el libro del alumno. Usted, como maestro agregue los comentarios adicionales que están en su libro de Maestro.

3. El pacto eterno, causa de gran gozo, Isaías 61:8, 9. Los alumnos expresarán qué significa hacer un pacto. Hay que llamar la atención a que Dios ama la justicia que es la vida recta y responsable de su pueblo, y que él hace pacto eterno con los justos, con los que le son fieles. Sus descendientes serán bendecidos y conocidos como "la simiente que Jehovah bendijo". Enfatice que el pacto es un acuerdo entre dos personas con demandas para cada una de ellas. Dios es fiel y siempre cumple la parte del pacto que le corresponde.

4. La respuesta gozosa por las nuevas de gran gozo, Isaías 61:10, 11. Lean todos juntos estos versículos. Es un himno de gratitud. Aquí otra vez el simbolismo de la boda entre dos personas que se deleitan una de la otra. Comente sobre el simbolismo de sus vestiduras y los adornos. También el simbolismo de la naturaleza y la siembra y desarrollo de las semillas, así germinará la justicia y alabanza sembradas. Es una acción doble del testigo y del Señor. El testimonio "delante de las naciones" dará su fruto. Se gozará en gran manera en todas partes.

APLICACIONES DEL ESTUDIO

Lean esta sección y hablen de cómo aplicarla a sus vidas. Llame la atención de nuevo al cartelón sobre "Me ha enviado a..." y las formas en que pueden cumplir con estas manifestaciones de la voluntad de Dios. Tengan un tiempo de oración para dedicar a Dios la tarea a la cual él les está enviando a cada uno.

PRUEBA

Completen esta sección. Compartan algunas de sus respuestas. Diga que al terminar el libro del gran profeta Isaías y su visión del Dios Incomparable, éste es el Dios que quiere bendecir nuestras vidas.

Guíe a los alumnos a identificar en las lecturas bíblicas para el siguiente estudio el contexto bíblico para el próximo tema en el libro de 1 Pedro.

PLAN DE ESTUDIOS
1, 2 PEDRO

Escriba antes del número de cada estudio, la fecha en que lo usará.

Fecha   **Unidad 13: Las demandas de la nueva vida en Cristo**
_____   40. Dios demanda santidad
_____   41. Dios demanda madurez espiritual
_____   42. Dios demanda sumisión en las relaciones
_____   43. Dios demanda constancia frente a las pruebas
_____   44. Dios demanda consagración
_____   45. Dios demanda humildad en el servicio
_____   46. Dios demanda pureza doctrinal

**NUEVO COMENTARIO
BIBLICO SIGLO VEINTIUNO**
G. J. Wenham, J. A. Motyer, D. A. Carson,
R. T. France, Editores
Núm. 03071
El mejor comentario bíblico de un sólo tomo.
Toda la Biblia comentada libro por libro por
un equipo de eruditos en su campo.

PANORAMA DE LA BIBLIA
Alfred Thompson Eade
Num. 03657
Diseñado para ayudar al estudiante
a visualizar la historia bíblica. Un
"bestseller".

1, 2 PEDRO
Una introducción

1, 2 Pedro

Escritor y fecha. El escritor se identifica como "Pedro, apóstol de Jesucristo" (1:1). Por esa razón se declara que no hay duda en cuanto a quién escribió la epístola. Sin embargo, es justo decir que ha habido momentos en que algunos ponen en tela de duda la paternidad literaria. Como argumentos esgrimen por lo menos tres razones: (1) El griego tan elevado de la carta. Es de todos sabido que Pedro era un rudo pescador sin muchos estudios. (2) La semejanza con ciertas cartas de Pablo, especialmente Efesios. (3) La fecha de la epístola debe colocarse después del año 64 d. de J.C., fecha en que Pedro, según la tradición murió como mártir de la fe. Sin embargo, esos argumentos no son contundentes. Por ejemplo, Silvano fue quien ayudó a Pedro a escribir la carta (5:12). El parecido con las cartas de Pablo se explica por el hecho de que había gran similitud en los asuntos que las cartas apostólicas trataban. También se puede presumir que hubo cierto tipo de persecución general de creyentes en el Asia Menor relacionada con la persecución bajo Nerón en Roma en el año 64 aunque no llegó a generalizarse en todo el Imperio.

Propósito. Ambas cartas de Pedro fueron escritas con el fin de dar ánimo y fortaleza a los cristianos de las provincias romanas del Ponto, Galacia, Capadocia, Asia, Bitinia, etc., que estaban pasando por tiempos difíciles de persecución, resultantes de las herejías gnósticas. El escritor desea que esos cristianos vivan de acuerdo con la esperanza que han recibido por medio de Jesucristo.

A pesar de que su propósito principal es exhortarlos, las cartas también presentan importantes consideraciones de tipo teológico, especialmente en relación con los sufrimientos y el sacrificio de Cristo en la cruz. La obra de Cristo se presenta como un ejemplo y un estímulo para soportar los padecimientos más severos. Al hacerlo así, la doctrina y la práctica cristiana se unifican. Asimismo se quiere clarificar ciertos conceptos en cuanto a la parusía (venida) de Cristo y la necesidad de vivir vidas santas. Una de las ideas clave de la epístola es que los cristianos somos participantes de la naturaleza divina.

Lugar y destinatarios. El lugar desde donde se escribe la carta se deduce de la expresión: "Babilonia" en 1 Pedro 5:13. La pregunta es si se refiere a la Babilonia geográfica o una forma de referirse a Roma. La segunda posibilidad es la más factible.

Los destinatarios parecen ser los cristianos esparcidos en una amplia región de lo que es hoy Asia Menor que tenían un opresor común a quien enfrentar. La creciente oposición del Imperio romano que los consideraba como malechores, ateos (porque no adoraban a los dioses paganos), caníbales (porque hablaban del cuerpo y de la sangre de Cristo), toda otra suerte de epítetos ante los cuales debían mostrar paciencia, amor y perseverancia.

Dios demanda santidad

Contexto: 1 Pedro 1:1-25
Texto básico: 1 Pedro 1:13-25
Versículo clave: 1 Pedro 1:15
Verdad central: El haber experimentado la salvación en Cristo nos motiva a vivir una vida santa, consagrada al Señor.
Metas de enseñanza-aprendizaje: Que el alumno demuestre su: (1) conocimiento de la exhortación de Pedro a procurar una vida santa, (2) actitud de vivir de acuerdo con la exhortación del Apóstol.

Estudio panorámico del contexto

A. Fondo histórico:
Esta carta fue escrita por Simón Pedro y dirigida a cristianos en cinco provincias romanas de Asia Menor (1:1). Ignoramos qué relación tenía Pedro con esta área geográfica, porque conocemos muy poco de su vida después de los eventos de Hechos 12. La tradición cristiana indica que fue martirizado en la persecución ordenada por el emperador Nerón en el año 64 o 65 d. de J.C. Probablemente escribió la carta desde Roma, algunos meses o semanas antes de su muerte. Pedro escribe para ayudar a sus lectores, quienes están pasando por tiempos difíciles de persecución, a vivir de acuerdo con la esperanza que han recibido por medio de Jesucristo. Les habla del cambio radical en sus vidas que resulta del sacrificio de Jesucristo, y les exhorta a enfrentar con valor y santidad las persecuciones que son parte de esta nueva vida. Si la persecución de Nerón había estallado en el tiempo en que Pedro escribió la carta, es probable que está reflexionando sobre los sufrimientos que él enfrenta junto con otros cristianos en Roma. Dos contrastes caracterizan toda la carta: el contraste entre la vida antes del nuevo nacimiento y la que gozan los cristianos (1:3), y el contraste entre las aflicciones del presente y la gloria futura (1:11b). Los que aceptan a Cristo ya no son de este mundo; viven aquí como expatriados (1:1) y peregrinos (1:17), pero su patria es la celestial.

B. Enfasis:
Expatriados pero elegidos, 1:1, 2. Comenzando desde la introducción epistolar, Pedro les recuerda a sus lectores que por el momento son extranjeros en esta tierra, pero que Dios los ha elegido para vivir en un mundo muy diferente. Tanto el Padre como el Hijo y el Espíritu participan en la realización de esta transformación. El Padre les elige, el Espíritu les santifica, y la sangre del Hijo derramada en el Calvario les cubre para protegerles de los estragos de la persecución.

El presente y el pasado, 1:3-5. Dios tomó la iniciativa en nuestra transformación debido a su misericordia. Este cambio es un nuevo nacimiento. Hay un contraste muy marcado entre el estado de una persona antes y después de nacer. Aparte de lo que ya hizo, Dios también se encarga de nuestro futuro, cuidando la posesión que hemos de recibir y proveyendo, por medio de la resurrección de Cristo, la seguridad de que nosotros alcanzaremos la salvación.

El presente y el futuro, 1:6-9. Los versículos anteriores presentan el contraste entre el presente del cristiano y su pasado, pero también hay contraste entre nuestro presente y nuestro futuro. En el presente, servir a Jesucristo significa sufrir, pero el futuro será glorioso. En el presente conocemos y amamos a Jesús solamente por fe, pero más tarde él será revelado cabalmente. Soportamos las aflicciones de hoy porque esperamos "el fin de nuestra fe, la salvación de nuestras almas" en aquel momento.

Cumplimiento de la profecía, 1:10-12. Esta salvación que gozamos por la fe en Jesucristo fue anunciada por los profetas del Antiguo Testamento, por medio del Espíritu de Cristo. El mismo Espíritu, a través de los testigos quienes escribieron el Nuevo Testamento, y a través de los que predican este mensaje escrito, proclama en el presente el evangelio de la salvación.

Ya no somos ignorantes, 1:13-16. Por la revelación de Jesucristo hemos superado la ignorancia que causa el pecado, esa condición nos permite vivir de manera sobria y obediente guiados por el Espíritu del Señor. Con base en la santidad de Dios, se nos exhorta a vivir en santidad en todas las áreas de nuestra vida.

Vivir en temor, 1:17. Hemos conocido a Dios, y entendemos que él va a juzgar; por lo tanto entendemos la necesidad de vivir de acuerdo con su voluntad.

La herencia incorruptible, 1:18-21. Cristo murió en la cruz para que nuestra vida sea distinta. La resurrección de Cristo nos da la esperanza de un mundo mejor; así que no debemos conformarnos a este mundo presente.

El amor verdadero, 1:22-25. Ya desde este momento estamos viviendo la vida de aquel mundo mejor, porque hemos nacido de nuevo. Mostremos la característica principal de esta nueva vida: el amor.

─────────── **Estudio del texto básico** ───────────

1 La santidad es un imperativo, 1 Pedro 1:13-16.

En vista de la transformación que Dios ha obrado en nuestras vidas (descrita en los versículos anteriores), debemos comportarnos con energía, seriedad y optimismo, en obediencia y en santidad.

V. 13. Pedro exhorta a sus lectores a *tener la mente preparada para actuar/ceñid los lomos de vuestro entendimiento.* El vestido común del primer siglo era una túnica larga que se ceñía a la cintura con una faja o cinturón para evitar tropiezos al caminar o trabajar. Así que *ceñir los lomos* significa prepararse para la acción. Conocer a Dios no nos coloca en un estado pasivo sino en una vida de acción. *Siendo sobrios* confirma este cuadro, significa librarse de todas las pasiones que nos distraen de realizar eficientemente la tarea que Dios nos ha asignado. La vida cristiana es también una vida de esperanza, porque está orientada a *la revelación de Jesucristo* al fin de la historia. Ya estamos recibiendo *la gracia* de esta revelación porque el nuevo nacimiento (v. 3) es un anticipo de la vida que Jesús traerá. Toda nuestra vida debe ser enfocada en *la gracia* de Dios —sus propósitos y su poder; ya no vivimos aislados de él.

V. 14. Porque gozamos una vida orientada hacia el futuro, no debemos conformarnos a *las pasiones* de este mundo, porque ahora esto es nuestro pasado. Solamente viven así quienes ignoran la realidad revelada en Cristo. Más bien, debemos comportarnos *como hijos obedientes.* Antes vivíamos *en ignorancia* de él, pero ahora nuestra relación con él define nuestro ser (somos *hijos*) y esto debe determinar nuestra conducta.

V. 15. Toda esta descripción de la conducta cristiana (vv. 13, 14) se puede resumir en una exhortación: *sed santos.* La palabra "santo" describe algo apartado del uso común, para el servicio de un dios. En el contexto bíblico, significa algo reservado para los propósitos del Dios viviente. Así que esta exhortación continúa el contraste entre la vida de este mundo y la vida del mundo venidero, que se centra en Dios. Es otra manera de describir la obediencia.

En otras religiones, lo santo era principalmente lo relacionado con el culto. Pero nuestro Dios quiere que dediquemos a él *todo aspecto de nuestra manera de vivir.* Dios no pide que solamente le apartemos un tiempo o ciertos objetos, sino que nos apartemos del egoísmo, mezquindad e ignorancia que caracterizan a este mundo.

V. 16. Pedro confirma su exhortación citando Levítico 11:44, 45; 19:2. Israel fue llamado a ser como Dios, y nosotros, el nuevo Israel (2:9, 10), debemos ser como él en nuestras metas, valores y conducta.

2 Rescatados para ser santos, 1 Pedro 1:17-20.

V. 17. Los cristianos conocemos íntimamente al Dios que va a juzgar a todos; es nuestro *Padre* a quien adoramos. Podríamos pensar que en el juicio Dios favorecería a sus hijos, pero no es así; es un Dios justo que juzga ahora y en el Juicio Final *según la obra de cada uno* e imparcialmente *(sin hacer distinción de personas).* Por lo tanto debemos vivir con toda seriedad. Sentimos temor ante la abrumadora santidad de Dios, porque estamos conscientes de nuestros pecados, pero también tenemos confianza en su amor. Debemos confiar en la fidelidad de Dios y no en nuestra propia fidelidad.

Vv. 18, 19. También somos motivados a buscar la santidad con seriedad por el inestimable precio que Dios pagó para transformar nuestra conducta. No nos rescató con dinero, sino con la vida misma de su Hijo. De acuerdo con Levítico 17:14, *la sangre... de Cristo* representa su vida. Es imposible imaginar algo que Dios valorara tanto que diera a cambio la vida de su único Hijo, pero así lo hizo para rescatarnos del pecado. Pedro compara a Jesucristo con *un cordero sin mancha y sin contaminación.* Los animales sacrificados a Dios tenían que ser sin defectos físicos; Jesús vivió sin ningún defecto moral. Pedro menciona el cordero porque está pensando en la Pascua (Exo. 12:5). Jesús es nuestro cordero pascual, quien nos libra de la esclavitud del pecado.

Con este precio Dios nos rescató de nuestra *vana manera de vivir.* Una vida alejada de Dios no tiene sentido ni valor, y tal fue la vida que los lectores de esta carta heredaron de sus padres. No obstante, en Cristo ya no somos esclavos de nuestro pasado. Podemos vivir en la santidad que heredamos de Dios, y Dios nos llama a vivir así. Esta santidad nos hace extranjeros en este mundo, por lo cual Pedro describe la vida del cristiano en este mundo como una *peregrinación* (v. 17).

V. 20. El plan eterno de Dios fue dar a su Hijo como el sacrificio que nos hace santos y dignos de entrar en su presencia. Ahora este plan se ha cumplido en el mundo; así comienzan *los últimos tiempos* en los cuales podemos gozar de la relación con Dios que perdimos por el pecado.

Viviendo en *los últimos tiempos,* debemos basar nuestros valores y conducta en el futuro que Dios trae, y no vivir en rebelión y pecado como hicimos en el pasado.

3 Nacidos de simiente incorruptible, 1 Pedro 1:21-25.

V. 21. El sacrificio de Cristo hizo posible que nosotros tengamos una nueva relación con Dios, porque Dios mismo aprobó el sacrificio, la resurrección y exaltación de Cristo. *Fe y esperanza... en Dios:* En esta relación, toda nuestra vida está orientada hacia Dios. Confiamos en él y dependemos de él; así vivimos en una *esperanza* viva y fuerte. Esta es la tercera vez que Pedro menciona la esperanza (vv. 3, 13), porque es un elemento importante de la experiencia cristiana, y más aun en medio de la persecución.

V. 22. *La verdad* de nuestra salvación tiene implicaciones para nuestra conducta, y la principal es *un amor fraternal no fingido.* Los santos deben amarse y servirse mutuamente, con fervor y en pureza. Somos purificados de la corrupción del mundo en *obediencia a la verdad.*

V. 23. La nueva naturaleza que recibimos en Cristo no está sujeta al pecado ni a la muerte. El pecado es, en el fondo, desobediencia a Dios por falta de amor a él, pero el que ha *nacido de nuevo* puede amar sincera y enérgicamente; esta es una muestra de la vida santa. Esto es posible, no por alguna cualidad o potencia humana, sino por el poder de *la palabra de Dios* en el creyente. Esta palabra *vive y permanece,* no se debilita o caduca como todo lo demás en este mundo. *La palabra permanece* porque es la del Dios vivo que *permanece* por la eternidad.

Vv. 24, 25. Pedro enfatiza el contraste entre nuestra debilidad y la permanencia de *la palabra del Señor* con una cita de Isaías 40:6-8. La frase *toda carne,* es común en el Antiguo Testamento para señalar a los hombres. Aunque queremos vernos como fuertes y permanentes, en realidad somos tan pasajeros como el pasto y como las flores del campo. Si buscamos ser santos por nuestras propias habilidades y poder, no produciremos más que una sombra que pronto se desvanece. Pero la palabra de Dios tiene poder creador y vivificador.

Esta palabra fue el medio para lograr nuestro nuevo nacimiento (v. 23), y permanece en nosotros para producir la santidad necesaria para vivir en comunión con Dios. El evangelio que escuchamos es la buena noticia del perdón, y también de la transformación moral.

Aplicaciones del estudio

1. Dios nos ha llamado para ser distintos del mundo y dedicados a sus propósitos, 1 Pedro 1:15. Seguir a Cristo no es seguir la corriente del mundo sino vivir de manera ejemplar el estilo de vida que Dios espera de nosotros. **2. Santidad no es abstenerse de ciertas prácticas, sino obediencia a la voluntad de Dios.** Estamos tentados a identificar la dedicación a Cristo con ciertas prácticas externas. Pero la verdadera santidad es obediencia a la voluntad del Señor. **3. La santidad es el ideal para todo cristiano.** "Sed santos" no es la pauta para una élite, sino una regla básica para todo seguidor de Cristo. **4. La manifestación principal de la santidad es el amor, 1 Pedro 1:22.** Dios es amor, y sus seguidores se parecen a él cuando ejercen amor sincero.

Ayuda homilética

La vida santa
1 Pedro 1:13-16

Introducción: Con el nuevo nacimiento, Dios nos ha dado una vida totalmente distinta en calidad moral a la que teníamos antes. En base a esta realidad, Pedro exhorta a sus lectores a practicar una conducta transformada.

I. La vida santa requiere seriedad, v. 13a.
La gracia de Dios no es un pretexto para la pereza, sino un motivo para esforzarnos.

II. La vida santa depende de los recursos de Dios, v. 13b.
A. Ya no tenemos que vivir por la astucia humana.
B. La revelación de Dios en Jesucristo nos da dirección y poder para hoy y esperanza para el futuro.

III. La vida santa requiere ser diferentes del mundo, v. 14.
A. Cuando no conocíamos a Dios vivíamos de acuerdo con deseos egoístas desenfrenados.
B. Ahora que lo conocemos, la obediencia es nuestra meta.

IV. La vida santa es conformidad con el modelo de Dios, vv. 15, 16.
A. La santidad es mostrar el amor y fidelidad que muestra Dios.
B. La naturaleza de nuestro nuevo Padre debe penetrar todos los aspectos de nuestra conducta.

Conclusión: Conformemos nuestra conducta a los propósitos y conducta de Dios, no al mundo en que vivimos.

Lecturas bíblicas para el siguiente estudio

Lunes: 1 Pedro 2:1, 2
Martes: 1 Pedro 2:3, 4
Miércoles: 1 Pedro 2:5, 6
Jueves: 1 Pedro 2:7, 8
Viernes: 1 Pedro 2:9, 10
Sábado: 1 Pedro 2:11, 12

AGENDA DE CLASE

Antes de la clase
1. Lea detenidamente en su Biblia 1 Pedro 1:1-25 y analice el estudio en este libro y en el del alumno. **2.** Prepare un cartel o escriba en el pizarrón en dos columnas las siguientes palabras:

Columna 1	Columna 2
pecado	futuro
pasado	obediencia
ignorancia	incorruptible
corruptible	eterno
pasajero	sabiduría
desobediencia	santidad

3. Prepare pedacitos de hilo o estambre (lana) para atar alrededor de un dedo de cada participante.

Comprobación de respuestas
JOVENES: **1.** Completamente. **2.** No vivir en la ignorancia que tenía antes de ser hijo de Dios. **3.** En todo aspecto. **4.** La sangre preciosa de Cristo. **5.** No fingido. **6.** Permanece para siempre.
ADULTOS: **1.** a. V. b. F. c. V. d. F. e. V. f. F.

Ya en la clase
DESPIERTE EL INTERES
1. Muestre las dos columnas de palabras en el cartel o pizarrón y pida que los presentes emparejen las de la primera columna con su antónimo (idea opuesta) en la segunda columna (ej. pecado -santidad) **2.** Comente que son palabras contrastantes y que en el pasaje que hoy estudiarán verán que el escritor hizo uso de estos y otros conceptos contrastantes para recalcar importantes verdades.

ESTUDIO PANORAMICO DEL CONTEXTO
1. A modo de "lluvia de ideas" diga "Pedro" para que los alumnos reaccionen diciendo todo lo que recuerdan de él. Haga lo mismo con las palabras "Roma" y "expatriados". **2.** Asegúrese de que capten que Pedro probablemente escribió la carta que hoy comienzan a estudiar desde Roma a expatriados en distintos lugares dentro del Imperio Romano. **3.** Presente un breve resumen de 1 Pedro 1:1-12, según el "Estudio panorámico del contexto".

ESTUDIO DEL TEXTO BASICO

1. La santidad es un imperativo, 1 Pedro 1:13-16. Forme parejas. Deben leer los vv. 13-16 y encontrar dos grandes ideas contrastantes. Luego de unos minutos cada pareja comparta lo que encontró.

Aclare, según sea necesario, para asegurarse de que entiendan el concepto de esperanza completa en Cristo, de ser hijos obedientes y de ser santos como Dios es santo. Memoricen el versículo clave (v. 15). Haga notar ○ el título de esta sección y vea si alguno puede explicar cómo es que la santidad es un imperativo.

2. Rescatados para ser santos, 1 Pedro 1:17-20. Las mismas parejas encuentren en este pasaje dos consejos para los que "invocan como Padre" al Señor (conducíos... v. 17, Tened presente... v. 18). Pida que expresen en sus propias palabras el concepto expresado en "conducíos en temor todo el tiempo de vuestra peregrinación". Enseguida, dé a cada uno un pedazo de hilo o estambre (lana). Diga que una manera de recordar algo es atarse un hilo alrededor de un dedo. Cada uno ate el que recibió en un dedo de su pareja. Será un momento ameno en que usted recalcará lo que el v. 18 dice que deben tener presente. Agregue que el hilo pronto se lo sacarán pero que el recuerdo del sacrificio de Cristo en la cruz es el "hilo" que nos debe recordar siempre lo que nuestro rescate costó a Dios y para qué fuimos rescatados. Lean todos juntos el título de esta sección (Rescatados para ser santos). ○

3. Nacidos de simiente incorruptible, 1 Pedro 1:21-25. Vuelvan a trabajar en parejas, ahora deben encontrar tanto un consejo y la razón del mismo (v. 22) e ideas contrastantes (vv. 23, 24). Luego de unos minutos comparen lo que encontraron y usted aclare según crea necesario, para grabar el concepto de que nacimos en Cristo para vivir con él por toda la eternidad.

APLICACIONES DEL ESTUDIO

1. Pida que cada pareja elabore una aplicación práctica para ellos mismos. Compartan con toda la clase lo que elaboraron. **2.** Vean y comenten también las que aparecen en el libro del alumno. **3.** Mencione situaciones que viven sus alumnos y pida que apliquen a ellas lo que dice Pedro en el pasaje estudiado (pueden ser situaciones de trabajo, familia, vida social, universidad, etc.).

PRUEBA ○

1. Siempre trabajando en parejas, contesten las preguntas de esta sección en sus libros del alumno. **2.** Compruebe lo que contestaron bajo el inciso 1. **3.** Anime a que compartan con todos lo que contestaron bajo el inciso 2.

Unidad 13

Dios demanda madurez espiritual

Contexto: 1 Pedro 2:1-12
Texto básico: 1 Pedro 2:1-12
Versículo clave: 1 Pedro 2:9
Verdad central: El apóstol Pedro compara el proceso de crecer y madurar en la vida espiritual con el desarrollo físico por medio de alimentación adecuada.
Metas de enseñanza-aprendizaje: Que el alumno demuestre su: (1) conocimiento del concepto de Pedro acerca de la iglesia como un pueblo que siempre debe avanzar hacia la madurez espiritual, (2) actitud de crecer cada día hacia la madurez espiritual por medio de alimentación adecuada.

——————— **Estudio panorámico del contexto** ———————

A. Fondo histórico:
En esta sección Pedro incluye varias citas y alusiones al Antiguo Testamento. Usa pasajes que hablan del papel de Israel en el plan de Dios, y los aplica a sus lectores cristianos. Sobresale en estas citas el uso de dos figuras: la piedra angular y el sacerdocio.

Citas del Salmo 118:22 (1 Ped. 2:7); Isaías 28:16 (2:6) y 8:14 (2:8) contienen la figura de la piedra angular. Su uso en este contexto muestra que Israel tiene un papel clave en el plan de Dios. Los grandes imperios que no tomaran en cuenta esta piedra tropezarían sobre ella, porque es "piedra angular" en el plan de Dios. Esta piedra es la más importante en una construcción, porque determina la orientación del edificio y sostiene los muros. Pedro dirá que la "piedra angular" del plan de Dios ahora es Jesucristo. Los que se acercan a él (2:4) son llamados "piedras vivas" con las cuales se va sobreedificando.

Un sacerdote representa a los hombres ante Dios, ofreciendo sacrificios. Es un "hacedor de puentes" que ayuda a los hombres a acercarse a Dios. También representa a Dios ante los hombres, entregando su palabra. El Antiguo Testamento presenta a Israel como una nación sacerdotal, con una responsabilidad especial de servir a Dios con sacrificios y con su vida (Exo. 19:6).

Pedro dice que ahora Dios ha constituido otro pueblo, los cristianos, para formar con ellos su sacerdocio (2:5, 9). El nuevo pueblo será el instrumento de Dios para ayudar a los hombres a acercarse a él. Ser sacerdote es ser pontífice que significa: "hacedor de puentes". El cristiano está llamado a tender los puentes del evangelio para que los hombres puedan llegar a Dios.

B. Énfasis:
Como recién nacido, 2:1-3. En Cristo, Dios nos da nueva vida, y también nos nutre para que crezcamos.
Fundamento sólido, 2:4-6. Para crecer, es necesario tener un fundamento adecuado, y este fundamento es Cristo.
Roca de escándalo, 2:7, 8. Cristo es clave para todos, no solamente para los que fundan sus vidas sobre él. Para los demás, es la causa de su caída.
El pueblo de Dios, 2:9, 10. Como Dios formó el pueblo de Israel para sí, ahora está formando al pueblo cristiano para servirle y gozar de su luz y su misericordia.
Peregrinos ejemplares, 2:11, 12. El pueblo que pertenece a Dios debe ser distinto del mundo, y así será un testimonio que invita a otros a venir a Dios.

─────────── **Estudio del texto básico** ───────────

1 Madurez por medio de alimentación adecuada, 1 Pedro 2:1-3.

Pedro acaba de mencionar el nuevo nacimiento que Dios efectúa por medio de su Palabra (1:23). En base a esta figura, describe a los cristianos como *niños recién nacidos* que deben crecer hacia la madurez.

V. 1. Pedro menciona cosas que impiden el crecimiento cristiano. Para crecer es necesario que dejemos las prácticas pecaminosas que caracterizan la conducta mundana. Pedro enfatiza los pecados que afectan las relaciones entre seres humanos, resumiéndolos en las frases: *toda maldad* y *todo engaño.* Estos términos representan respectivamente actitudes y palabras pecaminosas. Los cristianos somos llamados a dejar toda actitud maliciosa hacia otros, tanto dentro de la iglesia como fuera de ella, y a ser absolutamente honestos en palabra (sin *engaño*) y en acción (sin *hipocresía*). Por otro lado, debemos estar contentos con lo que Dios nos ha dado, tanto en bienes materiales como en dones espirituales, y ponerlo al servicio de otros, en lugar de envidiar lo que tienen. Pedro termina la lista de pecados con la expresión: *toda maledicencia,* un ejemplo más de las palabras pecaminosas. Más adelante Pedro dice que somos llamados para dejar como herencia una bendición a los de alrededor (3:9). Entonces nuestras palabras deben ser de bendición, no de maldición.

V. 2. El lado positivo de la madurez cristiana es el alimento espiritual que Dios nos provee. La salvación no es solamente una bendición que Dios nos dio una vez, ni algo que esperamos al final, sino una provisión constante. Debemos buscar este alimento con avidez, como el bebé con hambre reclama con insistencia la leche que necesita para quedar satisfecho.

Pedro describe este alimento como *leche,* continuando la relación del simbolismo del nacimiento. La llama *leche espiritual,* recordando a sus lectores que no se trata del alimento físico, sino del alimento que sostiene y acrecienta nuestra relación con Dios. También es leche *no adulterada.* Así como una madre quiere proveer leche pura sin ninguna mezcla de algo nocivo, Dios provee solamente lo bueno a sus hijos. El adjetivo *no adulterada* tiene la misma raíz que el sustantivo *engaño* en el v. 1. Es posible llegar a ser genuinos y honestos porque Dios que es genuino en todo nos da esa capacidad por su

Espíritu. ¿En qué consiste esta leche? Claramente incluye la palabra de Dios (1:23), el evangelio (1:25), pero probablemente no se limita a un mensaje. La figura de la leche maternal sugiere que Dios, como una madre, comparte con nosotros su misma vida para que nosotros también vivamos y crezcamos.

Por lo que Dios provee, a través de la palabra, de su presencia, de sus cuidados y de su compañerismo, crecemos *para salvación.* Pedro usa este término para la bendición que esperamos "en el tiempo final" (1:5), pero no es un rescate de último momento, sino la conclusión propia de una vida concentrada en Dios y su provisión.

V. 3. Pedro sugiere que los recuerdos de bendiciones pasadas deben servir como motivación para desear más. Adapta el Salmo 34:8a para este propósito, y así sugiere que el alimento que debemos buscar es *el Señor* mismo. (Señor en 1 Pedro se refiere a Jesucristo.) En el pasado, cuando hemos buscado al Señor, él ha respondido revelándose a sí mismo y mostrando su bondad hacia nosotros. Estas experiencias nos deben motivar a buscarlo con mayor avidez.

2 Madurez por tener un fundamento sólido, 1 Pedro 2:4-6.

En estos versículos Pedro cambia la metáfora del alimento por la de una construcción. Sigue, sin embargo, enfatizando que *el Señor* es determinante en nuestro crecimiento hacia la madurez. Ahora lo describe como la *Piedra del ángulo* sobre la cual la comunidad cristiana se va sobreedificando.

V. 4. Si Jesucristo es el alimento que requiere nuestra vida espiritual, también es la *Piedra* sobre la cual estamos firmes. El adjetivo *Viva* recuerda que esta no es literal sino una figura, pero también sugiere un contraste con los dioses de piedra y madera que formaban parte de la "vana manera de vivir" en que antes anduvieron los cristianos de Asia Menor. Ahora sirven a un Señor que tiene vida y la comparte con sus adoradores (los hace *piedras vivas,* v. 5).

Pedro describe al Señor en términos que anticipan la cita del Salmo 118:22, que encontraremos en 2:7. Contrasta la opinión de *los hombres* acerca de esta "Piedra" con la *de Dios.* Los hombres rechazaron a Jesucristo, pero Dios lo estima elegido y precioso, cumplió la tarea para la cual Dios lo había escogido y por tanto tiene gran valor a sus ojos. La madurez cristiana se evidencia al estar cada vez más cerca, más vinculado a esta Piedra Viva.

Vv. 5, 6. En nuestro acercamiento a Cristo, Dios nos está edificando en una *casa.* El creyente individual no es *casa,* sino *piedra* que logra su propósito en relación con otras "piedras". La madurez cristiana no es un asunto individual; se realiza solamente dentro de la comunidad creyente. Inclusive el alimento (v. 3) se recibe en la comunidad y no en una relación exclusivamente solitaria con Cristo. Pedro aclara que esta *casa* es *espiritual;* representa a un pueblo. Este pueblo *santo* (1:15) conforma un *sacerdocio.* No solamente está formado por Dios, sino que también existe para adorarle y servir a sus propósitos. En el Antiguo Testamento los sacerdotes levíticos eran quienes generalmente ofrecían los *sacrificios.*

Ahora Dios edifica al pueblo que cree en Jesucristo para este propósito. Sin embargo, los sacrificios que ofrecemos no son por medio de animales u otras cosas materiales, sino *espirituales.* Probablemente Pedro piensa en lo mismo que se menciona en Hebreos 13:15, 16: alabanza a Dios (1 Ped. 4:11) y buenas obras hacia los hombres (2:12). Estos sacrificios son *agradables a Dios* no por nuestro esfuerzo o capacidad, sino *por medio de Jesucristo.* Estamos edificados sobre él y nuestra relación con él permite que nuestra obra sea *elegida y preciosa delante de Dios* (v. 4). En el v. 6, Pedro cita Isaías 28:16 (de la traducción griega del Antiguo Testamento) para apoyar su presentación de Jesús como la Piedra. *Escogida y preciosa* es la misma frase que se traduce elegida y preciosa en el v. 4. Cristo es el fundamento adecuado para la vida, y *el que cree en él* lo comprueba en su propia experiencia.

3 Madurez por ser un pueblo especial, 1 Pedro 2:7-12.

Vv. 7, 8. La expresión: *de sumo valor* proviene de la misma raíz que "preciosa" en los vv. 4 y 6. La bendición de no ser avergonzado es para los que creen en Jesucristo. Para los que no creen, hay otros dos versículos del Antiguo Testamento que describen lo que esta Piedra es para ellos: Salmo 118:22 e Isaías 8:4. *Desecharon* o "rechazaron" (4) a Cristo, como los que le crucificaron. Pero este rechazo no es deshonra o derrota para Jesús, sino para los que lo rechazan. Tropezaron por su desobediencia a la Piedra que Dios había puesto como *cabeza del ángulo.* Rechazar a Cristo es "tropezar" y no llegar a la meta para la cual el hombre fue creado: una relación armónica con Dios.

Fueron destinados puede sugerir que los desobedientes no tenían la opción de aceptar. Pero éste no es el propósito de Pedro. Ya ha presentado la decisión humana de no creer (7). Ahora afirma que esta decisión no frustra el plan redentor de Dios, sino que está contemplada en él. Ningún suceso está fuera del poder y control de Dios. Está establecido que todos los que creen serán salvos, asimismo, los que no creen están *destinados* a perecer.

V. 9. En contraste con los que desobedecen el evangelio, los lectores de la carta son un pueblo especial. Dios ha unificado a creyentes de culturas y raíces diversas en un solo pueblo. Somos *linaje escogido* y *nación santa,* la "nueva raza" del hombre, escogida para una relación especial con Dios. Somos *real sacerdocio,* sacerdotes para "ofrecer sacrificios espirituales" (v. 5) al Rey del cielo, y para facilitar a otros su acercamiento a Dios. Somos *pueblo adquirido,* la posesión especial de Dios, con el propósito de anunciar sus *virtudes,* como alabanza a él y como testimonio que invita a otros a venir a su *luz admirable.*

V. 10. Pedro también toma el concepto de Oseas 2:23 para expresar la nueva identidad que Dios ha dado a los que creen. El pecado produce división en la humanidad, pero en Jesucristo Dios ha constituido un *pueblo* unido para él, y le ha mostrado la *misericordia* que hacía falta en la desgraciada existencia anterior.

V. 11. La preocupación por la vida en este mundo distrae a una persona de la dimensión más importante de la vida (Mar. 8:35). Pedro exhorta a sus lectores a dejar de gastar sus energías en buscar lo que pertenece solamente a la vida física, porque esta preocupación está en contra de los intereses más elevados.

V. 12. El interés central de Pedro es que sus lectores muestren *una conducta ejemplar* entre sus vecinos y amistades no-creyentes. Los burladores tendrán la oportunidad de convertirse y estar dispuestos a glorificar a Dios con los creyentes *en el día* en que Dios viene a salvar y a juzgar.

--------- Aplicaciones del estudio ---------

1. **Dios nos llama a crecer en la nueva vida que nos ha dado, 1 Pedro 2:1-4.** Crecemos por acercarnos a Jesucristo y recibir y digerir el alimento espiritual que él nos da en su Palabra y en la experiencia diaria con él.

2. **En Jesucristo, Dios nos ha hecho totalmente distintos a lo que éramos antes.** Esto implica una diferencia con los que no han sido transformados, 1 Pedro 2:9-11.

3. **Dios demanda que sigamos creciendo en buenas obras, para atraer a otros a la luz que gozamos, 1 Pedro 2:12.** El cristiano es testigo, en todo lo que dice y hace. La madurez cristiana es mostrar un testimonio positivo.

--------- Ayuda homilética ---------

La Piedra Viva
1 Pedro 2:4-8

Introducción. La piedra viva es Cristo Jesús, él es el fundamento de la iglesia. Nunca ha habido ni habrá nadie que se pueda comparar con nuestro fundamento.

I. **Jesucristo es la Piedra Viva, el único fundamento adecuado para vivir la vida que Dios quiere darnos (v. 4).**

II. **Los que fundan su vida sobre la Piedra Viva se asemejan a él (vv. 5, 6).**
   A. Jesucristo nos da la verdadera unidad en el servicio a Dios (v. 5).
   B. Jesucristo da verdadero propósito a nuestra vida: agradar a Dios y servir a otros con buenas obras (v. 5).
   C. Jesucristo nos da la verdadera dignidad y esperanza (v. 6).

III. **Los que lo rechazan determinan con esta decisión la característica de sus vidas (vv. 7, 8).**
   A. Jesucristo es la Piedra angular por la cual seremos medidos, aun si lo rechazamos personalmente (v. 7).
   B. Desobedecer el llamamiento a seguirle es tropezar y perder la oportunidad de vivir realmente (v. 8).

Conclusión. Haz de Cristo la Piedra angular de tu vida y tendrás la seguridad de que un día estarás con él eternamente.

Lecturas bíblicas para el siguiente estudio

Lunes: 1 Pedro 2:13-15

Martes: 1 Pedro 2:16, 17

Miércoles: 1 Pedro 2:18-21

Jueves: 1 Pedro 2:22-25

Viernes: 1 Pedro 3:1-4

Sábado: 1 Pedro 3:5-7

AGENDA DE CLASE

Antes de la clase
1. Lea en su Biblia 1 Pedro 2:1-12. Tome nota de las citas y referencias del Antiguo Testamento que usa el escritor para hablar de Cristo. Revise el material de este estudio en este libro y en el del alumno. **2.** Prepare un cartel o escriba en el pizarrón el bosquejo general:

DIOS DEMANDA MADUREZ ESPIRITUAL
1. Madurez por medio de alimentación adecuada, 1 Pedro 2:1-3
2. Madurez por tener un fundamento sólido, 1 Pedro 2:4-6
3. Madurez por ser un pueblo especial, 1 Pedro 2:7-12

3. Prepare igual cantidad de tiras de papel de tres distintos colores. En uno de cada color escriba uno de los títulos del bosquejo, por ejemplo: *Madurez por medio de alimentación adecuada, 1 Pedro 2:1-3.*

Comprobación de respuestas
JOVENES: **1.** (Provea varios diccionarios para que los alumnos busquen las definiciones) a. maldad. b. engaño. c. hipocresía. d. envidia. e. maledicencia. **2.** a. viva, elegida, preciosa. b. edificio (piedras vivas), sacerdocio. c. linaje escogido, real sacerdocio, nación santa, pueblo adquirido. **3.** F, V. V. F.
ADULTOS: **1.** a. Maldad, engaño, hipocresía, envidia. b. Bondadoso. c. Piedras vivas. d. Pasiones carnales. **2.** a. F. b. F. c. V. d. V.

Ya en la clase
DESPIERTE EL INTERES
1. Relate la siguiente anécdota verídica. Visitando en una iglesia, una señora preguntó a una nueva creyente con quien le tocó sentarse, por una familia que ella sabía había sido de allí por mucho tiempo. La respuesta que recibió fue:
—Ya no vienen.
—¿Se mudaron? —preguntó la visitante.
—No. Ya no vienen porque el hermano X los ofendió.
Haciendo una breve pausa, siguió diciendo pensativamente:
—Todos ellos, incluyendo al hermano X son creyentes de muchos años. No entiendo cómo pueden ser así delante de los que recién empezamos a andar por este camino.
2. Pregunte: En una escala de 1 a 10, ¿cómo calificarían la madurez de esos cristianos "de muchos años" en la iglesia? Después de dar oportunidad para que opinen, comente que ser miembro de la iglesia por mucho tiempo no necesariamente equivale a haber madurado y que la falta de madurez espiritual es un gran obstáculo para la extensión del evangelio. **3.** Diga que hoy estudiarán cómo lograr esa madurez a la que el apóstol Pedro dio tanta importancia.

ESTUDIO PANORAMICO DEL CONTEXTO

1. Muestre el cartel o pizarrón donde escribió el bosquejo y léalo en voz alta. Diga que Pedro sentía inquietud por la madurez cristiana de sus lectores, sabiendo que era un imperativo en las ciudades fuera de su patria donde los rodeaba el paganismo con sus insidiosas tentaciones. **2.** Relate el contenido de *"Fondo histórico"* en esta sección del comentario en este libro.

ESTUDIO DEL TEXTO BASICO

1. Si su clase responde bien al estudio en equipos, reparta las tiras de papel de distintos colores a todos. Todos los que recibieron un mismo color deben agruparse alrededor del que recibió la tira de ese mismo color que tiene escrito el título y cita bíblica que deben estudiar. Diga que cada título es un resumen del tema del pasaje. Deben hacer dos cosas: (1) Estudiar el pasaje para presentar una explicación de su contenido, versículo por versículo. Pueden elegir una persona del equipo para que presente luego la explicación a toda la clase, o asignar un versículo a distintos integrantes para que lo expliquen y comenten; (2) Deben elaborar, como mínimo, una aplicación práctica que se desprende del pasaje que les tocó. Después de unos diez a quince minutos, cada grupo informará sobre lo realizado.

2. Si a su clase no le agrada dividirse en grupos, al ir guiando el estudio de cada punto del bosquejo haga leer el título correspondiente. Un alumno lea enseguida en voz alta el pasaje relacionado mientras los demás deben encontrar lo siguiente: (1) En 1 Pedro 2:1-3: pecados a los que debemos renunciar si hemos de crecer hacia la madurez y algo que debemos "desear". (2) En los vv. 4-6 deben encontrar a qué compara el escritor a Cristo y una gran promesa para los que creen en él. (3) En los vv. 7-12 deben encontrar: (a) qué es Cristo para los que no creen, (b) características del pueblo de Dios (vv. 9, 10) y (c) una poderosa razón para tener una conducta ejemplar como cristianos.

APLICACIONES DEL ESTUDIO

1. Memoricen 2 Pedro 2:9. **2.** Si formó grupos para el estudio del texto básico, repasen las aplicaciones prácticas que cada uno pensó. Si no trabajaron en grupos, use las que aparecen en el libro del alumno. Un alumno voluntario lea la primera aplicación, y otro la explicación de la misma. Luego, los demás opinen sobre cómo se aplica el pronombre <u>mis</u> personalmente en su propio caso. Haga lo mismo con las aplicaciones 2 y 3.

PRUEBA

1. Pida que individualmente hagan lo que aparece en la sección *Prueba* en sus libros del alumno, escribiendo sus respuestas. **2.** Compruebe las respuestas al inciso 1. JOVENES: Los que se presten a hacerlo, lean en voz alta lo que escribieron bajo el inciso 2. Elogie las decisiones expresadas. ADULTOS: Con lo que cada uno escribió sobre una dieta adecuada, escriba en el pizarrón la receta perfecta para lograr madurez espiritual, anotando los distintos aportes de los alumnos.

Dios demanda sumisión en las relaciones

Contexto: 1 Pedro 2:13 a 3:7
Texto básico: 1 Pedro 2:13-25; 3:1-7
Versículos clave: 1 Pedro 3:3, 4
Verdad central: El ser cristiano implica una actitud de sumisión en relación con la autoridad civil, en las relaciones sociales, y en el matrimonio.

Metas de enseñanza-aprendizaje: Que el alumno demuestre su: (1) conocimiento de la sumisión en diferentes áreas de la experiencia cotidiana como una de las demandas de la nueva vida en Cristo, (2) actitud de sumisión en las áreas que le corresponda como seguidor de Cristo.

Estudio panorámico del contexto

A. Fondo histórico:

Esta sección de 1 Pedro presenta los deberes del cristiano en ciertas relaciones humanas. Hay códigos semejantes en Efesios 5:22—6:9 y Colosenses 3:18—4:1. Es probable que este tipo de código de deberes era una forma literaria común en el primer siglo. En comparación con Efesios y Colosenses, 1 Pedro muestra marcado interés en el deber que tiene la parte de menor rango en cada relación.

Pablo enfatiza deberes mutuos, pero Pedro no hace explícito el deber del Estado hacia sus ciudadanos (aunque está implícito en 2:14), omite totalmente el deber del amo hacia el esclavo (siervo), y dedica menos de un versículo (3:7) al deber del marido hacia su esposa.

Las personas que Pedro enfoca son las que carecen de derechos y están expuestas a la opresión. En el Imperio Romano, el ciudadano tenía ciertos derechos, pero la gran mayoría de sus habitantes no gozaban de los derechos de la ciudadanía. La autoridad del gobierno sobre ellos era absoluta. También los esclavos se consideraban propiedad de sus amos, quienes tenían poder absoluto sobre ellos.

Las mujeres estaban en una situación semejante con respecto a sus maridos. De hecho, la mujer llegó a ser considerada propiedad de su esposo. Pedro se interesa en personas en posición de desventaja en la sociedad así como Dios se interesa de manera especial por los pobres, los humildes y los débiles. Esta fue la condición de los cristianos a los cuales escribe Pedro en esta primera carta (2:11; 4:12, 13).

B. Énfasis:
1. Las instituciones humanas, 2:13, 14. El principio que el cristiano debe aplicar a sus relaciones es la sumisión. El primer ejemplo mencionado es en relación con el gobierno. *2. Callando a los insensatos, 2:15.* La sumisión cristiana es un testimonio que puede callar a incrédulos. *3. La libertad de los siervos de Dios, 2:16.* Cristo nos libera de la opresión, pero también nos da la voluntad de sujetarnos como esclavos de Dios. *4. La sumisión como prueba del compromiso con Cristo, 2:17.* Nuestra relación con Cristo tiene implicaciones para toda otra relación. *5. Sumisión en el trabajo, 2:18-20.* El segundo ejemplo de Pedro es el deber del esclavo al amo. Debe someterse por lealtad a Dios, independientemente del trato que reciba del amo. Este principio tiene aplicación al cristiano en su trabajo, pero también en cualquier circunstancia en que sufra. Debe cuidar de que el castigo no sea merecido, y aceptarlo como oportunidad para hacer lo que Dios quiere. *6. El ejemplo de Cristo, 2:21-25.* Cristo también sufrió, y mostró la actitud correcta de rectitud, paciencia y dependencia de Dios. Su sufrimiento hace posible que nosotros seamos libres del pecado y que vivamos en la misma rectitud que él mostró. Estuvimos divididos, dispersos y extraviados por el pecado, pero en él encontramos unidad, protección y dirección. Jesús fue sacrificado como un cordero, pero ahora es nuestro Pastor espiritual (de vuestras almas), quien nos cuida y provee nuestras necesidades. *7. Responsabilidades de esposo y esposa, 3:1-7.* El ejemplo final son los deberes en el matrimonio.

──────────────── **Estudio del texto básico** ────────────────

1 Sumisión a las autoridades, 1 Pedro 2:13-17.
Vv. 13, 14. Pedro empieza este código de deberes con un principio básico: la sumisión. Someter los deseos de uno a los de otros, en un mundo donde la mayoría está reclamando sus derechos, es parte de la "conducta ejemplar" (v. 12) que sirve de testimonio. Es una actitud tan inesperada y hasta ilógica que llama la atención del mundo al Dios que transforma la vida. Los versículos 12 y 15 nos recuerdan que el contexto de este consejo es la persecución. Aun cuando nos traten con injusticia, debemos mostrar respeto *a toda institución humana.* La sumisión es *por causa del Señor:* no por lo que es el hombre en sí, sino porque el cristiano reconoce en él la obra y semejanza de Dios. Se puede tomar como referencia el consejo de Pablo a los efesios (5:21).

Desde luego este principio incluye a los gobernantes. El propósito del gobierno es castigar el mal y promover las buenas obras. Por lo tanto, la sumisión a los gobernantes beneficia, es un paso decisivo para alcanzar la estabilidad de la sociedad. La lealtad a Dios y la lealtad al gobierno normalmente no estarán en conflicto, porque el gobierno debe reconocer que la fe en Cristo produce personas de bien.

V. 15. Pedro admite implícitamente que no todos reconocen que la vida cristiana conviene a la sociedad. Pero *la voluntad de Dios* es usar las vidas de los creyentes para mostrarles su error. Si la conducta de los cristianos no les convence para que se conviertan de su *ignorancia* para glorificar a Dios (v. 12), cuando menos puede ser tan recta que calle sus calumnias.

V. 16. La sumisión y rectitud que caracterizan la vida cristiana no son primordialmente obligaciones, sino más bien una manera de mostrar amor y gratitud a Dios por medio de obediencia y cooperación en su propósito. *Siervos* designa a los que son propiedad de otra persona, a los "esclavos". La sana relación con Dios es aceptar la libertad que él da y usarla para hacernos esclavos sumisos a su voluntad.

V. 17. Pedro resume el principio de sumisión en cuatro exhortaciones. Lo que debemos a todos, descrito en el v. 13 como *estad sujetos,* aquí se interpreta como *honrad.* Como criatura de Dios (v. 13) todo hombre merece nuestro respeto. Con el término *honrad,* Pedro describe el amor al prójimo (Mar. 12:31) o al enemigo (Mat. 6:44). Pero cuando hay mutualidad, porque compartimos la fe en Cristo, este respeto y sumisión se profundizan, y Pedro exhorta: *amad a los hermanos* cristianos.

En la Biblia, siempre van de la mano nuestra relación con el hermano y con Dios (Gén. 1:27; Exo. 20:1-17; Mar. 12:29-31; 1 Jn. 4:20, 21). Pedro también pasa de mencionar nuestro deber con el semejante y el hermano a nuestro deber con Dios: *temed.* No debemos temer a ningún hombre (3:6, 14).

Honrad al rey. Como en el v. 13, el deber con el gobierno se encuentra en el contexto de la autoridad suprema de Dios. Los gobernadores tienen su lugar y merecen respeto como creación de Dios, pero su lugar no es la supremacía absoluta que pertenece sólo a Dios. Aunque no conozcan personalmente a Dios, son su creación y por lo tanto merecen nuestro respeto y que les apoyemos en cuanto buscan realizar el propósito de Dios como autoridad establecida dentro del orden de Dios para este mundo.

2 Sumisión en las relaciones sociales, 1 Pedro 2:18-25.

Vv. 18-20. Estos versículos presentan un panorama que era parte integral de la sociedad en el tiempo de Pedro. En esencia, lo que Pedro pide de los *siervos* creyentes es sujeción, no en menoscabo de la dignidad humana sino en la búsqueda de una sociedad más pacífica. La expresión: *sujetos con todo respeto,* implica que en cierto grado el tener *conciencia* de Dios causaba problemas a los siervos en sus relaciones obrero-patronales.

Vv. 21-25. Pedro usa como recurso inspiracional el ejemplo de Cristo quien sin haber cometido pecado sufrió injustamente. De hecho, el mismo Hijo de Dios dejaba a su Padre el asunto de la justicia, él no se apresuró a vengarse de quienes lo hicieron sufrir. De manera directa Pedro expone los resultados del sufrimiento de Cristo: ser *Pastor y Obispo* de nuestras *almas.*

3 Sumisión en el matrimonio, 1 Pedro 3:1-7.

Vv. 1, 2. Después de tratar el asunto de la conducta de los esclavos (2:18-25), Pedro pasa a la de las esposas. Aunque dedica parte del v. 7 a la responsabilidad del marido, su interés principal se centra aquí, como antes, en la parte subordinada y a veces oprimida de la relación. Enfatiza estos papeles porque sirven como ejemplo de cómo todos los cristianos deben actuar en medio de una cultura que con frecuencia es hostil. Pedro repite el consejo general: *estad sujetas* (compare 2:13, 18), hace explícito el propósito evangelístico que 2:12 implica. Piensa especialmente en esposas de maridos inconversos. Estos no han aceptado *la palabra* de Dios, y comúnmente no escuchan *una palabra* de testimonio de la mujer. Pero el testimonio verbal de la esposa no es obligatorio, y con frecuencia no es lo más conveniente. Sin embargo, el testimonio de una vida transformada de cada cristiano es poderoso. Las esposas creyentes deben mostrar el poder de Cristo en la reverencia y castidad de su conducta.

Vv. 3, 4. Era común en el primer siglo considerar los *arreglos ostentosos del cabello, adornos de oro y ropa lujosa* negativamente porque podían ser sexualmente estimulantes. Sin embargo, la intención de Pedro no es tanto condenar ciertas modas como enfatizar la verdadera belleza con este contraste. Lo importante no es el adorno *exterior*, sino *la persona interior*. Es el *corazón* que Cristo transforma, y esta diferencia se percibe en la conducta, no en el atavío. Todo cristiano debe ser *tierno*, sumiso a lo que Dios permite en su vida y a las actitudes de otros, y *tranquilo* en lugar de respondón. Este adorno que el mundo ni siquiera reconoce, es *de gran valor delante de Dios*.

V. 5. El *espíritu tierno y tranquilo* era el atavío de las *santas mujeres* de antaño. Ellas mostraron que su fe y esperanza estaban puestas en Dios al someterse a sus maridos. La confianza de que Dios quiere nuestro bienestar nos permite someternos en las relaciones humanas en lugar de reclamar nuestros derechos.

V. 6. Pedro amplía el ejemplo de Sara, refiriéndose al título que ella da a su esposo en Génesis 18:12, donde se refiere a él como señor. En los códigos de deberes del hogar, el verbo "obedecer" se aplica al deber de hijos a padres y de esclavos a sus amos (Ef. 6:1, 5; Col. 3:20, 22), pero el deber de la esposa siempre se expresa con el verbo "someterse" (Ef. 5:22, 24; Col. 3:18; Tito 2:5; 1 Ped. 3:1, 5). ¿Es este versículo una excepción? Probablemente Pedro no quería repetir el verbo que había usado en el v. 5, y el título *señor* sugirió el verbo *obedeció,* pero el sentido es el mismo. La sumisión de la esposa a su marido no se expresa de la misma forma que la de un hijo o la de un esclavo.

Como descendientes de la fiel Sara, la esposa cristiana (y todo creyente) debe hacer el bien (1 Ped. 2:15; 3:17; 4:19) y tener temor de Dios (1:17; 2:17; 3:14), reconociéndolo como Señor.

V. 7. Solamente en la relación matrimonial Pedro presenta una responsabilidad de la parte de mayor rango, tal vez porque en las iglesias cristianas no había ningún gobernante, pocos o ningún amo de esclavos, pero muchos maridos.

Es probable que por *comprensión* Pedro quiere decir el conocimiento específicamente cristiano. El marido debe tratar a su esposa de una manera acorde con lo que entiende por su relación con Dios en Cristo. Dios siempre ha mostrado un interés especial en los "menores" o "últimos"; el marido debe reconocer en su pareja *más frágil* una favorecida de Dios y respetarla como *coheredera de la gracia de la vida.* Con tal actitud, no aprovechará su mayor fuerza o su ventaja social para oprimirla o controlarla. Aquí encontramos una buena lección para remediar el mal tan frecuente de los abusos en contra de las mujeres.

Aplicaciones del estudio

1. **La madurez cristiana es aprender la sumisión en cada relación, 1 Pedro 2:13, 17.** Dios coloca al cristiano en relaciones para que edifique a la otra parte, no para sacar provecho propio. 2. **La sumisión al gobierno se expresa en respeto y en hacer lo bueno, 1 Pedro 2:13-17.** El cristiano respeta al gobierno porque reconoce que tiene una función asignada por Dios, y coopera para que la cumpla. 3. **La sumisión se expresa en el matrimonio por actitudes que reconocen la dirección de Dios, 1 Pedro 3:1-7.** La esposa entiende que es Dios quien puede convertir a su marido, y el marido entiende la igualdad de su esposa con él en Cristo.

Ayuda homilética

La sumisión cristiana
1 Pedro 2:13-17

Introducción: Una relación madura con Dios se revela en sumisión en las relaciones humanas. No es cumplir con cada capricho de la otra persona, sino respeto y un deseo de apoyarla en realizar el propósito que Dios le dio.

I. **Nos sometemos al gobierno porque entendemos que Dios lo instituyó (vv. 13, 14, 17).**
   A. El propósito de Dios para el gobierno es que promueva el bien del hombre y lo proteja del mal.
   B. El cristiano que apoya esta actividad está cumpliendo la voluntad de Dios para él.
II. **Buscar y promover el bien de todos es testimonio al propósito y poder de Dios (v. 15).**
   A. Sin Cristo, el hombre está en "ignorancia" de las buenas relaciones con Dios y con sus semejantes.
   B. Dios usa el "bien hacer" del cristiano como ejemplo y también como corrección de esta ignorancia.
III. **El hacer el bien es la verdadera libertad (v. 16).**
   A. La libertad que se usa para hacer el mal se convierte en esclavitud al pecado.
   B. En la esclavitud a la voluntad de Dios encontramos la libertad de cumplir nuestra razón de ser.

Conclusión: Aprendamos de Dios la sumisión que nos da libertad.

Lecturas bíblicas para el siguiente estudio

Lunes: 1 Pedro 3:8-10
Martes: 1 Pedro 3:11, 12
Miércoles: 1 Pedro 3:13-15

Jueves: 1 Pedro 3:16, 17
Viernes: 1 Pedro 3:18-20
Sábado: 1 Pedro 3:21, 22

AGENDA DE CLASE

Antes de la clase
1. Lea en su Biblia 1 Pedro 2:13 a 3:7 y estudie la lección en este libro y en el del alumno. **2.** Busque en el diccionario el significado de "sumisión", o vocablos afines en un diccionario de sinónimos. **3.** Prepare una franja de cartulina que diga: "Dios demanda". Después de la clase guárdela para usarla más adelante.

Comprobación de respuestas
JOVENES: **1.** a. Sumisión. b. No. **2.** A todos. **3.** a. pecado. b. engaño en su boca. c. no respondió con maldición. d. no amenazaba. **4.** Los alumnos copiarán de la Biblia.
ADULTOS: **1.** a. por causa del Señor. b. como pretexto para hacer lo malo. c. Cristo. d. con comprensión. **2.** pecado, engaño en su boca. **3.** a. V. b. F. c. F. d. V.

Ya en la clase
DESPIERTE EL INTERES
1. Muestre la franja de cartulina en que escribió "Dios demanda". Pregunte cuál fue la primera demanda estudiada en esta Unidad (santidad) y cuál la segunda (madurez espiritual). **2.** Diga que hoy enfocarán una tercera demanda de Dios. Haga que la busquen en el título de la lección en sus libros. **3.** Escriba en el pizarrón: SUMISION EN LAS RELACIONES. Dirija una conversación sobre los distintos significados que puede tener SUMISION. Recalque luego que la sumisión que hoy estudiarán tiene una finalidad. Escriba en el pizarrón: "Es para el bien común".

ESTUDIO PANORAMICO DEL CONTEXTO
1. Presente el *"Fondo histórico"* exponiendo brevemente lo que dice dicha sección en este libro. Note el uso del concepto de "códigos de conducta" que siguen la misma línea de los que escribe el apóstol Pablo en las cartas a los Efesios y a los Colosenses. **2.** Mencione que estos códigos enfocan tres áreas de relaciones donde, si interpretaban mal el concepto de "libertad en Cristo", los creyentes podían salirse de la modalidad correcta.

ESTUDIO DEL TEXTO BASICO
1. Sumisión a las autoridades, 1 Pedro 2:13-17. Escriba en el pizarrón: "Autoridades". Diga que la primera área de la que escribe Pedro es la sumisión a las autoridades. Pida que lean en silencio 1 Pedro 2:13 y 14 y encuentren la palabra parecida a "sumisión" (sujetos), y presten atención a las razones que da para esa "sumisión" a las autoridades. Dé oportunidad para que las encuentren y compartan. Luego, pida a un voluntario que lea en voz alta el v. 15 y lo explique. Proceda de la misma manera con el v. 16. Diga que el v. 17 es un resumen de la relación del cristiano con el gobierno, la política y el Estado. Léanlo todos juntos en voz alta. Dirija una conver-

sación sobre el mismo, enfatizando que el orden impuesto por el Estado por medio de las leyes es para el bien común.

2. *Sumisión en las relaciones sociales, 1 Pedro 2:18-25.* Escriba en el pizarrón: "Trabajo", y diga que las relaciones sociales que se enfocan en los siguientes versículos son las relaciones laborales, que en aquel tiempo un siervo o esclavo podía pensar que por su libertad en Cristo ya no tenía que sujetarse a sus patrones, y que en los vv. 18-20 verán el "código de conducta" que Pedro presenta para aplicar en esta área. Pida que mientras usted lee en voz alta dichos versículos encuentren (1) a qué tipos de patrones debían estar sujetos, (2) dos cosas que Pedro llama "aceptables". Después de la lectura y de que los alumnos digan lo que encontraron, recalque que aquí se trata de soportar especialmente en el caso de ser perseguidos por su fe. En Cristo eran libres, pero esa misma libertad los llamaba a permanecer sujetos para "el bien común". Pida que un alumno lea en voz alta los vv. 21-25. Los demás deben encontrar: (a) el ejemplo de quién debían seguir, (b) en qué consistió ese ejemplo, (c) cómo eran los cristianos antes de conocer a Cristo. Comenten luego lo que encontraron y usted agregue información para enriquecer el estudio, especialmente si algunos de los presentes aún no han aceptado a Cristo.

3. *Sumisión en el matrimonio, 1 Pedro 3:1-7.* Escriba en el pizarrón "Relaciones familiares". Diga que Pedro pasa enseguida a hablar específicamente del matrimonio, pero que lo que escribe se aplica a todas las relaciones familiares. Usted lea en voz alta 3:1-6 mientras los presentes encuentran: (a) una razón por qué la esposa cristiana debe estar sujeta a su esposo no cristiano, (b) cuáles son los mejores adornos de la esposa, (c) el ejemplo del pasado que Pedro menciona para el presente. Comenten lo que encontraron y luego haga notar la última frase "no tenéis miedo de ninguna amenaza". Pregunte: ¿Qué amenaza puede sufrir la esposa cristiana de su cónyuge y otros familiares no cristianos?

Haga notar el v. 7 dirigido a los maridos que dice "de la misma manera". Apliquen lo dicho en los vv. 1-6 al marido, haciendo una paráfrasis aplicada a él. Diga que en el v. 7 hay un código más para el esposo. ¿Pueden encontrarlo?

APLICACIONES DEL ESTUDIO
JOVENES: Hagan una paráfrasis de 1 Pedro 3:1-7 para hijos cristianos en relación con familiares no creyentes. JOVENES O ADULTOS: Forme grupos de tres para elaborar una aplicación práctica para sus vidas en (1) Su deber ciudadano, (2) sus relaciones laborales o escolares, (3) sus relaciones familiares.

PRUEBA
1. Cada uno escriba la respuesta de la primera "prueba" y comenten lo que escribieron. **2.** Uno lea en voz alta la segunda "prueba". **3.** Pregunte qué los motivó a contestar como lo hicieron. Destaque que el ejemplo de Cristo y lo que agrada a Dios son las motivaciones más poderosas para el código de conducta del cristiano y para el bien común.

Unidad 13

Dios demanda constancia frente a las pruebas

Contexto: 1 Pedro 3:8-22
Texto básico: 1 Pedro 3:13-22
Versículo clave: 1 Pedro 3:18
Verdad central: Cristo sufrió dándonos un ejemplo para ser fieles a pesar de la persecución.
Metas de enseñanza-aprendizaje: Que el alumno demuestre su: (1) conocimiento de las enseñanzas de Pedro respecto al sufrimiento de Cristo como un ejemplo de fidelidad, (2) actitud de ser constante en los caminos del Señor a pesar de las circunstancias adversas.

──────────── **Estudio panorámico del contexto** ────────────

A. Fondo histórico:

Dos versículos de este pasaje (3:19, 20) han sido motivo de mucho estudio y especulación en la historia de la interpretación bíblica. ¿Quiénes son "los espíritus encarcelados" que en otro tiempo (el de Noé) fueron desobedientes? Una sugerencia es que son los hombres de la generación de Noé. Ellos pueden representar el colmo de la maldad, ya que su pecado provocó el diluvio. Como ya murieron, son "espíritus". En este caso, surgen las preguntas: ¿Cuándo les predicó? y ¿cuál fue su mensaje? Una interpretación antigua es que Jesús descendió al lugar de los muertos para predicar a los inquilinos; si la idea es que les ofrece otra oportunidad de aceptarle, tal interpretación parecería contradecir la clara enseñanza de otros pasajes, que no hay arrepentimiento después de la muerte. Agustín dijo que Jesús estuvo en Noé predicándoles en los días que vivían sobre la tierra. Otros han entendido que estos son los espíritus de los justos de tiempos antiguos, quienes son en su fidelidad y perseverancia ejemplo para cristianos que sufren.

Sin embargo, el término "espíritu" en la Biblia nunca se designa a hombres muertos; en cambio se usa con frecuencia para espíritus malos. Ciertos judíos, con base en Génesis 6:2-4, desarrollaron la idea de espíritus malos que provocaron el diluvio y luego fueron encarcelados por Dios. Si interpretamos 1 Pedro 3:19, 20 como una alusión a tales ideas, concordaría con pasajes como 1 Pedro 3:22 y Colosenses 2:15, que declaran la victoria de Jesús sobre espíritus. Tal vez el concepto de Pedro es que Jesús, mientras ascendía al cielo en victoria sobre la muerte, proclamó a los espíritus de maldad que habían sido derrotados.

Aunque no podemos estar seguros de la idea precisa que Pedro quiere expresar con este ejemplo, está claro que él enfatiza la victoria de Jesús. Menciona a estos espíritus para mostrar el alcance del sacrificio y de la victoria de Jesús. No hay lugar ni tiempo que esté fuera de su influencia.

B. Enfasis:

Actitudes para fortalecer la unidad, 3:8, 9. El v. 8 resume la actitud que debemos tener entre la comunidad de creyentes: ser sensibles a los intereses y necesidades de los demás. Un mismo sentir no significa que todos tengan las mismas opiniones, sino el mismo respeto, cuidado y amor. El v. 9 reintroduce el tema de nuestra actitud frente a la oposición y persecución. Como Cristo (2:23), debemos extender la bendición que recibimos de Dios aun a los que nos maldicen y nos tratan mal.

Actitud de los justos, 3:10-12. Pedro cita el Salmo 34:12-16 para resumir la actitud que el cristiano debe tener. (Tomó palabras del mismo Salmo en 2:3.) La herencia que esperamos es "la vida y días buenos". El que tiene esta meta debe controlar su lengua y hacer el bien (una expresión favorita de Pedro). El Señor Jesús favorece y aprueba a los justos, pero se opone a los que hacen el mal. Estos atacan a los justos, pero descubrirán que tienen un Adversario más poderoso.

Padecer por causa de la justicia, 3:13-15. La persecución es una oportunidad para mostrar fidelidad a Cristo y testificar de la esperanza que él da.

Tener buena conciencia, 3:16, 17. Es hacer el bien. Avergonzará a los acusadores y agradará a Dios.

Cristo, nuestro ejemplo, 3:18-20. Es el único que sufrió exclusivamente por hacer el bien, porque nunca hizo nada que mereciera castigo.

Símbolo de la resurrección, 3:21, 22. El bautismo simboliza la resurrección de Cristo, que es la prenda que da esperanza a todos los que sufren por la justicia.

——————————— Estudio del texto básico ———————————

1 La bendición de la persecución, 1 Pedro 3:13-15.

V. 13. Pedro resume los consejos de los vv. 10 y 11 en la expresión: *ávidos por el bien.* Si alguno dedica su vida a la búsqueda de este bien, que incluye un trato recto y respetuoso hacia los hombres y la obediencia a los preceptos de Dios, el Señor mismo verá y se encargará de su bienestar. Frente a su favor, *¿quién es aquel que os podrá hacer daño?* Tendría que ser alguien más fuerte que Dios, y no lo hay.

V. 14a. Sin embargo, el sufrimiento por *la justicia* es una realidad en la vida cristiana. Es una realidad que Pedro ha mencionado antes (1:6; 2:12, 15, 20), y será su tema principal desde aquí hasta el fin del capítulo 4. El sufrimiento es una realidad, pero no es *daño* (v. 13) porque el que sufre por la justicia es *bienaventurado.* Es posible que Pedro esté utilizando un dicho de Jesús semejante a Mateo 5:10. La bienaventuranza del sufrimiento es que Dios lo usa para formar el carácter cristiano, y que es una oportunidad para mostrar perseverancia y fidelidad a Cristo. Estas se muestran en testimonio y por seguir el ejemplo de Cristo.

Vv. 14b, 15. En 14b y 15a, Pedro usa Isaías 8:12, 13. El sufrimiento y la amenaza no deben producir temor en el cristiano, porque ha aprendido a temer solamente a Dios. Este temor sano se expresa en "santificar" al Señor, darle en nuestros *corazones* el lugar que corresponde al Creador y Juez de todo. Para los cristianos, el *Señor* es *Cristo*. Es el Soberano que tiene dominio sobre todo, aun en la persecución. El temor al Señor, que elimina todo otro temor, hace posible que el cristiano perseguido dé *razón* de la fe que hay en él, con respeto pero sin temor. La voluntad de Dios es que su pueblo responda a la persecución, no con fuerza ni con amenazas, sino con el testimonio. Testifica con su fidelidad constante y también con sus palabras.

Reverencia es el temor a Dios. Debemos testificar con conciencia de la seriedad del asunto; somos heraldos del Rey de reyes. Nuestra reverencia a él toma prioridad sobre cualquier temor a la persecución.

Esta reverencia a Dios produce *mansedumbre* ante los percances y padecimientos de la vida. La mansedumbre es ausencia total de arrogancia; es conciencia de dependencia total de Dios. El manso está tranquilo ante el sufrimiento, las burlas y la incredulidad del mundo; porque reconoce que éstos son instrumentos que Dios usa para realizar su propósito en el creyente.

El testigo cristiano debe mostrar respeto hacia los incrédulos y reverencia hacia Dios. Con estas cualidades estaremos *siempre listos* para dar testimonio a toda persona que se muestre abierta o interesada en nuestra *esperanza*.

2 La mejor defensa, 1 Pedro 3:16, 17.

El testimonio cristiano no consiste solamente en palabras. También incluye una *buena manera de vivir,* que es hacer *el bien.* Estas acciones producen una *buena conciencia.* Esta última expresión describe al cristiano que ha buscado seguir *el bien* de la voluntad de Dios y puede presentarse en integridad y honestidad ante la presencia de Dios. *El bien* que Dios quiere, siempre consiste en lo que promueve buenas relaciones con él mismo y con los hombres.

V. 16. Frente a la persecución el cristiano debe mantener una *buena manera de vivir,* una "conducta ejemplar". En 2:12, Pedro expresa la esperanza de que esta conducta lleve a los burladores a convertirse y "glorificar a Dios". En 3:16, contempla el otro posible resultado: que *sean avergonzados.* En el juicio final esta vergüenza sería eterna, pero Dios permite que la sientan antes para que se conviertan. Por nuestra buena conducta en obediencia a Dios, contribuimos a su juicio tanto en su aspecto evangelístico de advertencia como en su aspecto final de mostrar la justicia de Dios.

V. 17. Pedro sigue pensando en el juicio final. El mundo se opone a los que hacen *el bien,* a los que siguen la voluntad de Dios. Pero *es mejor* sufrir ahora, en manos de estos calumniadores, que sufrir en el juicio, en manos de Dios, el resultado de hacer *el mal.* La esperanza de la aprobación de Dios en aquel día da consuelo en los días de persecución. También nos consuela entender que las burlas y otros daños vienen solamente dentro de los límites de *la voluntad de Dios.* El vigila para que nuestro sufrimiento sea solamente lo suficiente para formar el carácter cristiano. Aunque a veces parece que estamos en manos de impíos, por la fe sabemos que siempre estamos en manos de Dios.

3 Nuestro ejemplo en las pruebas, 1 Pedro 3:18-22.

V. 18. Como en 2:21-25, la experiencia de Cristo sirve de ejemplo para los que creen en él. El también sufrió, pero después recibió la gloria de la resurrección. Su sufrimiento fue en beneficio de los *injustos,* término que incluye tanto a los perseguidores como a los cristianos perseguidos. *Carne* se refiere a la esfera de existencia y debilidad humana (1 Ped. 1:24; 4:2; Isa. 40:6; Hech. 2:17); *espíritu* a la dimensión en la cual opera Dios y su Espíritu (Isa. 31:3). No son "partes" de la naturaleza de Cristo; fue *vivificado* en todo su ser, no parcialmente.

Como Cristo disfruta de gloria después de su sufrimiento, nosotros podemos esperar gozo después de haber sufrido por hacer el bien.

V. 19. Aunque hay muchas sugerencias en cuanto a la identificación de estos *espíritus* y cómo Cristo les *predicó* (ver "Fondo Histórico" en la sección anterior en este estudio), está claro que este versículo enfatiza el alcance de la obra de Cristo. Aun a los que menos pensaríamos, les ha afectado la muerte y resurrección de Jesucristo.

Vv. 20, 21. El v. 20 enfatiza *la paciencia de Dios* y su poder para salvar. Estas son realidades de todos los tiempos; se manifestaron en el tiempo de Noé y se manifiestan en las pruebas actuales. Sin embargo, suelen ser *salvadas pocas personas,* porque muchas en respuesta a la paciencia y advertencia de Dios *fueron desobedientes.*

Otra semejanza entre el día de Noé y el presente es la asociación de *agua* con la salvación. Dios salvó a Noé y a sus compañeros llevándoles *a través del agua.* De manera semejante lleva a los cristianos a través del agua del *bautismo.* Este no salva, solamente la fe salva. Pero el hecho del bautismo da testimonio de lo que ya ocurrió internamente. Hablando con exactitud, solamente Dios salva, pero la fe y el bautismo son expresiones humanas del acercamiento a él. Pedro aclara que el bautismo no puede *quitar las impurezas de la carne.* Más bien es una *apelación* sincera (*de una buena conciencia*) a *Dios,* para que él nos limpie de la contaminación del pecado.

V. 22. Pedro completa su presentación del ejemplo de Cristo (v. 18), después de su digresión acerca de la paciencia y poder salvador de Dios (vv. 19-21). Cristo sufrió, pero el sufrimiento no fue final. Luego, habiendo *ascendido al cielo, está a la diestra de Dios,* el lugar de supremo poder. Tiene autoridad sobre todos *los poderes,* incluyendo los que persiguen a los cristianos.

───────── Aplicaciones del estudio ─────────

1. Dios busca y cuida el bienestar de los que confían en él, aun cuando son perseguidos, 1 Pedro 3:13, 14. Si vivimos confiando en Dios por medio de Cristo, podemos ser optimistas, aun cuando sabemos que va a haber persecución.

2. La persecución es una oportunidad para testimonio y para la conducta recta tan distinta de la conducta del mundo, 1 Pedro 3:15, 16. Cuando sufrimos persecución, podemos saber que la voluntad de Dios es que respondamos con fidelidad a él y a sus normas, y con una explicación clara de la esperanza que nos fortalece.

3. La persecución que nos viene ya ha sido conquistada por Cristo, 1 Pedro 3:18, 22. No es necesario que ganemos la victoria, sino simplemente que la recibamos y retengamos por la fe.

──────────────── **Ayuda homilética** ────────────────

La bienaventuranza del sufrimiento
1 Pedro 3:14-17

Introducción: El sufrimiento es parte de cada vida. El cristiano aun enfrenta sufrimientos que no afectan a los incrédulos: las burlas y la persecución física. Pero en Cristo, el sufrimiento se transforma en una oportunidad de recibir bendiciones, incluyendo la de la aprobación de Dios y la de servirle.

I. **Somos bienaventurados solamente si sufrimos siendo fieles a la voluntad de Dios, (vv. 14a, 17).**
   A. El sufrimiento en sí no es una bendición; hay un sufrimiento merecido, que es el juicio de Dios sobre la desobediencia, la cual es "hacer el mal".
   B. Esta bienaventuranza es para los que sufren a pesar de hacer la voluntad de Dios.

II. **El sufrimiento es una oportunidad de ejercer la fe, (vv. 14b, 15a).**
   A. No debemos permitir que oposición, amenazas o aun ataques verbales o físicos nos desvíen de la concentración en Cristo.
   B. Los tiempos difíciles son una oportunidad para mostrar que servimos a Cristo, no porque nos convenga, sino porque lo conocemos y le tenemos confianza, aun cuando no vemos su mano en los eventos del momento.

III. **El sufrimiento es una oportunidad de testificar, (v. 15b).**
   A. La confianza que Cristo nos da frente a los problemas suscitará curiosidad en los que nos observan.
   B. En medio de las pruebas podemos testificar con poder especial.

IV. **El sufrimiento es una oportunidad de obedecer, (vv. 16, 17).**
   A. Dios quiere que sigamos la "buena manera de vivir" porque es correcta, y aun cuando nos cueste.
   B. Cuando los impíos parecen prosperar, la obediencia del cristiano es una expresión profunda de fe.

Conclusión: Que Dios nos dé la sabiduría para entender la oportunidad que se nos presenta cuando sufrimos, y la fortaleza espiritual para aprovecharla.

Lecturas bíblicas para el siguiente estudio

Lunes: 1 Pedro 4:1-4   **Jueves:** 1 Pedro 4:12-14
Martes: 1 Pedro 4:5-8   **Viernes:** 1 Pedro 4:15, 16
Miércoles: 1 Pedro 4:9-11 ·   **Sábado:** 1 Pedro 4:17-19

AGENDA DE CLASE

Antes de la clase
1. Lea en su Biblia 1 Pedro 3:8-22. Estudie la lección. **2.** Pida a un alumno que investigue en un diccionario bíblico, o libro de historia antigua, sobre Nerón y se prepare para presentar un informe sobre él, destacando especialmente su persecución de los cristianos. Si le parece más práctico, en lugar de pedir la investigación, dé al alumno la información que aparece bajo *Despierte el interés*, a fin de que la estudie y se prepare para relatarla en clase. **3.** Prepare diez papelitos escribiendo en cada uno una de las siguientes palabras. Escriba las negativas con lápiz rojo y las positivas con lápiz azul. Negativas: Daño, Padecer, Atemorizados, Turbados. Positivas: Bien, Bienaventurados, Santificad, Esperanza, Mansedumbre, Reverencia.

Comprobación de respuestas
JOVENES: **1.** Unidad, simpatía, compasión, fraternidad, misericordia, humildad. **2.** Mansedumbre y reverencia. **3.** a. 3. (v. 18). b. 5. (v. 21). c. 1. (v. 18). d. 4. (v. 19). e. 6. (v. 22). f. 2. (v. 18). g. 8. (v. 22). h. 7. (v. 22).
ADULTOS: **1.** a. Los que padecen por la justicia. b. con mansedumbre y reverencia. c. una vez. d. ángeles, autoridades, poderes. **2.** a. F; b. V; c. V; d. F.

Ya en la clase
DESPIERTE EL INTERES
1. Diga que es comúnmente aceptado el hecho de que Pedro, escritor de la epístola, estuvo en Roma y escribió la carta allí cuando Nerón era emperador. **2.** El alumno que investigó sobre Nerón presente ahora su informe o relate lo siguiente: "Nerón era emperador del Imperio Romano cuando Pedro escribió la epístola que estamos estudiando. Estando él en el poder Roma sufrió un incendio que, durante una semana, destruyó a casi toda la ciudad. La tradición dice que fue él quien lo causó y que luego culpó a los cristianos, comenzando una cruel persecución contra ellos en el año 64 d. de J.C. Algunos cristianos eran envueltos y cosidos en pieles de animales y arrojados a la arena del circo donde eran despedazados por los perros; a otros los fajaban en lienzos untados de aceite de pescado, los ataban a estacas a las que prendían fuego como antorchas. Nerón ha pasado a la historia como un emperador demente que finalmente se suicidó en el año 68 d. de J.C."

ESTUDIO PANORAMICO DEL CONTEXTO
1. Diga que Pedro escribió su primera carta a los cristianos que sufrían persecución en las provincias romanas y que él mismo también la sufrió. Agregue que unos 30 años después de la fecha que tradicionalmente se acepta como la de la muerte de Pedro, el obispo Clemente de Roma escribió sobre él: "Por odio y envidia las mayores y más fieles columnas han sido perseguidas y atormentadas hasta la muerte... Pedro, por efecto de un odio inicuo, ha soportado no una ni dos, sino muchas pruebas; y, habiendo sufrido así la muerte de mártir, ha ido al lugar de la gloria que le correspondía."

2. Haga notar el título de esta lección y recalque que Pedro escribía con conocimiento de causa sobre las pruebas y cómo salir airoso de ellas. **3.** Destaque la actitud positiva de Pedro en 1 Pedro 3:8-12.

ESTUDIO DEL TEXTO BASICO

1. La bendición de la persecución, 1 Pedro 3:13-15. Reparta los papelitos que preparó con anterioridad. Cada uno debe leer en silencio los vv. 13-15 y ver qué dice en relación con la palabra que les tocó. Pueden consultar el libro del alumno si lo desean.

Guíe el estudio pidiendo que informen primero los que tienen las palabras negativas (escritas en rojo), luego los que tienen las positivas (escritas en azul). Usted pregunte, comente y agregue según crea necesario para que comprendan el mensaje de estos versículos, especialmente el concepto clave de "santificar a Cristo en sus corazones".

2. La mejor defensa, 1 Pedro 3:16, 17. Lean en silencio los vv. 16 y 17 y encuentren la mejor defensa contra las pruebas que uno sufre por su fe. Dé oportunidad para que comenten ampliamente lo que encontraron y vaya escribiendo en el pizarrón los pensamientos principales. Vuelva a destacar la actitud de mansedumbre y reverencia (v. 15) en estas circunstancias.

3. Nuestro ejemplo en las pruebas, 1 Pedro 3:18-20. Lean todos juntos en voz alta el v. 18. Memorícenlo. Comente su significado y la victoria final de Cristo. Un alumno lea en voz alta los vv. 19 y 20, y otro, el comentario correspondiente en el libro del alumno. Comente que estos versículos son como un paréntesis dentro de la exposición que Pedro hace del ejemplo y la victoria final de Jesucristo, que retoma en el v. 21. Lea en voz alta los vv. 21 y 22. Dé la explicación de estos versículos basándose en el comentario en este libro.

APLICACIONES DEL ESTUDIO

1. Escriba en el pizarrón MIS PRUEBAS y pregunte si alguien ha sufrido alguna prueba por su fe en Jesucristo. **2.** Anime a los que dicen que sí a que las compartan. **3.** Destaque las conductas y reacciones expresadas que concuerdan con lo positivo en este pasaje y vea si el ejemplo de Cristo y su victoria les fue motivo de esperanza y aliento en esa circunstancia. **4.** Si ninguno cuenta de sus pruebas, pregunte cómo podría ayudarles este pasaje en el caso de tener alguna en el futuro.

PRUEBA

1. Pida a los participantes que abran sus libros del alumno en esta sección, y que cada uno individualmente escriba las respuestas a ambos puntos. **2.** Compruebe las respuestas al inciso 1. **3.** Conversen sobre lo que pide el inciso 2 y cómo respondieron. JOVENES: Guíe una oración pidiendo al Señor que ayude a cada joven a cumplir la resolución que tomó. ADULTOS: Sugiera a la clase tener una oración conversacional en que los que deseen hacerlo, pidan al Señor la constancia que necesitan para poder mostrar su fidelidad a Dios en medio de sus pruebas.

Dios demanda consagración

Contexto: 1 Pedro 4:1-19
Texto básico: 1 Pedro 4:1-11
Versículo clave: 1 Pedro 4:10
Verdad central: Hay un gran contraste entre la vida del pasado sin Cristo, y la nueva vida en Cristo.

Metas de enseñanza-aprendizaje: Que el alumno demuestre su: (1) conocimiento de los contrastes que hay entre la vida antigua sin Cristo y la nueva vida con Cristo, (2) actitud de consagración a la nueva vida en Cristo.

―――――――― **Estudio panorámico del contexto** ――――――――

A. Fondo histórico:

El contexto de estas exhortaciones es el acercamiento del fin (v. 7). Esta nota cronológica se basa en la cosmología que el Antiguo Testamento presenta: vivimos en una época caracterizada por la rebelión del hombre, el egoísmo y la injusticia. Pero se acerca "el día del Señor", que inaugurará una nueva época cuando la voluntad de Dios y la obediencia a él prevalecerán. Los cristianos adoptaron este esquema, pero lo modificaron. Con la muerte y resurrección de Jesús, la nueva época empezó. Aunque continúa la anterior, llegará a su fin con la segunda venida de Cristo.

La cultura helenista que prevalecía en el primer siglo no compartía este "dualismo" de dos edades. Más bien seguía un "dualismo" de lo material y lo espiritual. Todo lo material es inferior y perecedero; solamente lo espiritual es de valor positivo y eterno. Para los helenistas, el hombre es un espíritu encarcelado en un cuerpo material. El helenista buscaba la liberación del espíritu aun en menosprecio del cuerpo que para ellos era esencialmente malo.

No leamos 1 Pedro 4 con lentes "helenistas". Pedro llama a sus lectores a una conducta distinta del mundo, que implica valores distintos. Para Pedro la "carne" no es mala en sí, aunque es débil en comparación con el "espíritu", que es la esfera de la acción de Dios. La desobediencia del hombre ha corrompido la carne y la ha convertido en una esfera de muerte. Al "fin" (v. 7), Dios destruirá la muerte y dará vida a los que esperan en él.

B. Enfasis:

Viviendo en la voluntad de Dios, 4:1, 2. Como en el sufrimiento, así también en hacer la voluntad de Dios, Cristo es nuestro ejemplo.

La vida antigua quedó atrás, 4:3, 4. El cristiano no puede continuar las prácticas disolutas de las cuales Cristo lo ha rescatado.

Los perseguidores rendirán cuentas, 4:5, 6. El juicio venidero incluirá a todos. Nadie escapará de esa realidad.

Orar y amar, 4:7, 8. Ante la realidad del juicio que se avecina, los creyentes debemos orar y mostrar un amor constante.

Buenos administradores de la gracia de Dios, 4:9, 10. El amor se manifiesta en hospitalidad y en el uso generoso del don que Dios ha encargado a cada uno.

Glorificando a Dios aun en el sufrimiento, 4:11-16. Tanto en servicio como en sufrimiento, el cristiano glorifica a Dios. El sufrimiento no pone en duda el poder de Dios; es parte de su plan. Pero el creyente debe sufrir por "el nombre de Cristo" y no por delitos propios ni por sentirse guardián de la moralidad pública. Las mismas alternativas que tiene el incrédulo ante el testimonio cristiano, glorificar a Dios (2:12) y avergonzarse (3:16), enfrenta el cristiano en su sufrimiento.

El juicio comienza en casa, 4:17-19. La persecución es evidencia de que el fin (v. 7) y el juicio (v. 5) se acercan. Dios no hace distinción de personas (Hech. 10:34), y los sufrimientos de los justos son el principio del juicio. Si Dios empieza con los suyos (cf. Eze. 9:6), los impíos y los perseguidores deben reflexionar sobre su propio fin y arrepentirse. Pero los que saben que su sufrimiento es parte de la voluntad de Dios, y no el resultado de violarla, pueden proceder con confianza en Dios y perseverancia en hacer el bien.

──────────── **Estudio del texto básico** ────────────

1 Armados para la consagración, 1 Pedro 4:1-6.

Vv. 1, 2. Pedro regresa al pensamiento de 3:18: Cristo también *ha padecido.* Por lo tanto, él puede ser nuestro ejemplo cuando enfrentamos persecución. *En la carne,* en la esfera humana, él encontró sufrimiento, aunque no merecía ningún castigo porque nunca violó la voluntad de Dios. Nosotros debemos tener la misma actitud hacia la voluntad de Dios. El v. 1b es un paréntesis que relaciona el sufrimiento de Jesús con el pecado: su sufrimiento puso fin al pecado, y cuando regrese no será para tratarlo de nuevo (Heb. 9:28). Recordando su primera venida y esperando su segunda, nosotros debemos vivir sin pecado. La pauta del resto de nuestra vida terrenal (*en la carne*) no debe ser en base a nuestros deseos humanos, sino en *la voluntad de Dios.* Su voluntad es que hagamos el bien (2:15) en todas nuestras relaciones (2:17), aun cuando esto requiera que suframos (3:17; 4:19).

V. 3. Ahora el cristiano debe dedicarse "de tiempo completo" a hacer la voluntad de Dios, ya no debe servir a los deseos humanos. En realidad, la frase *es suficiente* es irónica, porque ya hemos dedicado demasiado tiempo a tales prácticas. Pedro llama a los incrédulos *gentiles,* aunque la gran mayoría de sus lectores eran gentiles de nacimiento. Con este término revela su convicción de que los cristianos son los "judíos espirituales", el nuevo pueblo de Dios.

La lista que encontramos en este versículo describe una vida de egoísmo, desenfreno y total falta de atención a la voluntad de Dios. Son prácticas de uno que dedica su vida a sí mismo y a dioses falsos, no a su Creador.

Vv. 4, 5. Los gentiles que no conocen a Cristo no pueden entender la transformación que él produce en una vida, pero se sienten amenazados cuando el nuevo creyente deja de acompañarles en su *desenfreno* y *disolución*. La vida transformada del creyente critica tal estilo de vida, sin que éste diga nada. Los que no quieren abandonar el camino de disolución responden con burlas y calumnias.

En el idioma original, Pedro no expresó el complemento directo de *ultrajan*, un verbo que también se puede traducir como "blasfeman". Las burlas y calumnias que dirigen a los cristianos son críticas de la obra de Cristo en la vida cristiana, y por lo tanto blasfemias. En realidad están calumniando al Juez ante quien tendrán que comparecer al final de la historia. Generalmente en el Nuevo Testamento el Juez es Jesucristo (Hech. 10:42; 1 Cor. 4:5; 2 Tim. 4:1), pero en 1 Pedro parece ser el Padre (1:17; 2:23).

V. 6. El juicio de Dios no se limitará a los *vivos;* incluirá también a los *muertos* (v. 5). Pedro habla más de los últimos en este versículo. El propósito de Dios para el hombre siempre ha sido vida, y por lo tanto el mensaje de Cristo fue predicado aun antes de que él viniera, por medio de los profetas (1:10). Los que lo aceptaron, todos los justos del Antiguo Testamento, recibieron esta vida *en espíritu,* en la esfera donde Dios obra la resurrección de Jesús (3:18) y de todos los que esperan en él.

Sin embargo, hay otro propósito en el mundo que se opone al de Dios. *Los hombres* se oponen al mensaje de Cristo y a los que lo aceptan. (*Como los hombres* es paralelo a *según Dios* y utiliza la misma preposición aunque la traducción es distinta.) Juzgan y condenan a los que encuentran la vida de Dios, y aun los llevan a la muerte. Por lo tanto, el resultado inmediato de su fe en Cristo es muerte, aunque es solamente muerte *en la carne,* en la existencia física. Esto ha pasado en las vidas de muchos de los que ahora están *muertos,* y sigue sucediendo en muchos que aceptan el mensaje ahora. Este juicio humano no frustra el propósito de Dios, porque los que sufren por su fe en Cristo viven *en espíritu* aun después de la muerte.

2 Consagrados al amor y a la oración, 1 Pedro 4:7, 8.

V. 7. Se acerca el juicio que pondrá en claro las realidades espirituales. Podríamos objetar que han pasado alrededor de 2.000 años, y ese momento no ha llegado. Sin embargo, la cercanía del Ultimo Día, que traerá la venida de Cristo y el juicio, no es solamente cronológica. Dios sigue comprobando la realidad de aquel día por sus intervenciones en nuestras vidas, que son anticipo de la gracia que esperamos y del juicio que se acerca. La vida cristiana siempre se vive a la sombra del *fin de todas las cosas.*

A la luz de esta realidad, debemos vivir de una manera prudente y sobria. Pedro enfatiza que debemos mostrar esta seriedad *en la oración.* La autoridad de Dios y su juicio son realidades que determinan el destino del mundo, y la oración es nuestra respuesta a ellas. Cuando oramos, reconocemos que Dios tiene el control de nuestro mundo, y realizamos su propósito para él: una relación personal entre la criatura y el Creador. Así que la oración sincera y diaria es una parte esencial de nuestra consagración a Cristo.

V. 8. Si la oración expresa la consagración a Cristo en nuestra relación con Dios, el *amor* mutuo la expresa en nuestra relación como hermanos creyentes.

La palabra traducida *ferviente* se puede entender como "constante". La persecución amenaza la unidad y armonía cristianas; frente a ella debemos mantener constante nuestro amor.

Este amor cubre una multitud de pecados. Algunos han entendido este proverbio (Prov. 10:12), que se cita también en Santiago 5:20, en el sentido de expiación de o perdón de pecados pasados. Pero es probable que el pensamiento de Pedro es que el amor evita las ofensas que podríamos cometer contra nuestros hermanos si el respeto y buena voluntad del amor no rigiera en nuestra relación. Amándonos unos a otros, aprendemos a perdonar, pero aun más aprendemos a no ofender ni dañar.

3 Consagrados al servicio, 1 Pedro 4:9, 10.

V. 9. El amor debe expresarse en servicio práctico. La hospitalidad es un ejemplo de este servicio. En las primeras décadas de la iglesia, fue más que una cortesía. Las primeras iglesias no poseían edificios propios, y una iglesia no podía existir sin hermanos dispuestos a prestar sus casas para los cultos y reuniones de ella. También los maestros y profetas ambulantes (como Pedro mismo, 1 Cor. 9:5) dependían del hospedaje de hermanos para llevar a cabo su ministerio. Hoy las necesidades son distintas, pero recibirnos unos a otros en la casa o a la mesa todavía es una expresión profunda de amor y hermandad cristiana.

V. 10. Dios ha provisto a cada cristiano de algún medio para servir a sus hermanos. Es una oportunidad para que el creyente sea canal de la *gracia de Dios.* Esta gracia se expresa en una gran variedad de *dones,* para que se suplan todas las necesidades de la iglesia y para que todos los cristianos sean necesarios para el buen funcionamiento de la congregación. Las capacidades o recursos especiales que uno tiene no lo elevan sobre otros en una jerarquía, sino que lo hacen *administrador* que debe actuar con responsabilidad *al servicio de los demás.*

4 Consagrados a glorificar a Dios, 1 Pedro 4:11.

Los dones vienen de Dios, y el cristiano debe usarlos con conciencia de su responsabilidad ante él. Los que ministran con palabras deben mantener la seriedad que es correcta en alguien que trae un mensaje de Dios. *Presta servicio* se refiere a cualquier servicio práctico que no es enseñar o proclamar. El que sirve así debe mantener la conciencia de que *Dios le da el poder.* Así *Dios* será *glorificado* en todos nuestros actos *por medio de Jesucristo* a quien confesamos. *La gloria y el dominio pertenecen* a Jesús también. Dios y Jesús no son simplemente un poder conveniente para lograr nuestros propósitos, sino la fuente y el fin de nuestra vida.

―――――――――Aplicaciones del estudio ―――――――――

1. La relación con Cristo transforma nuestra vida, de manera que debemos vivir de manera radicalmente distinta a los del mundo, 1 Pedro 4:1-3. Los valores, deseos y hábitos del cristiano son opuestos a los del mundo.

2. La diferencia es servicio a los intereses de Dios y de nuestros hermanos, 1 Pedro 4:7-11. El amor (v. 8) se expresa en acciones que enriquecen la vida de otros. Cada uno de los ministerios a que Pedro exhorta en vv. 9-11 es servicio tanto a Dios como a los hermanos. **3. Aun las pruebas y la persecución son oportunidades para mostrar la diferencia que Cristo produce, 1 Pedro 4:13, 16, 19.**

─────────────── Ayuda homilética ───────────────

El servicio cristiano
1 Pedro 4:10, 11

Introducción: El amor que Cristo nos da (v. 9) se expresa en servicio a los demás.

I. **Cada cristiano ha recibido un don de Dios, (v. 10a).**
   A. La gracia de Dios provee para nuestras necesidades y también da el privilegio de servir a otros en sus necesidades.
   B. La gracia de Dios es multiforme: se expresa en dones variados, para que todo cristiano contribuya a la obra y para que todas las necesidades se cubran.
II. **Este don implica la responsabilidad de "administrarlo" como Dios dispone, (v. 10b).**
   A. Dios no da dones para que los usemos de manera egoísta, sino para que sirvamos a otros.
   B. Nuestros recursos, capacidades y oportunidades no son propiedad nuestra; somos administradores.
III. **El propósito final de nuestros dones y de nuestro servicio es glorificar a Dios, (v. 11a).**
   A. El que tiene capacidad para enseñar o para persuadir no debe presentar sus propias ideas, sino buscar las palabras de Dios.
   B. El que tiene capacidad para proveer una necesidad práctica debe reconocer que su capacidad o poder viene de Dios.
IV. **La gloria y el dominio son de Dios y de Jesucristo su Hijo, (v. 11b).**
   A. Cuando los tomamos para nosotros estamos robando.
   B. Servir a otros, en cualquier manera que satisfaga sus necesidades o enriquezca su vida, es glorificar a Dios.

Conclusión: Utilicemos los recursos que Dios nos ha dado para servir a otros y para glorificarlo a él.

Lecturas bíblicas para el siguiente estudio

Lunes: 1 Pedro 5:1-3
Martes: 1 Pedro 5:4, 5
Miércoles: 1 Pedro 5:6, 7

Jueves: 1 Pedro 5:8, 9
Viernes: 1 Pedro 5:10, 11
Sábado: 1 Pedro 5:12-14

AGENDA DE CLASE

Antes de la clase
1. Lea en su Biblia 1 Pedro 4:1-19. Al hacerlo, vaya marcando cualquier concepto que no le resulte claro. **2.** Estudie la lección en este libro y en el del alumno prestando especial atención a las explicaciones de los conceptos que marcó. Si todavía no le resultan claros, consulte un buen comentario bíblico. **3.** Piense en cómo dividir los asientos en el aula para que haya cuatro sectores. Después, llegue temprano y prepare el aula como pensó. **4.** Escriba en un cartel, o en el pizarrón, el bosquejo de la lección:

DIOS DEMANDA UNA VIDA CONSAGRADA
1. Armados para la consagración, 1 Pedro 4:1-6
2. Consagrados al amor y a la oración, 1 Pedro 4:7, 8
3. Consagrados al servicio, 1 Pedro 4:9, 10
4. Consagrados a glorificar a Dios, 1 Pedro 4:11

5. Prepare una breve biografía de un personaje importante de la historia de su país. La palabra clave en esta biografía debe ser la "consagración" del personaje a lograr un beneficio para su patria. Pida a un alumno que se prepare para relatar muy brevemente esta biografía a la clase.

Comprobación de respuestas
JOVENES: **1. a.** Con la misma actitud de Cristo. **b.** (a)/(2), (b)/(1). **2. a.** don, **b.** dones, **c.** dones, todos, **d.** dones, amor. **3.** Gozo - vergüenza.
ADULTOS: **1.** las pasiones de los hombres, la voluntad de Dios. **2.** desenfreno de disolución. **3.** prudentes y sobrios en la oración. **4.** ferviente amor. **5.** murmuraciones. **6.** Los presentes copiarán de la Biblia. **7.** hable conforme a la palabra de Dios; sirva conforme al poder que Dios le da.

Ya en la clase
DESPIERTE EL INTERES
1. Procure que se sienten en las sillas o bancos como usted los dispuso y que no los cambien para estar "como de costumbre". **2.** Pida al alumno indicado que relate la biografía del personaje importante de su país. **3.** Muestre el bosquejo en el cartel o pizarrón y diga que la palabra clave de hoy es "consagración".

ESTUDIO PANORAMICO DEL CONTEXTO
1. Diga que consagrarse a algo es concentrarse en ello y darle toda su atención. Agregue que lo contrario a esto es "distraerse", desviar la atención a otras cosas. **2.** Ahora deben encontrar en sus libros, en el primer párrafo de la sección *Estudio panorámico del contexto* cosas que Pedro sabía que podían distraer a los creyentes de su consagración a Cristo. Permita que comenten lo que encontraron. Recalque que las actitudes de los no creyentes que rodeaban a los primeros lectores de la epístola, podían ser una gran distracción a su vida consagrada a Cristo.

ESTUDIO DEL TEXTO BASICO

Haga notar que están sentados en cuatro sectores. Diga que los alumnos en cada sector deberán "consagrarse" a estudiar una parte del pasaje bíblico para poder contestar las preguntas que usted les haga.

1. Armados para la consagración, 1 Pedro 4:1-6. Un integrante de este sector lea el pasaje en voz alta. Luego, hágales preguntas como las siguientes: ¿Con qué actitud debían armarse los creyentes? (v. 1). ¿Para qué debían armarse? (v. 2). ¿Cómo habían sido antes de aceptar a Cristo y cómo reaccionaban los que antes habían sido sus compañeros en los malos caminos? (vv. 3, 4). ¿A quién darán cuenta y por qué? (vv. 5 y 6).

2. Consagrados al amor y a la oración, 1 Pedro 4:7, 8. Proceda de la misma manera que con el sector 1, haciendo preguntas como las siguientes al sector 2: ¿Qué se acerca (v. 7)? Por lo que se acerca, ¿cómo deben ser los creyentes (v. 7)? ¿Qué sentimiento debía predominar entre los cristianos y por qué? (v. 8). Pida que opinen sobre lo que significa "ser prudentes y sobrios en la oración" y, luego, "el amor cubre una multitud de pecados".

3. Consagrados en el servicio, 1 Pedro 4:9, 10. Haga lo mismo ahora con el sector 3, haciendo preguntas como las siguientes: ¿Cómo debían hospedarse unos a otros (v. 9)? Recuérdeles que las reuniones de las iglesias se realizaban mayormente en hogares y pregunte: ¿Cómo sería una de esas reuniones si el dueño de casa no respetaba, amaba y aceptaba a alguno de los presentes? ¿Cómo sería una distracción a los congregados? ¿Qué debe hacer cada uno con el don que ha recibido del Señor (v. 10)? ¿Puede alguno del sector 3 explicar cómo se relaciona eso con la "multiforme gracia de Dios" (v. 10)?

4. Consagrados para glorificar a Dios, 1 Pedro 4:11. Ahora enfoque al sector 4. Haga preguntas como las siguientes: El que habla, ¿cómo debe hacerlo? ¿Para qué debemos consagrar nuestras vidas, nuestros sentimientos y nuestro servicio? ¿A quién pertenecen la gloria y el dominio eternamente?

APLICACIONES DEL ESTUDIO

1. Escriba en una hoja grande de papel dos encabezados: DISTRACCION CONSAGRACION. **2.** Pida a los presentes que mencionen algunas "distracciones" en la actualidad que son una amenaza a la "consagración". Al mencionarlas, escríbalas bajo el encabezado DISTRACCION y luego pregunte cuál sería un buen antídoto para no caer. Escríbalos bajo CONSAGRACION. Procure que capten el concepto de que son los mismos que menciona Pedro, más otros que ellos pueden aportar (por ejemplo: estudio de la Biblia).

PRUEBA

1. Cada uno individualmente "conságrese" a completar esta sección en sus libros. **2.** Compruebe las respuestas, elogiando el trabajo de cada uno. Inste a cada uno a llevar a cabo lo que expresó que haría como prueba de una vida consagrada.

Dios demanda humildad en el servicio

Contexto: 1 Pedro 5:1-14
Texto básico: 1 Pedro 5:1-11
Versículo clave: 1 Pedro 5:2
Verdad central: El servicio al prójimo (rebaño) trae grandes recompensas en esta vida y en la venidera.
Metas de enseñanza-aprendizaje: Que el alumno demuestre su: (1) conocimiento de la demanda de Dios de que sirvamos a los demás con humildad, (2) actitud de servir a los demás humildemente.

─────────── **Estudio panorámico del contexto** ───────────

A. Fondo histórico:

Esta porción comienza con una exhortación a "los ancianos". Como el término mismo sugiere, "ancianos" antiguamente designaba a los miembros de más edad de una comunidad. Los judíos escogían sus líderes de entre éstos, y por lo tanto llamaban también a estos líderes "ancianos" (Mat. 16:21; 21:23; Hech. 4:5, 8; etc.). Fue natural, entonces, que los primeros cristianos también llamaran a sus líderes "ancianos" (Hech. 14:23; 15:2; Tito 1:15; Stg. 5:14; 2 Jn 1; etc.).

Es posible que "pastor" y "obispo" sean títulos para el mismo líder, porque en Hechos 20:28 Pablo llama a los ancianos de la iglesia de Efeso (Hech. 20:17) "obispos", y describe su responsabilidad como "pastorear". En la segunda epístola también Pedro exhorta a los ancianos a "apacentar el rebaño" de Cristo, que él les ha encargado. Esta expresión presenta la iglesia como las "ovejas" que siguen a Jesús y son cuidadas por él. Pedro también usa un verbo de la misma raíz que el sustantivo "obispo"; este verbo se traduce "cuidándolo" en la Reina-Valera Actualizada. Cualesquiera que fueran las categorías o títulos de los líderes en las primeras iglesias, el consejo de Pedro en estos versículos tiene valor para todo cristiano que hoy tiene una posición de liderazgo.

B. Énfasis

La exhortación de un anciano a los "ancianos", 5:1-3. Pedro da tres contrastes que muestran que el líder cristiano debe servir con sinceridad y por su ejemplo.

Revestidos de humildad, 5:4-6. Jesucristo y Dios recompensarán a los que sirven con humildad.

El que sirve debe ser sobrio y vigilante, 5:7-9. La dependencia de Dios se muestra en resistencia vigilante a las tentaciones del diablo.

Padecer sólo por un poco de tiempo, 5:10, 11. La prueba no durará demasiado; Dios vendrá a su siervo humilde para darle las fuerzas que le hacen falta.

Firmes en la verdadera gracia, 5:12-14. Esta carta ha mostrado que "la verdadera gracia de Dios" se manifiesta aun en medio de las pruebas y persecuciones. Así que las pruebas deben ser motivo de acercarnos a él y mantenernos firmes dependiendo y confiando en él.

La solidaridad de los creyentes nos ayuda a mantener la firmeza. Para los cristianos, cartas, saludos y besos son medios que Dios puede usar para comunicar esta gracia. Pedro menciona al mensajero que entregaba la carta, Silas, y la iglesia de la cual escribe. Como los lectores están en "la dispersión", lejos de su verdadero hogar, Pedro y su iglesia están en "Babilonia", el lugar del destierro. Pedro escribe de Roma, llamada también Babilonia en Apocalipsis 14:8; 17:5; etc. Aun en medio de la tribulación, los que están "en Cristo" pueden gozar de "la paz".

──────── **Estudio del texto básico** ────────

1 El siervo humilde sirve de ejemplo, 1 Pedro 5:1-3.

V. 1. Pedro exhorta de manera especial a los líderes de las congregaciones. Se dirige a ellos, no apelando primero a su autoridad como apóstol, sino a su experiencia del liderazgo. El también es un *anciano,* y entiende las responsabilidades y tentaciones que este cargo trae. Para Pedro, un anciano es *testigo de los sufrimientos de Cristo,* repite el testimonio de los testigos oculares de la muerte de Jesús, la cual hace posible la iglesia. El anciano también espera participar *de la gloria que ha de ser revelada.* Cuando Cristo regrese en gloria (1:11; 4:13), compartirá ésta con los que le han seguido y servido con fidelidad (1:7).

Vv. 2, 3. La frase: *apacentad el rebaño de Dios* revela que Pedro considera que, aparte de testificar, el trabajo del anciano incluye el "pastorear". El *rebaño de Dios* es uno, bajo el cuidado de Jesús, "el Príncipe de los pastores" (v. 4), y él ha encargado porciones de su rebaño a ciertos pastores. Pedro presenta tres pares de actitudes contrastantes para indicar cómo debe desempeñar su función el líder cristiano.

(1) El líder debe cuidar el rebaño *no por la fuerza, sino de buena voluntad.* El impulso a servir debe venir de su interior, no de afuera. Uno debe pedir de Dios el amor que lo motive a edificar a sus hermanos de buena gana. No es adecuado servir simplemente por temor de que Dios castigue, o porque los hermanos verían mal lo que no hace, o simplemente porque uno se sienta obligado. Todo cristiano, y especialmente el líder, debe servir *de buena voluntad según Dios.* Debe aceptar la voluntad de Dios acerca de su servicio y buscar hacerla su propia voluntad.

(2) El anciano no debe tomar su servicio como una oportunidad para obtener *ganancias deshonestas.* Parece que aun en esta fecha temprana había líderes en las iglesias que recibían un sueldo u honorarios. Es correcto que la iglesia sostenga a un obrero para que éste dé más tiempo a su ministerio, pero no es correcto que el sueldo sea la motivación para servir, ni que la meta del obrero sea aumentar sus ingresos por este medio. Su propósito debe ser más

bien utilizar sus dones para satisfacer las necesidades de otros. El líder debe servir *de corazón,* con entusiasmo, inspirado por el privilegio de cumplir la voluntad de Dios y edificar a sus hermanos.

(3) Finalmente, el líder no debe tomar su posición como una oportunidad para dirigir la vida de otros. Jesús emplea el mismo verbo traducido *teniendo señorío* en Marcos 10:42 y paralelos. Describe el liderazgo que consiste en mandar a otros, que se basa en el concepto de que el líder es el que sabe y es peligroso que otros piensen o reflexionen por sí mismos. Según Jesús, este es un modelo mundano, ajeno a su reino. La autoridad e influencia del líder cristiano son más bien las de un buen *ejemplo.* El líder no deja de ser cristiano y discípulo. Su autoridad viene de la calidad moral de su vida y del servicio que rinde, no de un nombramiento. Debe vivir la vida que quiere que su *rebaño* viva, especialmente en cuanto a humildad (v. 5) y servicio (4:10). Así que ser buen líder es precisamente ser buen siervo.

2 El siervo humilde recibirá su recompensa, 1 Pedro 5:4-7.

V. 4. La verdadera recompensa del líder cristiano no es un bien material ni control sobre otros ni fama, sino *la inmarchitable corona de gloria.* Serán coronados con la gloria que trae Jesucristo (5:1), *el Príncipe de los pastores.* Todos los cristianos participarán de esta gloria (1:7), de manera que la recompensa del servicio humilde no es ser elevado a superioridad sobre otros. El líder tendrá la satisfacción y gloria de haber servido fielmente a las necesidades de los compañeros en la fe, y de ver la gloria de los que él sirvió y apoyó.

V. 5. Las relaciones cristianas son recíprocas, en lugar de jerárquicas. Los deberes siempre son mutuos (3:1-7). Los *jóvenes* deben someterse a los *ancianos* que les sirven humildemente, buscando su edificación. Los líderes de las primeras iglesias solían ser personas de más edad, de manera que el término *jóvenes* incluye a toda la congregación.

La *humildad* es el ideal para todos: no insistir en sus derechos sino cumplir con sus propias oportunidades para servir. *Revestíos* sugiere que la humildad no debe ser solamente una cualidad entre otras, sino la disposición básica que se refleje en todas las acciones. Pedro cita Proverbios 3:34 para confirmar que esta actitud agrada a Dios. El no apoya a *los soberbios* que oprimen a los más débiles y se imponen; sus favores son más bien para los que no insisten en sus derechos.

Vv. 6, 7. Pedro desarrolla el pensamiento de su cita en el v. 5. En lugar de exaltarnos a nosotros mismos, es mejor esperar que *Dios* nos *exalte.* Podemos estar seguros *bajo* su *poderosa mano,* sabiendo que *al debido tiempo* dará su gracia (v. 5).

Pedro piensa principalmente en las persecuciones actuales y el juicio final. No debemos oponernos con fuerza a los que nos critican, sino aprender las lecciones que Dios nos da por medio de las pruebas. Al final, él juzgará con justicia, exaltando a los humildes y humillando a los soberbios perseguidores.

Humillarse bajo la mano de Dios es buscar su ayuda en *toda ansiedad.* (Pedro alude al Salmo 55:22.) No hay que resistir al mal con el mal, ni tampoco resignarse al sufrimiento. Es una oportunidad para ejercer una fe activa en Dios. ¡El, que creó y gobierna el universo, *tiene cuidado de* nosotros!

3 El siervo humilde se mantiene alerta, 1 Pedro 5:8, 9.

Humildad y dependencia de Dios no describen una actitud pasiva. El cristiano debe mantenerse despierto y vigilante, porque está en guerra espiritual. Las persecuciones son en realidad ataques del *diablo*, el gran enemigo de Dios y del hombre. *Como león* hambriento, nunca está en reposo; quiere *devorar* al cristiano desprevenido. Dios nos rescata de este peligro, pero nos pide que estemos *firmes en la fe*, mirando siempre a él en espera del poder para resistir.

Pedro nunca aconseja que el cristiano perseguido resista a los hombres que lo persiguen, sino que se someta. El peligro no son las calumnias o amenazas, ni siquiera la muerte física, porque ésta viene al creyente solamente cuando Dios la permite, y significa victoria, no derrota. Más bien el peligro está dentro del cristiano: que no depende de Dios o no le obedece. "Resistir al diablo" no es oponer violencia a violencia, sino hacer el bien (2:15, 20; 3:17; 4:19) a pesar de las amenazas.

El que sufre persecución no está solo. *Los mismos sufrimientos se van cumpliendo* en todos los que sirven a Dios. La oposición del mundo es el distintivo del cristiano.

4 El siervo humilde será bendecido por el Señor, 1 Pedro 5:10, 11.

V. 10. El sufrimiento es parte de la vida cristiana, pero es solamente temporal. Después de *un poco de tiempo* Dios le pondrá fin y dará al creyente fiel y humilde *su eterna gloria. En Cristo Jesús* Dios nos da *toda gracia*, para cumplir su propósito haciendo el bien, para soportar las pruebas y persecuciones, y para alcanzar la gloria final. *El mismo os restaurará, os afirmará, os fortalecerá y os establecerá:* Pedro multiplica sinónimos para enfatizar la ayuda pronta y definitiva que Dios dará (v. 6) para mostrar su gracia a los humildes.

V. 11. La palabra *Dominio* tiene la misma raíz que *poderosa* en el v. 6. Es probable que este versículo no exprese un deseo sino la confianza que Pedro quiere inspirar en sus lectores: Aunque los "soberbios" parecen tener el dominio, sabemos por fe que en realidad el dominio es de Dios por la eternidad. Por lo tanto podemos seguir haciendo el bien y confiando en Dios, seguros del futuro.

─────── Aplicaciones del estudio ───────

1. El liderazgo entre cristianos se debe ejercer por el impulso interior del amor y por el ejemplo de una vida de servicio humilde, 1 Pedro 5:1-3. El liderazgo cristiano no es un logro profesional ni una oportunidad para el provecho personal, sino una responsabilidad hacia otros.

2. La humildad y la dependencia de Dios es el ideal para todo cristiano, 1 Pedro 5:5-7. No debemos confiar en nuestras propias fuerzas ni sentir que éstas nos hacen superiores a otros. Dios es nuestra única esperanza, pero él es suficiente.

3. Estamos en una lucha espiritual, 1 Pedro 5:8-10. No podemos resistir al diablo en nuestro propio poder, sino solamente por fe en Dios, quien resiste a los soberbios (v. 5). Por lo tanto, la resistencia no debe ser violencia, sino obediencia a Dios en hacer el bien.

Ayuda homilética

El líder eficaz
1 Pedro 5:1-4

Introducción: El líder eficaz en la iglesia sigue el modelo que Dios da. El consejo que Pedro da a los ancianos o pastores se puede aplicar a todo cristiano en el ejercicio del don que Dios le ha dado.

I. El líder eficaz sirve de buena voluntad, (v. 2a).
   A. No sirvamos por una obligación externa impuesta.
   B. El impulso debe ser más bien interno; servimos por lo que somos.

II. El líder eficaz sirve de corazón (con ganas), (v. 2b).
   A. No sirvamos por lo que podamos recibir, sea dinero, reconocimiento o control.
   B. Sirvamos con entusiasmo, agradecidos por la oportunidad de dar.

III. El líder eficaz sirve por su ejemplo, (v. 3).
   A. El buen líder no está detrás del grupo, empujando; el propósito de un puesto no es que uno se imponga a otros.
   B. El buen líder está adelante, poniendo el ejemplo; en realidad la gente sigue el ejemplo del líder, bueno o malo, más que la enseñanza de su boca.

IV. El líder eficaz recibirá recompensa del Príncipe de los Pastores, (v. 4).
   A. Somos responsables a Jesucristo, no solamente a los hombres a quienes servimos o dirigimos.
   B. El ofrece una recompensa eterna ("inmarchitable"), la participación en su propia satisfacción y honor ("gloria").

Conclusión: Esperemos este tipo de liderazgo de nuestros dirigentes. Tengamos estas actitudes en el ejercicio de nuestros dones.

Lecturas bíblicas para el siguiente estudio

Lunes: 2 Pedro 1:1-11
Martes: 2 Pedro 1:12-15
Miércoles: 2 Pedro 1:16-21

Jueves: 2 Pedro 2:1-22
Viernes: 2 Pedro 3:1-10
Sábado: 2 Pedro 3:11-18

AGENDA DE CLASE

Antes de la clase
1. Lea en su Biblia 1 Pedro 5. Estudie la lección en este libro y en el del alumno. **2.** Siendo ésta la última lección en 1 Pedro, prepárese para repasar toda la epístola. **3.** Para el repaso, tenga a mano la franja de cartulina que usó en el Estudio 42 donde escribió DIOS DEMANDA. **4.** Con la ayuda de una concordancia bíblica busque las referencias a Silas.

Comprobación de respuestas
JOVENES: **1.** Por la fuerza - de buena voluntad; por ganancias deshonestas - de corazón; como teniendo señorío - como ejemplo del rebaño. **2.** Humildad. **3.** a. nos humillamos. b. alrededor, devorar. c. resistir, firmes en la fe.
ADULTOS: **1.** a. de los sufrimientos de Cristo. b. una inmarchitable corona. c. de humildad. d. el diablo; a quién devorar. **2.** a. F; b. V; c. V; d. F.

Ya en la clase
DESPIERTE EL INTERES
1. Muestre la franja que dice DIOS DEMANDA. **2.** Vaya escribiendo en el pizarrón las palabras clave de las lecciones anteriores: Santidad, Madurez, Sumisión, Constancia, Consagración. **3.** A medida que las va escribiendo, los alumnos deben aportar algo que recuerdan del estudio. Esté preparado para dar claves que les refresque la memoria. **4.** Escriba Humildad y diga que es la palabra clave de hoy que indica lo que Dios demanda de sus siervos.

ESTUDIO PANORAMICO DEL CONTEXTO
1. Relate 1 Pedro 5:12-14 o pida que los presentes se fijen en estos versículos en sus Biblias para descubrir: (1) Quién fue el "secretario" del escritor (Silas). Compruebe qué recuerdan los alumnos sobre Silas, especialmente del ministerio de éste junto a Pablo. Usted agregue información que ellos no mencionen. (2) Cómo llama Pedro a la iglesia en Roma (Babilonia). Pregunte qué habrá querido significar con eso. **2.** Lea en voz alta Apocalipsis 14:8 para mostrar que no es el único lugar donde a Roma se le llama Babilonia, sede del imperio que conquistó y avasalló a Jerusalén el año 586 a. de J.C.

ESTUDIO DEL TEXTO BASICO
Mencione que en todos los estudios anteriores basados en la primera epístola de Pedro, de una manera u otra, el escritor proyectó su sentir de que era necesario que los cristianos fueran sumisos, pacíficos, mansos, serviciales. Agregue que al observar el bosquejo de la lección en sus libros verán que hoy el estudio va dirigido al "siervo humilde".
1. El siervo humilde sirve de ejemplo, 1 Pedro 5:1-3. Forme parejas o tríos encargándoles que encuentren en este pasaje: (1) de qué siervos habla (ancianos en el sentido de líderes) y qué responsabilidad tenían (apacentar

el rebaño a su cargo); (2) tres maneras como NO debían hacerlo (no por la fuerza, no por ganancias deshonestas, no como teniendo señorío sobre ellos); tres maneras como sí debían hacerlo (de buena voluntad, de corazón, como ejemplos). Después de unos cinco minutos, comparen lo que encontraron y usted vaya agregando sus comentarios para enriquecer el estudio. Llame la atención a las ideas contrastantes que aclaran y dan más fuerza a sus argumentos.

2. El siervo humilde recibirá la recompensa, 1 Pedro 5:4-7. Siempre en parejas o tríos, proceda de la misma manera que lo hizo con el inciso anterior. Ahora deben encontrar: (1) qué otros "siervos" se mencionan (los jóvenes); (2) a quiénes deben sujetarse (a los "ancianos" o líderes) y de qué deben revestirse (de humildad); (3) cómo obra Dios hacia los orgullos y cómo a los humildes (v. 5b); (4) qué recompensa recibirán los ancianos (v. 4) y cuál los jóvenes que se humillan bajo la poderosa mano de Dios (serán exaltados); (5) qué debe hacer el que siente ansiedad por algo (v. 7).

3. El siervo humilde se mantiene alerta, 1 Pedro 5:8, 9. Las parejas o tríos deben encontrar: (1) un sinónimo de "mantenerse alerta" (velad); (2) a quién llama el autor "león rugiente" (al diablo); (3) qué hacer para resistir al diablo (estar firmes, sabiendo que otros soportan lo mismo).

4. El siervo humilde será bendecido, 1 Pedro 5:10, 11. Las parejas o tríos deben encontrar: (1) cuánto tiempo duran los padecimientos del cristiano (poco tiempo); (2) a qué llama Dios a los creyentes (a eterna gloria con Cristo Jesús); (3) qué hará Cristo Jesús en la eternidad (restaurará, afirmará, fortalecerá, establecerá); (4) de quién es el dominio para siempre (no de los "ancianos", ni de los "jóvenes", el dominio para toda la eternidad es de Jesucristo).

APLICACIONES DEL ESTUDIO
1. Asigne a distintas parejas o tríos, uno de los títulos del bosquejo del texto básico pidiéndoles que elaboren una aplicación a sus propias vidas. Por ejemplo: "Nosotros, Mario, Rubén y Carlos, queremos ser siervos humildes sirviendo de ejemplo de la siguiente manera... (completen con sus propias resoluciones). **2.** Cada pareja o trío comparta con toda la clase lo que hizo. Aplauda a cada uno por lo realizado.

PRUEBA
JOVENES: Lleven la aplicación del estudio un paso más allá escribiendo individualmente lo que pide esta sección en sus libros y firmando lo que escriban.

ADULTOS: Individualmente deben completar las dos partes del inciso 1, en la sección *Prueba* en sus libros del alumno. Enseguida, compruebe las respuestas para asegurarse de que estén correctas. Si algunas no lo están, no haga sentir mal al que respondió incorrectamente. Actúe con humildad. Cada uno escriba la respuesta del inciso 2. Cuando todos lo hayan hecho, conversen sobre lo que cada uno escribió. Guíe un periodo de oraciones voluntarias para pedir la ayuda y bendición del Señor al querer servir cada uno con una actitud humilde.

Dios demanda pureza doctrinal

Contexto: 2 Pedro 1:1 a 3:18
Texto básico: 2 Pedro 2:12-22
Versículo clave: 2 Pedro 2:20
Verdad central: Quien acepta a Cristo tiene que seguir fielmente en la doctrina de la fe, y no ser desviado por enseñanzas falsas.
Metas de enseñanza-aprendizaje: Que el alumno demuestre su: (1) conocimiento de la demanda de Dios de mantener la pureza doctrinal, (2) actitud de mantenerse firme en la sana doctrina.

-------------- **Estudio panorámico del contexto** --------------

A. Fondo histórico:

El propósito de la segunda carta de Pedro es advertir a los destinatarios, tal vez en la misma área mencionada en 1 Pedro 1:1 (2 Ped. 3:1), contra el peligro de los falsos maestros. Estos maestros negaban la realidad de una futura venida de Jesús (3:4), alegando que ya había pasado el tiempo para el cual Jesús había prometido este evento (Mar. 9:1). Ya había "dormido" (muerto) la primera generación cristiana y todo seguía igual. Con este escepticismo acerca del regreso de Cristo y el juicio final, los falsos maestros apoyaban el libertinaje moral (2:13-16). Si Jesucristo no viene para juzgar, decían, podemos disfrutar los placeres de la vida. Pero sus placeres fueron sensuales y egoístas. Tal vez aun sugirieron que los apóstoles habían inventado la idea de la Segunda Venida para controlar a los cristianos (1:16-18).

Esta carta exhorta a sus lectores a rechazar tales argumentos. Insiste en que el testimonio apostólico acerca de Jesús se basa en la voz de Dios (1:18) y está en armonía con las profecías del Antiguo Testamento (1:29-21). Si Jesús todavía no ha regresado, el propósito de su demora es dar oportunidad al arrepentimiento, para que más personas reciban salvación y no juicio cuando llegue el día (3:9, 15). Por lo tanto, debemos aprovechar esta oportunidad para vivir en armonía con Dios, "sin mancha e irreprensibles" (3:14).

B. Énfasis:

Saludos, 1:1, 2. El don que los destinatarios tienen por la fe no es inferior al que Dios dio a los apóstoles que presenciaron el ministerio de Jesús en la tierra.

Valores de la vida cristiana, 1:3-7. Jesucristo nos ha provisto de todo lo necesario para una vida transformada (piadosa) en el presente (v. 3) y en el futuro (v. 4). Pero no solamente recibimos esta vida de manera pasiva; debemos "poner empeño" para desarrollar el carácter que Dios nos ha dado y prometido. El primer término y el último en la lista de virtudes que debemos cultivar son distintivamente cristianos. Empieza con la fe, confianza en Dios y obediencia a él; termina con el amor, la relación positiva que debemos tener con él y con otros.

Pureza doctrinal para no tropezar, 1:8-15. Debe haber crecimiento y fruto moral en la vida que "conoce" a Cristo (8). La "purificación" que Cristo da cambia la vida y nos estimula a cooperar en este proceso (9-10). Esta carta es el "testamento" de Pedro (14-15), que "estimula la memoria" (12-13) de los lectores, para que crezcan en la calidad moral de su vida y no tropiecen.

El testimonio de los apóstoles, 1:16-18. Los apóstoles son testigos fidedignos acerca de la Segunda Venida porque estuvieron presentes en el monte de la transfiguración, cuando Dios identificó a Jesús como su Hijo en palabras del Salmo 2:7-9. Este Salmo promete que este Hijo vendrá para reinar y juzgar a las naciones, una profecía que se cumplirá en la Segunda Venida.

El testimonio de las Escrituras, 1:19-21. Es posible que los falsos maestros negaran la inspiración tanto de los apóstoles como de las profecías del Antiguo Testamento. Pero estas profecías no son invenciones de los profetas, sino palabra de Dios. Esta palabra nos sirve como una antorcha en la oscuridad presente, hasta que la plena luz rompa en la venida de Jesús. La luz que tenemos hoy es preciosa, pero entonces nuestro entendimiento rebasará el que ahora tenemos así como el sol supera una antorcha.

Los falsos profetas, 2:1-22. 2 Pedro advierte a sus lectores del peligro de escuchar a los falsos maestros. Como los falsos profetas del Antiguo Testamento, estos maestros negaban las profecías de Dios y proclamaban que el pecado no trae juicio severo. Enseñaban un mensaje popular mirando hacia su propia ganancia (3). Sin embargo, el juicio y la salvación de Dios es una realidad segura, aunque están en el futuro (4-9). Los falsos maestros y sus seguidores sufrirán castigo, y les será aun más duro porque han rechazado el conocimiento de Jesucristo que habían recibido.

El día del Señor, 3:1-16. La tardanza del regreso de Cristo no indica que estén equivocadas las profecías. El calendario de Dios no está restringido por límites humanos; él todavía da oportunidad para el arrepentimiento. Pero su juicio final, que destruirá a este mundo y a todo lo mundano, se acerca. Si los falsos maestros viven en desenfreno y sensualidad porque no esperan el juicio, los que creemos las profecías debemos vivir de una manera adaptada a un mundo donde mora la justicia (13).

Conclusión, 3:17, 18. Después de un resumen de la exhortación que corre por toda la carta, 2 Pedro termina con una doxología a Jesucristo.

————————— **Estudio del texto básico** —————————

1 Cómo son los falsos maestros, 2 Pedro 2:12-16.

V. 12. La herejía de estos falsos maestros era racionalista; apelaron a la razón para mostrar que el mundo no será destruido en un juicio. Pero Pedro los compara con *animales irracionales.* No son superiores a otros hombres por sus razonamientos, sino inferiores. Y como animales de *presa,* su fin será *destrucción* en el juicio de Dios.

Lo que no entienden se refiere a los poderes del mal mencionados en los vv. 10, 11. Si alguien mencionaba a los ángeles rebeldes en sus debates sobre el juicio final, los falsos maestros se burlaban de éstos y aun los maldecían para enfatizar su escepticismo acerca de todo lo relacionado con el juicio. Pero el juicio vendrá, y estos escépticos *perecerán en* la *perdición* de los mismos poderes que maldicen.

V. 13. Pedro describe su *pago* con el mismo término que su pecado (*injusticia*): Recibirán lo malo porque hicieron lo malo. Muchos pecados se cometen normalmente de noche, pero estos han progresado tanto en su sensualidad que buscan los *placeres* egoístas y pervertidos aun *en pleno día.*

Mientras comen con vosotros se refiere a las comidas fraternales que se realizaban en las reuniones de la iglesia (Jud. 12; 1 Cor. 11:20-22). Los falsos maestros en realidad no participan de la comunión que se busca en estas comidas, sino que las contaminan porque están buscando el placer. *Sus engaños* puede ser una referencia a sus seducciones en otros para buscar los mismos placeres (vv. 14, 18).

V. 14. Siempre tienen apetito para más pecado; nunca están satisfechos con lo que ya hicieron. En 2 Pedro hay varias referencias al pecado sexual (2:2, 7, 14, 18; 3:3). Aquí dice literalmente que tiene *los ojos llenos de adulterio;* siempre están buscando una mujer con quien pecar. Posiblemente haya una alusión aquí a un dicho popular: De un hombre lascivo se decía que no tenía en sus ojos *koras,* que quiere decir tanto "pupilas" como "doncellas", sino más bien *pornas* (prostitutas).

Estos maestros también seducen a *inconstantes,* que no han logrado madurez, para acompañarles o para pagar sus enseñanzas convencieras. En contraste con estos inmaduros, los maestros son maduros (*ejercitados*) —pero solamente en su avaricia de ganancia del pecado. *Hijos de maldición* es un hebraísmo que describe el carácter o destino de unas personas (Mar. 3:17; Ef. 2:2, 3; 5:8). Son malditos.

Vv. 15, 16. La doctrina cristiana indica el *camino recto,* la conducta correcta, pero estos falsos maestros lo han abandonado por *el camino de Balaam,* quien intentó maldecir el pueblo de Dios para su propia ganancia (Núm. 22-24). La misma frase, *el pago de la injusticia,* describe lo que Balaam buscaba y, en el v. 13, lo que los injustos recibirán. Balaam quería enriquecerse por su injusticia a otros, pero recibió el *pago de la injusticia* en otro sentido, el del v. 13: el castigo. Así será en el caso de los que pervierten la enseñanza cristiana por interés propio y para justificar el pecado.

Con la mención del asna de Balaam, reaparece el tema de *animales irracionales* (v. 12). En la *locura* del egoísmo, Balaam llegó a un estado moral e intelectual tan bajo que aun *una muda bestia* tenía más sabiduría y pudo corregirlo. En Números 22, el asna no habla, pero en la tradición judía posterior se encuentran palabras de ella dirigidas a Balaam.

En resumen, los falsos maestros niegan el juicio venidero y no temen participar en el pecado, principalmente el pecado sexual y la avaricia. El tipo de moralidad que produce lo que dicen es clave para evaluar su enseñanza.

2 Cómo engañan los falsos maestros, 2 Pedro 2:17-19.

Vv. 17, 18. Los falsos maestros ofrecen refrigerio a sus seguidores pero no lo proveen. Son como pozos secos o *nubes* llevadas por el viento, que estimulan esperanzas pero no las satisfacen. Su destino, y el de sus seguidores, es *profunda oscuridad.* Con *palabras* altaneras pero vacías de verdad, *seducen* a personas nuevas en el camino cristiano ("almas inconstantes", v. 14) para regresar a la vida egoísta. Alegan que no habrá un juicio final, que Dios no se preocupa por la calidad moral de la vida del creyente; así incitan a sus discípulos a regresar a los caminos inmorales de los cuales apenas estaban escapando.

V. 19. Su mensaje promete *libertad* del juicio, pero en realidad enseñan un camino de esclavitud a *la corrupción* del pecado y muerte. Se quejan de que "la promesa" del regreso de Cristo no se ha cumplido, pero ellos hacen promesas que no pueden cumplir. ¿Cómo pueden *esclavos* proveer *libertad?* El derrotado en batalla esperaba convertirse en amo del que lo venció. Así estos falsos maestros son dominados por sus deseos pervertidos, de manera que viven en esclavitud y hacen promesas equivocadamente.

3 Cuál es el fin de los falsos maestros, 2 Pedro 2:20-22.

Vv. 20, 21. Pedro advierte el grave peligro en el cual se encuentran estos engañadores. El que no ha escuchado el mensaje de Cristo peca sin conocer una alternativa, pero el que vuelve a la conducta mundanal después de profesar su fe aparente en Cristo y estudiar *el camino de justicia,* ha rechazado conscientemente su única oportunidad de ser rescatado. Un encuentro con el mensaje de Cristo nunca deja a una persona igual. Si lo acepta, es transformada y recibe vida. Pero si finalmente lo rechaza, se confirma en el camino del error y se vuelve más endurecida y amarga. *Mejor les había sido* no significa que es mejor no escuchar de Cristo, sino que enfatiza que es necesario responder a este mensaje con obediencia.

V. 22. Citas de dos proverbios tratan por tercera y última vez la comparación entre los falsos maestros y los "animales irracionales" (vv. 12, 16). El primer proverbio se encuentra en Proverbios 26:11; el segundo, en un cuento antiguo del oriente. Como el cerdo que prefiere *el cieno* al salón, las personas que Pedro describe revelan su naturaleza bestial en su regreso a la conducta mundanal. Esta preferencia revela que no han sido transformadas por el *Señor y Salvador Jesucristo* (v. 20).

A la luz de toda la descripción de estos versículos, está claro que no son "falsos maestros" todos los que difieren en la interpretación de ciertos pasajes de la Escritura. Más bien Pedro advierte el peligro de una enseñanza que aprueba la conducta moral del mundo. Enfatiza en especial las áreas del pecado sexual y de la avaricia.

———————————— **Aplicaciones del estudio** ————————————

1. La persona que dedica su vida a sus intereses egoístas disminuye su humanidad, 1 Pedro 2:12. Pecar no es parte de la naturaleza humana que Dios creó, sino una perversión.

2. La doctrina pura es la que promueve rectitud en las relaciones con Dios y entre los hombres, 1 Pedro 2:13, 14. El fin último del hombre es glorificar a Dios con su vida. Jesús dijo que el más grande mandamiento es amar a Dios con todo el corazón, con toda el alma y con toda la mente y al prójimo como a uno mismo. La sana doctrina debe promover esos valores.

3. Es necesario evaluar las enseñanzas que escuchamos con discernimiento, y no simplemente aceptar todo lo que parece lógico o atractivo, 1 Pedro 2:17-19. Hay enseñanzas moralmente estériles, enseñanzas seductivas pero engañosas y enseñanzas que prometen lo que no producen. La enseñanza es necesaria para nuestra madurez cristiana, pero hay que escuchar con el criterio espiritual que el estudio independiente de la Biblia y la comunión diaria con Dios nos da.

─────────── **Ayuda homilética** ───────────

Libertinaje o libertad
2 Pedro 2:17-20

Introducción: La transformación que Jesucristo produce en nuestras vidas incluye pureza de vida. Debemos resistir la tentación de tomar el perdón como licencia para el libertinaje moral.

I. El libertinaje produce esclavitud y muerte.
- A. La libertad que se promete es esclavitud a la corrupción (pecado y muerte) (v. 19).
- B. La idea de que somos perdonados y podemos pecar sin consecuencia es peor que no conocer a Cristo, (v. 20).
- C. Es una enseñanza seductiva (v. 18) pero vana, (v. 17).

II. Cristo produce santidad y vida.
- A. Escapar del error del mundo es escapar de las pasiones sensuales, (v. 18).
- B. La verdadera libertad (v. 19) no es solamente escapar del castigo, sino vivir como Dios quiere.
- C. Jesús es Señor y Salvador (v. 20); nos rescata pero también pide obediencia.
- D. No murió para que pequemos con libertad, sino para que seamos libres del pecado.

Conclusión: Vivamos la verdadera libertad que Cristo da: la obediencia a Dios. Sus esclavos son los únicos libres.

Lecturas bíblicas para el siguiente estudio

Lunes: 1 Juan 1:1-4
Martes: 1 Juan 1:5-7
Miércoles: 1 Juan 1: 8-10

Jueves: 1 Juan 2:1-11
Viernes: 1 Juan 2:12-14
Sábado: 1 Juan 2:15-17

AGENDA DE CLASE

Antes de la clase
1. Lea en su Biblia 2 Pedro, desde el principio hasta el final. Subraye o marque los versículos más conocidos. **2.** Estudie la lección en este libro y en el del alumno. **3.** Consiga la colaboración secreta de un alumno que tenga facilidad de palabra para hacer, sin que lo sepan los demás, de "falso maestro" al principio de la clase, discutiéndole a usted la veracidad de lo que dice. Vea más detalles bajo la sección: *Despierte el interés.*

Comprobación de respuestas
JOVENES: **a.** A (v. 10); C (v. 13); D (v. 14); D (v. 14); E (v. 17); D (v. 14); B (v. 12); E (v. 17); D (v. 14) **b.** B. (v. 10); E (v. 14); H (v. 19); G (v. 18); A (v. 1); D (v. 13); A (v. 1). C (v. 12); D (v. 13); F (v. 15); G (v. 18). **c.** E (v. 17); D (v. 13); C (v. 12); B (v. 9); A (v. 1).
ADULTOS: **1.** Perecerán en su perdición. **2.** En sus engaños. **3.** a. Ojos adúlteros. b. insaciables para pecar. c. avaros. d. hijos de maldición. **4.** Fuentes sin agua, nubes arrastradas por la tempestad, la profunda oscuridad de las tinieblas. **5.** Libertad, esclavos de la corrupción. **6.** Conocimiento de nuestro Señor y Salvador Jesucristo.

Ya en la clase
DESPIERTE EL INTERES
1. Comience diciendo que estudiarán una sola lección en la segunda epístola de Pedro (el alumno "falso maestro" comente que menos mal porque él no está de acuerdo con mucho de lo que esta carta dice). Usted continúe hablando mostrándose un poco molesto pero sin hacerle caso. Diga que al leer toda la epístola en preparación para este estudio, encontró varios versículos hermosos que son verdaderas perlas. **2.** Pida que abran sus Biblias en 2 Pedro y vaya diciendo las citas y pidiendo a distintos alumnos que lean los versículos en voz alta. (Cada vez que se lea un versículo, el "falso maestro" dirá que no necesariamente es cierto y dará un punto de vista distinto.) **3.** Finalmente, descubra el secreto de que usted pidió a ese alumno que hiciera de "falso maestro". Comente que así es como actuaban en la época de Pedro los falsos maestros, participando de las reuniones de los cristianos para inyectar sus propias ideas a fin de hacer dudar y descarriar a los demás.

ESTUDIO PANORAMICO DEL CONTEXTO
1. Haga una comparación entre 1 y 2 Pedro en base a las que aparecen en esta sección en el libro del alumno. **2.** Enseguida, dé un breve resumen de cada capítulo de 2 Pedro que puede preparar en base al material en esta sección comentada en este mismo libro. **3.** Repase datos de Pedro en Roma y destaque que en esta carta expresa que se avecina su fin (1:14). Pida opiniones sobre cómo sería diferente algo que uno escribe cuando es joven y sano en comparación con lo que escribe ya anciano sabiendo que le quedan pocos días de vida. Si alguno expresa que en este último caso uno escribiría

lo que considera más importante, recálquelo, diciendo que, siendo así, pensemos que Pedro ha de haber escrito en esta carta lo que él consideraba lo más importante.

ESTUDIO DEL TEXTO BASICO

Si a sus alumnos les agrada trabajar en grupos, forme tres asignando un punto del bosquejo con su pasaje a cada uno, como más adelante se explica. Si no les agrada trabajar en grupos, forme tres sectores de alumnos, por ejemplo, uno con los que están sentados a la derecha, uno con los del medio y uno con los de la izquierda. La diferencia es que los grupos estudian independientemente mientras que con sectores usted guía el estudio con todos, pidiendo la participación específica de un sector dado.

Los JOVENES tengan en cuenta que en la sección *Lee tu Biblia y responde,* en sus libros, tienen una lista completa de (1) cómo son, (2) cómo engañan y (3) cuál es el fin de los falsos maestros. Si no hicieron esta actividad en casa, úsenla como actividad de aprendizaje.

1. Cómo son los falsos maestros, 2 Pedro 2:12-16. Los integrantes de un grupo deben encontrar en este pasaje expresiones que describen cómo son los falsos maestros.

Si determinó dividir la clase en sectores, un alumno de un sector lea 2:12-16 mientras los demás de ese mismo sector encuentran cómo son los falsos maestros y lo compartan luego con toda la clase.

2. Cómo engañan los falsos maestros, 2 Pedro 2:17-19. Asigne este pasaje a otro grupo para que busquen cómo engañan los falsos maestros. O proceda con otro sector de la misma manera como lo hizo con el primero.

3. Cuál es el fin de los falsos maestros, 2 Pedro 2:20-22. Asigne este pasaje a un tercer grupo para que averigüen cuál será el final de los falsos maestros. O proceda con un tercer sector tal como lo hizo con los dos anteriores. Si formó grupos, dé unos quince minutos para la investigación del texto bíblico y la preparación de sus respuestas que presentarán ante todos.

APLICACIONES DEL ESTUDIO

1. Lean todos juntos y, si es posible, memoricen el versículo clave: 2 Pedro 2:20. **2.** Pida a distintos alumnos (quizá los que menos han participado hasta ahora) que lean, cada uno, una de las afirmaciones bajo esta sección en sus libros. Estimúlelos a agregar sus propios pensamientos al respecto.

PRUEBA

JOVENES: Discutan entre todos las dos preguntas bajo el inciso 1 en la sección *Prueba* en sus libros. Luego, cada uno escriba su reflexión. Enseguida, hagan individualmente lo que pide el inciso 2 y repase cada acción procurando que los participantes exterioricen cómo es que cada una ayuda. ADULTOS: Lea en voz alta las dos cosas que deben escribir en sus libro bajo la sección *PRUEBA.* Vea si las entienden, si no explíquelas en más detalle. Luego, cada uno escriba sus respuestas en sus libros y, si lo desean, compartan con los demás lo que escribieron.

PLAN DE ESTUDIOS
1, 2, 3 JUAN, JUDAS

Escriba antes del número de cada estudio, la fecha en que lo usará.

Fecha   **Unidad 14: Las virtudes cristianas**
_____ 47. El amor, virtud básica para la comunión
_____ 48. La importancia de la verdad
_____ 49. La pureza, virtud indispensable
_____ 50. Fidelidad en confesar a Cristo
_____ 51. Ejemplo de virtudes cristianas
_____ 52. La importancia de la fidelidad

DEFENSA DE LA FE
Pablo Hoff y David Miranda
Núm. 05046
Responde a muchas preguntas de aquellos que examinan la fe cristiana y la Biblia a la luz de la ciencia y la tecnología de nuestro tiempo. De lectura fácil pero de contenido profundo para quienes quieren o tienen que defender y reafirmar su fe.

ATLAS DE LA BIBLIA Y DE LA HISTORIA DEL CRISTIANISMO
Tim Dowley, Editor
Num. 15045
Dividido en cinco secciones: AT, NT, Iglesia: Antigua, Moderna y Actual. Relaciona la Biblia y la historia en mapas y fotografías a todo color. Excelente para la biblioteca de seminarios e institutos, y el estudio de profesores, pastores y predicadores de la Biblia.

1, 2, 3 JUAN, JUDAS
Una introducción

1, Juan

Escritor y fecha. La opinión tradicional es que Juan, el apóstol, la escribió en los años de su ancianidad. Recientemente han surgido críticas a esta opinión. Una de las más populares teorías es que habla de un Juan, el anciano, distinto a Juan el apóstol. Sin embargo, parece razonable suponer, aun cuando la carta no lo dice explícitamente, que la epístola, así como el cuarto Evangelio, es el producto de la pluma de Juan, el discípulo amado de Jesucristo. En cuanto a la fecha, debe colocarse en la última década del siglo I.

Propósito. Juan escribió con el fin de advertir contra las falsas enseñanzas que presentaban ideas extrañas en cuanto a la persona de Jesucristo.

La principal manifestación de esas doctrinas heréticas era el llamado docetismo que consistía básicamente en negar la encarnación de Cristo. Esa idea surgió del gnosticismo que enfatizaba la iluminación como el camino de salvación. Otra doctrina negativa era la de Cerinto que sostenía que el Espíritu divino vino sobre el hombre Jesús en el bautismo y lo dejó antes de su muerte. Eliminó así una genuina encarnación. Una exhortación de Juan es a no amar el mundo, dejar la idolatría y a ejercitar el don del amor.

2, 3 Juan

Estas cartas están muy relacionadas entre sí. Son tan pequeñas que podían escribirse en dos hojas de papiro. Aunque su influencia en la teología no ha sido grande, su valor radica en que arroja luz sobre ciertos problemas del tiempo apostólico. La segunda carta vuelve a tratar el asunto de los falsos maestros itinerantes que dividían y confundían a la iglesia. La tercera trata el asunto de Diótrefes, un miembro prominente de la iglesia que se conduce de manera anticristiana y es un mal ejemplo para los demás.

Escritor. No se presenta en el texto el nombre del escritor. Sin embargo, el atribuirlas al apóstol Juan es una deducción razonable que se apoya en las evidencias internas.

Destinatarios. La segunda carta se escribe a "la señora elegida". Puede ser una metáfora para referirse a una congregación cristiana o una persona real. Ambas son posibilidades reales.

La tercera se escribe a "Gayo, el amado", a quien el escritor, evidentemente conoce muy bien y a quien alaba por sus ricas virtudes cristianas.

Judas

Escritor. La carta dice que su escritor es Judas, el hermano de Jacobo (v. 1). Tradicionalmente se ha identificado a Judas como el hermano del Señor.

Propósito, tema y fecha. No hay indicaciones precisas acerca de los destinatarios de la carta, excepto la referencia "a los llamados, santificados... y guardados en Jesucristo. Se escribió alrededor del año 70 a. de J.C.

Es una advertencia acerca del peligro de falsas enseñanzas, así como una exhortación a contender por la fe que ha sido una vez dada a los santos.

El amor, virtud básica para la comunión

Contexto: 1 Juan 1:1 a 2:17
Texto básico: 1 Juan 1:5-10; 2:3-11
Versículos clave: 1 Juan 2:10, 11
Verdad central: El amor a los hermanos es la prueba genuina de nuestro amor a Dios.
Metas de enseñanza-aprendizaje: Que el alumno demuestre su: (1) conocimiento de la exhortación de Juan a demostrar el amor a Dios amando a los hermanos, (2) actitud de fraternidad cristiana con base en el amor a Dios.

──────── **Estudio panorámico del contexto** ────────

A. Fondo histórico:

La primera carta de Juan se escribió en medio de una división en las iglesias (2:19). Esta división tenía raíces teológicas y éticas. Teológicamente, los "secesionistas" (los que "salieron de entre nosotros") negaban la realidad de la encarnación (2:22; 4:2), que el Hijo de Dios y Jesús de Nazaret eran una sola persona. Éticamente, negaban la importancia de las acciones morales, especialmente la obediencia a Dios (2:3, 4) y el amor al hermano (4:8, 20), en la vida cristiana (1:6).

El escritor de 1 Juan no se identifica; da por sentado que sus lectores lo conocen de antemano. Es probable que es la misma persona que se identifica como "el anciano" en 2 y 3 Juan. La tradición de la iglesia ha identificado a este escritor como Juan, hijo de Zebedeo, uno de los doce apóstoles. El tono de autoridad de 1 Juan y el hecho de que el escritor no sentía la necesidad de identificarse apoyan esta tradición. No sabemos la fecha de la obra, pero es probable que se escribió entre los años 90 y 100 d. de J.C.

Juan expresa su propósito en 5:13: Asegurar a los que se mantienen fieles a su enseñanza, frente a la división, que tienen el verdadero evangelio y la vida eterna que este mensaje promete. También les exhorta a permanecer en su comunidad y no seguir el error de los que salieron. Proclama con nitidez las dos naturalezas de Jesucristo, tanto humana como divina, y el imperativo moral de obediencia a los mandamientos de Dios y amor a los hermanos.

B. Enfasis:

Comunión con el Padre y con el Hijo, 1:1-4. Este prólogo, semejante al del evangelio (Juan 1:1-18), presenta los temas que se van a tratar: Dios ha mandado a su Hijo Jesucristo para ofrecer a los hombres la verdadera vida, que es comunión con Dios y solidaridad entre los hombres.

La comunión da testimonio de la luz, 1:5-7. Esta comunión requiere rectitud moral.

Todos somos pecadores, 1:8-10. Es necesaria la confesión de pecados para recibir de Dios su perdón y limpieza de toda maldad.

Comunión por la muerte expiatoria de Cristo, 2:1, 2. Juan no escribe para disculpar el pecado, sino para exhortar a sus lectores a abandonarlo. Sin embargo, Cristo intercede y murió para librarnos de la pena y del poder del pecado.

La prueba de nuestra comunión con Dios, 2:3-6. La obediencia a los mandamientos de Dios muestra que nuestra comunión con él es genuina.

Mandamiento antiguo pero permanente, 2:7-11. El amor, que es el mandamiento principal de Dios, muestra que nuestra comunión como hermanos es genuina.

El que hace la voluntad de Dios permanece, 2:12-17. Juan recuerda a sus lectores su patrimonio espiritual: el conocimiento de Dios y de su perdón, una relación permanente con Cristo, y poder espiritual para vencer al mal en la vida diaria. Repite estas verdades para enfatizarlas, y luego exhorta a los lectores a concretar esta victoria resistiendo la mundanalidad. Cada uno tiene que escoger entre el egoísmo mundano y la obediencia a la voluntad de Dios, entre la lealtad a este mundo que no tiene futuro o al Dios eterno.

———————————— **Estudio del texto básico** ————————————

1 La comunión con Cristo y con otros, 1 Juan 1:5-7.

V. 5. Juan escribe para promover la "comunión" que es una relación con Dios por medio de Cristo y que se realiza en una relación humana (v. 3). La promueve reafirmando *el mensaje* que había proclamado. Este mensaje es que *Dios es luz.* "Luz" es un símbolo que puede indicar tres verdades: 1) Dios se revela; quiere que lo conozcamos en una relación personal. 2) La verdad intelectual se encuentra solamente en Dios, a través de esta relación. 3) Dios es justo y recto; la ética es asunto importante en esta relación. *No hay tinieblas en Dios;* el error y el mal no caben en él ni en una relación genuina con él. Los versículos que siguen enfatizan el aspecto moral de la luz y las tinieblas.

V. 6. Con la frase *Si decimos que* (vv. 6, 8, 10), Juan presenta tres afirmaciones de los "secesionistas". Son variantes del mismo tema: el pecado no me afecta. Tal vez creían que los actos del cuerpo no afectaban al espíritu, que es donde se realiza la *comunión con* Dios. La Biblia rechaza esta dicotomía de espíritu y cuerpo.

Juan proclama que la conducta injusta niega la realidad de comunión con Dios. Porque Dios es luz, las tinieblas del pecado en la vida de uno denuncian la falta de comunión con él. La *verdad* debe ser practicada, y una profesión que no se confirma con la conducta es simplemente *mentira.*

V. 7. La conducta del creyente debe reflejar el carácter de Dios, la *luz* de rectitud. Tal conducta muestra que uno tiene una relación genuina y positiva con Dios. Pero Juan ahora menciona la *comunión unos con otros* que resulta de una correcta relación con Dios. La Biblia constantemente vincula el amor hacia Dios con el amor hacia el prójimo. No es posible tener el uno sin el otro.

Al fin del versículo introduce otro concepto importante en nuestra comunión con Dios: el sacrificio de Jesús que quita el pecado que nos separa de Dios. Por primera vez, el autor presenta tanto el ideal de limpieza moral para el cristiano como la realidad de nuestra desobediencia. Cualquier acercamiento a Dios, la *luz* santa, nos hace más concientes de nuestro pecado (Isaías 6:1, 5). Pero Dios ha anticipado esta barrera, y *su Hijo* ha muerto para darnos la santidad necesaria para la comunión con Dios. No podemos acercarnos a Dios con una limpieza fingida, ni tampoco pretendiendo que nuestro pecado no importa.

2 La mentira estorba la comunión, 1 Juan 1:8-10.

V. 8. Es posible que los "secesionistas" respondieran a la acusación del v. 6 diciendo: "Nosotros hemos sido iluminados y el pecado no nos afecta." Juan contesta que todos somos pecadores; tenemos que enfrentar esta realidad. No podemos acercarnos a Dios en base a una mentira.

V. 9. La respuesta correcta al pecado es la confesión honesta. Cada vez que descubrimos que hemos salido de la voluntad de Dios, debemos reconocerlo en su presencia. Dios ya anticipó nuestro pecado e hizo provisión mediante la muerte de su Hijo. La confesión no es simplemente un paso inicial en el camino cristiano, sino una necesidad constante. Entre más nos acercamos a Dios, de más pecados somos conscientes. El cristiano maduro estará constantemente confesando.

Es sumamente difícil reconocer que hemos fallado. Construimos nuestras relaciones sobre la base de la ficción de que no hay errores; aun intentamos relacionarnos con Dios sobre esta base. Pero el Dios *fiel y justo* no lo permite, y nos convence del pecado. Debemos desarrollar la disciplina de confesión, a Dios y a otros que hemos ofendido. Muchos han descubierto que reconocer sus pecados específicos ante un confidente humano les ayuda a hacer concreta la confesión ante Dios.

V. 10. Hay progresión en las tres afirmaciones que Juan corrige. En el v. 6 el adversario afirma su comunión con Dios y no menciona el pecado. En el v. 8 dice directamente que el pecado no es una realidad presente en su vida. Y aquí, tal vez en respuesta a la exhortación a confesar, dice que no tiene nada que confesar. También es cada vez más grave la descripción del error. El que niega su pecado miente (v. 6), se engaña a sí mismo (v. 8) y aun sugiere que Dios miente (v. 10), porque Dios afirma que todo ser humano peca (Sal. 14:2, 3; Rom. 3:23; etc.). Tal persona no tiene la *palabra* (mensaje o Hijo) de Dios morando en ella.

Hay que reconocer la tensión entre el ideal de 1 Juan 1:6 y la realidad de 1:8-10, una tensión que corre por todo el libro (3:6, 9; 5:16-18). Es cierto que una persona que anda *en tinieblas* no puede tener comunión con Dios. También es cierto que todos pecamos, y no estamos limpios. No podemos descartar ninguna de estas verdades; más bien debemos vivir en la tensión entre las dos. Pero es una tensión que ilumina la magnitud y valor del sacrificio de Cristo, que hace posible que los pecadores sean justos. También produce la dinámica de confesión, dependencia y esfuerzo que es necesaria para el crecimiento espiritual y moral.

3 El amor se demuestra en la comunión con Dios, 1 Juan 2:3-6.

Vv. 3, 4. La "comunión" de 1:6 se describe aquí como "conocer a Dios". ¿Cómo podemos saber que tenemos esta comunión, que nuestra "relación con Dios" no es una ilusión o un engaño? La obediencia a lo que él nos manda en la Biblia es una evidencia de que lo conocemos. El verdadero conocimiento de Dios es una relación con él, una relación dinámica que produce cierta calidad moral en la vida. El que no tiene esta rectitud, no tiene *la verdad* de Dios guiando su vida. La obediencia no es una condición para conocer a Dios, sino evidencia de una relación con él y un medio para profundizar ésta.

V. 5. Ahora Juan emplea el término *la palabra* en lugar de *los mandamientos*. Estos son parte de la revelación total de Dios en Jesucristo, su Palabra o Verbo. Obedecer no es legalismo, sino la expresión dinámica de una relación. Cuando obedecemos, *el amor de Dios* se perfecciona en nosotros. La obediencia es la expresión correcta de nuestro amor a Dios, pero también es producto del amor que Dios nos tiene.

V. 6. Tenemos un modelo concreto de esta obediencia: la vida terrenal de Jesucristo. Por su unión con el Padre, él vivió en perfecta obediencia a la voluntad del Padre. Así debemos vivir todos los que profesamos una relación con Dios. Este versículo tan sencillo tiene implicaciones tan profundas que aun después de toda una vida de esfuerzo para entenderlo y realizarlo, descubriremos que esta pauta todavía es un reto, y no un logro.

4 El amor se demuestra en la comunión con los hermanos, 1 Juan 2:7-11.

Vv. 7, 8. La obediencia a los mandamientos de Dios, esencial para la comunión con Dios, también es esencial para la comunión entre hermanos, porque el *mandamiento* de Dios es amor mutuo entre los hombres (vv. 9, 10; Juan 13:34, 35). Juan había acusado a los secesionistas de salirse de la esencia del mensaje de Jesús; él no está presentando una innovación, sino *el mandamiento antiguo* que se encuentra en el Antiguo Testamento (Lev. 19:18) y que fue parte del mensaje de Jesús *desde el principio* de la iglesia. Sin embargo, Jesús lo llamó *un mandamiento nuevo* (Juan 13:34), y Juan acepta esta descripción, también. Es el mandamiento de la nueva época que comenzó con el ministerio, muerte y resurrección de Jesús. Su vida da un nuevo modelo de amor (*es verdadero en él*) y la unión con él da el poder espiritual para cumplirlo (*y en vosotros*).

V. 9. La luz de Dios (1:5) produce amor entre los seres humanos que la reciben, y la falta de este amor es evidencia que uno no ha recibido la luz. Este amor no es simplemente una emoción positiva, sino un compromiso profundo que produce acciones y aun sacrificios para el bien del amado. El modelo de tal amor, y el único que lo ha mostrado perfectamente, es Jesucristo.

Vv. 10, 11. Este amor se reproduce en el que "está en Cristo" (v. 5). Es un aspecto de la luz de Dios que ilumina su camino, y permite seguridad y crecimiento en la vida. En cambio, el que vive en odio tiene una vida perdida, porque está errando en una oscuridad cada vez más intensa. Estos dos versículos recuerdan Juan 11:9, 10; 12:35.

—————————— Aplicaciones del estudio ——————————

1. **Una relación con Dios transforma la calidad moral de la vida, 1 Juan 1:5, 6.** Si conocemos a Dios en Cristo, nuestra vida debe mostrar el resultado moral de esta relación. 2. **La esencia moral de la vida cristiana son buenas relaciones, tanto con Dios como con el hombre, 1 Juan 1:3, 7; 2:10.** Obedecer el mandamiento de Dios no es guardar un reglamento abstracto, sino vivir en relaciones positivas con los hermanos. 3. **Las buenas relaciones tienen que basarse en honestidad y confesión, 1:7-10.** No podemos estar en buenas relaciones guardando silencio acerca de las ofensas; es necesario reconocerlas y tratarlas con confesión y perdón.

—————————— Ayuda homilética ——————————

El comienzo de la vida cristiana
1 Juan 1:5-10

Introducción: En un sentido el problema del pecado es el comienzo de la vida cristiana. La luz de Dios revelada en Jesucristo revela las tinieblas del pecado en nuestras vidas y demanda luz en nuestra conducta. No podemos tolerar el pecado, ni lo podemos negar.

I. **El encuentro con Dios nos transforma, (vv. 6, 7).**
   A. Nuestras vidas deben mostrar la luz de relaciones correctas dentro de la comunión cristiana (v. 7).
   B. Nosotros no producimos la luz; es producto de la muerte sacrificial de Jesús.
II. **Sin embargo, no somos transformados todavía, (vv. 8-10).**
   A. El pecado aún es una espantosa realidad en nosotros.
   B. La santificación es pasada, presente y futura.
   C. Debemos practicar la confesión, (v. 9).
   D. Dios es lo que nosotros no somos (fiel y justo) y nos hace lo que no somos.

Conclusión: Vivimos en tensión constante entre la realidad del poder transformador de Dios y la del pecado en nuestros corazones. Esta tensión debe impulsarnos a ser humildes, y a conocer mejor a Dios mediante la confesión y la fe.

Lecturas bíblicas para el siguiente estudio

Lunes: 1 Juan 2:18, 19   **Jueves:** 1 Juan 2:24
Martes: 1 Juan 2:20, 21   **Viernes:** 1 Juan 2:25, 26
Miércoles: 1 Juan 2:22, 23   **Sábado:** 1 Juan 2:27

AGENDA DE CLASE

Antes de la clase
1. Lea en su Biblia 1 Juan 1:1 a 2:17 y estudie la lección en este libro y en el del alumno. **2.** Si es posible consulte un comentario bíblico para obtener más datos sobre Juan y sus escritos incluidos en el Nuevo Testamento. **3.** Para usar en el momento de *Aplicaciones del estudio* prepare una copia de lo siguiente para cada alumno o cópielo en un cartel que todos pueden ver.

> Si decimos que no tenemos_____, nos engañamos a nosotros mismos, 1:8. Si decimos que no hemos pecado, le hacemos a él _____, 1:10. Si _____ en _____ como él está en luz, tenemos comunión unos con otros, 1:7. Las _____ van pasando, 2:8. ... él es _____ y justo para perdonar nuestros pecados, 1:9. En éste verdaderamente el _____ de Dios ha sido perfeccionado, 2:5. Os escribo un _____ nuevo, 2:8.

Después de haber llenado los espacios en blanco deben transportar las palabras que escribieron al siguiente acróstico que puede usted preparar en las mismas hojas que lo anterior, o en el pizarrón mientras los presentes buscan las respuestas para llenar los espacios en blanco.

```
    P E C A D O
M E N T I R O S O
  A N D A M O S
      L U Z
  T I N I E B L A S
    F I E L
  A M O R
M A N D A M I E N T O
```

4. Deje lugar en las hojas para que luego los alumnos puedan escribir unas líneas o, si preparó la actividad en un cartel y el pizarrón, consiga hojas de papel en blanco para que lo hagan. **5.** Prepárese para dirigir el canto o para leer "Un mandamiento nuevo", Núm. 261, Himnario Bautista. (Para cada estudio en 1 Juan sugeriremos el uso de un himno relacionado.)

Comprobación de respuestas
JOVENES: **1.** B - A - C - D. **2.** a. Seis. b. Siete. **3.** a. Perdonarlos. b. Confesarlos. **4.** a. En el que guarda su Palabra. b. El que odia a su hermano.
ADULTOS: **1.** a. Dios es luz. b. en que guardamos sus mandamientos. c. en tinieblas. d. en la luz. **2.** a. F. b. V. c. F. d. F.

Ya en la clase
DESPIERTE EL INTERES
1. Canten o lea como poesía el himno "Un mandamiento nuevo" de la siguiente manera: Usted lea (o un solista cante) la primera estrofa, toda la clase lea o cante la segunda y tercera estrofas que son una respuesta al mandamiento de Jesús expresado en la primera estrofa. Termine volviendo a cantar el solista o leyendo usted la primera estrofa.

ESTUDIO PANORAMICO DEL CONTEXTO

1. Guíe a los alumnos a identificar al escritor de la carta preguntando qué recuerdan de él y cuáles libros del N. T. escribió. **2.** Pida que busquen en sus libros bajo esta sección, datos específicos de cuándo y por qué escribió, y a quién escribió la carta que hoy comenzamos a estudiar. **3.** Dé un breve resumen de 1 Juan 1:1-4.

ESTUDIO DEL TEXTO BASICO

1. La comunión con Cristo y con otros, 1 Juan 1:5-7. Divida a la clase en dos sectores. Mientras un alumno lee en voz alta el pasaje, los que están en un sector deben buscar referencias a hipocresía cristiana y, el otro sector, referencias a un cristianismo auténtico. Al finalizar la lectura dé oportunidad para que hablen los del primer sector y pídales que citen ejemplos de las "tinieblas" que impiden la comunión entre unos y otros y entre uno y Dios. Cuando informen los del segundo sector, pídales que den ejemplos de "andar en luz".

2. La mentira estorba la comunión, 1 Juan 1:8-10. Al leer un alumno en voz alta estos versículos, los de un sector deben encontrar qué pasa cuando decimos que no tenemos pecado. El otro sector debe encontrar qué pasa cuando confesamos nuestros pecados. Después que informen, pregunte qué diferencia hay entre mentir (v. 6) y engañarnos a nosotros mismos (v. 8). (Mentir es hacerlo conscientemente, engañarnos a nosotros mismos es reprimir lo malo y no dejar que aflore a nuestro estado consciente.)

3. El amor se demuestra en la comunión con Dios, 1 Juan 2:3-6. Al leer un alumno estos versículos en voz alta, un sector debe fijarse en la expresión "el que dice" y qué dos afirmaciones hace sobre "el que dice". El otro sector debe fijarse cuando aparece "el que guarda la palabra" para luego comentar qué ha sucedido en la vida de tal persona. Al compartir lo que encontraron los de cada sector, guíe la conversación para que piensen cuál es el requisito para gozar de auténtica comunión con Dios.

4. El amor se demuestra en la comunión con los hermanos, 1 Juan 2:7-11. Mientras un alumno lee en voz alta estos versículos, un sector debe encontrar cuántas veces aparece la palabra TINIEBLAS y, el otro sector, cuántas veces aparece la palabra LUZ. Al informar los del primer sector, pregúnteles a qué se refiere TINIEBLAS y, el segundo sector, a qué se refiere LUZ. Asegúrese que capten que la comunión cristiana auténtica sólo puede existir cuando reina el amor de unos por los otros.

APLICACIONES DEL ESTUDIO

1. Reparta los versículos con espacios en blanco o muestre el cartel. Completen el acróstico. **2.** Cada uno elija dos de las palabras del acróstico más COMUNION y escriban, en el papel que usted provea, una aplicación del pasaje a sus propias vidas.

PRUEBA

Lea lo que cada inciso pide en esta sección en el libro del alumno, discutan las respuestas y luego escríbanlas.

La importancia de la verdad

Contexto: 1 Juan 2:18-29
Texto básico: 1 Juan 2:18-27
Versículo clave: 1 Juan 2:19
Verdad central: Los verdaderos seguidores de Cristo rechazan las enseñanzas falsas en cuanto a su Señor.
Metas de enseñanza-aprendizaje: Que el alumno demuestre su: (1) conocimiento de las características de los "anticristos", (2) actitud de practicar la verdad para contrarrestar las enseñanzas falsas de los enemigos de Cristo.

Estudio panorámico del contexto

A. Fondo histórico:

En 2:18, Juan menciona al "anticristo". Las raíces de esta figura están en el apocalipticismo judío, donde surgió la idea de un gran enemigo de Dios que personifica el mal. Esta persona no es Satanás, sino un ser humano que aparecería en los tiempos finales. En la escatología cristiana, esta figura es un adversario de Cristo que será activo en el tiempo de la Segunda Venida o un poco antes. (Escatología es la doctrina del fin de la historia, e incluye verdades como la Segunda Venida y los eventos que la preceden o acompañan, el Juicio, el estado final de los creyentes y de los incrédulos, etc.) En el Nuevo Testamento, la palabra anticristo aparece solamente en 1 y 2 Juan, pero la misma figura se presenta en 2 Tesalonicenses 2:3-10 como "el hombre de iniquidad" y en Apocalipsis 13 y 17 como "la bestia".

En 1 Juan 2:18-29, Juan aplica esta idea a los que habían salido de su iglesia debido a sus diferencias en cuanto a la doctrina de Cristo (2:22) y la ética (2:4). El concepto del anticristo se puede aplicar igualmente a una persona y a un grupo. (En 2 Tes. 2:7 y Apoc. 17:9, 10 también la figura se interpreta como un principio que opera en más de una persona.) Juan utiliza este concepto para enfatizar la separación absoluta entre los que responden positivamente a Cristo y los que lo rechazan. La verdad del anticristo tiene una aplicación futura, relacionada con la Segunda Venida, pero también tiene aplicación con nuestra existencia actual. Las únicas opciones que uno tiene ante el llamado de Cristo son lealtad a él o enemistad; no cabe la neutralidad.

B. Enfasis:

Muchos anticristos, 2:18. La oposición a Cristo, esperada en la última hora, se ha manifestado por el surgimiento de muchos anticristos.

Los enemigos de Cristo, 2:19-21. La salida de un grupo muestra que ellos no tenían en realidad la misma naturaleza que los cristianos fieles, porque a los fieles el Espíritu da entendimiento de la verdad y perseverancia en ella. *Este es el anticristo, 2:22, 23.* El error que Juan y los suyos no pudieron tolerar fue el de la separación entre la naturaleza divina y la humana de Jesucristo. Quien hace esto no conoce a Dios. *Permanecer fieles, 2:24-29.* Frente a la división, los lectores deben mostrar su fe genuina por perseverancia en la doctrina que recibieron y que el Espíritu está confirmando.

En 2:28, Juan vuelve a la urgencia escatológica (ante el fin que se acerca) de 2:18. Tenemos que permanecer en Cristo doctrial (2:22-24) y éticamente (2:29) porque su venida está cerca. La Segunda Venida es una realidad en el futuro. Jesucristo puede venir en cualquier momento para rescatar o para juzgar a sus seguidores. Podemos tener confianza ante su venida por nuestra relación con él ("permanecer en él") que produce semejanza a él ("justicia").

──────────── **Estudio del texto básico** ────────────

1 Los que no son veraces, 1 Juan 2:18-21.

Vv. 18, 19. Juan hace aun más explícita la urgencia escatológica del v. 17: *ya es la última hora.* La esperanza del fin inminente es evidente en casi todo el Nuevo Testamento. En todo tiempo la iglesia vive en espera de la segunda venida de Jesús. Una de las características de los últimos días para los judíos y los cristianos fue la aparición del *anticristo* (ver "Fondo Histórico"). Juan aplica este concepto a la división que su congregación acababa de sufrir. Si se esperaba un anticristo, hay sobrada evidencia del acercamiento del fin, porque *han surgido muchos anticristos.* Por los conceptos equivocados acerca de Jesucristo que promovían (v. 22), los "secesionistas" en realidad se oponían a él. Así muestran el espíritu que es la esencia del anticristo.

Esta "secesión" fue una crisis que causó dudas acerca de su propia fe en muchos de los que quedaban, pero Juan les asegura que no se equivocan en su fe. En el v. 22 definirá el contenido de esta fe acerca de la persona de Jesucristo, pero primero asegura a sus lectores que están en el camino correcto. La salida muestra la verdadera naturaleza de los que se fueron. La fe genuina en Cristo se manifiesta en perseverancia, y *salieron* porque no *eran de* los cristianos.

No es necesario pensar que Juan esperara el fin de la historia dentro de pocos días, y que por lo tanto se equivocara. Más bien estaba aplicando un principio escatológico a su propia situación. El vivió en los últimos días y nosotros vivimos en los últimos días. La tensión escatológica está presente en toda edad de la iglesia. Nosotros también debemos aplicar las verdades últimas (que se manifestarán en los últimos días) a nuestra propia situación.

Vv. 20, 21. Los verdaderos creyentes tienen *la unción* que Jesús les dio en su conversión, y ésta da entendimiento a cada uno de ellos. Dios ungió a Jesús "con el Espíritu Santo y con poder" (Hech. 10:38), y es posible que Juan se refiera al don del Espíritu Santo que Jesús da al creyente. Por otro lado, en el

v. 24 Juan hace referencia al mensaje que los creyentes habían *oído desde el principio,* y éste parece ser igual a la unción que permanece (v. 27). Combinando estas dos ideas, concluimos que la unción incluye la enseñanza cristiana que recibían los nuevos creyentes, interpretada por el Espíritu Santo. Combina el elemento objetivo de la enseñanza con el elemento dinámico del Espíritu que la interpreta y aplica a la situación actual. Probablemente los secesionistas alegaban que ellos tenían el verdadero entendimiento, privilegio exclusivo de una élite intelectual. Juan replica que todo verdadero creyente tiene la verdad. *La verdad* que conocen los creyentes no es solamente intelectual; es una persona. "Conocer la verdad" es vivir en relación con Dios por medio de Jesucristo.

Juan no escribe para corregir a los lectores, sino para confirmarles en su conocimiento. También les recuerda que las afirmaciones de los secesionistas son mentiras, porque contradicen el mensaje que aprendieron "desde el principio" (v. 24), el mensaje que el Espíritu Santo (v. 20) les confirmaba.

2 La gran mentira, 1 Juan 2:22, 23.

Ahora Juan define el error doctrinal de los secesionistas: negar la unidad de naturalezas divina y humana en Jesucristo. Los que negaban *que Jesús es el Cristo* probablemente explicaban su vida terrenal en una de dos maneras: 1) La Palabra eterna de Dios, su Hijo el Cristo, tomó forma humana pero no fue en realidad un ser humano, de manera que "el hombre Jesús" nunca existió. 2) El Cristo vino sobre un hombre, Jesús, en su bautismo y lo abandonó en la cruz, pero su naturaleza siempre fue independiente de la naturaleza humana de Jesús.

En 1 Juan 1:5 a 2:11, Juan atacó el error ético de los secesionistas: no entender la importancia de la conducta cristiana, especialmente la obediencia a los mandamientos de Dios y el amor unos a otros. Los dos errores están relacionados con la misma dicotomía de pensamiento entre espíritu (bueno) y carne (malo). Pensando así los secesionistas no podían entender la unión de lo divino y lo humano en una sola vida. Eticamente, esta distinción radical les sugiere que pueden estar bien con Dios por una iluminación interior y que no afecte la conducta.

Estos errores fueron característicos del "gnosticismo" que causó división en las iglesias cristianas en el siglo II d. de J.C. Algunos llaman a los adversarios atacados en 1 Juan "gnósticos", pero es mejor hablar de tendencias que anticiparon el movimiento definido del segundo siglo.

Juan dice que esta interpretación de la historia de Jesús es una perversión que impide una relación verdadera con el *Cristo,* el *Hijo* de Dios. Ya que el Hijo es el único camino al Padre (5:10-12; Juan 14:6), esta doctrina *niega* también a Dios el Padre de Jesucristo. Solamente *el que confiesa al Hijo* venido en carne, tomando una verdadera naturaleza humana, *tiene ...al Padre.* No es posible separar el Hijo del Padre, ni relacionarse solamente con uno de ellos.

3 La permanencia de la verdad, 1 Juan 2:24-27.

V. 24. Juan apela al mensaje que los lectores escucharon *desde el principio* de su vida cristiana, el mensaje que Jesús y sus apóstoles predicaron al *principio* de la historia de la iglesia. La corrección de herejías tiene que comenzar con un reencuentro con el mensaje de la Verdad viva, Jesucristo. Cuando el Espíritu Santo, que también se recibe al principio de la vida cristiana (v. 20), ilumina este mensaje, hay poder para sostener una relación genuina con *el Hijo y ... el Padre*. Debemos "permanecer" en este mensaje y permitir que permanezca en nosotros, por medio del estudio, la meditación y la práctica de sus principios.

V. 25. Esta lealtad al mensaje produce una relación permanente con Dios, y esta relación contiene una *promesa* radiante: *la vida eterna*. Conocer a Dios en Cristo no es simplemente el camino a la vida; es la esencia de vivir. Para esto fuimos creados, y solamente en esta relación descubrimos lo que significa "vivir". *Eterna* incluye la idea de una vida que nunca se acaba, pero principalmente se refiere a una dimensión de la vida: el que conoce a Cristo vive la abundancia y profundidad que Dios vive. En Cristo encontramos la misma vida de Dios (cf. Juan 17:3).

V. 26. Aquellos que promueven doctrinas más "avanzadas" que niegan la humanidad del Hijo de Dios o la divinidad de Jesús, en realidad *engañan*. Estas ideas no llevan a mayor abundancia espiritual; más bien son una desviación del verdadero conocimiento de Dios, que es la verdadera vida.

V. 27. Los que siguen fieles al mensaje que Juan y los otros apóstoles predicaron "desde el principio" (v. 24) no necesitan buscar enseñanza de los secesionistas ni de nadie más, porque *la unción* está en ellos y les *enseña acerca de todas las cosas*. Como en el v. 20, la unción aquí incluye tanto el Espíritu Santo que los consagra e ilumina (cf. Juan 14:26; 16:13) como la enseñanza inicial que recibieron cuando empezaron a creer. Esta enseñanza y este Espíritu no son ilusiones, sino realidades que marcan el camino a seguir. Este camino es permanecer en Cristo, mantener la relación con él por la oración y la obediencia. Permanecer en Cristo es también permanecer en Dios (v. 24), porque no es posible separarlos ni tener una relación con uno que excluya al otro.

──────────── **Aplicaciones del estudio** ────────────

1. El que tiene una relación genuina con Dios persevera en su lealtad y en la comunidad de la fe, 1 Juan 2:19. La fe "permanece" y el creyente permanece en Dios y Cristo y en relación con el pueblo de Dios.

2. El Espíritu Santo y la enseñanza de la Biblia son guardias para sostener al creyente, 1 Juan 2:20, 24, 27. Dios ha proveído estos recursos, un amigo personal y una norma objetiva, para que permanezcamos en Cristo.

3. El único acercamiento posible a Dios es por medio de su Hijo, quien tomó la naturaleza humana, 1 Juan 2:22. No es posible conocer al Padre fuera del Hijo, y no es posible conocer al Hijo sin aceptar que ha tomado nuestra naturaleza para alcanzarnos.

4. La vida eterna es una relación con Dios en Jesucristo, 1 Juan 2:24, 25. Fuimos creados para esta relación y la vida tiene sentido y propósito solamente en ella.

El camino a la vida
1 Juan 2:22-25

Introducción: Instintivamente sentimos que la vida debe tener sentido y propósito, y que debe ser permanente. En Jesucristo se verifican estos instintos y encontramos la verdadera vida.

I. **Empezamos a encontrar el propósito de la vida cuando reconocemos que Dios está en Jesucristo buscándonos, (v. 22).**
   A. Mandó a su Hijo, quien tomó nuestra naturaleza humana y vivió entre nosotros.
   B. El hombre Jesús no es solamente un profeta, sino el Hijo de Dios, ahora tanto divino como humano.
   C. Este es un misterio que no podemos explicar ni entender; tiene que ser simplemente proclamado y aceptado.

II. **Al aceptar y creer esta verdad increíble, encontramos una relación personal e íntima con Dios, (v. 23).**
   A. No es posible conocer a Dios sin aceptar a Jesucristo como su Hijo.
   B. El que conoce al Hijo "tiene" el Padre como su amigo personal.

III. **Nuestra fe en Jesucristo, el Hijo de Dios dentro de la humanidad y buscándonos, tiene que ser sostenida durante toda la vida cristiana, (v. 24).**
   A. El entendimiento que recibimos por medio del evangelio es la base objetiva de nuestra relación con Dios por medio de Jesucristo.
   B. No es posible descartar la base objetiva y mantener la relación.

IV. **Esta fe produce una relación, y esta relación es la verdadera vida, (v. 25).**
   A. Dios promete vida a los que creen en el Hijo.
   B. Esta vida no es solamente un resultado de la fe, sino la esencia de esta relación personal.
   C. El que está relacionado con Dios comparte la misma vida de Dios.

Conclusión: Proclamemos tanto la relación que Dios ofrece a todos a través de su Hijo, como la verdad objetiva de su entrada en nuestra historia para ser uno con nosotros y hacernos uno con el Padre. ¡Vivamos esta relación!

Lecturas bíblicas para el siguiente estudio

Lunes: 1 Juan 3:1-3
Martes: 1 Juan 3:4-7
Miércoles: 1 Juan 3:8-10

Jueves: 1 Juan 3:11-15
Viernes: 1 Juan 3:16-18
Sábado: 1 Juan 3:19-24

AGENDA DE CLASE

Antes de la clase
1. Lea en su Biblia 1 Juan 2:12-29 y estudie la lección en este libro y en el del alumno. **2.** Pida a un alumno que investigue todo lo posible sobre el vocablo "anticristo". Puede consultar su libro del alumno, un buen comentario bíblico, un diccionario, diccionario de sinónimos y con el pastor. Debe luego prepararse para presentar a la clase el resultado de su investigación. **3.** Prepárese para dirigir el canto o leer como poesía el himno "Cuán firme cimiento", Núm. 371, Himnario Bautista u otro con un mensaje semejante. **4.** Escriba en un cartel:

LA IMPORTANCIA DE LA VERDAD
1. Los que no son veraces, 1 Juan 2:18-21
2. La gran mentira, 1 Juan 2:22, 23
3. La permanencia de la verdad, 1 Juan 2:24-27

Comprobación de respuestas
JOVENES: **1.** El que niega que Jesús es el Cristo; el que niega al Padre y al Hijo. **2.** a. V. b. V. c. F. **3.** Al Hijo, al Padre, es la promesa, ha hecho; la vida eterna, la misma unción; todas las cosas, no falsa, permaneced en.
ADULTOS: **1.** a. Muchos anticristos. b. Los que estando entre los cristianos no eran cristianos. c. Los cristianos verdaderos tienen la unción de parte del Santo. d. Verdad. e. El que niega al Padre y al Hijo. f. En el Hijo y en el Padre. g. La vida eterna.

Ya en la clase
DESPIERTE EL INTERES
1. Pregunte si alguno tiene una experiencia sobre una ocasión cuando alguien le mintió. Los que se presten a hacerlo, cuenten su experiencia. **2.** Enseguida pregunte cómo afectó esa mentira las relaciones con aquella persona. Comente que la mentira destruye porque es una de las obras de Satanás y que, en la lección que hoy estudiarán, verán cómo la usó Satanás.

ESTUDIO PANORAMICO DEL CONTEXTO
1. Diga que Juan es uno de los pocos escritores bíblicos que usó la palabra "anticristo". **2.** Pida al alumno a quien asignó investigar el vocablo, informe ahora lo que averiguó. Agregue, si no mencionó este detalle, que aunque anticristo no se refiere a Satanás mismo, es obra de él hacer creer mentiras sobre Cristo.

ESTUDIO DEL TEXTO BASICO
1. Los que no son veraces, 1 Juan 2:18-21. Muestre el cartel o pizarrón donde escribió el bosquejo. Llame la atención al título dado a este pasaje (2:18-21). Diga que aquí descubrirán a los que no son veraces. Forme parejas. Cada una leerá el pasaje. Deben encontrar: 1. Una frase que indica que entre los creyentes habían surgido quienes enseñaban mentira, 2. una frase

que dice que esos mentirosos se habían apartado de la iglesia, 3. una frase que indica la aprobación del Señor de lo que los destinatarios de la carta creían y enseñaban. Pueden usar el comentario en sus libros del alumno como ayuda. Después de unos cinco minutos verifique las frases que encontraron agregando sus propios comentarios a fin de que quede bien claro que los anticristos, los que se habían apartado, enseñaban mentiras acerca de Jesús.

2. *La gran mentira, 1 Juan 2:22, 23.* Llame la atención al título dado a este pasaje. Siempre en parejas, deben investigar el texto bíblico para averiguar: 1. la gran mentira que enseñaban los anticristos, 2. el argumento del autor para demostrar que era una gran mentira. Pueden consultar sus libros del alumno si lo desean. Compartan luego lo que averiguaron y asegúrese que quede bien claro que eran mentiras acerca de Jesús, que algunos decían que no era divino, otros decían que había sido sólo espíritu y no cuerpo, que ya no volvería, que su muerte no había sido expiatoria, etc.

3. *La permanencia de la verdad, 1 Juan 2:24-27.* Llame la atención al título de esta sección en el cartel o pizarrón. Siempre en parejas, lean el pasaje. Esta vez deben subrayar en sus Biblias las palabras que son una forma del verbo "permanecer" y, encontrar una promesa del Señor. Cuando después de unos minutos estén listos para compartir lo realizado, empiece considerando las formas del verbo "permanecer" y cuando mencionen una, haga preguntas relacionadas, como por ejemplo: ¿Qué sería lo que habían oído desde el principio? ¿Cómo permanece en uno lo que oyó desde el principio? ¿Qué quiere decir que uno permanece en el Hijo y en el Padre? Entonces, ¿qué implica el consejo "permaneced en él"? Digan la promesa que encontraron (v. 25, vida eterna). Relate la parábola del sembrador (Luc. 8:5-8) como ejemplo de la verdad del evangelio y en qué caso permanece y da fruto.

APLICACIONES DEL ESTUDIO
1. Llame la atención al título de todo el estudio y sugiera que entre todos elaboren una explicación clara sobre LA IMPORTANCIA DE LA VERDAD, tal como la enseña la Biblia. 2. Canten o lea el himno "Cuan firme cimiento". Comente cómo el autor demuestra estar afirmado en la verdad que la Biblia enseña. 3. Conversen sobre cómo el Espíritu Santo alguna vez les dio la convicción de una verdad en particular acerca de Jesús, Dios, la Biblia, algún asunto moral, etc. Subraye que de eso se trata su unción.

PRUEBA
1. Pida a los participantes que busquen la sección *Prueba* en sus libros. 2. Lea usted el primer inciso y guíe un repaso sobre el tema antes de que escriban la respuesta. 3. JOVENES: Muestre el inciso 2 y dirija la oración que allí aparece. Luego, los que quieren firmarla que lo hagan. ADULTOS: Lea en voz alta lo que dice el inciso 2. Tenga una discusión de mesa redonda sobre el tema antes de que escriban las respuestas en sus libros. Compartan luego lo que cada uno escogió para escribir en cuanto a maneras de contrarrestar las enseñanzas falsas de los enemigos de Cristo.

La pureza, virtud indispensable

Contexto: 1 Juan 3:1-24
Texto básico: 1 Juan 3:1-10
Versículo clave: 1 Juan 3:3
Verdad central: Los que somos llamados hijos de Dios por la salvación en Cristo tenemos la obligación de practicar la pureza moral y espiritual como lo hizo el Señor.
Metas de enseñanza-aprendizaje: Que el alumno demuestre su: (1) conocimiento de la pureza como una virtud indispensable en la vida de los hijos de Dios, (2) actitud de consagración al Señor para vivir una vida pura, digna del nombre de Cristo.

──────── **Estudio panorámico del contexto** ────────

A. Fondo histórico:

Ya descubrimos que los adversarios que Juan combate en esta obra creían que podían tener una relación con Dios sin que ésta cambiara la calidad moral de su vida (1:6; 2:4). Esta idea es muy semejante a la que encontramos en los Gnósticos del segundo siglo. Ellos hacían una distinción radical entre la carne y el espíritu. Según ellos, la carne es mala por naturaleza y no se puede redimir. El espíritu es bueno, y no se puede corromper. El hombre es espíritu, atrapado en un cuerpo carnal. Enseñaban que la salvación que Cristo da es la liberación del espíritu humano de esta esclavitud.

Es muy probable que los "secesionistas" que pueden ser precursores de los gnósticos, usaban ideas muy semejantes a estas para justificar el libertinaje. El cuerpo es incorregible, y de todas maneras sus acciones no afectan al espíritu, que es la verdadera persona. Esta indiferencia fomentaba una apatía moral en la cual el pecado llegaba a ser aceptable.

Juan combate esta idea enérgicamente, especialmente en 1 Juan 3:1-10. Explica que el hombre es tanto cuerpo como espíritu, y que la transformación obrada por Cristo tiene que afectar todo aspecto de la vida humana.

B. Enfasis:

¡Cuán grande amor!, 3:1, 2. La esencia de la vida cristiana es una relación de amor con Dios; somos sus hijos.

Dejar de pecar, 3:3-6. Esta relación transforma la calidad moral del cristiano. La persistencia del pecado, sin rasgos de esta transformación, es evidencia de que la relación no existe.

Ser o no ser hijo de Dios, 3:7-10. Hay una separación radical entre los que pertenecen a Dios y los que pertenecen al mundo y al diablo. Esta diferencia se revela en la conducta.

El amor es la prueba de que somos hijos de Dios, 3:11-18. La esencia de la justicia (v. 10) es el amor. El amor que Dios implanta en el creyente promueve la vida; el odio es de la misma categoría moral que el asesinato, y puede llevar a él (vv. 12, 15).

La fuente y ejemplo del amor cristiano es el sacrificio de Cristo (v. 16). Aprendiendo de él, debemos estar dispuestos a dar nuestra vida o los bienes que la sostienen (v. 17) para que otros vivan. El ejemplo de Cristo nos muestra que el amor que Dios crea es práctico, no teórico (v. 18).

Confianza delante de Dios, 3:19-24. El amor que observamos en nuestra conducta nos asegura que somos hijos de Dios, y aun cuando vemos que nuestra conducta no alcanza el ideal, podemos confiar en él. El puede ver las fallas que nuestra conciencia denuncia, pero también es capaz de perdonarlas y limpiarlas (1:9).

Tenemos confianza ante el juicio de Dios (3:21) y en la oración (3:22), porque obedecemos. 1 Juan 3:23 define el mandamiento de Dios: fe y amor. Nuestra relación con Jesucristo y nuestro amor mutuo dan confianza, y también el Espíritu que inspira la fe nos da confianza (v. 24).

──────────── **Estudio del texto básico** ────────────

1 El privilegio de ser llamados hijos de Dios, 1 Juan 3:1, 2.

V. 1. Juan acaba de decir que la conducta justa es la marca del que ha nacido de Dios (2:29). Ahora desarrolla la verdad de que los creyentes son hijos de Dios. Este alto privilegio es muestra del amor ilimitado que Dios nos tiene. Nos llama sus hijos. Y cuando el Dios que creó el universo con su palabra, pronuncia sobre nosotros esta descripción, nos convierte en verdaderos hijos suyos. Esta realidad espiritual explica la oposición del mundo a la comunidad cristiana. No reconoció a Dios cuando se manifestó en la carne, en la persona del Hijo, y no reconoce a sus hijos porque tenemos semejanza familiar a él. Juan está pensando específicamente en la oposición expresada en la salida de los secesionistas al mundo, pero el principio se manifiesta de muchas maneras y en cada generación.

V. 2. Aun cuando ya somos *hijos de Dios* por el amor que nos ha mostrado en Jesucristo, todavía tenemos la esperanza de una manifestación más plena de esta relación y semejanza cuando Jesucristo regrese. De la misma manera en que Dios será revelado más completamente en la consumación, también sus hijos experimentaremos el cumplimiento de la transformación que empieza cuando uno cree en Cristo. Entre más conocemos a Dios en una relación personal, más semejantes a él somos.

La transformación final y definitiva ocurrirá *cuando él sea manifestado* en el regreso de su Hijo. Veremos a Dios de una manera que todavía no es posible, y esta visión (que implica una relación personal) nos hará semejantes a él. El hombre solamente podrá llegar a conocerse verdaderamente a sí mismo, cuando conozca profundamente a Dios.

2 El hijo de Dios debe practicar la pureza, 1 Juan 3:3-6.

V. 3. La transformación final descrita en el v. 2 es una *esperanza*, pero también es una fuerza en la vida actual del creyente. Le da la motivación para ser más semejante a Dios en la calidad moral de su vida ahora mismo. *Se purifica a sí mismo* no describe un esfuerzo independiente para mejorarse, sino la aplicación del poder purificador del sacrificio de Jesucristo (1:7; 2:2) al cristiano por medio de la fe. Cristo da el poder para mantenerse puro en la conducta y también el modelo, porque *él también es puro.*

V. 4. Juan sigue escribiendo en un contexto escatológico. La *infracción de la ley* a la que hace referencia es la "iniquidad" que los cristianos esperaban en los últimos tiempos (2 Tes. 2:7; Mat. 24:12). Como en 2:18 y 3:3, Juan aplica una verdad escatológica a su situación actual. En contraste con los "secesionistas", que minimizaban la importancia del pecado (1:6; 2:4), Juan insiste en que el que peca se identifica con el gran adversario de Dios, y está tomando el lado del mal en la gran batalla final que se acerca. El pecado siempre es un asunto serio; la frase *todo aquel que* afirma que no hay excepciones. El compromiso con Dios y Cristo siempre se expresa en pureza moral (v. 3), y el pecado siempre revela oposición a Dios.

Vv. 5, 6. Otra razón por la cual el cristiano debe considerar el pecado un problema serio es que Jesucristo vino al mundo para eliminarlo. ¿Cómo puede el cristiano dedicarse a lo que su Señor vino para eliminar? No hubo pecado en la vida terrenal de Jesús y él no puede tolerar el pecado en los que permanecen *en él.* Juan vuelve a afirmar la distinción absoluta entre los que pecan y los que permanecen en Jesucristo, los que le han visto y conocido.

No podemos interpretar 1 Juan 3:6, 9 sin tomar en cuenta la tensión entre estos versículos y 1:8 a 2:2. Juan dice allí que es mentira decir que vivimos sin pecado, y ahora dice que no estamos en Cristo si vivimos en pecado. En lugar de buscar armonizar estas verdades, vivamos en la tensión creativa entre ellas. Es la tensión entre la realidad de que Dios nos ha transformado en Cristo y el requisito de que nosotros vivamos según sus mandamientos. También es la tensión entre ya y todavía no. Cristo ya nos ha transformado, pero a la vez todavía no somos lo que seremos cuando él venga (3:2). El propósito de esta tensión no es estimularnos a mayor esfuerzo, sino enseñarnos a depender del poder que Dios nos ofrece y nos ha dado en Cristo.

3 Los hijos de Dios y los hijos del diablo, 1 Juan 3:7-10.

V. 7. Por segunda vez, Juan advierte a sus lectores de algunos que quieren engañarles. En 2:26 advertía del peligro de un engaño cristológico; los "secesionistas" restaban importancia a la naturaleza humana y vida terrenal de Jesucristo. Ahora vemos que también restaban importancia a la vida terrenal y conducta moral del cristiano. Es probable que enseñaban que el que conoce a Dios es justificado, aun cuando su conducta siga siendo injusta. Juan les recuerda a sus lectores que la conducta revela el verdadero carácter. El que conoce a Dios en Cristo revela en sus acciones un carácter semejante al que se ve en las acciones de Dios y en la vida terrenal de su Hijo. La conducta es importante en la vida cristiana. Estar relacionado con Dios "por fe y no por obras" no quiere decir que sigamos practicando las obras injustas. Más bien, cuando venimos a Dios por medio de Cristo su justicia empieza a transformar nuestra conducta. Las obras justas no son la razón de una relación con Dios, sino resultado y evidencia de ella.

V. 8. La práctica del pecado muestra más bien semejanza y relación con *el diablo.* El pecado ha caracterizado la actuación del diablo *desde el principio,* tal vez una referencia a Génesis 3. El que peca está escogiendo relacionarse con el gran enemigo de Dios, no con *el Hijo de Dios.* El Hijo vino al mundo para destruir el pecado que el diablo comete y promueve; no podemos seguir practicándolo si hemos sido rescatados del diablo y del pecado.

Vv. 9, 10. Al creer en Cristo, nacemos de Dios y recibimos su semejanza y su vida (*simiente*), que no son compatibles con el pecado. La presencia de Dios destruye el pecado en el creyente, de manera que éste no sigue practicando el pecado. Por esto hay una diferencia absoluta entre *los hijos de Dios y los hijos del diablo.* Estos practican el pecado, en semejanza al "padre" que han seguido. Aquellos practican *justicia.*

Como introducción a los siguientes versículos Juan les recuerda a sus lectores que la justicia no es conformidad a una serie de reglas externas, sino la expresión del amor genuino que brota del corazón. "El amor es el cumplimiento de la ley" (Rom. 13:10) y de la misma manera el propósito de la ley no es abstracto, sino práctico: guiarnos en la expresión del amor que Dios siembra en el corazón.

La afirmación *Todo aquel que ha nacido de Dios no practica el pecado* suscita la misma tensión que descubrimos en el v. 6. No podemos olvidarnos del ideal de impecabilidad que Dios está realizando en nuestras vidas por medio de nuestra relación con él, pero tampoco podemos negar las evidencias de la persistencia del pecado en nuestras vidas. Esta tensión nos debe impulsar a confesar nuestros pecados constantemente (1:9), a mantenernos humildes, y a recordar que la libertad del pecado viene a través de Cristo y no por nuestro esfuerzo. Para que el ideal de la libertad se realice, tenemos que permanecer en él por medio de la oración, humildad, estudio y meditación de su palabra y obediencia.

────────────── **Aplicaciones del estudio** ──────────────

1. Los cristianos tenemos grandes esperanzas: ser como nuestro Padre Dios, y vivir sin pecado, 1 Juan 3:2, 9. La plenitud de la existencia cristiana es nuestro futuro. El cristiano debe ser optimista.

2. La esperanza cristiana nos motiva a la pureza moral, 1 Juan 3:3. La seguridad del futuro no produce conformismo en el cristiano, sino el anhelo de alcanzar lo que se espera. Con confianza de lograrlo, debemos caminar hacia el ideal que Dios nos ha mostrado y prometido.

3. El pecado no tiene ningún lugar en la vida cristiana, 1 Juan 3:6, 9. Porque es la característica principal de los hijos de Satanás (v. 4). Más bien debemos enfrentar nuestro pecado con honestidad, confesarlo constantemente (1:9) y pedir la ayuda de Dios para superarlo. Esa es la meta en la vida cristiana.

El pasado, presente y futuro de los hijos de Dios
1 Juan 3:1-3

Introducción: En estos versículos Juan presenta tres aspectos de nuestro glorioso privilegio de ser hijos de Dios. Hablan de nuestro pasado, nuestro presente y nuestro futuro. Los tres estadios que resumen el todo de la experiencia humana.

I. Nuestro pasado como hijos de Dios: Dios nos ha llamado hijos.
A. Nos llamó sus hijos porque nos ama profundamente.
B. Con el poder de su palabra creó el mundo, y con el mismo poder nos ha convertido en sus hijos.
C. Pagó el precio de la muerte de su Hijo para llamarnos hijos,(2:2; 3:8; 4:9).
D. El mundo reconoce quienes son hijos de Dios y les muestra la misma actitud que tiene hacia Dios.

II. Nuestro futuro como hijos de Dios: la semejanza a Dios.
A. Hay semejanza entre los hijos y el Padre, pero todavía no está completa; seguimos siendo pecadores.
B. Tenemos la esperanza de conformidad perfecta a la imagen de Dios.
C. Esta esperanza se realizará cuando Cristo regrese y lo veamos "tal como él es".

III. Nuestro presente como hijos de Dios: la purificación constante.
A. Nuestra esperanza nos motiva a tratar de imitar a Dios ahora mismo en nuestra conducta.
B. La realidad de ser hijos de Dios también nos da poder divino para purificarnos.
C. La santificación progresiva de nuestras vidas es evidencia del cambio en nuestro pasado y de nuestra esperanza para el futuro.

Conclusión: Este privilegio, esta esperanza y esta transformación están al alcance de todo ser humano por medio de la fe en Jesucristo, el Hijo quien murió para que vivamos como hijos de Dios. Al considerar seriamente estos tres tiempos de nuestra realidad espiritual dejamos de preocuparnos y nos disponemos a vivir de acuerdo con el plan de Dios para nuestra vida.

Lecturas bíblicas para el siguiente estudio

Lunes: 1 Juan 4:1-6
Martes: 1 Juan 4:7-21
Miércoles: 1 Juan 5:1-5

Jueves: 1 Juan 5:6-12
Viernes: 1 Juan 5:13-16
Sábado: 1 Juan 5:17-21

AGENDA DE CLASE

Antes de la clase
1. Lea en su Biblia 1 Juan 3. y estudie la lección en su libro y en el del alumno. 2. Prepárese para dirigir el canto o para leer como una poesía, el himno "He decidido seguir a Cristo", Núm. 474, Himnario Bautista u otra canción que contenga el mismo mensaje. 3. Pida a un alumno que se prepare a fin de presentar el monólogo que aparece más adelante bajo *Estudio panorámico del contexto.* 4. Escriba en tres tiras de papel las tres aplicaciones que aparecen en este libro y piense en un ejemplo para cada una sobre cómo esa aplicación determina concretamente una conducta. Un ejemplo para la primera podría ser algo así: Un joven cristiano está desanimado porque no obtuvo la calificación que esperaba en un examen de matemáticas. Si realmente es de Cristo, ¿qué hará? 5. JOVENES: Lleve a la clase una hoja de papel en blanco para cada participante.

Comprobación de respuestas
JOVENES: 1. a. Grande amor, Hijo de Dios. b. a él. c. se purifican a sí mismo. 2. El pecado es infracción de la ley. 3. v. 6, v. 5, v. 8, v. 7. 4. a. Porque la simiente de Dios permanece en él. b. Porque ha nacido de Dios. 5. a. No practica la justicia. b. No ama a su hermano.
ADULTOS: 1. a. semejantes a él. b. se purifica a sí mismo. c. para quitar los pecados. d. de Dios. 2. a. V. b. F. c. V. d. F.

Ya en la clase
DESPIERTE EL INTERES
1. Dirija el canto o lea pausadamente el himno que preparó. 2. Comente la secuencia de (1) decidirse a seguir a Cristo, (2) que Cristo efectúa una transformación en el que toma esa decisión, (3) que la transformación incluye dejar la "vida vieja". 3. Pida a los presentes que digan algunas características de la "vida vieja". Enseguida recalque la actitud firme del cristiano: "No vuelvo atrás, no vuelvo atrás."

ESTUDIO PANORAMICO DEL CONTEXTO
1. MONOLOGO: Hola, amigos, me llamo Cristiano Apartado. Sí, Apartado porque ya no voy a los cultos de ustedes donde predica el apóstol Juan. Ahora me reúno con un grupo con el cual concuerdo mejor. ¿Saben? y se los digo con todo respeto, que ustedes no entienden algo muy importante. Y es lo siguiente. Que en el ser humano una cosa es el cuerpo y otra y distinta es el espíritu. Y aquí viene el problema: ustedes dicen que Cristo salva al cuerpo y al espíritu... ¡a toda la persona! ¡No! ¡No! ¡No es así! El espíritu es la parte buena y noble en nosotros. ¡Esa sí la puede salvar el Señor!, pero el cuerpo, ¡¿quién lo puede salvar?! ¡Es imposible! Nadie lo puede dominar. El cuerpo sigue haciendo lo que quiere: sus bajezas, dándose a sus vicios y sus caprichos... Qué le vamos a hacer. Es lo que ustedes llaman "pecado", y tienen razón. El cuerpo siempre será pecador. Lo que sí ya no

peca es el espíritu. Es algo que tenemos que aceptar y ¡adelante! Nuestro cuerpo seguirá pecando y morirá para siempre, pero nuestro espíritu se remontará a los cielos con el Señor. ¡Aleluya! **2.** Al terminar el monólogo, diga que esa era una de las corrientes de pensamiento que estaba dividiendo a la iglesia del primer siglo y que al estudiar 1 Juan 3 verán los argumentos del apóstol Juan ante esta falsa creencia.

ESTUDIO DEL TEXTO BASICO

1. El privilegio de ser llamados hijos de Dios, 1 Juan 3:1, 2. Comente que según "Cristiano Apartado" sólo una parte del ser humano puede ser redimida por Cristo. Que lean en silencio el v. 1 y encuentren afirmaciones que desdicen esa doctrina. Pregunte: ¿Cuál es el grande amor que nos ha dado el Padre? Reciten Juan 3:16. ¿Dice en alguna parte que nuestro espíritu es hijo de Dios? (No, toda nuestra persona lo es.) ¿Por qué el mundo no puede entenderlo? (no nos conoce, o entiende, porque no conoce a Dios.) Lean en silencio el v. 2, luego pregunte cuáles son las dos etapas de nuestra transformación (la de ahora cuando vivimos en esperanza, la del futuro cuando Cristo vuelva y nuestra esperanza se convierta en realidad).

2. El hijo de Dios debe practicar la pureza, 1 Juan 3:3-6. Lean en voz alta y memoricen el versículo clave, v. 3. Haga notar que no dice que purifica el espíritu, una parte del ser: se purifica la persona integral. Todas las fibras de su ser anhelan no pecar. Un alumno lea en voz alta los vv. 4-6. Los demás deben encontrar cómo el pecado es una prueba de que una persona permanece en Cristo o no. (Cuando sigue amando y practicando el pecado es prueba de que el Señor no está en él. Si se aparta del pecado y no lo practica es una prueba que es del Señor.) Haga notar qué es la PRACTICA de pecar, o sea algo habitual que se hace sin remordimiento lo que indica que no es del Señor.

3. Los hijos de Dios y los hijos del diablo, 1 Juan 3:7-10. Escriba en el pizarrón dos encabezados: Hijos de Dios - Hijos del diablo. Divida a la clase en dos sectores. Mientras usted lee en voz alta los vv. 7-10 un sector debe encontrar características o conductas de los hijos de Dios y el otro sector, características y conductas de los hijos del diablo. Después, vaya escribiendo lo que los alumnos aporten.

APLICACIONES DEL ESTUDIO

1. Muestre las tiras de papel que preparó, diciendo que en cada una hay una buena aplicación para sus vidas. Pida tres voluntarios para que las tomen, lean y dirijan una conversación sobre cada una. **2.** Dé el ejemplo concreto que preparó sobre cada una para activar las opiniones.

PRUEBA

JOVENES: **1.** Hagan individualmente la actividad 1. **2.** Dirija una discusión sobre actitudes y costumbres en que pueden caer los jóvenes que los apartan del Señor. Reparta las hojas de papel para que escriban lo que pide el inciso 2. ADULTOS: Hagan en parejas y oralmente primero, y luego escribiendo cada actividad.

Fidelidad en confesar a Cristo

Contexto: 1 Juan 4:1 a 5:21
Texto básico: 1 Juan 5:1-12
Versículos clave: 1 Juan 5:11, 12
Verdad central: Debido a la realidad de los falsos profetas es necesario confesar a Jesucristo como Dios encarnado para fortalecer la doctrina cristiana básica.
Metas de enseñanza-aprendizaje: Que el alumno demuestre su: (1) conocimiento de la advertencia de Juan acerca de los falsos profetas, (2) actitud de constancia en confesar a Jesucristo como Dios encarnado.

──────── **Estudio panorámico del contexto** ────────

A. Fondo histórico:

En el estudio 49, mencionamos que los "secesionistas" a los cuales combate Juan tenían tendencias gnósticas, y consideraban todo lo material como malo. No podían aceptar la verdadera encarnación de Dios, porque implicaría que Dios había tomado una naturaleza mala. La primera epístola de Juan indica que los adversarios tenían dos maneras de explicar la aparente encarnación sin admitir que Dios tomara la naturaleza de la carne.

Algunos negaban "que Jesús es el Cristo" (2:22). Tal vez postularan algo semejante a una explicación gnóstica del segundo siglo d. de J.C.: que el Cristo (espiritual) vino sobre el hombre Jesús (carnal) en su bautismo, y luego lo abandonó en la cruz, por lo cual Jesús clamó: "Dios mío, Dios mío, ¿por qué me has desamparado?" (Mar. 15:34). Así que Dios el Hijo, según ellos, nunca fue hombre en realidad y no murió.

Otros negaban "que Jesucristo ha venido en carne" (1 Jn. 4:2). Probablemente tenían una idea muy semejante a la de los "docetistas" del segundo siglo, quienes decían que Jesucristo solamente parecía (griego, *doceo*) hombre, pero realmente no tenía un cuerpo de carne. Frente a ambos errores, Juan afirma que Jesucristo es verdaderamente divino y verdaderamente humano.

B. Enfasis:

Es necesario discernir los espíritus, 4:1. No podemos aceptar sin más a todo aquel que profesa tener un mensaje inspirado. Hay un espíritu de maldad que inspira a falsos profetas, y hay que distinguir entre profetas genuinos y falsos por el criterio de los vv. 2 y 3.

La negación de la divinidad de Jesús es necedad, 4:2, 3. Se puede identificar la presencia e inspiración del Espíritu de Dios por la confesión de que Dios ha tomado carne humana en Jesucristo. El que se dice cristiano pero niega esto, en realidad es parte de la oposición a Dios y Cristo que caracteriza los últimos tiempos.

Lo que separa al mundo de Dios, 4:4-6. Tal vez los adversarios ganaban más adherentes que el grupo que recibía la carta. Juan explica este éxito por la afinidad entre el error y el mundo pecaminoso. Los que tienen un mensaje de Dios no pueden esperar la aprobación de todos, sino solamente de los que son "de Dios". Sin embargo, la victoria final es de los que siguen la verdad, a pesar de las apariencias.

Debemos amarnos como Dios nos amó, 4:7-17. Dios mostró su amor hacia nosotros por dar lo más precioso que tenía: su único Hijo. Si este amor nos ha llegado, debemos reflejarlo en amor ilimitado hacia nuestros hermanos. Los vv. 13-16 vuelven a hablar de la confesión de este Hijo, inspirada por el Espíritu. El amor de Dios también es objeto de nuestra fe (v. 16), y el amor que mostramos como resultado nos da confianza ante su juicio (v. 17).

En el amor no hay temor, 4:18-21. El temor es un anticipo del juicio, y opuesto al amor. El amor viene de Dios, produce una relación de confianza perfecta, y se reproduce en relaciones positivas entre los hombres.

Amar a Dios, 5:1-5. La vida de amor y de fe en Jesucristo, Dios con nosotros, es más poderosa que el mundo y lo vence.

El Espíritu de la verdad, 5:6-9. Dios testifica la verdad acerca de Jesús por medio de "agua y sangre". Su Espíritu vivifica este testimonio en nuestra vida.

El que tiene al Hijo tiene la vida, 5:10-12. Este testimonio es confiable, y produce el cambio radical de verdadera vida en el creyente.

El popósito de esta carta, 5:13-21. Para que creáis en el nombre del Hijo de Dios... este es el verdadero Dios y la vida eterna.

──────────── **Estudio del texto básico** ────────────

1 La fe victoriosa en Cristo, 1 Juan 5:1-5.

Vv. 1, 2. Juan vuelve a declarar el contenido de la fe cristiana: que Jesús es el Hijo ungido que Dios mandó para que nosotros, en la imagen de Jesús, seamos hijos de Dios. Esta verdad apoya el principio del versículo anterior (4:21): el amor a un padre implica el amor a sus hijos, especialmente si se trata de nuestro propio Padre, y por lo tanto de nuestros hermanos. En 4:20, Juan presentó el amor al hermano como evidencia necesaria del amor a Dios. Ahora dice que podemos saber *que amamos a los hijos de Dios, cuando amamos a Dios*. No se pueden separar el amor hacia Dios y el amor a los hermanos; son dos caras de la misma moneda. El amor genuino es don de Dios y se dirige tanto hacia él como hacia los hombres que él creó.

Este amor se expresa en obediencia a los mandamientos de Dios. El hijo que ama a su Padre es un hijo obediente. La esencia del mandamiento de Dios es amor al hermano (2:7-9; 3:23; 4:21), de manera que "guardar sus mandamientos" es amar también *a los hijos de Dios.*

Vv. 3, 4. Con sentido pastoral, Juan reconoce que sus lectores se pueden desanimar ante la exigencia de los mandamientos de Dios, porque nadie los cumple (1:8, 10). Para animarles, afirma que *sus mandamientos no son gravosos.* Hay que interpretar esta verdad en tensión con 1:8, 10. Los mandamientos de Dios no presentan una pauta fácil de cumplir, pero tampoco una que se burle de cualquier esfuerzo que se haga para cumplir. Más bien, el creyente que hace un esfuerzo sincero por vivir la vida que Dios le ha dado, descubre que Dios ha puesto en él recursos para cumplir con su voluntad. Descubre que hay morando en él un poder superior al del mundo que le tienta y le lleva hacia el mal.

Este poder es *nuestra fe.* Es probable que esta frase quiera decir "aquello en lo cual creemos". No producimos un poder que pueda vencer al mundo cuando creemos que *Jesús es el Cristo* (5:1), sino que echamos mano del poder del Dios. Este es el poder que vino a nuestro mundo en su Hijo para derrotar y eliminar el pecado (3:5, 8). El que *ha nacido de Dios* por medio de la *fe* descubre que ahora esta victoria histórica es suya en su lucha con el mundo en el presente.

V. 5. Dios es más poderoso que el mundo, y su Hijo participa de este poder superior. El *Hijo de Dios* ha venido a nuestro mundo como un hombre, *Jesús,* para que el cristiano que lo descubre pueda contar con el poder divino que *vence al mundo.* Este poder no reside en *el que cree,* pero actúa en él por medio de la fe.

2 Testigos del Hijo de Dios, 1 Juan 5:6-9.

V. 6. *Jesucristo,* en quien creemos, es el foco de la intervención salvadora de Dios en nuestro mundo. Es el Hijo de Dios que *vino* como hombre para expiar nuestros pecados (2:2) y llevarnos a Dios. *Por agua y sangre* es una afirmación polémica contra los que enseñaban que Jesucristo vino *por agua solamente.* Tal vez éstos enfatizaran el bautismo de Jesús, cuando recibió el Espíritu; este don le capacitó para revelar el camino hacia Dios. No incluían la *sangre* de Jesús en su enseñanza porque no daban mucha importancia al pecado (cf. 1:8, 10); decían que Jesús vino a enseñar y otorgar la vida del Espíritu, pero omitieron o negaron que vino también a morir por los pecados. Juan insiste en incluir esta dimensión de su obra también. La única otra mención de "agua y sangre" juntas en la literatura juanina (Juan 19:34), se encuentra precisamente en el contexto de la muerte sacrificial de Jesús.

El Espíritu testifica, por medio del Evangelio de Juan y de los testigos que ministran en la iglesia, de esta verdad. De la misma manera que Jesús es "la verdad" (Juan 14:6) acerca de Dios encarnado, *el Espíritu es la verdad* de Jesús realizada en nuestra experiencia actual.

Vv. 7, 8. Según Deuteronomio 19:15, se requieren dos o tres testigos para establecer una verdad legalmente. *El Espíritu, el agua y la sangre* cumplen este requisito. La venida de Jesús, inaugurada con su bautismo por Juan el Bautista, y su muerte en la cruz son hechos históricos que siguen siendo realidades presentes por medio del Espíritu que Jesús dio a sus discípulos en el momento de su muerte y glorificación (Juan 19:30, 34; 7:39). Los tres unen sus voces en un testimonio poderoso que debe estimularnos a seguir firmes en nuestra confesión de la verdad de Jesús (Juan 14:6).

Algunas versiones incluyen en estos versículos un pasaje trinitario que habla también de tres testigos celestiales. (Se encuentra en una nota en la versión Reina-Valera Actualizada.) Este pasaje no se encuentra en manuscritos griegos (el idioma original del Nuevo Testamento) antes del siglo XIV; aparentemente fue añadido primero a la versión latina del Nuevo Testamento y posteriormente al griego. Es seguro que Juan no incluyó este pasaje en su carta. Su ausencia no debilita la evidencia del Nuevo Testamento acerca de la Trinidad (Mat. 28:19; 2 Cor. 13:14; etc.).

V. 9. El testimonio del *Espíritu, el agua y la sangre* (v. 8) no es solamente suyo, porque son agentes por los cuales se comunica *el testimonio de Dios.* Dios mismo nos habla a través de estos medios (Juan 5:37; 8:18), buscando establecer con nosotros una relación personal. Si reconocemos el valor del testimonio humano en asuntos de este mundo, con más razón debemos acatar el testimonio de Dios mismo acerca del asunto importantísimo de la fe y la victoria sobre el mundo (vv. 4, 5).

3 El testimonio verdadero, 1 Juan 5:10-12.

V. 10. El testimonio de Dios nos llama a tener fe en su **Hijo**, y cuando creemos en él, descubrimos en nosotros mismos el testimonio interior del Espíritu Santo. Este testimonio confirma el testimonio histórico del agua y la sangre, y nos asegura que en Jesucristo encontramos a Dios mismo. *Tiene el testimonio en sí mismo* también sugiere que este testimonio interior se revela en la conducta del cristiano.

El que no cree ha rechazado la verdad de Dios, y en efecto está tratando a Dios como un *mentiroso.* Si Dios es fiel y honesto, no hay más alternativa que aceptar a su Hijo y la nueva relación con Dios que se realiza en él. El no es hombre para que mienta.

Vv. 11, 12. Finalmente, Juan manifiesta el contenido del testimonio de Dios, mencionado por primera vez en el v. 9: Dios señala la *vida eterna* que quiere que tengamos, y nos indica que la encontramos en *su Hijo,* Jesucristo. No nos llama a aceptar por el intelecto alguna proposición; más bien nos invita a aceptar una relación con una persona, en la cual encontramos el propósito y la esencia de la vida.

La vida que Dios ofrece no es cortada por la muerte; es una relación *eterna.* El verdadero sentido de la vida no se puede encontrar en otro lado; solamente *el que tiene al Hijo tiene la vida.* Dios es el que vive y que da vida, y la da a través del Hijo, de manera que *el que no tiene al Hijo de Dios no tiene la vida.*

Así termina 1 Juan: con el testimonio de Dios a su propósito en el mundo que ha creado. Quiere que los seres humanos que él ha creado le conozcan a través de su Hijo, Dios hecho hombre. Juan encontró la razón de su propia existencia en esta relación, y quiere que sus lectores también descubran el secreto de la vida.

—————————— Aplicaciones del estudio ——————————

1. La fe y el amor son inseparables, 1 Juan 5:1. No podemos omitir la doctrina correcta ni la práctica del amor. Los dos son esenciales en la vida cristiana, y se alimentan mutuamente.

2. El amor a Dios y al hermano son inseparables, 1 Juan 5:2. Si amamos a Dios, amaremos a los que él ha engendrado (4:20; 5:1). Tampoco hay amor genuino y duradero que no se base en la relación correcta con Dios. **3. El amor a Dios produce obediencia, 1 Juan 5:3.** Si amamos a Dios, lo expresaremos guardando sus mandamientos que se resumen en el amor. **4. Esta fe que se expresa en amor y obediencia vence al mundo, 1 Juan 5:4, 5.** Dios tiene poder sobre el mundo, y este poder fluye a través de la fe.

────────────── **Ayuda homilética** ──────────────

Esto es vivir
1 Juan 5:10-12

Introducción: Dios nos creó para una relación personal con él. Esta relación es la meta y la esencia de toda vida humana. En estos versículos Juan expone los medios que Dios ha usado para que encontremos esta vida.

  I. Dios mismo da testimonio acerca del camino de la vida, (v. 10).
    A. Dios quiere que le conozcamos, y se ha dado a conocer en su Hijo, Jesucristo.
    B. A través de la verdad escrita y del Espíritu Santo, Dios sigue testificando acerca de su Hijo.
    C. Cuando creemos en Jesucristo (confiamos en él), este testimonio entra en nuestros corazones.
    D. Es testimonio divino; el que no lo acepta está tratando a Dios como un mentiroso.

  II. El testimonio de Dios revela que Jesús es el camino a la vida, (vv. 11, 12).
    A. La vida es un don de Dios; nadie vive por su propio poder o astucia, (v. 11).
    B. Dios nos comunica esta vida "en su Hijo": a través de una relación personal e íntima con Jesús quien es a la vez Dios, (v. 11).
    C. El que conoce a Jesucristo tiene vida, porque esta relación es la esencia de la vida, (v. 12).
    D. El que no acepta a Jesucristo nunca experimenta la verdadera vida, (v. 12).
    E. La vida que Dios da en Jesucristo es eterna, porque es una relación con la Persona eterna, (v. 11).

Conclusión: Encontramos el verdadero vivir en Jesucristo, el Hijo de Dios. ¿Lo conoce usted?

Lecturas bíblicas para el siguiente estudio

Lunes: 2 Juan 1-3   **Jueves:** 3 Juan 1-4
Martes: 2 Juan 4-7   **Viernes:** 3 Juan 5-8
Miércoles: 2 Juan 8-13   **Sábado:** 3 Juan 9-15

AGENDA DE CLASE

Antes de la clase
1. Lea 1 Juan 4. Subraye los versículos que quisiera destacar en el *Estudio panorámico del contexto*. Lea 1 Juan 5 y estudie la lección en este libro y en el del alumno. **2.** Prepárese para dirigir el canto o leer como poesía el himno "Redimido por Cristo", Núm. 378, Himnario Bautista. u otro que tenga el mismo mensaje **3.** Haga copias de la letra del himno para cada participante.

Comprobación de respuestas
JOVENES: **1.** Diecisiete. **2.** A elección del alumno. **3.** a. nuestra fe. b. el que cree que Jesús es el Hijo de Dios. **4.** El Espíritu, el agua, la sangre. ADULTOS: **1.** a. Cuando amamos a Dios y guardamos sus mandamientos. b. Venciendo al mundo por la fe. c. El que cree que Jesús es el Hijo de Dios. d. En Jesús. **2.** a. V. b. F. c. F. d. V.

Ya en la clase
DESPIERTE EL INTERES
1. Pida a los presentes que busquen en sus himnarios el himno elegido o reparta las copias que preparó de la letra. **2.** Dirija el canto o lea como poesía dicho himno. **3.** Pida que observen la letra del himno para ver: (1) cuántas verdades acerca de Cristo confiesa el autor, (2) el efecto de esas verdades sobre su vida que también confiesa. **4.** Dé oportunidad para que contesten y luego haga notar el título de esta lección. Sugiera que aquí "confesar" se usa en el sentido de "exteriorizar", "testificar" y "vivir" la vida cristiana según la voluntad de Dios. **5.** Diga que el pasaje a enfocar en esta ocasión también contiene las grandes verdades acerca de Cristo que hemos de confesar y vivir con fidelidad.

ESTUDIO PANORAMICO DEL CONTEXTO
1. Repase una de las enseñanzas erróneas que Juan combate en esta epístola (presentada en el monólogo de la clase anterior). Repase otras ideas erradas: que Cristo era una de las huestes celestiales con poderes como los ángeles, que Cristo ya no volvería, que era sólo una manifestación espiritual, etc. **2.** Lea en voz alta 1 Juan 4:1 para enfatizar que uno no debe creer todo lo que escucha, sino analizar las cosas a la luz de la revelación de Dios y que, en nuestro caso, contamos con su revelación en las páginas de la Biblia. **3.** Lea los versículos que subrayó en el capítulo 4. En cada caso pida a los participantes que los analicen y digan si declaran una verdad y cómo influye sobre sus propias vidas.

ESTUDIO DEL TEXTO BASICO
Si los participantes trabajan en equipo, forme tres grupos y asigne a cada uno, una de las partes del pasaje. Si no les atrae trabajar en equipos, divida la clase en tres sectores (vea las indicaciones en el Estudio 47).

1. La fe victoriosa en Cristo, 1 Juan 5:1-5. El grupo a quien asignó esta parte del estudio debe encontrar en este pasaje las siguientes cosas para "confesar": ¿Quiénes son "nacidos de Dios" (v. 1)? ¿Cómo se relaciona el amor a Dios con el amor a los hermanos (vv. 1, 2)? ¿Qué cosa prueba nuestra fidelidad a Dios (vv. 2, 3)? Expliquen en sus propias palabras el v. 4. Pueden consultar con sus libros del alumno.

2. Testigos del Hijo de Dios, 1 Juan 5:6-9. El grupo a quien asignó esta parte debe encontrar: los tres que dan testimonio de Cristo (vv. 6, 7), a qué se refieren los tres (consulten con sus libros del alumno). ¿Cuál es el mayor testimonio? (v. 9) Preparen una declaración propia sobre cómo reconocer la diferencia entre el testimonio "de los hombres" y el testimonio "de Dios".

3. El testimonio verdadero, 1 Juan 5:10-12. El grupo a quien asignó esta parte del estudio debe contestar las siguientes preguntas: ¿Qué tiene en sí mismo el que cree en el Hijo de Dios (v. 10)? ¿Cómo es que el que no cree en el Hijo hace a Dios mentiroso (v. 10)? ¿Qué nos ha dado Dios (v. 11)? Completen estas afirmaciones *El que tiene al Hijo, tiene* _____. *El que no lo tiene, no tiene tampoco*_____. (v. 12).

Si formó grupos, después de unos 15 minutos de estudio deben compartir con la clase lo que estudiaron y las respuestas a las preguntas asignadas. Enriquezca el estudio destacando que estas verdades son las verdades más importantes que jamás enfrentarán en la vida. Repase cada una para que queden bien grabadas.

Si optó por estudiar por sectores, un alumno de cada sector vaya leyendo por turno un pasaje. Luego, haga las preguntas (ya mencionadas para los grupos) sobre el pasaje para que las contesten participantes del sector correspondiente.

APLICACIONES DEL ESTUDIO
1. Escriba en el pizarrón: *¿Cómo respondo cuando alguien me dice...?* 2. Complete usted la pregunta diciendo frases como las siguientes:

...Jesucristo fue un gran maestro pero no creo eso de que sea el Salvador de la humanidad.
...todos somos cristianos.
...nadie puede estar seguro que irá al cielo.
...hay muchos caminos para llegar a Dios.
...todas las religiones son buenas.
...no veo que los evangélicos sean mejores que otros.

PRUEBA
1. Abran sus libros en la sección *Prueba* de este estudio. Hagan el inciso 1 en conjunto oralmente antes de que cada uno escriba su respuesta en su libro. 2. Sugiera un momento de reflexión después de que cada uno lea en silencio lo que dice el inciso 2 y antes de escribir sus respuestas en sus libros de trabajo.

Ejemplo de virtudes cristianas

Contexto: 2 Juan; 3 Juan
Texto básico: 2 Juan 4-11; 3 Juan 5-12
Versículo clave: 3 Juan 11
Verdad central: Nuestro trabajo en la iglesia es una oportunidad para ser un buen ejemplo de las virtudes cristianas, pero también corremos el riesgo de ser mal ejemplo.
Metas de enseñanza-aprendizaje: Que el alumno demuestre su: (1) conocimiento de la referencia que hace Juan acerca de Gayo y de Diótrefes como buen y mal ejemplo respectivamente, (2) actitud de ser un buen ejemplo de las virtudes cristianas.

─────────── **Estudio panorámico del contexto** ───────────

A. Fondo histórico:

Las dos cartas que estudiamos en esta ocasión provienen de la misma crisis que motivó la escritura de la primera carta de Juan. Falsos maestros estaban negando la realidad de la encarnación del Hijo de Dios y la importancia de la ética cristiana. Semejanzas en ideas y vocabulario indican que el "anciano" que las escribió es también el escritor de 1 Juan; probablemente es el apóstol Juan. Porque reflejan la misma crisis, también se les puede asignar la misma fecha, entre los años 90 y 100 d. de J.C.

2 y 3 Juan tratan el tema de la hospitalidad para maestros o misioneros ambulantes. Esta hospitalidad era esencial en el primer siglo para el desarrollo del ministerio de misioneros y de maestros que visitaban a varias iglesias. El anciano escribe 2 Juan para advertir a una iglesia de la próxima llegada a ella de maestros falsos. Le dice cómo los puede identificar y le aconseja que no los reciba. Escribe 3 Juan para agradecer a Gayo la hospitalidad que mostró a enviados suyos, y para pedirle que siga practicando esa virtud.

B. Énfasis:

La verdad y el amor, 2 Juan 1-3. El amor y la verdad que vienen de Dios unifican a los cristianos. Este amor se revela en Jesucristo (1 Jn. 4:7-10), quien es la Verdad. "La señora elegida" es la iglesia que recibirá la carta.

Andad en amor, 2 Juan 4-6. La verdad de Dios incluye mandamientos que se pueden resumir en el amor mutuo.

El peligro latente, 2 Juan 7-9. Hay maestros viajando que no enseñan la verdad acerca de Jesucristo. Su enseñanza no viene de Dios, sino del enemigo de Dios.

No todos son "bienvenidos", 2 Juan 10-13. La iglesia no debe recibir ni apoyar la enseñanza errónea. Juan termina con el deseo de visitarlos personalmente, con saludos de su propia iglesia, y con otra referencia al gozo (v. 4) que resulta de su unidad en la verdad y el amor.

El gozo de las buenas noticias, 3 Juan 1-4. Juan expresa a Gayo el mismo amor basado en la verdad del evangelio, que expresó a una iglesia en 2 Juan. Juan sabe que Gayo está prosperando espiritualmente porque muestra el fruto del Espíritu en su hospitalidad a misioneros. Esta madurez da gozo a Juan.

Colaboradores en la verdad, 3 Juan 5-8. Juan felicita a Gayo por el amor y la valentía que mostró recibiendo a los misioneros.

Un mal ejemplo, 3 Juan 9, 10. También critica a Diótrefes por su falta de hospitalidad y su prohibición de ella.

Un testimonio veraz, 3 Juan 11-15. Juan exhorta a Gayo a seguir el buen ejemplo. La conclusión de 3 Juan es semejante a la de 2 Juan. El Apóstol expresa el deseo de visitar a Gayo personalmente y envía saludos. En lugar del gozo (2 Jn. 12), le desea "paz", el bienestar total que resulta de una relación correcta con Dios.

─────────────── **Estudio del texto básico** ───────────────

1 Un buen ejemplo: andar en la verdad, 2 Juan 4-11.

V. 4. El anciano ha encontrado a algunos miembros de la iglesia a la cual escribe, y ha observado su fidelidad a *la verdad* que Dios ha revelado en Jesucristo. Esta verdad incluye la afirmación de la naturaleza tanto divina como humana de Jesucristo (v. 7), y el amor que Dios mostró en él y que se expresa en la vida cristiana (v. 6). 1 Juan 3:23 también menciona la fe en Jesucristo y el amor, y los llama el "mandamiento" de Dios.

El encuentro con estos hermanos fieles llenó al anciano de gozo, especialmente porque muchos no habían sido fieles al mensaje de Dios (v. 7). Esta carta, como 1 Juan (1:4), menciona el tema del gozo en su comienzo. 2 Juan repetirá este tema al final (v. 12).

V. 5. La primera exhortación del anciano a la iglesia y a sus miembros es que cumplan el mandamiento del amor. No es *un nuevo mandamiento*, como las innovaciones de los que "han salido" (v. 7) y han "avanzado" más allá de la doctrina tradicional de Cristo (v. 9). Más bien es la misma exigencia que los lectores han tenido *desde el principio* de su vida cristiana. Este mandamiento fue dado por Jesús, de manera que ha sido vigente desde el inicio de la fe cristiana, y aun desde la creación, porque es un principio básico que Dios implantó en el mundo.

El amor que Dios crea en el creyente se dirige tanto a Dios como al mundo, pero Juan enfatiza el amor de *unos a otros,* porque los secesionistas minimizaban este aspecto (1 Jn. 2:9; 4:20). Entonces Juan exhorta a los lectores a amarse unos a otros.

V. 6. En el v. 5, Juan dijo que el amor es el "mandamiento que hemos recibido del Padre" (1 Jn. 2:7-11). Ahora dice que la esencia del amor es andar *según sus mandamientos.* Obedecemos porque amamos a Dios, y descubrimos que esta misma obediencia es la mejor expresión del amor de unos a otros, porque cada mandamiento es una variante de "amarás a tu prójimo". Por lo tanto, Juan puede decir que el amor se expresa en una vida que sigue los mandamientos de Dios, y que el mandamiento de Dios se resume en amor. No tenemos que escoger entre una vida de servicio amoroso a los demás y una vida de obediencia a los mandamientos de Dios. Entendidas correctamente, estas dos no son más que descripciones complementarias de un solo camino.

Vv. 7, 8. Juan advierte que van a llegar a la iglesia destinataria "misioneros" que niegan la encarnación del Hijo de Dios en el hombre Jesús. Probablemente son representantes del grupo "secesionista" mencionado en 1 Juan 2:19. Aconseja a la iglesia a tratarlos como *engañadores;* aunque vienen en el nombre de Cristo, en realidad son enemigos de la verdad acerca de él. En ellos opera el principio del *anticristo.*

Juan ha contribuido al desarrollo de la iglesia, y no quiere perder el fruto de su trabajo. Por lo tanto exhorta a la iglesia a cuidarse de estas enseñanzas equivocadas, para que se realice el resultado que tanto él como sus lectores anticipan.

V. 9. *Se extravía* es literalmente, "avanza, progresa". Es probable que los maestros secesionistas presentaban sus ideas negativas de la encarnación y la ética como "avanzadas", superiores a la enseñanza básica que todos los cristianos habían recibido. Juan dice que tal "progreso" es en realidad abandonar la verdad acerca de Cristo y mostrar que uno no tiene una relación genuina con Dios y con su Hijo. Hay un aspecto intelectual de la relación cristiana con Dios; la doctrina es importante.

Vv. 10, 11. Juan prohíbe la hospitalidad, y aun una palabra de bienvenida, a los maestros del error. No se refiere a la cortesía personal, ni tampoco a la misericordia a un necesitado. En el primer siglo las iglesias cristianas tenían muchos maestros ambulantes, que se quedaban un tiempo en una iglesia enseñando y recibiendo hospedaje de los miembros de la misma. En esta situación, hospedar a un maestro es apoyar su enseñanza. Los cristianos deben usar sus recursos para promulgar "la verdad" (3 Jn. 8), y no para apoyar las *malas obras,* entre ellas la de enseñar el error.

2 La hospitalidad es un buen ejemplo, 3 Juan 5-8.

Vv. 5, 6a. Juan encomia a Gayo porque ha recibido a unos *hermanos forasteros* en su casa. Casi seguramente se trata de unos maestros ambulantes, fieles al evangelio como Juan lo interpretaba. Probablemente son los que Diótrefes rechazó. Ellos han llegado otra vez a la iglesia de Juan, e informaron a ella de las acciones tanto de Diótrefes como de Gayo. Probablemente el v. 3 se refiere a este mismo informe. Atender las necesidades de los hermanos es una expresión de fe genuina en Jesucristo, quien nos enseñó a amarnos unos a otros (Juan 13:34, 35).

Vv. 6b, 7. Juan pide que Gayo continúe recibiendo a los maestros. Gayo hará una buena obra al proveer para sus necesidades en una manera que agrade a Dios. Estos maestros no tienen otra fuente de ingresos. Salieron para proclamar el *Nombre* de Jesús, el Hijo de Dios, a *los gentiles,* los que no son cristianos, pero no aceptaban ayuda de ellos, para que no se pensara que estaban vendiendo el evangelio.

V. 8. Juan concluye que *nosotros,* los creyentes, debemos sostener el ministerio de los misioneros, porque no pueden aceptar el sostén de las personas a las cuales ministran. Así seremos *colaboradores* no solamente de los misioneros, sino también de *la verdad* de Jesucristo que ellos proclaman. Juan dice literalmente con la verdad, personificando este concepto. Tal vez esté pensando en el gran privilegio de ser colaborador del que es la Verdad (Juan 14:6) y de su Espíritu (1 Jn. 5:6).

3 La ambición negativa es un mal ejemplo, 3 Juan 9, 10.

Ahora descubrimos por qué los misioneros necesitaban la hospitalidad de Gayo. El anciano había escrito a una iglesia en el área donde vivía Gayo, aparentemente pedía hospitalidad para misioneros que él aprobaba. Pero *Diótrefes* no los *admite.* El anciano critica a Diótrefes por su ambición de imponerse como líder, y porque en este afán no acepta la autoridad del anciano ni de sus representantes. *Denigra* al anciano para ensalzar su propia autoridad, y persuade a su iglesia para que expulse a los que reciben a los *hermanos* que el anciano aprueba. El anciano piensa visitar a la iglesia, y llamarle a cuentas personalmente ante ella.

En su ambición, Diótrefes limitaba la libertad de la iglesia y el campo para el ministerio de otros líderes. El líder cristiano debe tener afán de servir, y no de controlar. La autoridad cristiana es un don del Espíritu que otros reconocen (compare 1 Jn. 2:27; 4:1). No es necesario que uno insista en su autoridad ni que la imponga a otros. Los otros hermanos la otorgan por dirección del Espíritu.

4 Imitando el buen ejemplo, 3 Juan 11, 12.

V. 11. El consejo del anciano parece obvio, pero hace falta repetirlo porque muchas veces estamos motivados más por lo *malo* que por lo *bueno.* Observamos una acción mala y pensamos: "Si él actúa así, yo no tengo que cumplir", o "como me trata, así lo trataré". Recordemos constantemente que debemos imitar lo bueno, no lo malo.

El anciano pronuncia este consejo obvio por la situación de conflicto en su comunidad. En la división que sufría, la comunidad enfrentaba al mundo y la maldad. Los secesionistas no "procedían" de Dios ni lo conocían. En tal momento, Gayo no podía ser neutral; tenía que identificarse o con lo malo o con lo bueno. Esta exigencia no implica que Diótrefes fuera uno de los secesionistas, pero su respuesta a la división revelaba la ambición que también es mundanal.

V. 12. Un buen ejemplo que Gayo puede seguir es *Demetrio.* Otros han reconocido su sincera fe y amor, y *la misma verdad* testifica a través de la conducta de Demetrio. *La verdad* es el evangelio que se expresa en palabras y también en vida; también es Jesús mismo (Juan 14:6) y su Espíritu (1 Jn. 5:6), quienes de esta manera dan su testimonio a la fidelidad de Demetrio. El anciano y sus colaboradores añaden su testimonio al de otros cristianos y al de *la verdad.*

Probablemente se menciona a Demetrio porque él va a estar en el área de Gayo y necesitará su hospitalidad; el anciano escribe para pedirla (compare v. 8). Aun es posible que Demetrio llevó esta carta a Gayo.

─────────────── **Aplicaciones del estudio** ───────────────

1. El mandamiento de Dios es amor, 2 Juan 5, 6. La voluntad de Dios no es conformidad a una serie de reglas abstractas, sino actos concretos de amor hacia él y hacia los demás. **2. Nuestras posesiones materiales se pueden emplear para promover la verdad o el error, 2 Juan 10, 11; 3 Juan 8.** Debemos cuidar de apoyar la enseñanza correcta. A través de programas misioneros, nuestros bienes pueden llegar aun a países lejanos a los cuales no visitamos en persona. **3. Debemos imitar el buen ejemplo, 3 Juan 9-12.** Todos aprendemos la conducta por modelos y héroes; debemos escogerlos con cuidado y sabiduría.

─────────────── **Ayuda homilética** ───────────────

Tres pautas cristianas
2 Juan 4-6

Introducción: Juan escribe esta carta en un momento de crisis, cuando hay divisiones acerca de la naturaleza de Jesucristo. En este momento crítico, enfatiza tres imperativos que los cristianos siempre deben acatar.

I. Debemos andar en la verdad que Dios nos reveló.
   A. Dios mandó a su Hijo para pagar nuestros pecados y llamarnos a una relación restaurada con él.
   B. "La verdad" es este evangelio y también la Persona de quien habla el evangelio, (Juan 14:6).
   C. Es una verdad que debemos creer y de la cual debemos depender, pero también nos llama a actuar de acuerdo con ella, (v. 4a).
II. Debemos obedecer el mandamiento de Dios.
   A. La verdad revelada incluye mandamientos, (v. 4b).
   B. Cuando aceptamos el perdón y la relación que Dios nos ofrece, él nos transforma en la imagen de su Hijo, quien siempre obedeció.
   C. Los mandamientos (la voluntad) de Dios se pueden resumir en una palabra: amor, (v. 5b).
III. Debemos amarnos unos a otros.
   A. El amor es obediencia a Dios, (v. 6).
   B. El amor es servicio a las necesidades legítimas del prójimo.
   C. El modelo de amor es la Verdad, Jesucristo.

Conclusión: Con los tres conceptos de andar en la verdad, mandamiento de Dios y amor mutuo, Juan resume el único principio fundamental en la ética cristiana. Vivámoslo.

Lecturas bíblicas para el siguiente estudio

Lunes: Judas 1-4   **Jueves:** Judas 17-19
Martes: Judas 5-7   **Viernes:** Judas 20-23
Miércoles: Judas 8-16   **Sábado:** Judas 24, 25

AGENDA DE CLASE

Antes de la clase
1. Lea en su Biblia la segunda y tercera epístolas de Juan. Compare a quién va dirigida cada una. Preste atención a las similitudes con 1 Juan en cuanto a vocabulario y temas. Estudie la lección en este libro y en del alumno. **2.** Pida a un alumno que se prepare para presentar en clase el contenido de la sección *Estudio panorámico del contexto,* que aparece en su libro del alumno. **3.** Vea lo que se sugiere más adelante bajo *Aplicaciones del estudio* y prepárese para poder dirigir bien la discusión.

Comprobación de respuestas
JOVENES: **1.** Verdad. a. 2 Juan v. 1, v. 1, v. 2, v. 3, v. 4; b. 3 Juan v. 1, v. 3, v. 4, v. 8, v. 12. **2.** Porque había creyentes que andaban en la verdad. **3.** No confesar que Jesucristo había venido en la carne. **4.** Si se les da la bienvenida se participa de sus malas obras.
ADULTOS: **1.** a. Que nos amemos unos a otros. b. Que andemos según los mandamientos de Dios. c. Los que no confiesan que Jesucristo es Dios. d. Los que no tienen a Dios. e. Los forasteros. f. No imiten lo que es malo, sino lo que es bueno. **2.** Respuesta personal del alumno.

Ya en la clase
DESPIERTE EL INTERES
1. Escriba en el pizarrón, a modo de encabezamiento, VIRTUDES CRISTIANAS. **2.** Guíe una lluvia de ideas, es decir, los participantes deben decir las primeras virtudes que les vengan a la mente. Escríbalas en el pizarrón dejando un espacio a la derecha de cada una. **3.** A la izquierda del encabezamiento VIRTUDES CRISTIANAS escriba EJEMPLOS DE. Pregunte: ¿Qué personas pueden mencionar que son un ejemplo de alguna de estas virtudes? Vaya diciendo cada virtud y escriba a su derecha el nombre de la persona que los participantes sugieran. Agregue que hoy pensarán en buenos y malos ejemplos de virtudes cristianas.

ESTUDIO PANORAMICO DEL CONTEXTO
1. El alumno que se preparó para relatar el contenido de esta sección debe hacerlo ahora. **2.** Agradezca su colaboración. ¿Pusieron "colaboración" en la lista de virtudes cristianas? Si no, agréguenla ahora con el nombre de su colaborador. **3.** Si quedó algún dato importante por decir, dígalo ahora.

ESTUDIO DEL TEXTO BASICO
Divida a la clase en dos sectores. Uno será "la señora elegida", destinataria de 2 Juan. El otro será "Gayo", el destinatario de 3 Juan.
1. *2 Juan.* Alguien del primer sector lea en voz alta toda la carta, simulando que acaba de recibirla. Luego, los de ese mismo sector deben encontrar en el v. 4 un ejemplo de virtud cristiana (andan en la verdad). Escríbala en el pizarrón si no está ya. Hágales notar la palabra mandamiento y pídales

que cuenten cuántas veces aparece en los vv. 4-6. Diga "Cada mandamiento es una variante de *Amarás a tu prójimo*. ¿Verdad o mentira?" Después que respondan, guíelos a comprender mejor esos versículos explicando lo que dice el comentario en este libro. Enseguida encuentren "malos ejemplos" en el v. 7 (engañadores, no confiesan que Cristo ha venido en la carne). Encuentren en el v. 8 un consejo para seguir como buen ejemplo. ¿Qué recompensas puede esperar el que es buen ejemplo? Encuentren en el v. 9 otra virtud y otro mal ejemplo (fidelidad a la sana doctrina, extraviarse de ella). Explique que era costumbre hospedar a los maestros y predicadores visitantes y haga notar qué debían hacer con los que llegaban con enseñanzas falsas. Haga que compongan los vv. 10 y 11 en forma positiva: qué debían hacer en caso de los que llegaban enseñando la verdad. Después que lo hayan hecho, pregunte qué virtud cristiana describieron (hospitalidad). Si no está en la lista del pizarrón, agréguela.

2. *3 Juan*. Alguien del segundo sector lea en voz alta 3 Juan simulando ser Gayo, el destinatario que acaba de recibirla. Guíe las siguientes actividades de aprendizaje con la participación exclusiva del sector "Gayo". ¿Qué versículo sugiere que Gayo era ayudador y hospitalario (v. 6)? Si no tienen "ayudador" en su lista de virtudes, agréguela. ¿Qué otra virtud de Gayo aparece en el v. 6? (amor). Según el v. 7, ¿en qué debe el cristiano colaborar? (en la verdad). ¿Qué quiere decir eso?

¿En qué consistió el mal ejemplo de Diótrefes? ¿Pueden elaborar un "perfil psicológico" de este mal líder? Después de que lo hayan hecho diga que a nuestro alrededor siempre tenemos buenos y malos ejemplos, que es fácil ser influenciados por los malos ejemplos, ya sea vengándonos, amargándonos, desanimándonos y obrando igual que ellos. Toda la clase lea al unísono el versículo clave, v. 11, que es algo para recordar cuando notamos un mal ejemplo. Encuentren en el v. 12 otra virtud (buen testimonio). Aquí se refiere a hablar bien de alguien que es buen ejemplo, ¿qué bendiciones puede resultar de hacerlo?

APLICACIONES DEL ESTUDIO
1. Lean las tres aplicaciones que aparecen en el libro del alumno. **2.** Permita que los alumnos elijan una para discutir más ampliamente. **3.** Dirija la discusión incluyendo ejemplos y anécdotas. Una manera de llevar adelante el diálogo es decir en forma de pregunta alguna afirmación interesante hecha por un alumno. Por ejemplo: *Alumno:* Yo procuro rechazar lo malo. *Maestro, ¿procuras rechazar lo malo...?* (así, el alumno es impulsado a explicar más ampliamente por qué dijo lo que dijo).

PRUEBA
1. Guíe a los participantes a fijarse en la sección *Prueba* en sus libros del alumno. **2.** Trabajen en parejas para responder y escribir lo que pide el inciso 1. **3.** Hagan individualmente y en silencio lo que pide el inciso 2. **4.** Guíe una oración pidiendo a Dios que ayude a cada uno a ser un buen ejemplo de virtudes cristianas. También, dé gracias por los buenos ejemplos que han recordado hoy.

La importancia de la fidelidad

Contexto: Judas 1-25
Texto básico: Judas 5-23
Versículos clave: Judas 20, 21
Verdad central: Las falsas enseñanzas ponen en peligro la unidad de la iglesia, por lo que el creyente debe mantenerse fiel a la sana doctrina y luchar para que los falsos maestros no cumplan sus propósitos.
Metas de enseñanza-aprendizaje: Que el alumno demuestre su: (1) conocimiento de las instrucciones de Judas acerca de la obra negativa de los falsos maestros, y la necesidad de mantenerse firme y contender por la verdadera doctrina, (2) actitud de mantenerse firme y contender por la verdadera doctrina.

─────── Estudio panorámico del contexto ───────

A. Fondo histórico:

En esta carta se identifica el autor como "Judas, siervo de Jesucristo y hermano de Santiago". Es probable que se trata del medio hermano de Jesús y hermano del escritor de Santiago. Se menciona en Mateo 13:55 y Marcos 6:3. Aunque los hermanos de Jesús no creían antes de la crucifixión (Juan 7:5), según 1 Corintios 9:5 después fueron misioneros cristianos. La iglesia a la cual Judas escribe, por lo demás desconocida, fue amenazada por maestros falsos con ideas antinomianistas. La fecha podría ser entre los años 50 y 70 d. de J.C.

El antinomianismo enseña la libertad absoluta de toda ley. Este error ha surgido varias veces en la iglesia, basado en un concepto equivocado de la gracia. Los antinomianistas razonan que si Jesús ya pagó los pecados, y Dios nos ha declarado inocentes, entonces la conducta moral no es importante. Pasan por alto la transformación que es parte de la obra de Cristo en la vida del creyente (2 Cor. 5:17).

B. Énfasis:

La urgencia de la fidelidad, Judas 1-4. Judas escribe por la amenaza de falsos maestros, que pervierten "la fe que fue entregada" en una justificación de conducta inmoral. Exhorta a sus lectores a resistir tal perversión y "contender" por el evangelio, expresándolo en una vida recta. El antinomianismo es tomar "la gracia de Dios" como "libertinaje", y desobedecer a Jesucristo, el único Señor.

Dios castiga la infidelidad, Judas 5-7. Tres ejemplos del Antiguo Testamento muestran la realidad del juicio de Dios; él castiga la desobediencia. *Los falsos maestros, Judas 8-19.* Con más ilustraciones Judas describe la corrupción, engaño y esterilidad espiritual de los falsos maestros. *Unidos en el amor de Dios, Judas 20-23.* El clímax de Judas es una exhortación doble: a mantenerse leales a Jesucristo y a la salvación que él traerá, y a buscar la restauración de los que han seguido a los falsos maestros. *Doxología, Judas 24, 25.* Estos versículos son probablemente los más conocidos de Judas. Dios es capaz de guardarnos de los errores y pecados que enseñan falsos maestros. En el juicio podremos presentarnos ante él con alegría y sin temor, porque él es Salvador. Toda dignidad y todo poder son de él para siempre. ¡Amén!

──────────── **Estudio del texto básico** ────────────

1 Dios no pasa por alto la infidelidad, Judas 5-7.

V. 5. El primer ejemplo del castigo de la infidelidad por Dios es el *pueblo* de Israel en el Exodo. Dios lo liberó de *Egipto,* mostrando su poder y amor en hazañas impresionantes, pero casi nadie de los que salieron de Egipto llegó a la tierra prometida. Muchos fueron destruidos en el desierto porque *no creyeron.* Con este ejemplo Judas recuerda a sus lectores que no podemos presumir en base al favor que Dios nos ha mostrado ni en base a los milagros que él ha hecho en nuestra vida en el pasado. Es necesario que aun los que han recibido grandes privilegios de Dios se mantengan vigilantes y fieles a él.

V. 6. El segundo ejemplo son *ángeles.* Es probable que Judas se refiere a una tradición judía de que unos seres celestiales, llamados los Vigilantes, bajaron del cielo (*abandonaron su propia morada*) para tomar esposas humanas. La corrupción de la raza humana que resultó fue, según esta tradición, la causa del diluvio en tiempos de Noé. Esta tradición fue una interpretación de Génesis 6:1-4, y se expone en 1 Enoc, un libro de la literatura extracanónica del judaísmo que Judas citará en los vv. 14, 15.

No es necesario que nosotros interpretemos Génesis 6:1-4 así para que entendamos la advertencia de Judas.

Judas dice que aun el castigo de estos seres celestiales está seguro. No *guardaron* el lugar que Dios les asignó, sino que desobedecieron. Como resultado, en lugar de disfrutar de la luz en la cual fueron creados, están "guardados" *bajo tinieblas* para *el juicio* final.

V. 7. El tercer ejemplo del juicio de Dios son *Sodoma, Gomorra y las ciudades vecinas.* De manera semejante a los ángeles que codiciaron mujeres humanas, los hombres de Sodoma *fornicaron y fueron tras vicios contra lo natural* (nota): deseaban relaciones sexuales con ángeles (Gén. 19:4-11). En este caso, Dios adelantó el *fuego eterno* que espera a los infieles como un *ejemplo* para advertir a otros a no seguir este camino. En el primer siglo, al sureste del mar Muerto se podía observar la devastación del sitio tradicional de estas ciudades. El sitio todavía emitía llamas, y Judas les recuerda a sus lectores este hecho para enfatizar la seriedad de desobedecer los preceptos de Dios.

Tan seguro como el juicio que cayó sobre estos tres grupos es el que se avecina a los falsos maestros. Los lectores pueden evitarlo solamente desligándose de ellos.

2 Descripción de los infieles, Judas 8-19.

V. 8. Judas llama a los falsos maestros *soñadores,* probablemente porque basaban sus enseñanzas en visiones y experiencias extáticas que decían tener. Pero Judas se refiere a éstas de manera despectiva: "alucinados en sus delirios" (Biblia de Jerusalén). Los falsos maestros cometen tres pecados semejantes a los de Sodoma. *Mancillan la carne* por su inmoralidad sexual. Aunque basan este libertinaje en su interpretación de la gracia de Dios (cf. v. 4), en realidad *rechazan* la *autoridad* de Dios y de Jesucristo, quienes mandan la santidad. *Maldicen las potestades superiores* probablemente se refiere al menosprecio que expresaron hacia los ángeles cuando alguien les reclamaba su rechazo de la ley de Moisés. Según la tradición judía, la ley fue entregada a Moisés por ángeles (Hech. 7:38; Heb. 2:2), aunque el libro de Exodo no los menciona. Es posible que los falsos maestros identificaban estos ángeles como ángeles caídos y malos.

Vv. 9, 10. Judas toma un ejemplo de la "Asunción de Moisés", una obra judía. En ella, el arcángel Miguel es mandado a recoger el cuerpo de Moisés, pero el diablo lo reclama, diciendo que Moisés es asesino porque mató a un egipcio. Miguel no *se atrevió* a juzgar al diablo por esta *maldición* o calumnia a Moisés, sino que reconoció que *el Señor* lo juzgaría. En contraste, los falsos maestros se consideran expertos en las cosas de Dios y de los ángeles, por las visiones que han tenido. Judas dice que *maldicen* a ángeles sin conocer nada de la realidad celestial, porque sus visiones son falsas. Lo que sí conocen bien son los apetitos sensuales, que no los acercan a lo celestial, sino a lo *animal*. Los "conocimientos" que los liberan de toda norma moral en realidad *corrompen* a estos "expertos".

V. 11. Judas aplica tres ejemplos más del Antiguo Testamento a los falsos maestros. La tradición judía tenía a *Caín,* el primer asesino, como el pecador arquetípico que enseñó a otros a pecar. *Balaam* fue profeta y visionario, pero en la tradición judía corrompió a Israel, enseñando a Balac a tentarlos a la idolatría y a la inmoralidad sexual. *Coré* negó la autoridad divina de Moisés; en esto se asemeja a los falsos maestros que niegan la autoridad de la ley de Moisés. *¡Ay de ellos!,* porque como la tierra tragó a Coré, ellos también serán destruidos.

Vv. 12, 13. Los falsos maestros manchan las *comidas fraternales* de la iglesia, porque convierten el gozo y perdón que celebran en libertinaje. (La palabra traducida *manchas* también significa "escollos": son un peligro que los lectores deben evitar.) Dicen pastorear o "apacentar" a sus hermanos, pero en realidad se preocupan solamente por sí mismos, "trasquilando" a las ovejas en beneficio propio.

Las figuras de *nubes, árboles, olas y estrellas* representan cuatro regiones del universo (aire, tierra, agua, cielos); cada una es un ejemplo de algo que no sigue las leyes establecidas para él. Nubes sin agua no cumplen su propósito.

Arboles sin fruto, especialmente *en otoño,* la estación de la cosecha, son inútiles. Las olas son bonitas, pero si arrojan basura a la playa, la manchan. Los ancianos observaban ciertas "estrellas" que no se movían en arcos regulares como las otras; las llamaban errantes o planetas. Estos falsos maestros también salen de las leyes que Dios ha establecido. No iluminan, sino que oscurecen, y su destino es *la profunda oscuridad,* la separación de Dios. **Vv. 14, 15.** Judas cita una profecía para confirmar y aclarar lo que dice de los falsos maestros. "desde antiguo habían sido destinados para esta condenación" (v. 4). El juicio final es una realidad que se va a realizar. El término *impiedad, es* la conducta incorrecta que resulta cuando uno rechaza la autoridad de Dios. Es vivir sin referencia a Dios, como si no existiera. Utiliza esta raíz tres veces en el v. 15 (*impíos, impíamente*), y en los vv. 4 y 18.

La cita de estos versículos no es de un libro de la Biblia, sino de una obra del siglo II o I a. de J.C., atribuida al Enoc que se menciona en Génesis 5. Jerónimo dijo que algunos excluían a Judas del canon del Nuevo Testamento porque cita un libro no-canónico, pero Judas no está definiendo el canon, sino advirtiendo a sus lectores del peligro del libertinaje.

V. 16. Los falsos maestros nunca están contentos, sino que murmuran *de todo.* No aceptan la voluntad de Dios, sino que andan *según sus propios malos deseos.* Con *arrogancia* rechazan la autoridad de Dios y de su ley, siguiendo su propia sabiduría. Aun cuando no toman en cuenta los deseos de Dios, están muy pendientes de *las personas* de las cuales esperan *sacar provecho.*

Vv. 17-19. Jesús también advirtió del peligro de los falsos maestros, por ejemplo, en Marcos 13:22. Judas insiste en que los falsos maestros en realidad *no tienen al Espíritu,* sino que siguen a sus propios instintos *sensuales.*

3 Exhortación a la fidelidad, Judas 20-23.

Estos versículos presentan la exhortación de Judas "a que contendáis eficazmente por la fe" (v. 3).

Vv. 20, 21. Los cristianos deben edificar su vida y su congregación sobre la *santísima fe* del evangelio, no sobre "visiones" sensuales. Deben practicar la oración, reconociendo su dependencia total de Dios; aun la oración correcta depende de la dirección del *Espíritu Santo.* El *amor de Dios* demanda una respuesta; constantemente debemos abrirnos a él y aceptar esta relación. Haciendo esto nos "conservaremos" en su amor.

Los falsos maestros, que niegan la realidad del juicio, descubrirán su error en la Segunda Venida, pero si seguimos estas tres exhortaciones, podemos esperar *la misericordia y vida eterna cuando nuestro Señor Jesucristo* regrese. *Aguardando con esperanza* no describe una vida pasiva, sino una vida orientada totalmente hacia el futuro que Dios trae.

Vv. 22, 23. A la vez que los cristianos se mantienen fieles y resisten la tentación de la falsa enseñanza, deben buscar rescatar a los que caen en ella. Mostramos *misericordia* a los *que vacilan* orientándoles y alentándoles a la fidelidad. A otros, es necesario exhortarles con más urgencia, porque ya han caído en el *fuego* del error que trae castigo. Finalmente, a algunos es necesario tratar con *misericordia* y *cautela* a la vez.

──────── Aplicaciones del estudio ────────

1. **El evangelio de Jesucristo ofrece libertad del pecado, no para el pecado, Judas 4.** No convirtamos la gracia de Dios en libertinaje.
2. **El juicio final es una realidad para la cual debemos estar preparados, Judas 14, 15.** Jesucristo nos rescata de la condenación y nos hace posible una vida agradable a Dios.
3. **El creyente debe perseverar en su dependencia del Espíritu de Dios y buscar ayudar a otros a avanzar en el mismo camino, Judas 20-23.** El evangelio, la oración y la esperanza son dones de Dios para ayudarnos en este deber.

──────── Ayuda homilética ────────
Cuatro consejos
Judas 20, 21

Introducción: En contraste con la impiedad de los falsos maestros, Judas provee cuatro consejos para crecimiento en la vida cristiana.

I. **Debemos basar nuestra vida en el evangelio que hemos creído.**
   A. Dependamos de las verdades del evangelio.
   B. Obedezcamos los principios del evangelio.
   C. Vivamos en comunión con el Salvador.
II. **Debemos practicar la oración.**
   A. Orar es reconocer que nuestros recursos no son suficientes, que necesitamos a Dios.
   B. Aun la oración es posible solamente por la dirección y poder del Espíritu Santo.
III. **Debemos mantenernos en el amor de Dios.**
   A. Su amor demanda una respuesta, una entrega.
   B. El amor de Dios es una relación continua, no algo del pasado.
IV. **Debemos orientar la vida hacia la salvación que Jesucristo nos traerá.**
   A. La vida cristiana se vive a la sombra de la Segunda Venida.
   B. Esta realidad, y no las presiones del mundo, debe determinar nuestras actitudes y conducta.

Conclusión: La gracia de Dios en Jesucristo produce una vida de disciplina, no desordenada y sin propósitos.

Lecturas bíblicas para el siguiente estudio

Lunes: Deuteronomio 1:1-4   **Jueves:** Deuteronomio 1:14-18
Martes: Deuteronomio 1:5-8   **Viernes:** Deuteronomio 1:19-21
Miércoles: Deuteronomio 1:9-13   **Sábado:** Deuteronomio 1:22-25

Maestros:
Es el tiempo de obtener el siguiente libro para su propia preparación y la adecuada orientación de sus alumnos.

AGENDA DE CLASE

Antes de la clase
1. Lea en su Biblia la epístola de Judas marcando o haciendo una lista de todos los ejemplos de infidelidad tomados de la historia de Israel. **2.** Estudie la lección en este libro y en el del alumno. **3.** Prepare marcadores de libros, cada uno con una de las siguientes citas: "Caín, Génesis 4:8"; "Sodoma y Gomorra, Génesis 19:24"; "Pueblo liberado de la esclavitud, Números 14:29, 37"; "Coré, Números 16:1-3, 32, 33". Lea estas citas en su Biblia. Reparta los marcadores a distintos alumnos pidiéndoles que se preparen para dar un resumen de la infidelidad de esa persona o personas. Lea usted Números 22-24 y prepárese para hacer lo mismo con Balaam. **4.** Lleve a clase hojas de papel en blanco para cada participante.

Comprobación de respuestas
JOVENES: **1.** a. manchas (v. 12); b. nubes sin agua (v. 12); c. árboles marchitos (v. 12); d. fieras olas del mar (v. 13); e. estrellas errantes (v. 13). **2.** a. divisiones. b. sensuales, al Espíritu. **3.** a./4, b./1, c./2, d./3. ADULTOS: 1. **a.** por la fe. b. a los que no creyeron. c. no tienen el Espíritu. d. de Dios. 2. a. V. b. V. c. F. d. F.

Ya en la clase
DESPIERTE EL INTERES
1. Forme parejas. Dé a cada una un papel en blanco. Dígales que usted escribirá una frase en el pizarrón sobre la cual deben intercambiar ideas a fin de completarla de la forma más impactante posible. **2.** Escriba en el pizarrón *Fidelidad es:* **3.** Después de unos minutos las parejas compartirán con todos lo que escribieron explicando por qué completaron la frase en la forma que lo hicieron. **4.** Diga que la conclusión inferida por cada contribución de ellos es que la fidelidad es importante y que lo es aún más en el caso de fidelidad a Dios.

ESTUDIO PANORAMICO DEL CONTEXTO
1. Pida a los alumnos que abran sus Biblias en la epístola de Judas y vean en el v. 1 cómo se identifica él y quienes son los destinatarios de su carta. **2.** Los que estudiaron la lección podrán explicar quién era Judas, el motivo, fecha y detalles sobre los destinatarios. Haga preguntas que ellos puedan contestar en base al contenido de esta sección en sus libros. Si nadie estudió la lección, abran sus libros en esa sección y léanlas en parejas. Luego haga usted las preguntas.

ESTUDIO DEL TEXTO BASICO
Dé un breve resumen de Judas versículos 3 y 4. Diga que debido a esa intrucción de enseñanzas falsas, escribe Judas el resto de la carta.
1. Dios no pasa por alto la infidelidad, Judas 5-7. El alumno que recibió el marcador *Pueblo liberado de la esclavitud, Números 14:29, 37*

lea en voz alta Judas 5 y enseguida explique la ocasión en el A. T. a que se refiere. Lea el v. 6 y explíquelo usando el comentario en este libro. El alumno que recibió el marcador *Sodoma y Gomorra, Génesis 19:24* lea en voz alta el v. 7 y explique la ocasión en el A. T. a la que se refiere. Pida a los alumnos que vuelvan a observar estos versículos para ver qué dicen exactamente sobre el destino eterno en cada caso. Cuando compartan lo que dice, muestre el título dado a esta sección del estudio: *Dios no pasa por alto la infidelidad* y recalque que los tres ejemplos mencionados son poderosas pruebas de ello.

2. *Descripción de los infieles, Judas 8-19.* Borre el pizarrón y escriba ahora *Infidelidad a Dios es.* En parejas encuentren en el v. 8 tres respuestas. Escríbalas en el pizarrón cuando las digan. Comenten su significado. Explique el v. 9. Las parejas encuentren en el v. 10 más respuestas para agregar en el pizarrón. Escríbalas allí y coméntenlas. Lea el v. 11 y los que recibieron los marcadores de Caín y Coré expliquen la referencia. Usted explique la de Balaam. Lea el v. 12a y pida que los alumnos lo redacten de manera que se pueda agregar a la lista en el pizarrón. Escriba allí lo que sugieran. Diga que el resto del v. 12 y el 13 son agudas comparaciones con el mundo de la naturaleza. Lean estos versículos en parejas y luego pida a distintas parejas que describan los distintos ejemplos. Vea si pueden aplicarlos a características de personas infieles (p. ej.: nubes = gente sin rumbo). Agregue las características a la lista en el pizarrón. Lea usted los vv. 14, 15 y explique a qué se refieren, usando la información del comentario en este libro. En parejas lean el v. 16 para encontrar cosas para agregar a la lista. Al hacerlo conversen sobre ellas. Repase la lista completa, dibuje sobre ella una gran X y diga que nosotros no queremos ser así.

3. *Exhortación a la fidelidad, Judas 20-23.* Haga notar lo que dice el v. 3 (que debemos contender, o sea luchar, eficazmente por la fe) y explique que en los vv. 20-23 les dice Judas cómo hacerlo. En parejas lean estos versículos y preparen una lista de cómo ser fieles luchando eficazmente por la fe. Luego, pregunte qué encontraron en cuanto a la relación con Dios. Comenten ampliamente. Pregunte qué encontraron en cuanto a la relación con sus prójimos. Comenten ampliamente.

APLICACIONES DEL ESTUDIO

JOVENES: Pida que en parejas piensen (1) en ejemplos de infidelidad a Dios que han notado en su propio mundo y quizá en sus propias vidas, (2) una acción que determinan hacer de aquí en adelante para ser más fieles al Señor. Si le parece prudente, pueden luego conversar sobre lo que pensaron. ADULTOS: Pida a tres distintos alumnos que lean en voz alta las aplicaciones en sus libros poniéndolos en primera persona singular, por ejemplo: "Leer la palabra y orar me ayuda a mantenerme fiel." Desafíe a cada uno a hacer de estas aplicaciones algo totalmente personal.

PRUEBA

En parejas, hagan en sus libros lo que esta sección sugiere.